高等院校物流管理与物流工程专业系列教材

仓储管理

Warehouse Management

主审 李严锋

◎主　编 梁　军

副主编 丁祥海 李於洪 王　芬

徐海峰 江思定

ZHEJIANG UNIVERSITY PRESS
浙江大学出版社

内容简介

本书系统介绍了仓储管理的基本理论和实际操作方法，内容分为13章，包括仓储和仓储管理概述、仓库选址与布局、仓储机械设备选择与管理、仓储作业流程管理、仓储安全与特殊货物管理、仓储经营管理与合同、仓储成本与绩效管理、库存管理概述、传统的库存控制方法、现代库存控制方法、现代信息技术在仓储管理与库存控制中的应用、集装箱堆场管理和保税仓储管理等。本书的特点是科学性、实用性和可读性较强，并设有思考题、案例分析等内容，以开拓读者的视野。

本书可作为高等院校物流管理、物流工程等相关专业的教材使用，也可作为企业经营管理人员培训、工作和学习的参考用书。

图书在版编目（CIP）数据

仓储管理／梁军主编．—杭州：浙江大学出版社，2009.12

（高等院校物流管理与物流工程专业系列教材）

ISBN 978-7-308-07158-1

Ⅰ.仓… Ⅱ.梁… Ⅲ.仓库管理—高等学校—教材 Ⅳ.F253.4

中国版本图书馆CIP数据核字（2009）第194810号

仓储管理

主　编　梁　军

副主编　丁祥海　李於洪　王　芬　徐海峰　江思定

丛书策划　黄兆宁　樊晓燕
责任编辑　黄兆宁
文字编辑　吴昌雷
封面设计　刘依群
出版发行　浙江大学出版社
（杭州天目山路148号　邮政编码310028）
（网址：http://www.zjupress.com）
排　　版　杭州中大图文设计有限公司
印　　刷　德清县第二印刷厂
开　　本　787mm×1092mm　1/16
印　　张　22.75
字　　数　525千
版 印 次　2009年12月第1版　2009年12月第1次印刷
书　　号　ISBN 978-7-308-07158-1
定　　价　39.00元

高等院校物流管理与物流工程专业系列教材

审稿专家委员会名单

（以姓氏笔画为序）

前 言

人类进入21世纪以来，科学技术的进步促进了现代物流产业的快速发展，仓储这个古老而又新兴的行业受到普遍的重视，仓储管理作为降低物流成本、提高服务质量的"第三利润源泉"的环境已经形成。在国内外商品流通和交易深入发展的同时，对仓储管理的理论和实践也提出了更新、更高的要求，《仓储管理》一书就是应这种迫切需要而编写的。

《仓储管理》是高等院校物流管理与物流工程专业系列教材之一。该书可供高等院校物流管理、物流工程等相关专业的师生教学使用，也可作为企业内部培训和经营管理人员工作、学习的参考用书。

本书按照"概念清楚，方法实用"的原则进行编写，既重视理论性，又强调实践性。对仓储管理的有关理论进行了深入的阐述，同时介绍了在仓储具体业务中常用的操作方法。全书共分为13章，包括仓储和仓储管理概述、仓库选址与布局、仓储机械设备选择与管理、仓储作业流程管理、仓储安全与特殊货物管理、仓储经营管理与合同、仓储成本与绩效管理、库存管理概述、传统的库存控制方法、现代库存控制方法、现代信息技术在仓储管理与库存控制中的应用、集装箱堆场管理和保税仓储管理等。本书增加了集装箱堆场管理、保税仓储管理的相关内容，使全书的内容更具系统性和完整性。

本书由宁波工程学院梁军教授担任主编，杭州电子科技大学丁祥海副教授、浙江科技学院李於洪副教授、浙江海洋学院王芬讲师、浙江科技学院江思定讲师、徐海峰高级工程师担任副主编。本书主要编写人员分工为：梁军编写第1、13章，丁祥海编写第6章，丁祥海、徐海峰编写第7章，李於洪编写第3章，王芬编写第4章，王芬、徐海峰编写第8章，江思定、徐海峰编写第9、11章，宁波工程学院吕海珍编写第2章，宁波工程学院陈金山编写第5、12章，宁波工程学院姜丽丽编写第10章。由梁军负责全书的统稿工作，徐海峰负责全书的审阅工作。

本书在选题立项、大纲制订和书稿编写出版过程中，得到了浙江大学出版社的大力支持和指导，得到了宁波市港口物流应用型人才培养基地的支持和赞助，得到了宁波工程学院、杭州电子科技大学、浙江科技学院、浙江海洋学院等高校的支持和协助，在此表示真挚的感谢！

本书在编写过程中，广泛参考和借鉴了国内外有关仓储管理的书籍、报纸杂志和相关网站，在此向各位学者和同仁一并表示衷心的感谢！同时热切希望各位同仁和广大读者对本书提出意见和建议，以便本书再版时修订。

编者

2009年8月

目 录

第1章

仓储和仓储管理概述

☞ 本章要点

本章主要介绍仓储的含义、产生和发展史、仓储的地位，进一步阐明仓储管理的内容、基本任务、合理建议，仓储与物流的关系，现代仓储业的发展与提升。

1.1 仓储的产生和发展

1.1.1 仓储的产生

商品在从生产领域向消费领域转移过程中，商品生产和商品消费在时间上、空间上以及品种和数量等方面不同步，这个客观矛盾促使仓储业的产生。

人类社会自从有了剩余产品以来，就出现了“储备”这个概念。所谓储备，是指将多余的、暂不消费的商品存起来以备再用的活动规范。从宁波余姚河姆渡遗址出土的稻谷可以看出，人类储存的历史已达7000余年。在原始社会的末期，当某个人或某个部落，生产出现暂时的自给有余时，就把多余的产品储藏起来。但是，当时的储备完全是自发的行为，规模小、数量小、以储备自然采集物和猎物为主，人们使用的是石块和木棒做的粗笨工具，生产力水平极其低下。当时储备的目的，一是为了保存好产品的数量，二是为了保护好产品的所有权。

随着生产力的发展，出现了人类历史上第一次社会大分工，即农业和畜牧业的分离。由于社会的分工、技术的进步，人类学会使用畜力，能够制造简单的车船，也开始修路凿河，生产有了剩余，简单的储存方式如烘、焙、熏、腌等以及悬于壁、藏于窖的保管方法产生了。生产有剩余，易物交换也就出现了。随之而来的储运活动产生了，当然这里的储运只是产品的储运。

随着生产力的进一步发展，出现了人类历史上第二次社会大分工，即手工业从农业中分离出来，成为一个独立的生产部门，这是一种以交换为目的的真正的商品生产。随之而来的贸易，不仅有部落内部的和部落边界的贸易，而且还有海外贸易，交换的范围扩大了。

随着商品生产和商品交换的进一步发展，出现了人类历史上第三次具有决定意义的社会大分工，即工业和商业的分离。它创造了一个不从事生产只从事商品交换的阶级——商人。从此商业逐渐成为专门从事商品流通的独立经济部门而出现在历史舞台上。

工业革命后，庞大的生产规模和较高的生产能力，使越来越多的商品投入流通领域，不断地开辟远方市场成了发展生产的必然，交换的范围则更大了。大规模的商品生产和商品交换，客观上要求商品的储备规模不断扩大，于是，商品储备又逐渐从附属于某部门、某企业的状况，逐渐分离为一个独立的行业——仓储业。

1.1.2 仓储和仓储业

仓储是每一个物流系统都不可缺少的组成部分，是生产者与客户之间的一个主要的联系纽带，在物流系统中起着包括运输整合、产品组合、物流服务、防范偶发事件、物流过程平稳等一系列增加附加值的作用。

人们经常将仓储解释为储存商品。广义地讲，这种定义包括广域的提供储存功能的特点，而这样的储存功能包括露天矿石的储存，生产车间产品的存放，此外还包括原材料、在制品和转运中的存放。每个人工制造、自然生长或捕获得到的产品在其生命周期（从创造到消费）中至少都会被储存过一次，充分说明仓储在国民经济发展中的重要性。

仓储是指商品在从生产地向消费地的转移过程中，在一定地点、一定场所、一定时间的停滞，储存是物流的一种运动状态，是商品流转的一种作业方式。储存过程包括对物品进行检查、保管、加工、集散、转换运输方式等多种作业。储存是物流的主要职能，又是商品流通不可缺少的环节。现代物流是采购原材料、产品生产及其销售过程的实物物流的统一管理，实现促进产品销售和降低物流成本的管理。物流过程需要经过许多环节，其中仓储是不可缺少的重要环节。仓储从传统的物品存储、流通中心，发展成为物流产业的节点，作为物流管理的核心环节发挥着整体物流协调的作用，仓储也是产品制造过程中的一个环节。在我国，仓储有两个含义：一是微观层次上的，即企业所进行的仓储活动。商品的仓储活动是由商品生产和商品消费之间的客观矛盾所决定的。商品在从生产领域向消费领域转移的过程中，一般都要经过商品的仓储阶段，这主要是由于商品生产和商品消费在时间上、空间上以及品种和数量等方面的不同步所引起的，也正是在这些不同步中仓储活动发挥了重要意义。二是宏观层次上的，指专业从事仓储活动的产业，即仓储业。仓储业是指从事仓储活动的经营企业的总称。随着社会主义市场经济的不断发展，仓储业已成为经济社会发展中不可或缺的力量，在国民经济体系中占有重要的地位。我国的仓储业历史悠久，特别是在改革开放30年以来，形成了较大的规模，形成了各种专业化门类齐全的仓储分工，在数量上完全能满足我国经济发展的需要。

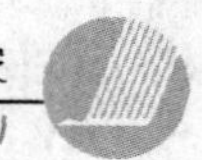

1.1.3 我国仓储业的发展

研究我国仓储业产生与发展的历程有助于我们借鉴历史，取其精华，不断创新，并完善于未来。纵观我国仓储业的发展历史，大体如下。

我国古代商业仓库是随着社会分工和专业化生产的发展而逐渐形成和扩大的。《中国通史》上记载的“邸店”，可以说是商业仓库的最初形式，但由于受当时商品经济的局限，它既有商品寄存性质，又具有旅店性质。随着社会分工的进一步发展和商品交换的不断扩大，专门储存商品的“塌房”从“邸店”中分离出来，成为带有企业性质的商品仓库。

我国近代商业仓库，随着商品经济的发展和商业活动范围的扩大，得到了相应的发展。19 世纪我国把商业仓库叫做“堆栈”，即指堆存和保管物品的场地和设备。堆栈业与交通运输业、工商业以及与商品交换的深度和广度关系极为密切。由于我国近代工业主要集中在东南沿海地区，因此堆栈业也是在东南沿海地区，例如，上海、天津、广州、宁波、福州、厦门等地区起源最早，也最发达。据统计，1929 年上海码头仓库总计在 40 家以上，库房总容量达到 90 多万吨，货场总容量达到 70 多万吨。

堆栈业初期，只限于堆存货物，其主要业务是替商人保管货物，物品的所有权属于寄存人。随着堆栈业务的扩大，服务对象的增加，堆栈业已逐渐划分为码头堆栈、铁路堆栈、保管堆栈、厂号堆栈、金融堆栈和海关堆栈等。近代堆栈业的显著特点是建立了明确的业务种类、经营范围和责任、仓租、进出手续等。当时堆栈业大多是私人经营的，为了商业竞争和垄断的需要，往往组成同业会，订立同业堆栈租价价目表等。但是，由于整个社会处于半封建半殖民地的经济状态，民族工业不发达，堆栈业务往往是附属于旅馆业，而且随商业交易和交通运输业的盛衰而起落。

新中国成立以后，接管并改造了旧中国留下来的仓库，当时采取对口接管改造的政策，即：铁路、港口仓库由交通运输部门接管；物资部门的仓库由全国物资清理委员会接管；私营仓库由商业部门对口接管改造；银行仓库，除“中央”、“中国”、“交通”、“农业”等银行所属仓库作为敌伪财产随同银行实行军管外，其余大都归商业部门接管改造；外商仓库，按经营的性质，分别由港务、外贸、商业等有关部门接管收买。对于私营仓库的改造是通过公私合营的方式逐步实现的，政府通过工商联合会加强对私营仓库的领导，限制仓租标准，相继在各地成立国营商业仓库（后改为仓储公司），并加入当地的仓库业同业工会，整顿并建立仓库制度。

随着工农业生产的发展，商品流通的扩大，商品储存量相应增加，但改建的仓库和接收的仓库，大多是企业的附属仓库，在数量上和经营管理上都不能满足经济发展的需要。为此，政府采取了一系列措施，改革仓储管理工作。例如，1952 年，原中央贸易部颁发了《关于国营贸易仓库实行经济核算制的决定》。《决定》中指出，为解决仓容不足，消除仓库使用不合理现象，提高仓库使用率，必须有组织、有计划地实行经济核算制。并强调：除专用仓库和根据各经营单位经营商品的具体情况，保持一定数量的附属仓库外，其余仓库应全部集中组成仓储公司，推行仓库定额管理，以便统一调剂，供各单位使用。这些措施首先在北京、天津、上海、沈阳、武汉等城市试行，这也是集中管理仓库的开端。1953

年召开的第一届全国仓储会议，作出了《关于改革仓储工作的决定》，进一步明确国营商业仓库实行集中管理与分散管理相结合的仓储管理体制。根据这一决定，在全国10万人口以上的城市都丈量了仓库面积，查清当时仓容能力，在此基础上经过调整集中，成立了17个仓储公司。实践证明，集中与分散相结合的仓储管理体制是适合我国国情的，也是适应当时商品流通的客观要求的。集中管理的仓库一般由仓储公司（或储运公司）经营，它是专业化仓储企业，实行独立经营核算；分散管理的仓库隶属于某个企业，只为该企业储存保管物品，一般不独立核算。它们各具有优缺点，一般情况下，一、二级批发企业比较集中的城市，大中型工业品仓库（除了石油、煤炭、危险品、鲜活、冷藏等特种仓库外）适宜集中管理；三级批发仓库，特别是批发机构和仓库在同一个地点的，则适宜分散管理，以方便购销业务。

同时，根据计划经济的需要，国家对重要的工业品生产资料，逐步实行与生活资料不同的管理方法，即计划分配制度。1960年以后，在国民经济调整的过程中，国家对物资管理工作也作了整顿和改革，改革的基本原则是进一步加强对物资的计划分配和统一管理，国务院设立物资管理部，建立起全国统一的物资管理机构和经营服务的系统。在仓储方面，把中央各部设立中转仓库保管物资的做法，改由物资部门统一设库保管。1962年，成立了国家物资储运局（后改为物资储运公司），归属于国家物资管理总局，负责全国物资仓库的统管工作。根据1984年统计，国家物资储运总公司在各地设有14个直属储运公司，下属76个仓库，拥有库房和料棚195万平方米，货场446万平方米，主要承担国家掌握的机动物资、国务院各部门中转物资以及其他物资的储运任务，再加上各地物资局下属的储运公司以及仓库，在全国初步形成了一个物资储运网。从国营商业仓库来看，截止到1981年底，全国县以上通用商业仓库已经达到5700万平方米，初步形成按专业、按地区设立仓库网。

在这一阶段，无论仓库建筑、装备，还是装卸搬运设施，都有很大发展，是旧中国商业仓库所无法比拟的。

我国在一个较长时期里，仓库一直属于劳动密集型企业，即仓库中大量的装卸、搬运、堆码、计量等作业都是由人工来完成的，因此，仓库不仅占用了大量的劳动力，而且劳动强度大，劳动条件差，特别在一些危险品仓库，还极易发生中毒、爆炸等事故；从劳动效率来看，人工作业的劳动效率低下，库容利用率不高。改革开放以来，为迅速改变这种落后状况，政府在这方面花了很大力气，一方面重视旧式仓库的改造工作，按照现代仓储作业要求，来改建旧式仓库，增加设备投入，配备各种装卸、搬运、堆码等设备，减轻工人的劳动强度，改善劳动条件，提高仓储作业的机械化水平；另一方面，新建了一批具有先进技术水平的现代化仓库，随着世界经济发展和现代科学技术的突飞猛进，仓库的性质发生根本性变化，从单纯地进行储存保管货物的静态储存一跃而进入了多功能的动态储存新领域，成为生产、流通的枢纽和服务中心。特别是大型自动化立体仓库的出现，使仓储技术上了一个新台阶。我国已建造了大量的自动化仓库，并普遍采用电子计算机辅助仓储管理，使我国仓储业进入了现代化、自动化的新阶段。

1.1.4 仓储的发展趋势

从我国仓储业发展的历程中可以看出，传统国有仓储业，在历史上承担着“蓄水池”、“中转站”的作用。随着市场经济的变革，国有仓储业面临着现代物流的冲击，过去那种“被动性、不连续性、不均衡性”的仓储运作早已被打破。商品库存由过去批量大、品种少、周转慢，正朝批量小、品种多、周转快的方向转化，特别是电子商务、连锁经营的发展，对仓储业、仓储条件提出了更高的要求。

1.仓储业走向现代物流必须注重的功能要素

仓储业走向现代物流必须注重以下功能要素：

(1)改善仓库的管理功能

传统仓储业把对仓库的考核简单地定在库房利用率、出入库差错率、商品的完好率上，大部分标准的制定与统计都是人工操作，并不注重该商品流转何处，何时何地实现其使用价值，对于仓储企业来说，没有商品的时间价值、管理价值的概念。随着现代物流和供应链管理的发展，传统的管理指标已不再是衡量仓储企业优劣的标准，需要制定新的仓储管理标准。新标准要适应市场的变化，适应少批量、多品种、周转快的商品及商品技术参数的要求，应注意改进并引用先进的管理技术，特别是在管理上体现出更深层次的服务，减少人为性、随意性，为客户提供一个良好的仓储平台。

(2)注重仓库的信息化和标准化建设

随着电子商务、连锁经营业的发展，现代物流必将有更大的作为，特别是现代物流中信息流贯穿于始终。为衔接好厂家与商家、商家与使用者上下游之间的连接，以快速、有效地实现这种连接，提供仓库更深层次的服务，应搭建好仓储这个信息平台，实现仓库信息化功能。

现代物流的发展，对仓储标准化提出了许多新的要求，比如，商品的码放、托盘的使用、仓库的恒温性，乃至仓储技术术语的应用以及管理等等。近年来ISO9000认证在物流仓储业的广泛展开，就是仓储业实施标准化的一个体现。因此，传统仓储业要向现代物流转换，应及早地将标准化纳入企业战略中来。

(3)注重仓库自动化、智能化建设

当前，有许多仓库依旧沿袭着人工装卸或半人工装卸、人工验收、人工保管、人工发料、人工盘点等人力操作，这就不可避免地会出现人为事故，不仅影响商品的验收、发货的准确率，也会严重影响企业的诚信度。因此，传统仓储业向现代物流转换，应考虑如何提升仓库装卸及收、发、管的自动化和智能化，把提升自动化和智能化的水平，作为基础工作来抓。

(4)注重加工、配送业务的拓展

现代物流不仅要求仓库有储存、保管功能，还要求有分拣、配货、包装、加工、配送等功能。传统仓储企业可以充分利用自身的优势，为商家在入库保管过程中实现分拣、包装、加工、配送的功能，不仅帮助商家降低流通成本，也能提高仓储企业的创收能力，并完善其服务功能，以实现向现代物流的转换，真正实现商品的场所价值、时间价值。

(5)积极主动建立网络

传统仓储企业要实现现代物流，应积极主动参与到社会经济的大流通中去，与那些先进的物流企业、先进的生产企业、先进的营销企业主动结盟，不仅为他们提供自己的服务，同时从中吸收、引进先进的管理理念，而且有条件地应建立自己的网点、配送体系等，形成一个跨地区、跨地域的物流网络。

(6)制定人才战略，加快人才培养

要实现传统仓储业向现代物流转换，离不开有知识、懂管理、有操作能力的物流人才。因此，仓储企业必须制定出自己的人才战略，尽快引进、培养企业所需的真正了解现代物流，有创新意识，愿意献身于物流事业发展的人才。

(7)依靠政府、协会的作用实现转型

物流市场的发展和规范，一靠政府，二靠中介组织。特别是传统仓储业要向现代物流转换，离不开行业协会的指导，需要行业协会帮助沟通企业与政府的联系。因此，政府、行业协会是促进传统储运业转向现代物流的必要条件。

2.仓储物流业面临的挑战

加入 WTO，使国内市场国际化，会有更多的外资物流供应商进入国内物流市场，对我国第三方物流业形成严峻的挑战。而作为第三方物流的关键环节，仓储管理应该得到企业家的高度重视。

(1)仓储业竞争国际化

当美国 UPS、德国敦豪(DHL)等进入我国市场时，业界就盛传“狼来了”，总担心被它们分掉市场蛋糕。随着时间的推移，我国仓储物流业不但没有受到太大的冲击，反而加快了发展的脚步。我国物流仓储企业有着得天独厚的本土优势，只要经营得当完全可以和外资企业分庭抗礼，实现共赢。恰恰是“与狼共舞”激活了我国市场，催生了一批国际知名的优秀企业。一些国内物流行业的龙头企业通过和国际知名企业强强联手，不断取长补短。目前在国内已经产生了如中外运这样营运范围覆盖全国、延伸境外的知名企业。按照我国加入 WTO 时的承诺，2005 年我国的服务业已全面对外开放，物流业已全面对外开放。从整个物流业角度看，物流业的开放意味着需求和供给的全面开放，按照 WTO 协议，在过渡期内，外商独资的物流企业目前不允许进入我国，中外合资的企业可以进入，但不能控股，而且不仅要经过审批，还要有数量上的限制。敦豪(DHL)公司 1986 年进入我国市场，是最早进入我国市场的国际快递巨头。尽管随后 TNT、UPS、Fedex等国际快递业中“天王”级企业也陆续进入了我国市场，但中外运敦豪始终是众多合资快递公司中发展最快的一个。但是，这一政策到 2005 年就不再奏效，将有更多的物流商进入我国。同时，这些物流商支持的制造商、经销商，都会加快进入我国的步伐。中外物流企业的对决不可避免，激烈的竞争必将出现。

(2)数字化生存压力

我国物流仓储业也并非毫无隐患可言。其中突出的问题集中在物流资源供需的不平衡。一方面作为需方的工商企业，大量潜在的物流需求不能转化为有效的市场需求；另一方面作为供方的物流企业，服务质量和效率难以满足社会化物流的需求。这一点虽然和我国薄弱的物流仓储基础有关，但更多的是思想理念和管理方法的缺失。另外，近

些年出现的物流仓储组织布局分散、条块分割也日益影响该行业的健康发展。

传统的仓储物流业的经营管理方式已经不能适应市场经济的发展要求，无法满足市场的需求。物流仓储行业必须借助现代理论的指导，从业人员真正融入现代物流仓储产业的发展，实现行业的现代化。

目前有些物流仓储企业运营成本偏高，其中很大原因就是物流信息化建设严重落后。“现代物流仓储企业的核心是建立在信息化平台之上。缺乏一个信息化的‘大脑’成为我国物流仓储企业赶不上外国同行的主要差距。”

在竞争日趋激烈的国际货运市场，一些大牌公司往往通过及时的技术更新占得先机。但是为了能够“跑得更快一些”，像敦豪、UPS、Fedex这样一些国际知名的快递企业在技术环节上下足了功夫。敦豪耗费巨资打造的新一代全球快件查询跟踪系统让其大大风光了一把。

有关资料显示，由于缺乏信息化管理，我国运输电子产品和食品的成本比美国高出40%～50%。我国物流企业的资产回报率还不到外国同行的1/8，而货物平均运距还不到发达国家的1/5。我国企业要想在这些国际巨头的注视下获得生存发展空间，就必须加大IT资金投入，加紧IT人才培育，补上这些基础技术课。

3. 仓储的发展趋势

随着我国经济的发展，商业、生产制造企业、连锁超市、零售业等对物流、仓储业务的外包需求逐步增多，以及中小物流企业对仓储租赁的需求，使仓储业面临着巨大的发展空间。公共仓库的发展，将成为重要的货源和货物集散中心，中小运输企业将在这里找到合适的配载货物。同时，较大的运输企业、物流企业也在加快自有物流中心的建设，一些生产厂家也在纷纷建立集中管理的物流基地，整合成以仓库为核心的区域性的、辐射状的物流网络。

在新形势下仓储影响企业经营的成败，仓储的发展趋势是：

(1)以顾客为中心

成功的企业愿意和客户保持交流并倾听客户的意见，因为仓库的作业必须通过在适当的时间、以适当的方式存储或发送适当的产品，在满足客户需要的基础上，实现产品的增值。成功的企业和供应商、顾客是真正的合作伙伴关系，从共享信息、互相商定的计划和双赢的协议中受益。运作高效、反应迅速的仓储是实现这一目标的关键。

(2)减少作业、压缩时间

今后仓储中心在数量上将减少，但在每个中心的商品数量将增加。因此，以后的分销中心一方面规模更大，另一方面日常所要处理的订单也更多。这意味着装运频次的加快和收货、放置、拣货及装运作业的增加。这一趋势将对物料处理系统提出更高的要求，对叉车和传送带等设备需要量更大。

(3)仓库作业的自动化

为适应仓储业作业量的急速膨胀，仓储业需要大大提高自动化程度。比方说，需要使用更多的传送带来长距离地运送小件物品，同时要设定适当数量的重新包装站和装卸作业平台。另外如使用更多的自动分拣设备，就能在不建造额外场所的情况下提高整体工作能力。因此，在诸如货物搬运这类增值很少甚至无增值的作业方面，自动化设备将继续替代劳动力。

(4)订单批量趋小化

在当代，订单呈现出批量趋小、频次趋高的趋势。造成这一趋势的原因包括：信息更易获得、技术进步、VMI计划的执行和某些地点的批发仓库的取消，尤其是"直接面向商店"(direct-to-store)和"直接面向客户"(direct-to-customer)计划的实施，使得大批量装运的作业越来越少。在将来，为任何规模的订单服务对企业来说将不仅仅是意味着挑战，更意味着机遇。

(5)不间断供货

不间断供货就是要求产品在供应链系统中同步化顺畅运作，避免巨大的库存。以前的仓储中心，有可能每个月甚至每个季度才发一次货，但现在却是每周一次甚至是每周两次。因此信息的流动也需要加速，以保持和物流变化协调一致。在线或即时信息系统将替换原先的滞后系统。在信息时代，仓储业在数据处理方面将会有巨大的变化和改进。

(6)直拨

直拨就是物品在物流环节中，不经过中间仓库或者站点，直接从一个运输工具换载到另一个运输工具的物流衔接方式。分销商在将商品存入仓库之前，常常将收到的货物以直拨方式满足被延期交付的订单。在将来，每个仓库需要处理的订单会更多，这一趋势将使大多数的分销中心希望能通过运用直拨方式来提高效率。直拨对参与方之间的紧密合作和即时的信息交换有较高的要求。

(7)运作的电子化

仓储管理者把货物从仓库的进出(包括收货、放货、分拣和装运)作业看做是工作中的最关键部分。但在执行这些工作时遇到的困难是难以及时获取精确的信息。实施仓库工作的电子化可以改变这一现状。从原则上讲，电子化仓库意味着所有物流运动的电子化操作，从而减少甚至消除在产品鉴别、地点确认、数据输入和准确分拣方面可能产生的传统错误。同时，电子控制系统还能避免数据输入的延误、即时更新库存、随时找到所需的货物。

(8)第三方仓储

近年来，一些公司认识到培育、巩固核心竞争力的重要性，从而不愿再为库存专门设立存储场所，而是将这一部分业务外包，这在一定程度上促进了第三方仓储的发展。在将来，会有越来越多的中小型企业，借助第三方仓储来减少资本的投入，提高服务水平。从长期来看，第三方仓储因有许多优点，会成为市场主体。但仍然有一些产品和企业并不适于采用第三方仓储。

(9)人力资源

仓库作业的自动化和电子化要求工人必须不断提高技能，尤其是计算机技能。为了提高雇员的素质和教育水平，公司必须雇佣和留住最好的雇员，并训练他们掌握基本的机械操作，熟悉所有的仓储作业。

4. *发展我国仓储业的措施*

随着我国经济的高速发展和流通体制改革的不断深化，以及不断扩大开放和国际贸

易的发展，客观上要求物流高速发展，尤其是仓储业更要快速发展，以适应这一新形势的需要。因此，我国仓储业目前应该加快改革与发展的步伐。

(1)加强物流理论研究，提高人们对仓储业的认识

目前迫切地需要加强物流理论的研究，加强相关知识的宣传，进一步提高人们对仓储业在物流、在国民经济发展中的重要性的认识。我国目前的仓储业无论从管理体制上、规模上，还是技术设备上、管理方法上均不适应国民经济发展和人民生活水平提高的客观要求，这一环节发展的滞后，已影响到国民经济和物流整体功能的发挥，影响到从生产到消费的流通过程顺利进行。一个国家、一个地区如果不能使仓储业实现社会化、现代化，那么这些地方要实现物流的社会化、现代化也是不可能的，加快仓储业的发展已迫在眉睫、刻不容缓。

(2)改革现行的仓储管理体制

改革现行的仓储管理体制是加快我国仓储业发展，加快实现仓储社会化、现代化的关键。

1)加强仓储行业协会的建设

建立全国性的仓储协会(现有的这类协会就其发挥的作用来说基本上还是部门性协会)，由国家有关部门授权实施跨地区、跨部门、跨区域的仓储行业管理与协调工作。打破条块分割、相互封闭的格局，使各类型的仓库从附属型向经营型转化，真正面向社会开展公平竞争，为加快实现仓储业的社会化、市场化、现代化创造条件。

2)构建全国统一的仓储市场体系

打破部门分割、地区分割、自备仓库自已用、相互封闭、重复建设的局面，在完善仓库功能的基础上，逐步实现仓储业统一规划、合理布局，形成全国统一的仓储市场体系。

3)加快实现仓库功能多元化

仓库功能多元化是市场经济发展的客观要求，也是仓库提高服务水平，增强竞争力的重要途径。在市场经济条件下，仓库不仅仅是储存商品的场所，除此之外，还应该承担商品分类、挑选、整理、加工、包装、代理销售等职能，还应成为集商流、物流、信息流于一身的商品配送中心、流通中心。在美国、日本等发达国家，基本上都把原来的仓库改造成商品的流通加工中心或配送中心，我国也完全可以走这条道路。

4)加快传统仓储企业的改造

重视对原来仓库的技术改造，加快实现仓储企业的现代化。现代化要求高度机械化、自动化、标准化。我国长期重生产轻流通，重商流轻物流，造成今天仓储业的落后局面。但是，加快发展我国的仓储业，绝不是要国家拿出大笔资金去大量建新仓库，更不是都去建现代化的立体仓库，而应该在调查研究的基础上，根据一个地区、一个城市的实际需要，有计划有步骤地逐步对原有的仓库进行技术改造。

5)扩大对外开放，完善仓储市场

我国物流领域与其他行业相比，社会化、市场化、现代化程度较低，发展较慢，原因是多方面的，但和这个领域的对外开放程度较低是有直接关系的。长期以来，仓储业实行封闭经营，由于体制原因，向国内外开放的观念淡薄，措施跟不上，开放进展慢，开放程度低。因此，加快仓储业的对外开放是当务之急。通过对外开放，引进国外资金和先进的

仓储管理经验以及现代化的仓储技术，从而促进我国仓储企业提高竞争能力，争取在国际物流市场上占有一席之地。

3.加强现代化仓储人员的培训工作

实现仓储现代化的关键在于科学技术，而发展科学技术的关键又在于人，没有知识，没有人才，现代化就是一句空话。要实现仓储人员的知识化、专业化，必须按现代化管理的要求，根据不同类型的仓库和工作岗位的制定和实施人才培训计划，加强对仓储人员的培养、教育和提高，尽快培养出一批具有现代科学知识和管理技术、责任心强、素质高的专门从事仓储管理的干部队伍。这是实现我国仓储乃至物流社会化、现代化的重要保证。

1.2 仓储的地位和作用

随着经济发展全球化和信息技术的迅猛发展，企业生产要素的获取与产品营销范围日趋扩大，社会生产、商品流通、商品交易及其管理方式正在并将继续发生深刻的变革。与此相适应，企业占据竞争优势的关键，已由降低原材料成本的“第一利润源泉”、提高劳动生产率以降低活劳动消耗的“第二利润源泉”，转向建立高效物流系统以降低物流费用、形成企业核心竞争优势的“第三利润源泉”。自20世纪90年代以来，现代物流在全球范围内发展迅速，逐步成为影响国民经济发展和企业经营管理的重要因素。

在我国，现代物流的发展已引起政府、企业界和学术界的高度重视。近年来，现代物流业已经成为我国国民经济的重要产业部门和新的经济增长点。发达国家的经验证明，现代物流对地区经济的发展有极大的促进作用。加快发展现代物流业，是我国应对经济全球化和加入世界贸易组织的迫切需要，对于提高我国经济运行质量和效益，优化资源配置，改善投资环境，增强综合国力和企业竞争力具有重要意义。

从宏观经济的角度看，仓储具有十分重要的功能。仓储为原材料、产品和成品创造了时间效用，消费者以市场为导向对仓库的依赖，使得企业能够用更短的交付周期为客户服务，通过仓储提高了产品的效用。换句话说，通过仓储，企业能够使客户在需要的时间和需要的地点快速获取产品。随着越来越多的企业将客户服务看做是一个能够实现动态的、价值增值的竞争手段，仓储活动也变得越来越重要。

1.2.1 仓储的基本功能

现代仓储业作为物流与供应链系统中的重要节点和调控中心，是国民经济中的一个重要产业，在现代服务业中占有独特地位。我国现有公共仓储企业1万多家，仓储业同比增长12%以上。仓储业增加值在GDP的比重10年来一直保持在0.3%，在第三产业增加值中的比重近10年来保持在0.8%～0.9%，显示了仓储业在国民经济发展中的基础地位。

仓储通过改变物的时间状态，克服产需之间的时间差异获得更好的时间效用。具体

地说，仓储有整合、分类、加工和延期、堆存和保管等基本经济功能。

1. 整合

装运整合可使仓储获得经济利益。整合仓库接收来自一系列制造厂指定送往某一特定地点的材料，然后把它们整合成单一的一票装运，其好处是可以实现最低的运输费率，并减少在顾客的收货站台处发生拥塞的概率。仓储人员可以把从制造商到仓库的内向转移和从仓库到顾客的外向转移都整合成更大的一票进行储运。

为了提供有效的整合装运，每个制造厂必须把仓库作为货运储备地点或用作产品分类和组装的地点。整合仓库可以由单独一家厂商使用，也可以由几家厂商联合起来共同使用，提供出租方式的整合服务。通过整合方案的利用，每一个单独的制造商或托运人都能够享受到物流总成本低于其各自分别直接装运的成本。

2. 分类

除了不对产品进行储存外，分类和交叉站台的仓库作业与整合仓库作业相类似。分类作业接收来自顾客的组合订货，并把货物装运到每个顾客的地点。分类仓库或分类站把组合订货分类或分割成个别的订货，并安排当地的运输部门负责递送。由于长距离运输转移的是大批量货物，所以运输成本相对比较低，也容易对货物进行跟踪。

零售连锁店广泛地采用交叉站台作业来补充快递转移的商店存货。在这种情况下，交叉站台先从多个制造商处运来整车的货物；收到产品后，如果有标签的，就按顾客进行分类，如果没有标签的，就按地带内进行分配；然后，产品就像“交叉”一词的意思那样穿过“站台”装上指定去适当顾客处的拖车；一旦该拖车装满了来自多个制造商的组合产品后，它就被放行把货物运往零售店。交叉站台的经济利益中包括从制造商到仓库拖车的满载运输，以及从仓库到顾客的满载运输。由于产品不需要储存，降低了交叉站台的搬运成本。此外，由于所有的车辆都能充分装载，有效地利用了站台设施，使站台装载利用率达到最大限度。

3. 加工和延期

仓库还可以通过加工或参与少量的制造活动，被用来延期或延迟生产。具有包装能力或加标签能力的仓库，可以把产品的最后一道生产工序一直推迟到知道该产品的需求时为止。一旦接到具体的顾客订单，仓库就能给产品加上标签，完成最后一道加工，并最后敲定包装。

加工和延期(processing and postponment)提供了两个基本经济利益：第一，风险最小化，因为最后的包装要等到敲定具体的订购标签和收到包装材料时才完成；第二，通过对基本产品使用各种标签和包装配置，可以降低存货水平。于是，降低风险与降低存货水平相结合，往往能够降低物流系统的总成本。

4. 堆存和保管

有些物品存储是至关重要的，堆存和保管这种仓储服务可带来直接的经济利益。例如，草坪、家具和玩具是全年生产的，但主要是在非常短的一段市场营销期内销售的。与此相反，农产品是在特定的时间内收获的，但消费则是在全年进行的。这两种情况都需要仓库的堆存(stock pilling)来支持市场营销活动。堆存提供了存货缓冲，使生产活动在受到材料来源和顾客需求的限制条件下提高效率。

保管是物品一种静止的状态，也可以说是时速为零的运输，保管产生时间效益。一般情况下，生产与消费之间有时间差，保管的主要功能就是在供应和需求之间进行时间调整。此外，生产或收获的产品，产出多少就销售多少，不进行保管，价格必然暴跌，为了防止这种情况的发生也需要把产品保管在仓库里。可见保管在提高时间功效的同时还有调整价格的功能。因此，保管具有以调整供需为目的的调整时间和调整价格的双重功能。

1.2.2 仓储的地位

仓储在国民经济发展中的地位可以从以下两个方面论述：

1.宏观方面

仓储是社会再生产过程得以顺利进行的必要条件，是保存物资原有使用价值的必要环节，是促进资源合理利用配置的重要手段。不论一个国家的资源多么丰富，包括未加工的初级产品和经过加工的制成品，相对于需求的无限欲望而言，总是有限的，因而合理配置资源，做到物尽其用，总是一个国家谋求发展的重要目标。当物资离开生产过程进入消费过程的准备阶段，即处于库存阶段时，对于实际的再生产过程是必需的，但是物资处于闲置状态，不产生利润(对在库物资进行整理、加工、分装除外)。所以，当一部分企业储备物资超过了再生产所必需的界限时，从整个国家来看，这就是对资源的一种浪费。在实际经济生活当中，我们看到更多的是，即使是同类产品，在一些行业和企业滞留，长期闲置不用。而在另一些行业和企业都表现出短缺，使得开工不足，影响生产。积压和短缺并存是我国经济的一大痼疾。这除了产品结构方面的原因外，物资流通体制不合理和库存管理水平落后也是重要原因之一。从技术上讲，现有的仓储理论能够解决库存的合理数量问题，这就为合理利用资源提供了可能。我国是一个人均资源相对有限的发展中国家，充分利用有限的资源对我国经济协调稳定发展更具有现实意义。

2.微观方面

仓储可以保证企业生产过程获得及时、准确、质量完好的物资供应，有利于企业通过占有较少的流动资金，降低产品成本，从而提高企业经济效益和竞争力。库存的首要目的是为了保证企业获得稳定的原材料、零配件供应，但这不是仓储管理的唯一职能。如前所述，库存过多，不仅造成物资积压，增加保管费用，而且过多地占用流动资金。资金也是一种稀缺的资源，它可以投资于其他方面产生利润，可以存入银行产生利息。但是当流动资金处于库存品的形式存在时，它既不产生利润，也不产生利息。积压物资，实质上是积压资金。所以，一般认为，企业库存资金占资金总额比重的大小，固然与企业性质或行业特点有关，在很大程度上也取决于仓储管理水平的提高。

另外，在企业产品的成本构成中，物料成本占有很大比重，对这部分成本进行控制与管理，正是仓储管理的职能之一。物料成本主要包括购入成本、订购成本和储存成本三项。

购入成本是指物料的单位购入价格，通过对购入成本很高的物资进行重点控制，可使企业占用较少的流动资金。

订购成本是指企业从发出采购订单，到物资验收入库所发生的全部费用，例如采购人员差旅费、完成采购或交易所必需的业务费、检验费、装卸运输费等。订购成本与订购

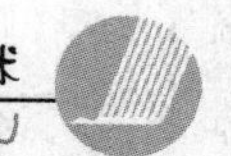

次数有密切关系。而这正是仓储管理要加以控制和管理的。

储存成本是指物资在储存过程(或阶段)所发生的全部费用,包括由于占用资金所损失的利息和其他赢利、仓库以及设备的折旧费与维修费用、保险费、损耗费、人力费等。此项成本与储存数量有密切关系。仓储管理可以通过对物资订购次数的计量和储存数量的控制,降低物料成本,从而达到降低企业生产成本,提高企业经济效益之目的。

1.2.3 仓储的作用

仓储的作用包括以下几方面:

1.搞好仓储活动是实现社会再生产过程顺利进行的必要条件

商品由生产地向消费地转移,是依靠仓储等物流活动来实现的。可见,仓储活动的意义正是由于生产与消费在空间、时间以及品种、数量等方面存在的矛盾引起的。尤其是在现代化大生产的条件下,专业化程度不断提高,社会分工越来越细,随着生产的发展,这些矛盾又势必进一步扩大。在仓储活动中采取简单地把商品生产和消费直接联系起来的方法已不适用,而需要对复杂的仓储活动进行精心组织,拓展各部门、各生产单位之间相互交换产品的深度和广度,在流通过程中不断进行商品品种上的组合,在商品数量上不断加以集散,在地域和时间上进行合理安排。通过搞活流通,搞好仓储活动,发挥仓储活动连接生产与消费的纽带和桥梁作用,借以克服众多的相互分离又相互联系的生产者之间、生产者与消费者之间在商品生产与消费地理上的分离,衔接商品生产与消费时间上的不一致,以及调节商品生产与消费在方式上的差异,使社会简单再生产和扩大再生产能在建立一定的商品资源的基础上,保证社会再生产的顺利进行。

2.搞好仓储活动是保持物资原有使用价值和合理地使用物资的重要手段

任何一种物资,当它生产出来以后至消费之前,由于其本身的性质、所处的条件,以及自然的、社会的、经济的、技术的因素,都可能使物资使用价值在数量上减少、质量上降低,如果不创造必要的条件,就不可避免地造成物资上的损害。因此,必须进行科学管理,加强对物资的护养,搞好仓储活动,以保护好处于暂时停滞状态的物资的使用价值。同时,在物资仓储过程中,努力做到流向合理,加快物资流转速度,注意物资的合理分配、合理供料,不断提高工作效率,使有限的物资能及时发挥最大的效用。

3.搞好仓储活动,是加快资金周转、节约流通费用、降低流通成本、提高经济效益的有效途径

仓储活动是物质产品在社会再生产过程中必然出现的一种形态,这对整个社会再生产,对国民经济各部门、各行业的生产经营活动的顺利进行,都有着巨大的作用。然而,在仓储活动中,为了保证物资的使用价值在时空上的顺利转移,必然要消耗一定的物化劳动和活劳动,尽管这些合理费用的支出是必要的,但由于它不能创造使用价值,因而,在保证物资使用价值得到有效的保护,有利于社会再生产顺利进行的前提下,费用支出得越少越好。那么,搞好物资的仓储活动,就可以减少物资在仓储过程中的物质耗损和劳动消耗,就可以加速物资的流通和资金的周转,从而节省费用支出,降低物流成本,开拓“第三利润源泉”,提高企业的经济效益和社会效益。

4. 搞好仓储活动是提高物资供销管理工作成效的重要方法

物资仓储活动在物资供销管理工作中有着特殊的地位和重要的作用。从物资供销管理工作的全过程来看,其包括供需预测、计划分配、市场采购、订购衔接、货运组织、储存保管、维护保养、配送发料、用料管理、销售发运、货款结算、用户服务等主要环节。各主要环节之间相互依存、相互影响,关系极为密切。其中许多环节属于仓储活动,它们与属于"商流"活动的其他环节相比,所消耗和占用的人力、物力、财力多,受自然的、社会的各种因素影响大,组织管理工作有很强的经济性,既涉及经济学、物理学、化学、机械、建筑、气象等方面的知识,又涉及物资流通的专业知识和专业技能,它与产品学、物资经济学、物资计划与供销管理、物资统计学、会计学等都有直接的密切联系。因此,仓储活动直接影响到物资管理工作的质量,也直接关系到物资供销关系的实现。

1.3 仓储管理

1.3.1 仓储管理的含义

进入 21 世纪以来,以信息为基础的电子商务在全球迅速发展起来,它对传统的企业运作模式、商品流通方式及人们的购物、消费、生活方式产生了广泛而深远的影响。而保证电子商务交易顺利实现交割,关键在于构建一个与电子商务交易相适应的现代物流系统。因此,物流在现代经济发展中的地位和作用,将显得越来越重要。

2009 年 3 月国务院在《物流业调整和振兴规划》中明确指出:物流业是融合运输业、仓储业、货代业和信息业等的复合型服务产业,是国民经济的重要组成部分,涉及领域广,吸纳就业人数多,促进生产、拉动消费作用大,在促进产业结构调整、转变经济发展方式和增强国民经济竞争力等方面发挥着重要作用。物流业调整和振兴的指导思想是:以邓小平理论和"三个代表"重要思想为指导,深入贯彻落实科学发展观,按照保增长、扩内需、调结构的总体部署,以应对国际金融危机对我国经济的影响为切入点,以改革开放为动力,以先进技术为支撑,以物流一体化和信息化为主线,积极营造有利于物流业发展的政策环境,加快发展现代物流业,建立现代物流服务体系,以物流服务促进其他产业发展,为全面建设小康社会提供坚实的物流体系保障。规划目标是:力争在 2009 年改善物流企业经营困难的状况,保持产业的稳定发展。到 2011 年,培育一批具有国际竞争力的大型综合物流企业集团,初步建立起布局合理、技术先进、节能环保、便捷高效、安全有序并具有一定国际竞争力的现代物流服务体系,物流服务能力进一步增强;物流的社会化、专业化水平明显提高,第三方物流的比重有所增加,物流业规模进一步扩大,物流业增加值年均递增 10%以上;物流整体运行效率显著提高,全社会物流总费用与 GDP 的比率比目前的水平有所下降。由此可见,我国物流业发展面临难得的发展机遇,应该以此为契机,加快我国现代物流业的发展。

未来的市场竞争不仅表现为企业与企业的竞争,而且更表现为供应链与供应链之间

的竞争,物流管理成为企业管理的关键环节。从未来发展现代物流产业和企业竞争的需要出发,竞争最终集中在现代物流人才的竞争。物流人才的数量和质量,将会影响到我国在未来国际物流市场竞争中的地位。因此,加快培养适应21世纪物流市场竞争需要的复合型人才,是我国企业和教育界面临的重大问题。而人才培养和教育工作的基础,一定要立足于物流科学前沿,注重物流运作,培养实践操作性强的、高质量的物流规划和设计人才,把物流人才培养放在战略的高度,统筹规划,组织实施。

仓储管理简单来说就是对仓库及仓库内的货物进行管理,是仓储企业为了充分利用所具有的仓储资源提供高效的仓储服务所进行的计划、组织、人员配备、领导和控制过程。具体来说,仓储管理主要包括仓储资源的获得、仓储商务、进出库作业、货物的保管保养、库存控制及安全管理等一系列管理工作。

1.3.2 仓储管理的内容

所谓仓储管理,是指服务于一切库存物资的经济技术方法与活动。很明显,"仓储管理"的定义指明了其所管理的对象是"一切库存物资",管理的手段既有经济的,又有纯技术的,具体包括如下几个方面:

①仓库的选址与建筑问题。例如仓库的选址原则,仓库建筑面积的确定,库内运输道路与作业的布置等。

②仓库机械作业的选择与配置问题。例如,如何根据仓库作业的特点和所储存物资的种类及其理化特性,选择机械装备以及应配备的数量,如何对这些机械进行管理等。

③仓库的业务管理问题。例如,如何组织物资入库前的验收,如何存放入库物资,如何对在库物资进行保管保养、发放出库等。

④仓库的库存管理问题。例如,如何根据企业生产需求状况,储存合理数量的物资,既不因为储存过少引起生产中断造成损失,又不因为储存过多占用过多的流动资金等。

此外,仓库业务考核问题,新技术、新方法在仓储管理中的运用问题,仓库安全与消防问题等,都是仓储管理所涉及的内容。

在很长一个时期内,人们对企业的管理,只把组织与销售看成是企业的主要组织职能,而对保管物料的组织机构——仓库的职能则重视不足,在我国,这一情况更为严重。因为在传统的计划经济体制下,绝大部分物资由国家统一管理,国家计划分配给企业物资,企业按计划组织生产,这时的仓储管理在很大程度上仅仅局限于在库物资的一般养护。

20世纪50年代以后,社会分工、专业化程度进一步加深,企业之间的相互依赖性进一步加强,物料成本在企业产品成本中的比重呈上升趋势,人们开始重视仓库这一长期被忽视的组织机构。而几乎在同一时期逐步完善起来的仓储理论和标志现代科学成就的计算机技术也运用到仓储管理中,大大推动和促进了仓储管理水平的提高。

在我国,党的十一届三中全会以后,在逐步放开生产资料市场的同时,企业也被赋予了更多的生产、经营自主权。这时,企业不能再享受国家计划分配的价格低廉的投入品,企业再生产所必需的物资(投入品)得由企业在市场上采购。同时,企业作为独立的商品经济实体,重要的是利润目标,这就为仓储管理水平的提高提供了必要的前提条件和驱动力——企业可以根据经济合理的原则自由地组织物资供应。

1.3.3 仓储管理的基本任务

仓储管理的任务主要表现在以下几个方面：

1. 以市场经济手段获得最大的仓储资源配置

市场经济最主要的功能是通过市场的价格和供求关系调节经济资源配置。市场配置资源是以实现资源最大经济效益为原则的，这也是企业经营的目的。配置仓储资源也应该以依据所配置的资源获得最大的效益为原则。具体任务包括：根据市场供求关系确定仓库的建设，依据竞争优势来选择仓库地址，以生产差别产品决定仓储专业化分工和确定仓储功能，以所确定的功能来决定仓库布局等。

2. 以高效率为原则建立仓储管理机构

管理机构是开展有效仓储管理的基本条件，是一切管理活动的保证和依托。生产要素特别是人的要素只有在良好的组织基础上才能发挥其作用，实现整体的力量。仓储组织的确定需要围绕仓储经营的目标，以实现仓储经营的最终目标为原则，依据管理幅度、因事设岗、责权对等的原则，建立结构简单、分工明确、互相合作和促进的管理机构和管理队伍。

3. 以不断满足社会需要为原则开展仓储商务活动

商务工作是仓储对外的经济联系，包括市场定位、市场营销、交易与合作关系、客户服务、争议处理等。仓储商务是仓储企业经营、生存和发展的关键工作，是经营收入和仓储资源充分利用的保证，必须遵循不断满足社会生产和人民生活需要的生产原则，最大限度地提供仓储商品。

4. 以高效率、低成本为原则组织仓储生产作业

仓储生产包括货物入库、保管保养、仓储物交接、验收、在库期间的质量维护等，仓储生产的组织应遵循高效、低耗的原则，充分利用机械设备、先进的保管技术，有效的管理手段，实现仓储快进、快出，提高仓库利用率，降低成本。

5. 以优质服务、诚信经营树立企业形象

企业形象是指企业展现在社会公众面前的各种感性印象和总体评价的整合，包括企业及产品的知名度、社会的认可程度、企业的忠诚度和企业的社会责任等。作为服务产业的仓储业其形象所面向的对象主要是生产、流通经营者，其企业形象的建立主要通过服务质量、产品质量、诚信和友好合作来获得，并通过一定的宣传手段来推广，提升企业的知名度。

6. 以制度化、科学化的先进手段不断提高管理水平

任何企业的管理水平都不可能是一成不变的，需要随着形势的发展不断发展，适应新的变化，仓储管理也要根据仓储企业的经营目的而改变，随社会需求的变化而变化。良好的管理也不可能一步到位，企业管理也要从简单管理到复杂管理、从直观管理到系统管理，在管理实践中不断补充、修正、完善和提高，实行动态的仓储管理。

7. 以优秀的企业文化为统领提高员工素质

没有高素质的员工队伍，就没有优秀的企业。企业的一切行为都是人的行为，是每

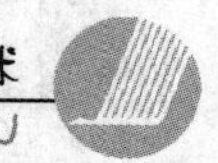

一个员工履行职责的行为表现。员工的精神面貌表现了企业的形象和企业文化。仓储管理的一项重要工作就是不断提高员工的素质，根据企业文化建设的需要，加强对员工的约束和激励。

良好的精神面貌来自于企业和谐的氛围、有效的激励、对劳动成果的肯定以及针对性地开展精神文明教育。在仓储管理中要提高员工的地位，而不能仅仅将员工看做是生产的工具，一种等价交换的生产要素。在信赖中约束、在激励中规范，使员工有人尽其才、人格被尊重的感受，形成热爱企业、自觉奉献、积极向上的精神面貌。

1.3.4 仓储合理化

1. 仓储合理化的标志

仓储合理化的含义是用最经济的办法实现仓储的功能。仓储的功能是对需求的满足，实现被储物的时间价值，就必须有一定储量，这是合理化的前提或本质，如果不能保证储存功能的实现，其他问题便无从谈起了。但是，仓储的不合理也表现在过分强调仓储功能的实现，这是由于过分投入仓储力量和其他仓储劳动所造成的。所以，合理仓储的实质是，在保证仓储功能实现前提下的尽量少的投入，也是一个投入产出的关系问题。仓储合理化的标志有以下几点：

(1)质量标志

保证仓储物品的质量，是完成仓储功能的根本保证，只有这样，商品的使用价值才能通过物流之后最终实现。在仓储中增加了多少时间价值，或是得到了多少利润，都是以保证质量为前提的。所以，在仓储合理化的主要标志中，首要的应该是反映使用价值的质量。现代物流系统已经拥有很有效的维护货物质量、保证货物价值的技术手段和管理手段，也正在探索物流系统的全面质量管理问题，即通过物流过程的控制，通过工作质量来保证仓储物的质量。

(2)数量标志

在保证仓储功能实现的前提下，仓储物品应有一个合理的数量范围。目前管理科学的方法已经在各种约束条件的情况下，对合理数量范围做出规范条件，形成的仓储数量控制方法。对于这部分内容将在后面叙述。

(3)时间标志

如何寻找一个合理的仓储时间，这是和仓储物品数量有关的问题。仓储量越大，消耗速率也越慢，则仓储的时间标志，如周转天数就越多、周转次数就越少，说明仓储时间不合理。在总时间一定的前提下，个别被储物的仓储时间也能反映合理程度。如少量被储物长期仓储，变成了呆滞物或仓储期过长，这虽然在宏观周转指标中反映不出来，但也标志仓储不合理。

(4)结构标志

仓储结构标志是从被储物不同品种、不同规格、不同花色的仓储数量比例关系对仓储合理性的判断。尤其是相关性很强的各种物品之间的比例关系更能反映仓储结构是否合理。由于这些货物之间相关性很强，只要有一种货物出现耗尽，即使其他货物仍有一定数量，也无法投入使用。所以，不合理的仓储结构影响不仅局限在某一种货物上，而且带有扩展性。

(5)分布标志

分布标志是指不同地区仓储的数量比例关系，以此判断当地需求比，以及对需求的保障程度，也可以用此判断对整个物流的影响。

(6)费用标志

考虑仓租费用、维护费、保管费、损失费、资金占有利息支出等，才能从实际费用上判断仓储的合理与否。

2.仓储合理化的实施要求

一般来说，仓储合理化的实施要求可以归纳如下：

(1)进行仓储物的ABC分析

ABC分析是实施合理化的基础分析，在此基础上可以进一步解决各类仓储物品的结构关系、仓储量、技术措施等合理化问题。在ABC分析基础上可实施重点管理，决定各种货物的合理仓库储备数量及合理储备的办法，乃至实施零库存。

(2)在形成一定的社会总规模前提下，追求经济规模，适度集中库存

适度集中仓储是合理化的重要内容，所谓适度集中库存是指利用仓储的规模优势，以适度集中仓储代替分散的小规模仓储来实现合理化。

集中仓储面对两个制约因素：一是仓储费，二是运输费。过分分散仓储，每一处的仓储保证的对象有限，互相难以调度调剂，则需分别按其保证的对象要求确定库存量。而集中仓储易于调度调剂，集中仓储数量可低于分散仓储之总量。过分集中仓储，仓储点与用户之间距离拉长，又迫使周转储备增加。所以，适度集中的含义是主要在这方面取得最优集中程度。

适度集中库存除了在总仓储费及运输费之间取得最优之外，还有一系列其他好处：一是对单个用户的保证能力提高；二是有利于采用机械化、自动化方式；三是有利于形成一定批量的干线运输；四是有利于形成支线运输的始发站。

(3)加速物资总周转，提高单位产出

仓储现代化的重要课题是将静态仓储变为动态仓储，周转速度加快，会带来一系列的合理化好处：资金周转快、资本效益高、货损小、仓库吞吐量能力增加、成本下降等等。具体做法诸如采用单元集装存储，建立快速分拣系统等都有利于实现快进快出，大进大出。

(4)采用有效的“先进先出”方式

保证每个被储物的储存期不致过长，“先进先出”是一种有效的方式，是仓储管理的准则之一。有效的先进先出方式主要有：①贯通式货架系统。利用货架的每层形成贯通的通道，从一端存入货物，从另一端取出货物，物品在通道中自行按先后顺序排队，不会出现越位等现象。贯通式货架系统能非常有效地遵循一定的信号，以便达到先进先出的效果。②“双仓法”仓储。给每种被储物准备两个仓位或货位，轮换进行存取，规定必须在一个货位中取尽时才可补充，实现“先进先出”。③计算机存取系统。采用计算机管理，在入库时向计算机输入时间记录，编入一个简单地按时间顺序输出的程序，取货时计算机就能按时间标志给予指示，以保证“先进先出”。这种计算机存取系统还能将“先进

先出”保证不做超长时间的仓储与快进快出结合起来，即在保证一定先进先出的前提下，将周转快的货物随机存放在便于存取之处，以加快周转，减少劳动消耗。

(5)提高仓储密度，提高仓容利用率

减少仓储设施的投资，提高单位仓储面积的利用率，以降低成本、减少土地占用，有三种方法：

1)采用高垛的方法，增加仓储的高度

具体方法有，采用高层货架仓库、采用集装箱等相对一般堆存方法都可大大增加仓储高度。

2)缩小库内通道宽度以增加仓储有效面积

具体有采用窄巷道式通道，配以轨道式装卸车辆，以减少车辆运行要求，采用侧叉车、推拉式叉车，以减少叉车转弯所需要的宽度。

3)减少库内通道数量以增加仓储有效面积

具体方法有采用密集货架，采用可进车的可卸式货架，采用各种贯通式货架，采用不依靠通道的桥式吊车装卸技术等。

(6)采用有效的仓储定位系统

仓储定位的含义是被储物位置的确定。如果定位系统有效，能大大节约寻找、存放、取出的时间，节约不少物化劳动及活劳动，而且能防止差错，便于清点及实行订货点等管理方式。

仓储定位系统可采取先进的计算机管理，也可采取一般人工管理，行之有效的方式有：

1)“四号定位”方式

用一组四位数字来确定存取位置的固定货位方法，是手工管理中采用的科学方法。这四个号码是：序号、架号、层号、位号。这就使每一个货位都有一个组号，在货物入库时，按规则要求，对货物编号，记录在账卡上，提货时按四位数字的指示，很容易将货物拣选出来。这种定位方式可对仓库存货区事先做出规划，并能快速存取货物，有利于提高速度，减少差错。

2)电子计算机定位系统

这是利用电子计算机仓储容量大、检索迅速的优势，在入库时将存放位置输入计算机，出库时向计算机发出指令，并按计算机的指示人工或自动寻址，找到存放货位，选择取货的方式。一般采用自由货位方式，计算机指示合适的货位，而不需专位待货，有利于提高仓库的仓储能力，当吞吐量相同时，比替补仓库使用更少的建筑面积。

(7)采用有效的监测清点方式

对仓储货物数量和质量的监测不但是掌握基本情况所必需的，也是科学库存控制所必需的。在实际工作中稍有差错，就会使账物不符，所以，必须及时且准确地掌握实际储存情况，经常与账卡核对，这无论是人工管理或是计算机管理都是必不可少的。此外，经常监测也是掌握被储物质量状况的重要工作。监测清点的有效方式主要有：

1)“五五化”堆码

“五五化”堆码是手工管理中常用的方法。储存物堆垛时，以“五”为基本计算单位、堆成总量为“五”的倍数的垛形，如梅花五、重叠五等，堆码后，有经验者可过目成数，大大加快了人工点数的速度，且少差错。

2)光电识别系统

光电识别装置设置在货位上，该装置对被存物扫描，并将准确数目自动显示出来。这种方式不需人工清点就能准确掌握库存的实有数量。

3)电子计算机监控系统

用电子计算机指示存取，可以防止人工出错。

如果在被存物上采用条码认寻技术，使识别计数和计算机相连，每存、取一件物品时，识别装置自动将条码识别并将其输入计算机，就可以了解所存物品的准确情况，而无需再建立一套对实有数据的监测系统。

1.4 仓储与现代物流

1.4.1 现代物流仓储的必要性

当仓储业作为一个业态存在的时候，物流是其实现增值服务的有效手段；而在物流业中，仓储是不可或缺的一个重要节点。现代物流业的发展需要现代化的仓储管理做支撑，信息化和以信息化做指导的先进技术就成为仓储业走向现代化的有效途径。并且在实现供应链协同运作的过程中，市场的力量促使仓库不断地改进，因此仓库依然保持着重要的作用。

1.4.2 仓储与物流管理的关系

仓储是产品生产、流通过程中因订单前置或市场预测前置而使产品、物品暂时存放。它是集中反映工厂物资活动状况的综合场所，是连接生产、供应、销售的中转站，对促进生产提高效率起着重要的辅助作用。围绕着仓储物品实体的运动，清晰准确的报表、完整的单据账目、确切的会计部门核算等信息也同时进行着，因此仓储是物流、信息流、单证流的合一。

《2002年美中物流研讨洽谈会》招商材料中指出：“在中国物流领域，通常认为‘物流’即是相关的物资从供应者向需求者的移动。涉及运输、仓储等各层次的活动。美国物流管理协会对物流的定义是，物流是为满足消费者需求而进行的对原材料、中间库存、最终产品及相关信息从起始地到消费地的有效流动及存储的计划、实施与控制的过程。它特别强调有效流动与存储，强调信息及管理在物流中的作用，它特别关心运输可见性(shipment visibility)、库存可见性(inventory visibility)及电子商务在今日物流中的应用。”

仓库是物流运作主体，又是物流运作载体。仓储企业可以有三种方向选择：一是仓储企业向现代物流企业转型；二是保持仓储企业的性质，但必须加以改造、提升；三是变成物流企业或生产与流通企业的配送中心。仓储业作为物流业的重要基础,要走一条可持续发展之路。

1.4.3 现代仓储业的发展与提升

近年来,我国的仓储业正在向仓储社会化、仓储产业化、仓储标准化、仓储现代化的方向发展。拥有先进管理理念的物流企业,开始注重对整体供应链进行管理,积极发展与客户的长期合作关系,通过提供各种增值服务来参与客户的供应链管理,降低客户的成本,从而也提高自身的竞争力。

"十一五"规划期间,仓储业将会随着物流行业的整体发展而进一步提升。我国的仓储业将在建设与需求同步增长的和谐氛围中发展壮大,而网络化、信息化和先进的信息技术将成为其发展的有效途径。预计第三方仓储需求将会增大,仓储现代化步伐更进一步加快,各企业更注重核心竞争力的打造,物流园区也将在政府的支持和引导下进入良性发展阶段。

1.基于仓储平台的增值服务迅速发展

更多的企业开始从供应链管理的角度出发,积极发展基于仓储的各项增值业务,创新适合本企业的业务模式。这必将促使仓储行业快速发展。

2.第三方仓储需求增大

越来越多的中小型企业借助第三方仓储来减少资本的投入,提高服务水平。从长期来看,第三方仓储因有众多的优点,而会成为市场主体。

3.仓储管理现代化步伐加大

仓储企业逐渐加大现代化改造的步伐,加大对仓库的硬件投入。这包括库房建设和改造、购置新型货架、托盘、数码自动识别系统和分拣、加工、包装等新型物流设备,大幅度提升现有仓储自动化水平和物流运作效率,增加物流服务功能。

4.信息化:使水库成为流动的河

中国物资储运总公司(以下简称中储),为适应仓储信息化管理发展的需求,对其仓储业务进行信息系统的建设和改造。该信息系统运行以来,通过为企业提供科学规范的业务管理、实时的生产监控调度、全面及时的统计分析、多层次的查询对账功能、包括网上查询在内的多渠道方便灵活的查询方式、新型增值业务的管理功能,不仅满足了中储生产管理、经营决策的要求,而且有力地支持了中储开发新客户,已成为其营销和发展的利器。中储以仓储信息化管理系统为支撑,整合物流组织体系,重构仓储管理模式,有效地降低了运营成本,取得了明显的经济效益,良好的信息系统大大提高了服务水平,赢得了客户的信赖。

5.物流园区的发展更加合理规范

国家对物流园区发展的总体指导性将加强,通过出台的各项政策,对物流园区整体的健康发展将产生有利影响。

思考题

1. 简述我国仓储业发展的过程。
2. 仓储的基本功能是什么?
3. 简述仓储在国民经济中的地位。
4. 简述仓储管理的基本任务。

第2章

仓库选址与布局

本章要点

本章主要介绍仓库的含义、功能和类型以及自动化立体仓库的组成和功能，进一步阐述仓库选址的原则、考虑因素、方法及规划设计、合理布局的内容。

2.1 仓库的功能与分类

2.1.1 仓库的基本概念

仓库是保管、储存物品的建筑物和场所的总称。从定义字面理解，仓库似乎只是一个空间概念。但我们这里要讲的仓库并不是单独的建筑物或场所，而是指包括各种设备和设施，能够完成指定任务，并为所有者或客户提供各种综合服务的一个系统，是从事储存、包装、分拣、流通加工、配送等物流作业活动的物流节点。

2.1.2 仓库的功能

随着社会生产力的发展和人们对物流认识的提高，仓库的功能越来越多，现代仓库具有以下功能：

1.储存功能

现代社会生产的一个重要特征就是专业化和规模化生产，劳动生产率极高，产量巨大，绝大多数产品都不能被及时消费，需要经过仓储手段进行储存，这样才能避免生产过程堵塞，保证生产过程能够继续进行。另一方面，对于生产过程来说，适当的原材料、半成品的储存，可以防止因缺货造成的生产停顿。而对于销售过程来说，储存尤其是季节性储存可以为企业的市场营销创造良机，适当的储存是市场营销的一种战略，它为市场营销特别的商品需求提供了缓冲和有力的支持。

2.保管功能

生产出的产品在消费前必须保持其使用价值，否则将会被废弃。这项任务就需要由仓库来承担，在仓储过程中对产品进行保护、管理，防止损坏而丧失价值。

3.加工功能

保管物在保管期间，保管人根据存货人或客户的要求，一是对保管物的外观、形状、成分构成、尺度等进行加工，如对保鲜、保质要求较高的水产品、肉产品、蛋产品等食品，可进行冷冻加工、防腐加工、保鲜加工等；对金属材料可进行喷漆、涂防锈油等防锈蚀加工。二是为适应多样化进行加工，如对钢材卷板的舒展、剪切加工；对平板玻璃的开片加工；以及将木材改制成方材、板材等。三是为使消费者方便、省力地加工。如将木材直接加工成各种型材，可供消费者直接使用；将水泥制成混凝土拌和料，只需稍加搅拌即可使用等。四是为提高产品利用率的加工，如对钢材、木材的集中下料，搭配套材，减少边角余料，可节省原材料成本和费用。五是为便于衔接不同的运输方式，使物流更加合理的加工，如散装水泥的中转仓库担负起散装水泥装袋的流通加工及将大规模散装转化为小规模散装的任务等，就属于这种形式。六是为实现配送进行的流通加工，仓库为实现配送活动，满足客户对物品的供应数量、供应构成的要求，可对配送的物品进行各种加工活动，如拆整为零，定量备货等。把沙子、水泥等各种材料按比例要求装入水泥搅拌车可旋转的罐中，在配送的途中进行搅拌，到达施工现场后，混凝土已经拌好，可直接投入使用就属于这种方式。

4.整合功能

整合是仓储活动的一个经济功能。通过这种安排，仓库可以将来自于多个制造企业的产品或原材料整合成一个单元，进行一票装运。其好处是有可能实现最低的运输成本，也可以减少由多个供应商向同一客户进行供货带来的拥挤和不便。为了能有效地发挥仓库的整合功能，每一个制造企业都必须把仓库作为货运储备地点，或用做产品分类和组装的设施。这是因为，整合装运的最大好处是能够把来自不同制造商的小批量货物集中起来形成规模运输，使每一个客户都能享受到低于其单独运输成本的服务。

5.分类和转运功能

分类就是将来自制造商的组合订货分类或分割成个别订货，然后安排适当的运力运送到制造商指定的个别客户。仓库从多个制造商处运来整车的货物，在收到货物后，如果货物有标签，就按客户要求进行分类；如果没有标签，就按品种分类；然后货物不在仓库停留直接装到运输车辆上运往指定零售店。同时，由于货物不要求在仓库内进行储存，因而降低了仓库的搬运费用，最大限度地发挥了仓库装卸设施的功能。

6.支持企业市场形象的功能

尽管市场形象所带来的利益不像前面几个功能带来的利益那样明显，但对于一个企业的营销主管来说，仓储活动依然能被其重视起来。因为从满足需求的角度看，从一个距离较近的仓库供货远比从生产厂商处供货方便得多，同时，仓库也能提供更为快捷的递送服务。这样会在供货的方便性、快捷性以及对市场需求的快速反应性方面为企业树立一个良好的市场形象。

7. 市场信息的传感器

任何产品的生产都必须满足社会的需要，生产都需要把握市场需求的动向，社会仓储产品的变化是了解市场需求极为重要的途径。仓储量减少、周转量加大，表明社会需求旺盛；反之则为需求不足。厂家存货增加表明其产品需求减少或其竞争力低，或者生产规模不合适。仓储环节所获得的市场信息虽然说比销售信息滞后，但更为准确、集中和反应快捷，且信息成本极低。现代企业生产特别重视仓储环节的信息反馈，将仓储量的变化作为决定生产的依据。现代物流管理特别重视仓储信息的收集和反应。

8. 提供信用的保证

在大批量的实货交易中，购买方必须先查看、检验货物，确定货物的存在和货物的品质，方可成交。购买方可以到仓库查验货物。由仓库保管人出具的货物仓单是实物交易的凭证，可以作为对购买方提供的保证。仓单本身就可以作为融资工具，可以直接使用仓单进行质押。

9. 现货交易的场所

存货人要转让在仓库存放的商品时，购买人可以到仓库查验商品，取样化验。双方可以在仓库转让交割。国内众多的批发交易市场，既是有商品存储功能的交易场所，又是有商品交易功能的仓储场所。众多具有便利交易条件的仓储都提供交易活动服务，甚至部分形成有影响的交易市场。近几年来我国大量发展的仓储式商店，就是仓储交易功能高度发展、仓储与商业密切结合的结果。

2.1.3 仓库的种类

一个国家、一个地区、一个企业的物流系统中需要有各种各样的仓库，它们的结构形态各异，服务范围和对象也有着较大的差别，仓库按不同的标准可进行不同的分类，一个企业或部门可根据自身的条件选择建设或租用不同类型的仓库。

1. 按使用范围分类

按使用范围，仓库可分为以下几类。

①自用仓库，是生产或流通企业为本企业经营需要而修建的附属仓库，完全用于储存本企业的原材料、燃料、产成品等。

②营业仓库，是一些企业专门为了经营储运业务而修建的仓库。

③公用仓库，是由国家或某个主管部门修建的为社会服务的仓库，如机场、港口、铁路的货场、库房等仓库。

④出口监管仓库，是经海关批准，在海关监管下存放按规定领取了出口货物许可证或批件，已对外买断结汇并向海关办完全部出口海关手续的货物专用仓库。

⑤保税仓库，是经海关批准，在海关监管下专供存入未办理关税手续而入境或过境货物的场所。

2. 按保管物品的种类多少分类

按保管物品的种类多少，仓库可分为以下几类。

①综合库，指用于存入多种不同属性物品的仓库。

②专业库，指用于存放一种或某一大类物品的仓库。

3.按仓库保管条件分类

按仓库的保管条件，可分为以下几类。

①普通仓库，也称通用仓库，指用于存入无特殊保管要求的物品的仓库。其设备与库房建造都比较简单，适用范围较广，这类仓库备有一般性的保管场所和设施，按照通用的货物装卸和搬运方法进行作业。在物资流通行业的仓库中，这种通用仓库所占的比重是最大的。

②专用仓库，是指专门用于储存某一类物品的仓库。或是某类物品数量较多，或是由于物品本身的特殊性质，如对温度湿度的特殊要求，或易于对与之共同储存的物品产生不良的影响，因此要专库储存。如金属材料、机电产品、食糖、卷烟等都需要在专用仓库中储存。

③特种仓库。用以储存具有特殊性能的，要求特别保管条件的物品，如危险品、石油、冷藏物品等。这类仓库必须配备防火、防爆、防虫等专门设备，其建筑构造、安全设施都与一般仓库不同。如冷冻货物仓库、石油仓库、化学危险品仓库等均属于这类仓库。

4.按仓库是否封闭分类

按仓库是否封闭，可分为以下几类。

①封闭式仓库。这种仓库俗称库房，该结构的仓库封闭性强，便于对库存物的维护保养，适宜存放对保管条件要求比较高的物品。

②半封闭式仓库。这种仓库俗称货棚，其保管条件不如库房，但出入库作业比较方便，且建造成本较低，适宜存放那些对温度、湿度要求不高且出入库频繁的物品。

③露天式仓库。这种仓库俗称货场，其最大优点是装卸作业极其方便。

5.按建筑结构分类

按建筑结构，可分为以下几类。

①平房仓库。平房仓库的构造比较简单，建筑费用便宜，人工操作比较方便。

②楼房仓库。楼房仓库是指两层楼以上的仓库，它可以减少土地占用面积，进出库作业可采用机械化或半机械化。

③高层货架仓库。在作业方面，高层货架仓库主要使用电子计算机控制，能实现机械化和自动化操作。

④罐式仓库。罐式仓库的构造特殊，呈球形或柱形，主要是用来储存石油、天然气和液体化工品等。

⑤简易仓库。简易仓库的构造简单、造价低廉，一般是在仓库不足而又不能及时建库的情况下采用的临时代用办法，包括一些固定的或活动的简易货棚等。

6.按库内形态分类

按库内形态，仓库可分为以下几类。

①地面型仓库。一般指单层地面库，多使用非货架型的保管设备。

②货架型仓库。指采用多层货架保管的仓库。在货架上放着货物和托盘，货物和托盘可在货架上滑动。货架可分为固定货架和移动货架。

③自动化立体仓库。指出入库用运送机械取出，用堆垛机等设备进行机械化自动化

作业的高层货架仓库。

7.按仓库功能分类

现代物流管理力求进货与发货同期化，使仓储管理从静态管理转变为动态管理，仓库功能也随之改变，这些新型仓库具有以下新的称谓：

①集货中心。将零星货物集中成批量货物称为集货。集货中心可设在生产点数量很多、每个生产点产量有限的地区。只要这一地区某些产品的总产量达到一定水平，就可以设置这种有集货作用的物流据点。

②分货中心。将大批量运到的货物分成批量较小的货物称为分货。分货中心是主要从事分货工作的物流据点。企业可采用大规模包装、集装货散装的方式将货物运到分货中心，然后按企业生产或销售的需要进行分装。利用分货中心可以降低运输费用。

③转运中心。转运中心的主要工作是承担货物在不同运输方式间的转运。转运中心可以进行两种运输方式的转运，也可以进行多种运输方式的转运，在名称上有的称为卡车转运中心，有的称为火车转运中心，还有的称为综合转运中心。

④加工中心。加工中心的主要工作是进行流通加工。设置在供应地的加工中心主要进行以物流为主要目的的加工，设置在消费地的加工中心主要进行实现销售、强化服务为主要目的的加工。

⑤储调中心。储调中心以储备为主要工作内容，其功能与传统仓库基本一致。

⑥配送中心。配送中心是从事配送业务的物流场所或组织，它基本符合下列要求：主要面向社会服务，物流功能健全，信息网络完善，辐射范围大，少品种、大批量，存储、吞吐能力强，统一经营管理物流业务。

8.保税仓库

保税仓库是经海关批准，在海关监管下专供存放未办理关税手续而入境或过境货物的场所。

(1)保税仓库的分类

保税仓库在各国的发展情况不同，具体形式也不同，我国具体有以下几种保税仓库。

1)公共保税仓库

公共保税仓库是由国家财政部门审批，为了满足海关的监管要求而建立的，仓库的选址、建筑形式及经营管理都必须经过海关批准。它面向公众开放，任何人均有权使用，是一种最普遍的保税仓库的形式。

2)专用保税仓库

专用保税仓库是由那些从事国际贸易的企业，经海关批准后，自己建立的自营自用性质的保税仓库。仅限于储存本企业经营的保税货物，并大多设在其所属的区域内，海关监管比较宽松，手续简便。

3)保税工厂

保税工厂是将整个工厂或部分车间置于海关的监管之下，专门从事来料加工装配、复出口等业务，海关对于这类生产性的保税工厂审批比较严格，对加工项目有严格的规定。

4)海关监管仓库

海关监管仓库主要是存放已经入境而无人提取的货物，或者无证到货、单证不全、手续不齐，或违反海关规定，海关不予放行，需要监管保存、等候处理的货物，也可以储存已对外结汇成交，经海关批准暂不出境的货物。

(2)保税仓库的储存范围

1)缓办纳税手续的进出口货物

主要包括为满足进口国工程、生产等需要预进口的货物，这些货物储存在保税仓库内，即需即提并办理通关手续，剩余货物免税退回；也包括因市场变化，暂时无法决定去向的货物。

2)需要做进口处理的货物

主要是那些不适合在进口国销售，需要再包装或作其他加工处理，如符合要求即进行内销完税，否则退回或销往其他国家的货物。

3)来料加工后复出口的货物

主要是那些“两头在外”的公司实施的，将后期加工的货物放在保税仓库内进行，然后再行出口的货物。

4)不内销而过境转口的货物

若货物内销无望需转口，或在该地存放有利于转口，或无法直销往第三国需转口，此时可存放于保税仓库内。

2.2 仓库的选址

仓库选址是指运用科学的方法决定仓库的地理位置，使之与企业的整体经营运作系统有机结合，以便有效、经济地达到企业的经营目的。

仓库选址包括两个层次的问题：一是选位，即选择什么地区设置设施，沿海还是内地，南方还是北方等；二是定址，地区选定以后，具体选择在该地区的什么位置设置仓库，在已选定的地区内选定一片土地作为设施的具体位置。设施选址还包括这样两类问题：一是选择一个单一的仓库位置，二是选择多个仓库的位置。

对企业来说，仓库选址对企业的采购成本、服务成本、服务质量都有极大而长久的影响，其重要性显而易见。一旦选择不当，它所带来的不良后果不是通过建成后的加强和完善管理等其他措施可以弥补的。因此，在进行仓库选址时必须考虑到多方面因素的影响，慎重决策。

2.2.1 仓库选址的原则

仓库的最优选址与该仓库所属企业的类型有很大的关系。附属于工业企业的仓库其选址主要是为了追求成本最小化，而附属于物流企业的仓库一般都追求收益最大化或服务水平的最优化。

大量成功的案例证明，在选址问题上，定性分析必须遵循以下原则：

1. 经济性原则

仓库选址时要充分考虑到经济因素的影响，建设初期的固定费用、投入运营后的变动费用都与选址有关。

2. 接近用户的原则

对于服务业，几乎无一例外都要遵循这一原则，许多企业将仓库建到服务区域附近，以降低运费、提高对客户需求的反应速度。

3. 协调性原则

仓库的选址要与该地区的整个物流网络体系相协调，否则将造成资源的浪费和设施的重复建设。

4. 战略性原则

仓库选址是一项带有战略性的经营管理活动，因此要有战略意识。选址工作要考虑到企业服务对象的分布状况及未来发展，要考虑市场的开拓。

2.2.2 仓库选址的考虑因素

进行仓库选址决策时，需要考虑各种影响因素和要求，在此基础上预选确定仓库地址，列出几个可供选择的可行方案，利用某种评价方法，从这几个可行方案中确定最理想的仓库地址。下面列出影响仓库选址的因素。

1. 经济因素

(1)宏观经济政策

在进行选址决策时，要充分考虑当地政府的政策法规等因素。有些地区的政府采取比较积极的政策，鼓励在经济开发区进行仓库的建设，并在税收、资本等方面提供比较优惠的政策，同时这些地区的交通、通信、能源等方面的基础设施建设也比较便利。

(2)建设和运营成本

在进行选址决策时，还要仔细计算成本，成本的构成如下：

①运输成本。通过合理选址，使运输距离最短，尽量减少运输过程的中间环节，可以使运输成本最低、服务最好。

②原材料供应成本。企业对原材料的供应要求一般都比较严格，将仓库地址定位在原材料附近，不仅能够保证原材料的安全供应，而且能够降低运输费用，减少时间延迟，获得较低的采购成本。

③劳工成本。无论是手工密集型还是技术密集型的仓库作业，都需要一定素质的人才。不同地区的劳资水平不尽相同，这些都是仓库选址决策时要考虑的因素。

④建筑成本和土地成本。不同的仓库选址方案，在对土地的征用、建筑等方面的要求是不相同的，从而导致不同的成本开支。因此，在仓库的选址过程中，应尽量避免占用农业用地和环保用地。

2. 环境因素

(1)地理因素

地理因素主要包括：

①地质条件。根据仓库对地基的一般技术要求，应选择地质坚实、平坦、干燥的地点，其用地应选择承载力较高的地基。因此，仓库地点的选择必须避免建筑在有不良地质现象或地质构造不稳定的地段。

②水文及水文地质条件。在沿江河地区选择仓库建筑地址时，要调查和掌握有关的水文资料，特别是汛期洪水最高水位等情况，防止洪水侵害。同时，在水文地质条件方面还要考虑地下水位的情况，水位过高的地方不宜作为工程的基地。

③气候因素。在仓库选址前应详细了解当地的自然气候环境条件，例如在自然环境中的湿度、盐分、降雨量、风向、风力等。

(2)配套设施

配套设施主要包括：

①交通运输条件。仓库的地点应具有良好的交通运输条件，库址应选择靠近现有的水陆空交通运输线，对于大型仓库还应考虑铺设铁路专用线或建设专用水运码头。

②水电供应条件。仓库应选择靠近水源、电源的地方，以保证方便和可靠的水电供应。了解和掌握仓库供水系统以及周围用水单位的情况，调查用水高峰期间消防水源的保障程度，以防紧急情况下供水不足。

3.竞争因素

(1)竞争对手因素

竞争对手的仓库选址对企业的选址工作也是有一定的影响的。对竞争对手的竞争策略，与竞争对手的实力对比，与竞争对手的差异等，都会影响到企业的选址工作。

(2)服务水平

为了能够更好地服务客户，提高对客户需求的反应速度，许多企业都会将仓库建立在服务区域附近。

2.2.3 仓库选址的步骤与方法

仓库的选址可分为两个步骤进行：第一步为分析阶段，具体有需求分析、费用分析、约束条件分析；第二步为筛选及评价阶段，根据分析的情况，选定具体地点，并对所选地点进行评价。具体如下：

1.分析阶段

分析阶段有以下内容：

(1)需求分析

根据物流产业的发展战略和产业布局，对某一地区的顾客及潜在顾客的分布进行分析以及分析供应商的分布情况，具体有以下内容：

①工厂到仓库的运输量；

②向顾客配送的货物数量(客户需求)；

③仓库预计最大容量；

④运输路线的最大业务量。

(2)费用分析

费用主要有工厂到仓库之间的运输费、仓库到顾客之间的配送费、与设施和土地有关的费用及人工费等。运输费随着距离的变化而变动，而设施费用、土地费用是固定的，人工费是根据业务量的大小而确定的。以上费用必须综合考虑，进行成本分析。

(3)约束条件分析

约束条件分析主要包括：

①地理位置是否合适，是否靠近铁路货运站、港口、公路主干道，道路是否畅通，是否符合城市或地区的规划。

②是否符合政府的产业布局，有没有法律制度约束。

③地价情况。

2.筛选及评价阶段

分析活动结束后，得出综合报告，根据分析结果在本地区内初选几个仓库地址，然后在初选的几个地址中进行评价，从而确定一个可行的地址，编写选址报告。

评价方法有以下几种：

(1)量本利分析法

任何选址方案都有一定的固定成本和可变成本，不同选址方案的成本和收入都会随仓库储量的变化而变化。利用量本利分析法，选择盈亏平衡时储量最小的方案为最优方案。

【例2.1】 有一仓库初选址有A、B、C三个，A址的固定成本为500万元，单位变动成本为2.6元，每储存一单位的货物收入为3.8元；B址的固定成本为450万元，单位变动成本为2.8元，每储存一单位的货物收入为3.8元；C址的固定成本为560万元，单位变动成本为2.5元，每储存一单位货物的收入为4.0元。试用量本利分析法进行选址。

解 A址的总成本$=500+2.6Q$

A址的总收入$=3.8Q$

当盈亏平衡时，总成本＝总收入，此时的盈亏平衡储量Q_0为

$500+2.6Q_0=3.8Q_0$ 求得$Q_0\approx 416.7$万单位

同理求得B址盈亏平衡时的储量约为450万单位；C址盈亏平衡时的储量约为373.3万单位。所以应选择C址进行建设仓库。

(2)加权评分法

对影响选址的因素进行评分，把每一地址各因素的得分按权重累计，比较各地址的累计得分来判断各地址的优劣。步骤是：确定有关因素；确定每一因素的权重；为每一因素确定统一的数值范围，并确定每一地址各因素的得分；累计各地址每一因素与权重相乘的和，得到各地址的总评分；选择总评分值最大的方案为最优方案。

【例2.2】 某仓储企业需要确定新建仓库的具体位置，经初步比较，共有初选址A、B、C三个，进行选址时的影响因素有投资、交通便利性和能源供给等，经对3个方案对各因素目标值的满足程度进行评分如下：A址投资为90%，交通便利性为60%，能源供给为50%；B址投资为80%，交通便利性为70%，能源供给为60%；C址投资为50%，交通便利性为90%，能源供给为90%。由专家对各因素的重要性确定的加权系数（专家人数为4人，加权系数为0～9）如下表：

	专家1	专家2	专家3	专家4
投资	5	8	2	7
交通便利性	6	6	9	7
能源供给	9	7	5	6

解 由此得 投资目标值权重＝(5＋8＋2＋7)/4＝5.5

交通便利性目标值权重＝(6＋6＋9＋7)/4＝7

能源供给目标值权重＝(9＋7＋5＋6)/4＝6.75

进而得到各地址的总评分如下：

A 址总评分＝5.5×0.9＋7×0.6＋6.75×0.5＝12.525

B 址总评分＝5.5×0.8＋7×0.7＋6.75×0.6＝13.35

C 址总评分＝5.5×0.5＋7×0.9＋6.75×0.9＝15.125

所以方案 C 是最优的，即仓库建设的选址应该选择 C 地最好。

(3)重心法

重心法是一种布置单个设施的方法，这种方法要考虑现有设施之间的距离和要运输的货运量。它经常用于中间仓库的选择。此种方法利用地图确定各点的位置，并将坐标重叠在地图上确定各点的位置。坐标设定后，计算重心。

选址确定后，还要撰写选址报告，选址报告的主要内容有：

①选址概述。扼要叙述选址的依据、原则，制订几个方案，选出一个最优方案。

②选址要求及主要指标。应说明仓库作业的特点，完成仓储作业应满足的要求，列出主要指标，如库区占地面积、库区内各种建筑物的总面积、年仓储量和费用总量等。

③仓库位置说明及平面图。说明库区的具体方位、外部环境，并画出区域位置图。

④地质、水文、气象情况，交通及通信条件。

⑤政府对物流产业的扶持力度。

2.3 仓库的布局

2.3.1 仓库的布局

仓库布局的主要任务就是在保证货物储存要求的前提下合理地利用库房面积。在库房内不但要储存商品，而且还包括收货、分拣、补货、出货等其他作业。为了提高库房的储存能力，就必须尽可能增加储存空间和面积，而为了方便库内作业，又必须规划出适当的作业面积来满足作业要求。在库房面积有限的情况下，作业场地和作业通道的占用，就必须减少储存面积。在如何安排库房面积的问题上，商品储存与库内作业往往产生相互矛盾的要求。设法协调这两种不同的需要，保证库房面积得到充分的利用，就成为库房合理布局所要解决的中心问题。

仓库布局就是根据库区场地条件、仓库的作业性质和规模、商品储存要求以及技术设备的使用性能和特点等因素，对仓库的建筑物、站台、货架、通道等设施和库内运输线路进行合理安排和配置，以最大限度地提高仓库的储存和作业能力，并降低各项仓储作业费用。仓库布局是仓储业务和仓储管理的客观需要，其合理与否直接影响到仓库各项工作的效率和储存商品的安全。

2.3.2 仓库布局设计

仓库中的作业包含从入库到出库要经过的一系列业务环节。在这个过程中，仓库的每项业务都有其不同的内容，各项仓储作业要求按一定的程序进行。为了保证客观需要使仓库各个作业环节形成合理的相互联系，使商品有次序地经过装卸、搬运、检验、储存保管、拣选、包装、加工、运输等环节完成整个仓储过程，就必须进行仓库的合理布局。

仓库布局主要包括仓库总平面布局、仓库的作业区布局和仓库内部布局。

1. 仓库总平面布局

仓库总平面布局包括：

①库区的总体布局，建筑物平面位置的确定；

②库区内运输线路规划；

③库区安全防护及保安；

④库区的绿化及环境保护；

⑤仓库内部的功能区域划分。

仓库总平面一般可以划分为仓储作业区、辅助作业区、行政生活区、库内道路、停车场和绿化区等。仓储作业区是仓库的主体，仓库的主要业务和商品保管、检验、包装、分类、整理等都在这个区域里进行。主要建筑物和构筑物包括库房、货场、站台以及加工、整理、包装场所等。

在辅助作业区内进行的活动是为主要业务提供各项服务的，例如设备维修、充电、加工制造、各种物料和机械的存放、垃圾处理等。辅助作业区的主要建筑物包括维修加工及动力车间、车库、工具设备库、物料库等。

行政生活区由办公室和生活场所组成，具体包括办公楼、警卫室、化验室、宿舍和食堂等。行政生活区一般规划在仓库的主要出入口处并与作业区用隔墙隔开。这样既方便工作人员与作业区的联系，又避免非作业人员对仓库生产作业的影响和干扰。另外，如果作业区内来往人员过杂也不利于仓库的安全保卫工作。

在布局各区域时，要遵照相应的法律法规并使不同区域所占面积与仓库总面积保持适当的比例。商品储存的规模决定了主要作业场所规模的大小，同时，仓库的主要作业的规模又决定了各种辅助设施和行政生活场所的大小。各区域的比例必须与仓库的基本职能相适应，保证商品接收、发运和储存保管场所尽可能占最大比例，提高仓库的利用率。

在仓库总面积中需要有库内运输道路。商品出入库和库内搬运要求与库内外交通运输线相衔接，并与库内各个区域有效连接。仓库内交通运输网布置得是否合理，对于仓库组织仓储作业和有效地利用仓库面积都产生很大的影响。

道路运输的配置应符合仓库各项业务的要求，方便商品入库储存和出库发运，还应适应仓库各种机械设备的使用特点，方便装卸、装运运输等作业操作。库内道路的规划必须与库房、货场和其他作业场地的配置相互配合，减少各个作业环节之间的重复装卸、搬运，避免库内迂回运输。各个库房、货场要有明确的进出、往返路线，避免作业过程中相互干扰和交叉，以防止因交通堵塞影响仓库作业。

在进行仓库总平面布局时应满足如下要求：

①遵守各种建筑及设施规划的法律法规；

②满足仓库作业流畅性要求，避免重复搬运的迂回运输；

③保障商品的储存安全；

④保障作业安全；

⑤最大限度地利用仓库面积；

⑥有利于充分利用仓库设施和机械设备；

⑦符合安全保卫和消防工作的要求；

⑧考虑仓库扩建的要求。

2.仓库作业区布局

(1)仓库作业区布局应考虑的因素

仓库作业区布局应考虑以下因素：

①仓库特性。不同类型的仓库对作业区布局有不同的要求。例如，冷库要求作业区紧凑，要求制冷机房与库房间有一定的距离。化工品库房要求严格的隔离区，对通风、防潮、防火有严格的规定。

②商品吞吐量。在仓储作业区内，各个库房、货场储存的商品品种和数量不同，且不同商品的周转速度也不同，这些都直接影响库房的出入库作业量。在进行作业区布置时应根据各个库房和货场的吞吐量确定它们在作业区内的位置。对于吞吐量较大的库房，应使它们尽可能靠近铁路专用线或库内运输干线，以减少搬运和运输距离。

③库内道路。库内道路的配置与仓库主要建筑设施的规划是相互联系、相互影响的。在进行库房、货场和其他作业场地布置时就应该考虑作业场地和道路的配置，尽可能减少运输作业的混杂、交叉和迂回。另外，在布置时还应根据具体要求合理确定干、支线的配置，适当确定道路的宽度，最大限度减少道路的占地面积。

④仓库作业流程。仓库作业流程不同是布局库房的重要考虑因素。简单的储存型库房，布局起来比较简单；综合性的物流中心需要完成繁杂的库房作业，包括接货、检验、分拣、再包装、简单加工、配货、出库等作业环节。为了以最少的人力、物力耗费和以最短的时间完成各项作业，就必须按照各个环节之间的内在联系对作业场地进行合理布局，使作业环节之间密切衔接，环环相扣。

(2)仓库作业区布局的基本任务

仓库作业区布局的基本任务包括以下方面：

①减少运输和搬运的距离，力求使用最短的作业路线。由于整个仓库业务过程始终贯穿着商品、设备和人员的运动，合理布置作业场地可以减少设备和人员在各个设施之间的运动距离，节省作业费用。

②有效地利用时间。不合理的布局必然造成人员设备的无效作业,增加额外的工作量,从而延长作业时间。合理布局的主要目的之一就是避免各种时间上的浪费。合理的布局可以避免阻塞等原因造成的作业中断,并且方便了作业,减少了各个环节上人员和设备的闲置时间。这些都有利于缩短作业时间,提高作业效率。

③充分利用仓库面积。通过对不同布局方案的比较和选择,减少仓库面积的浪费,使仓库布局紧凑、合理。

(3)仓库作业区布局的形式

在物流系统中,仓库的作用由储存朝着周转的方向变化。仓库中的主要作业成本也由储存发生成本向货品移动发生成本变化,因此,如何加快货品在仓库中的流动速度,减少流动环节,缩短移动距离就成为仓储管理的努力方向。

在仓库布局中考虑的优先原则是货品的快速移动原则。货品在仓库中移动时,经过以下4个步骤:收货、批量存货(储存)、拣货和批量配货、出货(发货)。

货品在仓库中的自然流动过程体现了以上4个阶段,在仓库布局时必须尽量缩短每个步骤之间的移动距离,使移动过程尽可能通畅连续。通常货品在仓库中的流动有3种方式:直线型流动、U型流动和T型流动,如图2-1至图2-3所示。

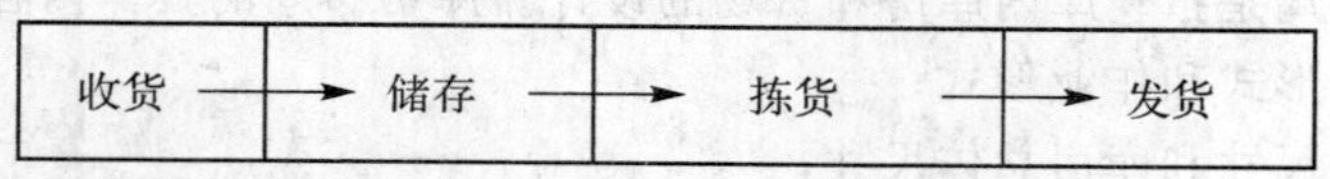

图2-1 直线型流动

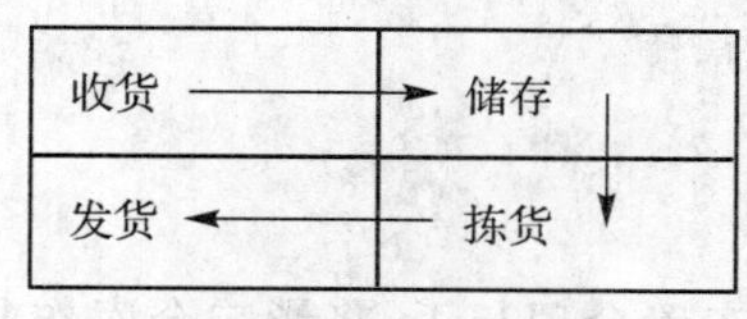

图2-2 U型流动

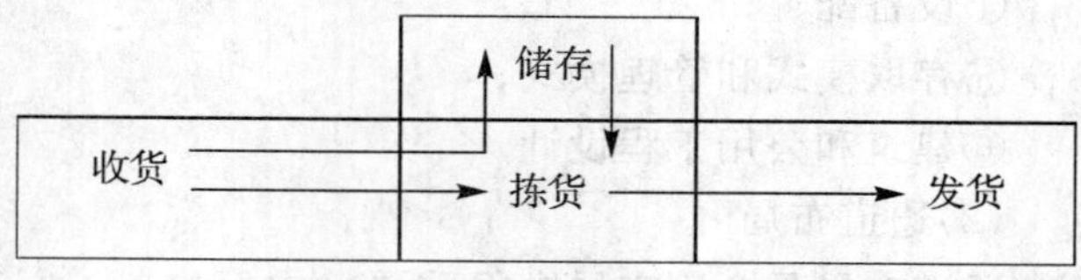

图2-3 T型流动

直线型流动的出货和收货区域建筑物的方向不同。它往往用于接收相邻近工厂的货物,或用不同类型的车辆来发货。直线型布置受环境和作业特性限制,比如中国北方不适于直线型库房,因为冬季容易形成穿堂风,影响作业。

U型流动在建筑物一侧有相邻的两个收货站台和发货站台,并且具有以下特点:

①站台可以根据需要作为收货站台或发货站台;

②如有必要可以在建筑物的两个方向发展;

③使用同一个通道供车辆出入;

④易于控制和安全防范;

⑤环境保护问题较小。

T型流动是在直线型流动的基础上增加了存货区域的功能,它有以下特点:

①可以满足快速流转和储存两个功能;

②可以根据需求增加储存面积;

③仓库适用的范围更广。

(4)货品流动的原则

为了降低货品单件的流动距离,提高流动效率,一般的做法是批量操作,不到最后关头不拆散货物。因为整托盘操作比起拆成单箱操作在成本上更加节省,在经济意义上更加有效。在所有物货都必须频繁移动的仓库中,批量储存能使货物快速移动,也能减少库位不足的矛盾。

在仓库中,劳动力适用最多的地方是拣货作业区域,那里最容易出错,最容易影响服务水平,人员也最集中,所以关注货品流动速度也应该把重点放在那里。依据上面曾经提到的原则,需要快速移动的货品要尽量靠近拣货区,以便减少货品频繁搬动。以下是仓库布局时应注意的几个原则:

①快速流动的物品靠近拣货区;

②拣货区域按货品流动速度区分;

③拣货区域按货品订货发生频率区分。

3. 仓库内部布局

仓库内部布局包括库房布局和通道布局。

(1)库房布局

一般库房布局是指仓库内库房和货场的设计。库房布局的具体内容包括:

①确定仓库形式和作业形式;

②确定货位尺寸和库房总体尺寸;

③物资堆码设计;

④设备配置;

⑤存取模式和管理模式;

⑥建筑和公用工程设计。

(2)通道布局

通道布局是仓库布局中很重要的内容之一,通道的布置合理与否,将影响仓库作业和物流合理化,以及生产率的提高。

1)仓库通道

仓库通道是指出入库区的通道及库区内连接各库房、货场之间的通道。

①有铁路专线的入库区。铁路专线的长度应根据出入库物资的数量和频度来确定,线路的宽度及两边的留量应根据铁路有关规定执行。

②汽车通道。应根据运输量、日出入库的车辆数量、机动车辆的载重量、型号等设计道路的宽度、地面承载能力等。库区的出入口,应按作业流程设置,做到物流合理化。

2)库房通道

一般库房都应设有纵向(或横向)进、出库的通道,大型库房还应同时设纵向和横向进、出库通道。

在库房内货位之间还应留有作业通道。通道的宽窄应根据装卸搬运机械的类型确定,同时应考虑对于库房面积的充分利用和各种作业的方便、安全。

汽车进库房,其通道宽度不应小于 4 米,并应设有进、出口(不同道)。

叉车作业时,其最小作业宽度分别为:直叉平衡重式叉车为 3.6 米,前移式叉车为

2.7 米，插腿式叉车为 2.1 米。

2.3.3 货物堆码的基本要求和类型

堆码是指根据货物的包装、外形、性质、质量和数量，结合季节和气候情况，以及储存时间的长短，将物品按一定的规律码堆成各种形状的货垛。

1. 堆码的基本要求

(1)合理

合理是指要求不同性质、品种、规格、等级、批次和客户的物品，应分开堆放。货垛形式适应物品的性质，有利于物品的保管，能充分利用仓容和空间；货垛间距符合作业要求以及防火安全要求；大不压小，重不压轻，缓不压急，不会围堵物品，特别是后进物品不能堵住先进物品，确保先进先出。

(2)牢固

牢固是指堆放稳定结实，货垛稳定牢固，不偏不斜，必要时采用衬垫物固定，不压坏底层物品或包装，不超过库场地坪承载能力。货垛较高时，上部适当向内收小，易滚动的物品，使用木楔或三角木固定，必要时使用绳索、绳网对货垛进行绑扎固定。

(3)定量

定量是指每一货垛的物品保持数量一致，采用固定长度和宽度，且为整数，每层货量相同或成固定比例递减，做到过目成数。每垛的数字标记清楚，货垛牌或料卡填写完整，摆放在明显位置。

(4)整齐

整齐是指货垛堆放整齐，垛形、垛高、垛距标准化和统一化，货垛上每件物品都摆放整齐，垛边横竖成列，垛不压线。物品外包装的标记和标志一律朝垛外。

(5)节约

节约则是指尽可能地堆高，避免少量物品占用一个货位，以节约仓容，提高仓库利用率。妥善组织安排，做到一次作业到位，避免重复搬运，节约劳动消耗。合理使用苫垫材料，避免浪费。

(6)方便

方便是指选用的垛形、高度、堆垛方法应方便堆垛、搬运装卸作业，提高作业效率。垛形方便理数、查验物品，方便通风、苫盖等保管作业。

2. 货物堆码的类型

货物在仓库内的存入和堆码方式一般有自身堆码、托盘堆码和货架存放三种方式。

(1)自身堆码

自身堆码就是将同一种货物，按其形式、质量、数量和性能等特点，码垛成一个个货堆。在货堆与货堆之间留有供人员或搬运设备出入的通道。常见的堆码方法有重叠式堆码(板材)、纵横交错式堆码、压缝式堆码、通风式堆码。

1)重叠式(见图 2-4)

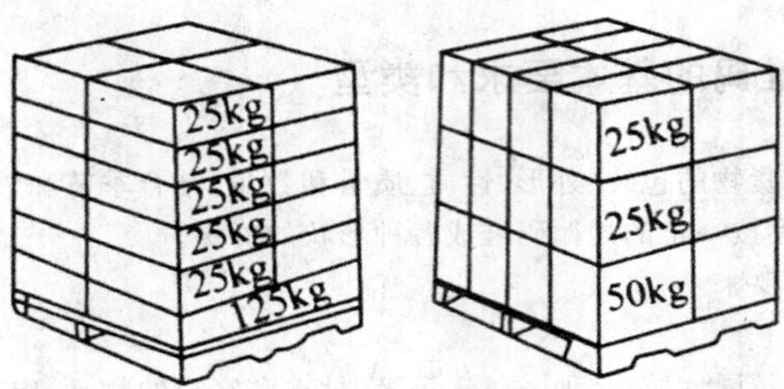

图 2-4 重叠式堆码

重叠式即各层码放方式相同,上下对应。这种方式的优点是,工人操作速度快,包装货物的四个角和边重叠垂直,承载能力大。缺点是各层之间缺少咬合作用,容易发生塌垛。在货物底面积较大的情况下,采用这种方式具有足够的稳定性,如果再配上相应的紧固方式,则不但能保持稳定,还可以保留装卸操作省力的优点。

2)纵横交错式(见图 2-5)

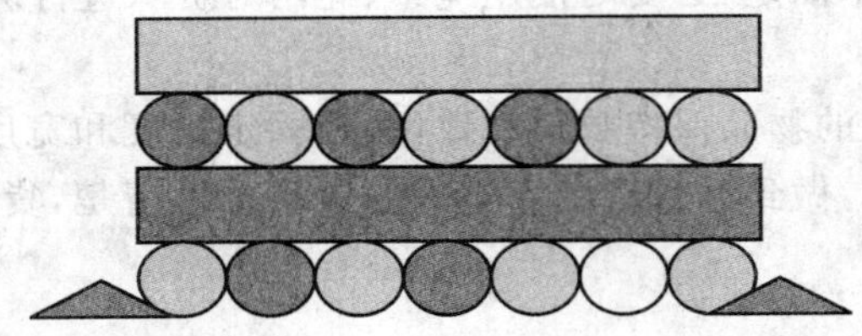

图 2-5 纵横交错式堆码

纵横交错式即相邻两层货物的摆放旋转 90°,一层横向放置,另一层纵向放置。每层间有一定的咬合效果,但咬合强度不高。适用于管材、捆装、长箱装等物品。

3)仰伏相间式(见图 2-6)

图 2-6 仰伏相间式堆码

仰伏相间式即对上下两面有大小差别或凹凸的物品,如槽钢、钢轨等,将物品仰放一层,再反一面伏放一层,仰伏相间相扣。该垛极为稳定,但操作不便。

4）压缝式（见图 2-7）

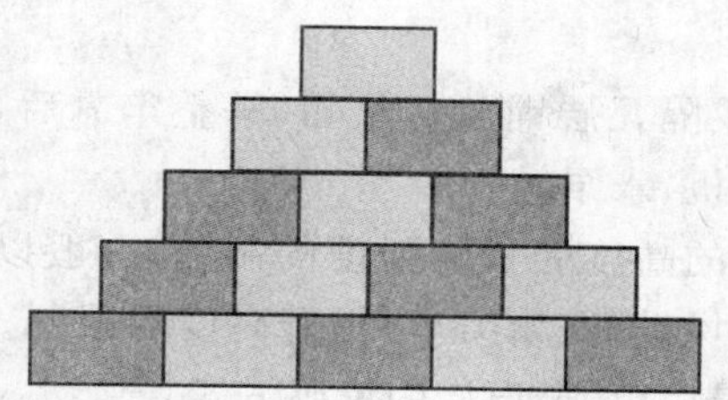

图 2-7 压缝式堆码

压缝式即将底层并排摆放，上层放在下层两件物品之间。如果每层物品都不改变方向，则形成梯形形状。如果每层都改变方向，则类似于纵横交错式。

5）通风式（见图 2-8）

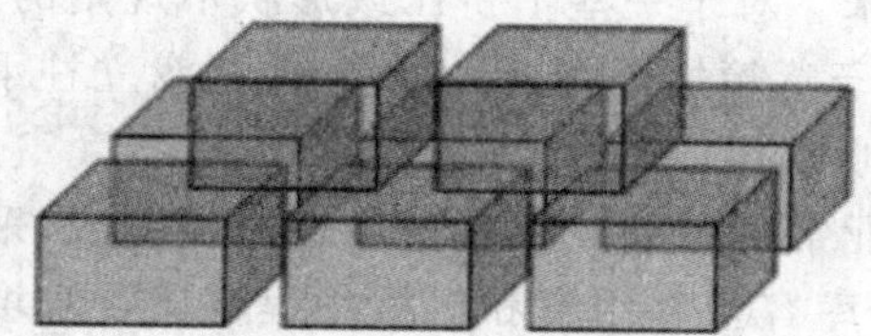

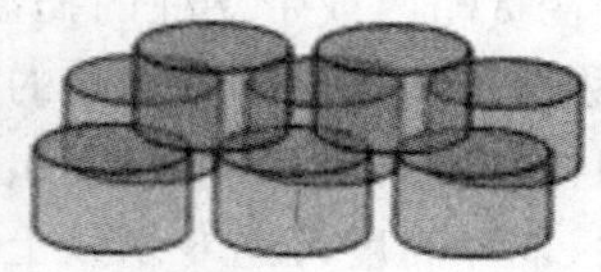

图 2-8 通风式堆码

通风式即物品在堆码时，每件相邻的物品之间都留有空隙，以便通风。层与层之间采用压缝式或纵横交叉式。通风式堆码可用于所有箱装、桶装以及裸装物品，起到通风防潮、散湿散热的作用。

6）栽柱式（见图 2-9）

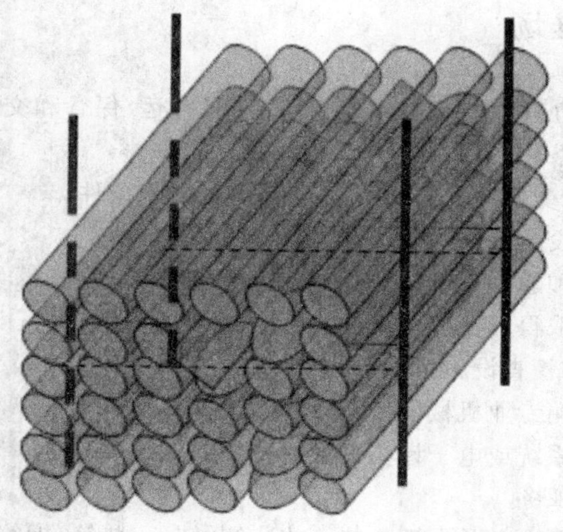

图 2-9 栽柱式堆码

栽柱式即码放物品前在货垛两侧栽上木桩或者钢棒，然后将物品平码在桩柱之间，几层后用铁丝将相对两边的桩柱拴连，再往上摆放物品。此方法适用于棒材、管材等长条状物品。

7)衬垫式

衬垫式即码垛时隔层或隔几层铺放衬垫物,平整牢靠后,再往上码。适用于不规则且较重的物品,如无包装电机、水泵等。

采用自身堆码时,货堆的高度受货物强度的制约,一般以最低层货物不被压坏为前提,另外货堆的高度还受堆垛设备(如叉车)提升高度的限制。故货堆的高度一般小于4米。这种堆码方式是一种最简单、最原始的堆码方式。

如果货物的包装比较规整,而且有足够的强度时,则可采用无托盘的自身堆码方式。在叉车上装一些属具,如纸箱夹、推出器等进行作业。

(2)托盘堆码

托盘堆码即将货物码在托盘上,货物在托盘上码放方式可采用自身堆码采用的码放形式,然后用叉车将托盘货一层层堆码起来。对于一些怕挤压或形状不规则的货物,可将货物装在货箱内或带立柱的托盘上。由于货箱堆码时,是由货箱或托盘立柱承受货垛的重量,故这种托盘应具有较高的强度和刚度。

采用托盘堆码时,其堆码和出入库作业常采用叉车或其他堆垛机械完成,采用桥式堆垛机时,堆垛高度可达8米以上,故其仓库容积利用率和机械化程度比自身堆码有较大的提高。

(3)货架存放

在仓库内设置货架,将货物或托盘放在货架上。采用货架存放的最大优点为:货物的重量由货架支撑,互相之间不会产生挤压,可实现有选择的取货或实现先进先出的出库原则。总之,货架存放形式为仓库的机械作业和计算机管理提供了必要的条件。

2.3.4 集装箱堆场

集装箱堆场是指办理集装箱重箱或空箱装卸、转运、保管和交接业务的场所。集装箱堆场应具备以下的条件:

①地面平整、能承受所堆重箱的压力,有良好的排水条件;

②有必要的消防设施,足够的照明设施和通道;

③有必要的交通和通信设备;

④有符合标准并取得环保部门认可的污水、污染物处理能力;

⑤有围墙、保卫和检查设施;

⑥有一定的集装箱专业机械设备;

⑦有集装箱管理系统或电子计算机管理设备。

1.集装箱堆场的业务

集装箱堆场的主要业务是办理集装箱的装卸、转运、装箱、拆箱、收发、交接、保管、堆存、搬运以及承揽货源等。此外还有集装箱的修理、冲洗、熏蒸和有关衡量等工作。

以港口集装箱堆场为例,其主要业务如下:

(1)集装箱的堆存与保管

集装箱进场后，场站应按双方协议规定，按照不同的海上承运人将空箱和重箱分别堆放。空箱按完好箱、破损箱、污箱、自有箱和租箱分别堆放。

场站应对掌管期限内的集装箱和箱内货物负责，如有损坏或灭失由场站承运人负责。未经海上承运人同意，场站不得以任何理由将堆存的集装箱占用、改装或出租，否则应负经济责任。

场站应根据中转箱发送目的地的不同，分别堆放，并严格按承运人的中转计划安排中转，避免倒箱、等待吊装等情况出现，影响转运。

(2)集装箱的交接

发货人和集装箱货运站将由其代理或代理人负责装载的集装箱货物送至码头堆场，设在码头堆场的闸口对进场的集装箱货物核对订舱单、码头收据、装箱单、出口许可证等单据。同时，还应检查集装箱的数量、编码、铅封号码是否与场站收据号码记载相一致，箱子的外表状况以及铅封有无异常情况，如发现有异常情况，门卫应在堆场收据栏内注明；如异常情况严重，会影响运输安全的，则应与有关方联系，再决定是否接收这部分货物。对进场的集装箱，堆站应向发货人、运箱人出具收据。

(3)制订堆场作业计划

堆场作业计划是对集装箱在堆场内进行装卸、搬运、贮存、保管的安排，这是为了经济合理地使用码头堆场和有计划地进行集装箱装卸工作而制定的。堆场作业计划的主要内容有：

①集港作业，加强堆场前期的信息追踪和收箱系统分析是非常有必要的。堆场收箱是船舶装船作业的开始，堆场计划的好坏直接影响着后面的配载计划与装船，专门地对场地进行规划与整理，对场地的管理有了一个统筹规划，在收箱前充分考虑船舶出口箱量的特点，制定集港时间；掌握不同航线不同船舶出口箱的特点，如箱量、箱型、重量等级的分布，根据具体情况分配场位、制定相应的收箱规则，合理堆码，对于特种箱如危险品箱，在非夏季确保安全的情况下采用单独集中堆码和不同危险等级的危险品隔离堆码两种方式，从而减少集装箱搬运频率，降低装船过程中的倒箱频率，提高装船效率。

②进口作业，合理运用堆场，在卸船前掌握空、重箱量和流向情况，摸清中转量及工程船的信息，进行分空重、分箱型堆码，并制订堆场的作业计划，减少提箱过程中的倒箱率。对外提箱做好催提工作，减少进口箱在堆场的堆存时间，从而提高堆场的利用率。

③研究多种提高作业效率的方法，如"双箱堆场计划"、"边装边卸"等，合理配置资源，统筹安排进出口作业堆场，减少作业过程中拖车绕场跑位，缩短作业时间，从而提高效率。

(4)对特殊集装箱的处理

对堆存在场内的冷藏集装箱应及时接通电源，每天还应定时检查冷藏集装箱和冷冻机的工作状况是否正常，箱内温度是否保持在货物所需要的限度内，在装卸和出入场时，应及时关闭电源。

对于危险品集装箱，应根据可暂时存放和不能存放两种情况分别处理。能暂时存放的货箱应堆存在有保护设施的场所，而且堆放的数量不能超出许可的限度；对于不能暂存的货箱应在装船预定时间内，进场后立即装上船舶。

(5)协调与处理好和船公司的业务关系

集装箱码头应保证：

①根据船期表提供合适的泊位；

②船舶靠泊后，及时提供足够的劳力与机械设备，以保证装船速度；

③提供足够的场所，保证集装箱作业及堆存空间；

④适当掌握和注意船方设备，不违章操作。

船公司应保证：

①向码头确保班期，在船舶到港前一定时间内提出确实到港通知。如发生船期改变，则应及时通知码头；

②装船前2～10天左右提供出口货运资料，以满足堆场制订堆场计划、装船计划的需要；

③应及时提供船图，以保证正常作业。

2. 在装箱过程中可能出现的问题

在装箱过程中可能出现两个问题：一是倒箱；二是等待吊装。这两个问题都是由于信息不畅造成的，都会影响装卸效率和场地使用效率，主要解决办法是加强堆场与船公司之间的沟通，尽量及早传送舱单，按舱单集港，采用预配图收箱，避免场地出现重箱压轻箱、不同去向的集装箱混垛以及机械等待吊装的情况。

2.4 自动化立体仓库

自动化立体仓库是指采用高层货架存放货物，以巷道式堆垛起重机和出入库机械设备进行作业，由自动控制系统进行操纵的现代化仓库。

2.4.1 自动化立体仓库的产生、发展以及优劣势

1. 自动化立体仓库的产生和发展

自动化立体仓库(AS/RS)最早应用于军事后勤领域，以往受到传统军事思想的影响，部队的仓库多采用平库。近几年随着信息技术的迅速发展，开始注重利用最新物流技术提高军事保障的速度和准确性，新建或改造的用于存储军需物资的仓库基本采用自动化立体仓库。自动化立体仓库的范围逐步扩大，并得到传统优势行业的青睐。

1956年美国建立第一座自动化立体仓库，目的是为军事上自动化搬运弹药，之后又成功运用在航空母舰上为完成舰载机的换装，由于自动化立体仓库具有占地面积少、差错少、节省人力等优点，大大提升了航空母舰战斗机群轮番战斗能力。之后的50年里，由于冷战的结束，东西方对立情绪的减弱，国际贸易的增加和全球化浪潮的兴起，自动化立体仓库技术逐步有民用化趋势。整个20世纪60年代，美国建造了1836座自动化立体仓库，其中大部分分布在以五大湖为核心的工业地带上。自动化立体仓库可靠性高，节省劳动

力，零件容易维修更换，操作简单方便，而且工业生产中的生产物流成本下降，建设费用和土地资源都得到了有效节约。因此，在美国各个地区都掀起了自动化立体仓库的热潮。

进入20世纪70年代以后，日本通过采用自动化立体仓库的建筑技术，首先在多火山多地震地带建立起第一幢60层以上的高楼。之后，整个70年代，日本人在自动化技术和机器人技术的帮助下，先后建设了2000多座自动化立体仓库，数量和整个欧洲的自动化立体仓库相同。这一举措有效节约了整个日本国内的劳动力和土地资源，为之后日本国内的物流系统现代化奠定了基础。

自动化立体仓库的出现是物流技术的一个划时代的革新。它不仅彻底改变了仓储行业的劳动密集型、效率低下的局面，而且大大扩展仓库功能，使之从单纯的保管型向综合的流通型方向发展。自动化立体仓库使用高层货架储备货物，以巷道式堆垛起重机存取货物，并通过装卸搬运设备，自动进入仓库作业。

自动化立体仓库具有普通仓库无可比拟的优越性。

2. 自动化立体仓库的优势

(1)节约空间、节约劳动力

采用自动化的立体仓库，可以充分利用空间。自动化立体仓库是现代化仓储的一个重要组成部分，采用多层存放货物的高架仓库系统，高度可以达到30米以上，根据需要可以设置不同的高架类型：高层(大于12米)、中层(5～12米)、低层(5米以下)。这与平库相比可以节约将近70%的占地面积。据国际仓库自动化会议资料，以库存1万托盘、月吞吐1万托盘的冷库为例，自动化立体仓库与普通仓库的比较情况为：用地面积13%、工作人员21.9%。立体仓库的单位面积储量为普通仓库的4～7倍。

(2)提高仓储管理水平，减少货损，优化、降低库存，缩短周转期和节约资金

自动化立体仓库系统由货架、堆垛机、出入库输送机、自动控制系统与管理信息系统等构成，能按照指令自动完成货物的存取作业，并对仓库的货物进行自动化管理，使物料搬运仓储更加合理。由于采用货架储存，并结合计算机管理，可以容易地实现先入先出、发陈储新的出入库原则，防止货物自然老化、变质、生锈等现象的出现；从而实现了机械化、自动化，并提高仓库的管理水平。

(3)降低对人工需求的依赖，特别是降低特殊仓储环境中的人力资源成本

由于采用了自动化技术，自动化仓储能适应黑暗、有毒、低温等特殊场合的需要。

3. 自动化立体仓库的劣势

但是自动化立体仓库也有其固有的劣势，使得我们在应用自动化立体仓库中受到一定的限制。

(1)投资较大，建设周期长

自动化立体仓库需要很高的资金投入和安装建设费用。这就要求对过去和未来3～5年中仓库的吞吐量、仓储容量、订单货物的类别等要素进行分析，还要对设备进行性能评估和选择，这些都需要很长的时间周期和很大的人力、物力、时间投入。

(2)物资吞吐量和种类固定

当一个自动化的仓库按照计划建设完成之后，仓库的类型、物资的吞吐量和仓库的容量就固定了下来，这时如果外部的因素发生了突然的变化，仓库对其变化缺乏适应和

变化能力。

2.4.2 自动化仓库的组成

自动化立体仓库主要由高层货架、巷道式堆垛起重机、装卸堆垛机器人、电气与电子设备等组成,如图 2-10 所示。

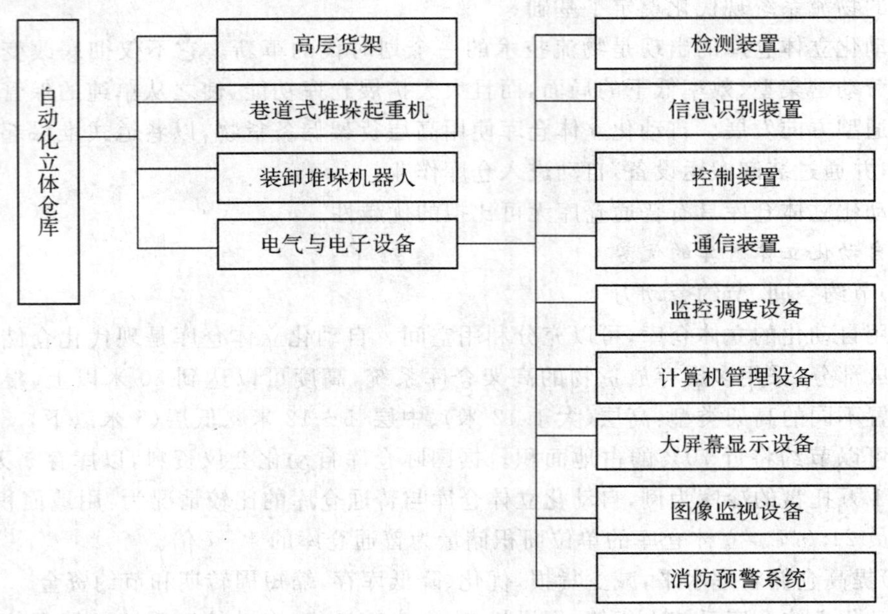

图 2-10 自动化立体仓库的组成

1. 高层货架

高层货架是立体仓库的主要构筑物。货架的高度是自动化立体仓库的主要参数,直接决定了仓库的运营成本。自动化立体仓库的主要特征是货架密度高,高度和长度较大,排列较多,巷道较窄。典型的自动化立体仓库的高度多数为 10～30 米,少数会超过 30 米,最高达 40 米。按照高度可将仓库分为低层立体仓库(＜5 米)、中层立体仓库(5～10 米)和高层立体仓库(≥15 米)。国内现有高层货架的高度多数为 10～20 米,一般认为这一高度是比较经济的。

2. 巷道式堆垛起重机

巷道式堆垛机是立体仓库中最重要的运输设备。它是随着立体仓库的出现而发展起来的专用起重机,主要用途是在高层货架的巷道内来回穿梭运行,将位于巷道口的货物存入货格,或者相反,取出货格内的货物运送到巷道口。

3. 装卸堆垛机器人

工业机器人是典型的机电一体化高科技产品,自从 20 世纪 50 年代美国制造出第一台机器人以来,机器人技术及其产品发展很快,它对于提高生产自动化水平、劳动生产率和经济效益及保证产品质量、改善劳动条件等方面的作用日益显著。

4.电气与电子设备

自动化仓库中的电气与电子设备主要是指检测装置、信息识别装置、控制装置、通信设备、监控调度设备、计算机管理设备以及大屏幕显示等设备。

此外，还有一些特殊要求的自动化仓库。比如，储存冷冻食品的立体仓库中，环境温度要进行检测和控制；储存感光材料的立体仓库，要使整个仓库内部完全黑暗，以免感光材料失效而造成产品报废；储存某些药品的立体仓库，对仓库的温度、气压等均有一定要求，因此，需特殊处理。

2.4.3 自动化立体仓库的功能

自动化立体仓库的功能一般包括自动收货、存货、取货、发货和信息处理等。

1.收货

收货是指仓库从供应方接受各种产品、材料、半成品，收存入库的过程。收货时需要站台或场地供运输车辆停靠，需要升降平台作为站台和载货车辆之间的过桥，需要装卸机械完成装卸作业。卸货时需要检查货物的品质和数量以及货物的完好状态，确认完好后方能入库存放。一般的自动化立体仓库从货物卸载经查验进入自动系统的接货设备开始，将信息输入计算机，生成管理信息，由自动控制系统进行货物入库的自动操作。

2.存货

存货是指自动化系统将货物存放到规定的位置，一般是放在高层货架上。存货之前首先要确定存货的位置。某些情况下可以采取分区固定存放的原则，即按货物的种类、大小、包装形式来实行分区存放。随着移动货架和自动识别技术的发展，已经可以做到随意存放，既能提高仓库的利用率，又可以节约存取时间。

3.取货

取货是指自动化系统根据需求从库房货架上取出所需货物。取货可以有不同的取货原则，通常采用的是先进先出原则，即在出库时，先存入的货物先被取出。对某些自动化立体仓库来说，必须能够随时存取任意货位的货物，这种存取货物要求搬运设备和地点能频繁更换。

4.发货

发货是指取出的货物按照严格的要求发往用户。根据服务对象不同，有的仓库只向单一用户发货，有的则需要向多个用户发货。发货时需要配货，即根据使用要求对货物进行配套供应。

5.信息处理

信息处理是指能随时查询仓库的有关信息和伴随各种作业产生信息报表单据。在自动化立体仓库中可以随时查询库存信息、作业信息以及其他相关信息。这种查询可以在仓库范围内进行，有的可以在其他部门或分厂进行。

案例分析

精心选址为联邦快运赢得了竞争优势

联邦快运公司的创立者、总裁福瑞德·史密斯先生在大学期间曾经写过一篇论文，建议在小件包裹运输上采纳“轴心概念”，可是这篇论文只得了个C。但是，他后来的实践证明，“轴心概念”的确能为小件包裹运输提供一个独一无二的、有效的、辐射状配送系统，而且他选择了田纳西州的孟菲斯作为公司运输的中央轴心所在。

孟菲斯为联邦快运公司提供了一个不拥挤、快捷畅通的机场，它坐落在美国中部地区，气候条件优越，机场很少关闭。正是由于摆脱了气候对飞行的限制，联邦快运的竞争潜力才得以充分发挥。成功的选址对其安全纪录有着重大贡献。

除了星期天，每天晚上联邦快运的飞机将世界各地的包裹运往孟菲斯，然后再运往与联邦快运没有直接国际航班的各大城市。虽然这个中央轴心的位置只能容纳少量的飞机，但它们能够为之服务的航空网点要比传统的A城到D城的航空系统多很多。另外，这种轴心安排使得联邦快运每天晚上飞机航次与包裹量一致，并且可以应航线容量的要求而随时改道飞行，这就节省了一笔巨大的费用。另外，联邦快运相信，中央轴心系统也有助于减少运输上的误导和延误，因此从起点开始，包裹在整个运输过程中都有一个整体控制。

世界上很多事情都很难做到绝对精确，选址问题也不例外。由于选址决策涉及许多因素，加之一些因素又是相互矛盾的，从而造成了选址决策的困难。对一个特定的企业来说，其最优的选址应取决于该企业的类型。工业选址决策主要是为了追求成本最小化；而零售业或专业性服务组织机构一般都追求收益最大化；至于仓库选址，可能要综合考虑成本及运输速度问题。总之，选址战略的目标是使选址能给企业带来最大化的收益。

思考题

1. 仓库选址的原则是什么？
2. 仓库选址时要考虑的因素有哪些？
3. 简述仓库选址的步骤和方法。
4. 简述仓库布局的主要内容。
5. 简述自动化立体仓库的组成。

第 3 章

仓储机械设备选择与管理

本章要点

本章介绍堆码设备、搬运设备及装卸设备的性能、原理、技术参数和运装、分拣和拣送设备的功能，货架系统性能，重点掌握仓储设备的选用原则、货架系统选用原则；学习本章的目的是加强仓储设备资产管理，仓储设备维修运行管理，提高仓储管理水平。

3.1 常见的仓储设备

3.1.1 货物堆码及装卸、搬运设备

为了满足仓储管理的需要，提高仓储作业机械化和自动化水平，减轻作业人员的劳动强度，促进企业效益和顾客服务水平的提升，仓库必须配置一定的硬件设施和设备。主要包括货物堆码设备、装卸搬运设备、包装设备、分拣拣选设备和计量检验设备。

1. 搬运车辆

搬运车辆作业的目的是为了改变货物的存放状态和空间位置。

(1)手推车

手推车是一种以人力驱动为主，一般为不带动力、在路面上水平运输货物的小型搬运车辆的总称。其搬运作业距离一般不大于 25 米，承载能力一般在 500 千克以下。其特点是轻巧灵活、易操作、转弯半径小，是短距离输送较小、较轻物品的一种方便而经济的运输工具。

由于输送货物的种类、性质、重量、形状、道路条件等的不同，手推车的构造形式是多种多样的，如图 3-1 所示。

手推车的选择首先应考虑货物的形状及性质，当搬运多品种的货物时，应考虑采用具有通用性的手推车，对单一品种的货物，则应选用专用性的，以提高搬运效率。

图 3-1　常用的手推车形式

(2)牵引车

牵引车俗称拖车，其特点是没有承载货物的平台，只能作为牵引工具，用来牵引挂车，不能单独运输货物。牵引车只在牵引时才和挂车连在一起，当挂车被拖到指定地点进行装卸货物后，牵引车就可脱开和挂车的连接，再去牵引其他挂车，从而提高了设备的利用率。采用牵引车—挂车方式搬运货物，在一定条件下比采用平板搬运车能获得更好的经济效果。牵引车的主要性能参数是它的牵引力，一般的蓄电池驱动的牵引车牵引力可达 15 吨，柴油发动机驱动的牵引车牵引力可达 75 吨，如图 3-2 和图 3-3 所示。

图 3-2　电动牵引车

图 3-3　柴油发动机驱动的牵引车

(3)手动搬运车

手动搬运车(见图 3-4)是一种轻小型的利用人力提升货叉的装卸、搬运设备，用于搬运装载于托盘上的货物。其货叉可以和滚轮做成一体，也可与滚轮分开。工作时，货叉插入托盘，上下摇动手柄，使液压千斤顶提升货叉，托盘或容器随之离地，然后用手动或电力驱动使之移动，待货物运到目的地后，踩动踏板，货叉落下，放下托盘。

这种搬运车多用于仓库收发站台的装卸或车间内各工序间不需堆垛的场合。

手动搬运车的转弯半径较小，其值取决于手柄的转动中心到车头外缘的最大距离，载重量一般为 1500～3000 千克，当使用双面托盘时，货叉长度应大于托盘长度。手动搬运车的运行道路要求平整度较好，否则影响安全提升高度、搬运效率和可操作性。

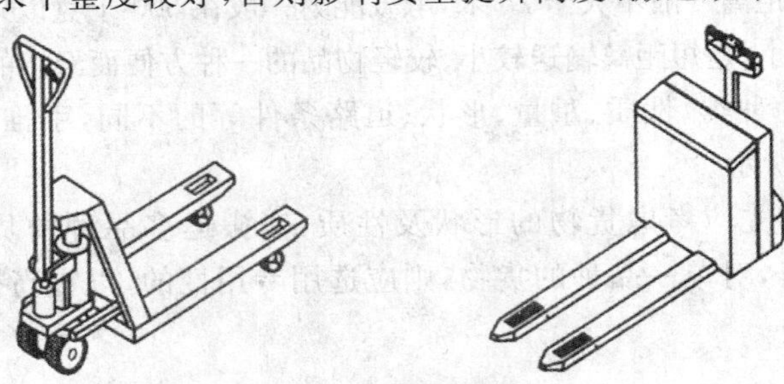

图 3-4　手动搬运车

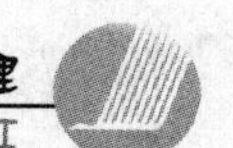

(4)电瓶搬运车

电瓶搬运车(见图 3-5)有一个固定的承载平台,可载重运输,也可用作牵引。由于蓄电池不能经受强烈振动,故要求在平坦的路面上行驶,行驶速度一般为 10 千米/小时。

图 3-5 电瓶搬运车

(5)叉车

叉车是车站、码头、仓库和货场广泛用来承担装卸、搬运、堆码作业的一种搬运车辆。它具有适用性强、机动灵活、效率高等优点。它不仅可以将货物叉起进行水平运输,还可以叉取货物进行垂直堆码。叉车的基本构造如图 3-6 所示。

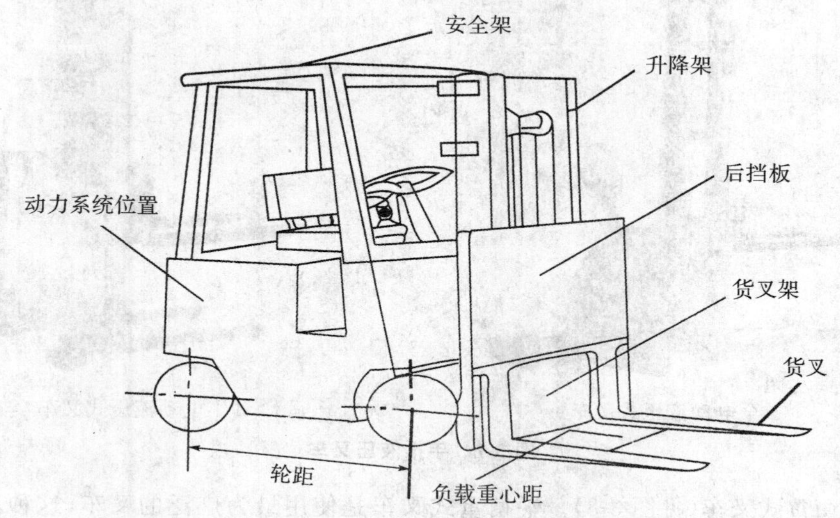

图 3-6 叉车的基本构造

叉车的种类很多,可以从不同的角度分类。如果按构造的不同,可以分为正面式、侧面式转柱叉车和转叉式叉车(高架叉车);如果按所用动力的不同,则可以分为内燃式、蓄电池式和无动力叉车。

1)正面式叉车

正面式叉车的特点是货叉朝向叉车正前方向。正面式叉车根据结构的不同可分为五种:手推液压叉车、平衡重式叉车、插腿式叉车、前移式叉车和四向行走叉车。

①手推液压叉车(见图 3-7)。手推液压叉车是利用人力推拉运行的简易插腿式叉车。其型式有:手摇机械式(见图 3-7a)、手动液压式(见图 3-7b)和电动液压式(见图

3-7c、见图 3-7d)三种,用于工厂车间、仓库内效率要求不高,需要有一定堆垛作业、装卸高度不大且单向搬运距离在 100 米以内的场合。其起重能力为 500～1000 千克,起升高度为 1000～3000 毫米,货叉最低离地高度≤100 毫米。

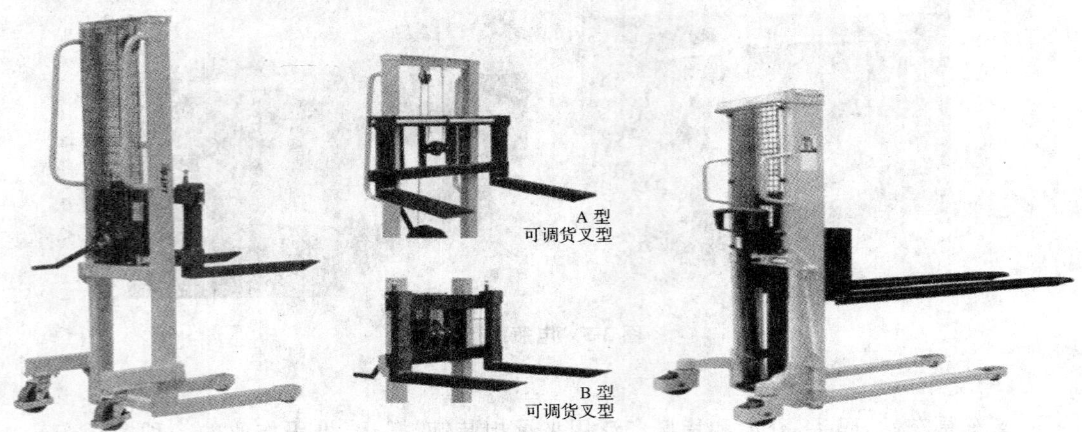

a 手摇机械式叉车　　　　b 手动液压式叉车

c 全电动液压式叉车　　　　d 半电动液压式叉车

图 3-7　手推液压叉车

②平衡重式叉车(见图 3-8)。平衡重式叉车是使用最为广泛的叉车,这种叉车的货叉在前轮中心线以外。为了克服货物产生的倾覆力矩,在叉车的尾部装有平衡重。车轮采用的是充气轮胎或实芯轮胎,运行速度比较快,而且有较好的爬坡能力。取货和卸货时,门架前倾,前倾角度一般为 3°,便于货叉插入和抽出,取货后门架后倾,后倾角度一般在 8°～10°之间,以便在行驶中保持货物的稳定。这种叉车可根据作业对象和作业方式的不同在叉车的叉架上增设叉车属具,实现“无托盘”搬运需要。

平衡重式叉车可以是内燃式的,也可以是蓄电池式的。内燃式叉车因噪声大和产生有害气体,适用于露天货场作业。蓄电池式叉车适合于在室内或环境条件要求较高的场所。

平衡重式叉车主要由发动机、底盘、门架、叉架、液压系统、电气系统及平衡重等部分组成。主要性能参数有起重量、最大起升高度、货叉长度、最小转弯半径、最大起升速度、

图 3-8 平衡重式叉车

最大运行速度等，可根据作业对象和作业要求进行选择。

平衡重式叉车的起重量是货物重心至货叉前壁的距离不大于载荷重心距时，允许起升的货物最大重量，它取决于叉车的稳定性要求。

③插腿式叉车（见图 3-9）。插腿式叉车结构非常紧凑，货叉在两个支腿之间，因此无论在取货、卸货，还是在运行过程中，都不会失去稳定。由于结构紧凑，叉车尺寸小，转弯半径也小，适于库内作业。这种叉车一般采用蓄电池为动力，不会污染环境。

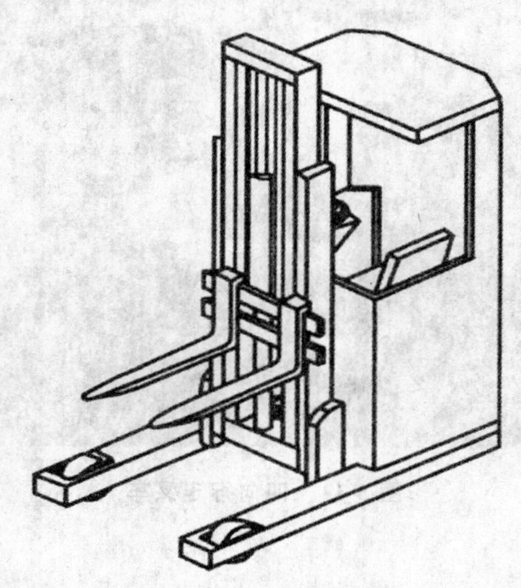

图 3-9 插腿式叉车

插腿式叉车的坐椅采用的是侧向布置方式，操作人员在叉车两侧，叉车进出的视野良好，所以工作时，一般都采用倒车行走方式。由于叉车在叉取货物时，支腿和货叉都必须插入货物底部，因此，要求叉取的货物底部一般要高出地面 200 毫米左右。

④前移式叉车（见图 3-10）。前移式叉车结构与插腿式叉车类似，但取货或卸货时，门架可由液压系统推动，移到前轮之外；运行时，门架又缩回车体内。前轮的直径大约为 300 毫米，因此，要收回货叉，必须先将货物升起一定高度。

⑤四向行走叉车（见图 3-11）。四向行走叉车是在前移式叉车的基础上进行改造的，

图 3-10　前移式叉车

专门用于长大件货物作业的叉车。不同之处在于它的四个车轮均能在 90°范围内转动任意角度，这样叉车既可向前、向后行驶，也可向左、向右行驶，能在原地对运行方向进行调整。因此，叉车工作时所需的货架通道宽度很小。

图 3-11　四向行走叉车

2)侧面式叉车

侧面式叉车(见图 3-12)的货叉装在车身的侧面，是平板运输车和前移式叉车的结合。门架可以伸出取货，然后缩回车体内将货物放在平台上即可行走，适于装卸运输钢管、型材、木材、电线杆、水泥管等细长货物。

3)高架叉车

高架叉车也称转叉式堆高机、转叉式叉车、三向堆垛叉车，是专门用于仓库的无轨堆垛机的一种(见图 3-13)。其货叉有一个回转机构，还有一个侧移机构，两个机构协调动作，即叉车向运行方向两侧进行堆垛作业时，车体无须作直角转向，而使前部的门架或货叉作直角转向及侧移，这样作业通道就可大大减少，提高了面积利用率；此外，高架叉车的起升高度比普通叉车要高，一般在 6 米左右，最高可达 13 米，提高了空间利用率。

图 3-12 侧面式叉车

图 3-13 高架叉车

4)转柱式叉车

转柱式叉车(见图 3-14)的特点是转弯半径小,作业所需的货架通道窄,门架可实现正反转 90°。

图 3-14　转柱式叉车

(6)无人搬运车

无人搬运车(AGV)作为一种无人驾驶工业搬运车辆(见图 3-15),在 20 世纪 50 年代即得到了应用。一般用蓄电池作为动力,载重量从几公斤到上百吨。现代的 AGV 都是由计算机控制的,车上装有微处理器并配有系统集中控制与管理计算机,用于对 AGV 的作业过程进行优化,发出搬运指令,跟踪传送中的构件以及控制 AGV 的路线。它与集装单元运输结合,可方便构成由计算机控制的自动仓库或全自动物流系统。

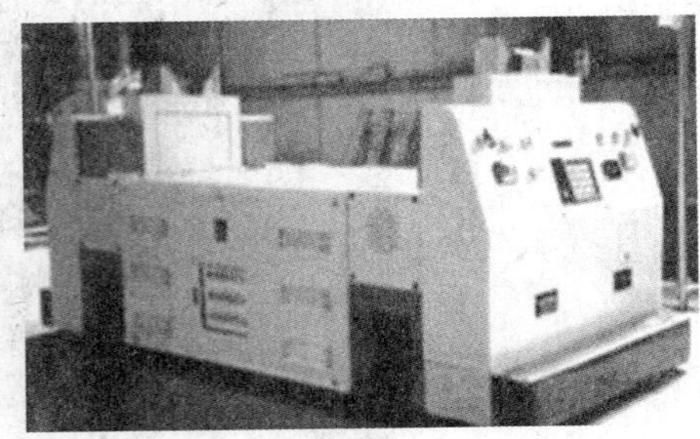

图 3-15　无人搬运车

这种系统具有服务面广、运输线路长、运输线路灵活多变、运行费用少、系统安全可靠及无人操作等特点。因此,AGV 及其运输系统广泛使用于厂内运输、装配生产线、仓库、车站等场所,特别适用于有噪声、有污染、有放射性等有害人体健康的地方及通道狭窄、光线较暗等不适合驾驶车辆的场合。在货运量大时,因为没有机械轨道限制,可方便地重新布置或扩大预定运行路径和运行范围以及增减运行的车辆数量。所以,使用

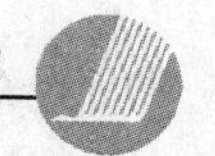

AGV既可解决运输货物混乱的情况，又可提高运输的能力，是一种既先进又实用的方案。

(7)卫星小车

卫星小车有两种：一种是在贯通式货架的通道内使用的自行式通道小车（见图3-16)，亦称穿梭小车；另一种是带货叉的自行式小车(见图3-17)，这种小车亦称货物分配小车。

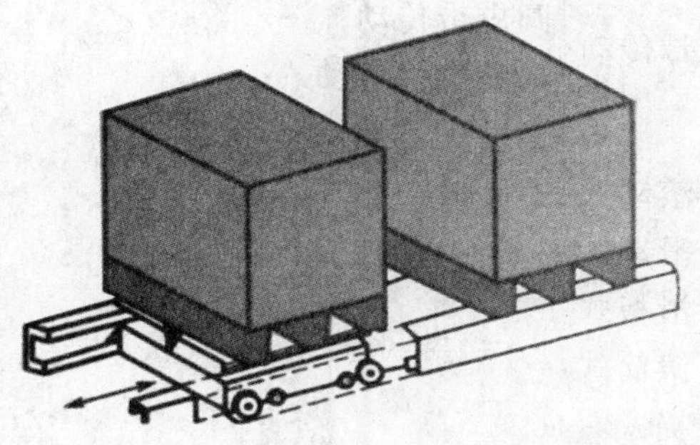

图3-16 自行式通道小车

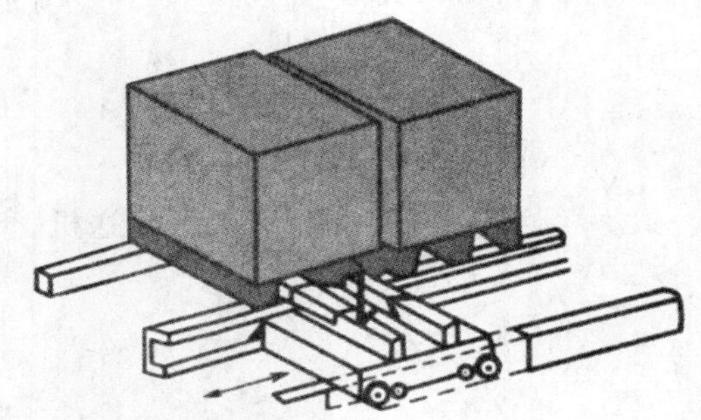

图3-17 带货叉的自行式小车

自行式通道小车一般用作堆垛机或叉车的卫星设备，延长了货叉的作业深度和整机的作业范围。堆取货物作业时，堆垛机仅在巷道内作业，货架通道内的货物由穿梭小车的往返穿梭来完成托盘的存取。当一条通道的作业完成后，由堆垛机或叉车、升降机将其送到货架的其他通道作业。

自行式通道小车一般由蓄电池提供能源，小车车身上装有一个或两个可以升降的载货平台，装有8个(或更多)车轮，其中4个车轮为主动轮；取货时，将小车开到所要提取的投盘底下，升起载货平台顶起托盘，使托盘离开小车轨道，然后带货运行到通道口，将货物交给堆垛机或叉车、分配小车运走。

自行式通道小车可分为两类：一类是与叉车配套使用的，采用无线遥控方式，由叉车驾驶员操作；另一类是与堆垛机配套组成全自动的卫星小车系统。

带货叉的自行式小车也是堆垛机或叉车及自行式通道小车的卫星设备，也由蓄电池提供能源，但其运行的轨道不是货物存放的货架横梁，而是靠近货架安装的专用轨道；小车的取物装置是能单向叉取货物的货叉，工作时，这两种小车相互配合，将自行式通道小车取出的货物通过货叉移到自身的载货平台上，然后送到规定的地方；或与堆垛机、叉车配合，将堆垛机、叉车取出的货物运走，或将运来的货物转移到堆垛机或叉车上，由其完成相应的存货作业；或与升降机配合，实现分配小车的转轨。

2.单元负载式输送机

在仓储系统中，搬运作业以集装单元化搬运最为普遍，因此，所有的输送机也以单元负载式输送机为主。

单元负载式输送机主要用于输送托盘、箱包件或其他有固定尺寸的集装单元货物。根据有无动力源，输送机可分为重力式和动力式两类(见图3-18)。

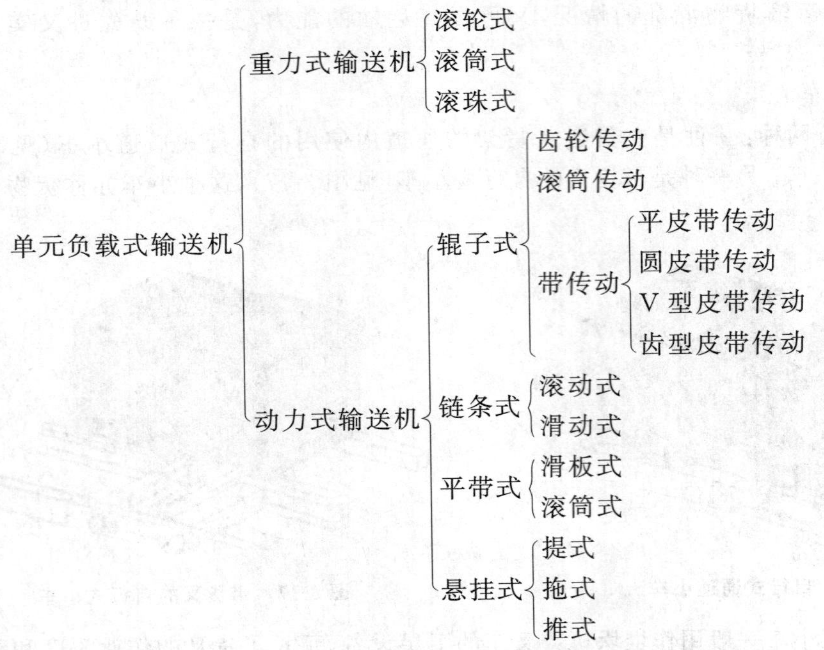

图 3-18 单元负载式输送机分类

在仓库内采用单元负载式输送机,货物的装载与卸载均可在输送过程不停顿的情况下进行,同时,由于不需要经常启动与制动,所以可以采用较高的输送速度;此外,由于输送机的结构比较简单,动作单一,造价也较低,因而还可按货物的输送线路选用多台输送机来构成输送系统,从而实现物流自动化。其缺点在于输送系统的占地面积比较大,且不易变更货物的运输路线。

(1)重力式输送机

重力式输送机因滚动体的不同可分为滚筒式、滚轮式和滚珠式(见图 3-19)。

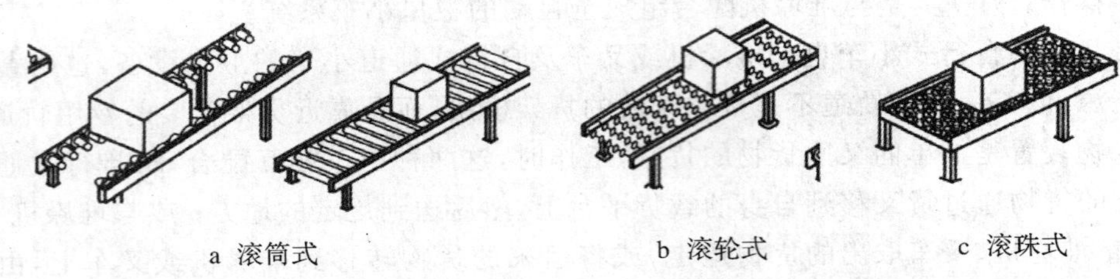

图 3-19 重力式输送机

重力式输送机是以输送物品本身的重量为动力,在一倾斜的输送机上由上往下滑动。输送机倾斜的坡度为 2°～5°,坡度的大小与滚动体转动的摩擦力、货物和滚动体的惯性及滑行速度的控制,特别与货物的重量、包装材料和包装物底面的平整度有关。为了控制倾斜式输送机上货物的速度不要太快,大倾角的输送机一般都装有制动滚子。

1)重力式滚筒输送机

重力式滚筒输送机(见图 3-20)的特点是应用范围远远大于滚轮式输送机,一般不适

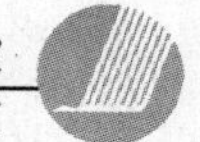

合滚轮输送机的负载，如塑料篮子、容器、桶形物等均适合于滚筒式输送机。滚筒支撑数与物品稳定性的关系如图 3-20a、图 3-20b、图 3-20c 所示，从图中可以看出，硬底物最少要有 3 个滚筒支撑物品，柔性物品需要 4 个以上滚筒支撑，才能保证输送机正常的输送工作。

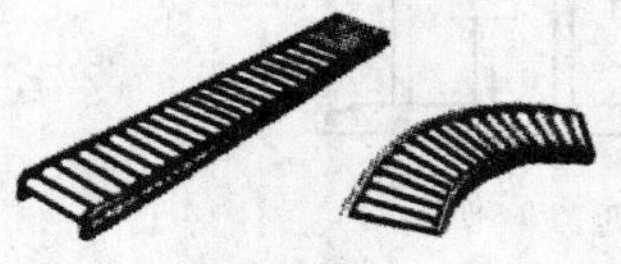

a 重力滚筒输送机简图

b 少于 3 个滚筒输送将不平稳

c 硬底物品至少需要 3 个滚筒

d 柔性物品需要 4 个以上滚筒

图 3-20 重力式滚筒输送机

重力式滚筒输送机的滚筒支撑在由钢材或铝材制成的框架上，支腿一般做成可调节高度的形式，滚筒外部可以包胶(塑料)以增大摩擦力，降低噪声。在输送较轻货物时，滚筒都可用塑料制成。为了控制货物在倾斜式的输送机上下滑的速度，可调整输送机的倾角，对于袋装货物倾角一般为 5°～20°，薄纸箱为 2°～12°，木箱为 2°～8°；另一种方法是在输送机上配备制动滚筒(见图 3-21)，制动器可以采用涡流制动、液力制动或采用离心制动。在采用了制动滚筒后，可调高输送机的倾角，使较轻货物能以合适的速度下滑，而较重货物的下滑速度则可由制动滚筒限制。这种输送机由于滚筒支撑密封较好，故对环境的适应性较强。

a 直接制动式

b 间接制动式

图 3-21 制动滚筒示意

2)重力式滚轮输送机

重力式滚轮输送机(见图 3-22)通过支撑轴安装于输送机框架上，相邻支撑轴上的滚轮交错排列，灵活转动。对于表面较软的物品，如布袋之类，滚轮较滚筒式有较好的输送性，但对于底部有挖空的容器，则不宜使用滚轮输送机。为使物品输送平稳，任何时候一个物品最少有分布在 3 根轴上的 5 个轮子支撑。

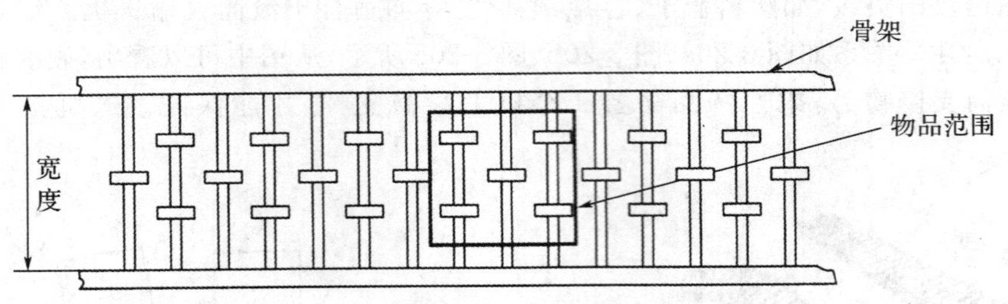

图 3-22 重力式滚轮输送机

这种输送机的特点是维修容易，它的滚轮支承在钢板上，排列较密，适于输送大小不同的货物。滚轮的材料有钢、铝和塑料三种。钢制滚轮的承载能力为 11～23 千克，铝制滚轮的承载能力为 4.5～18 千克，塑料滚轮的承载能力在 10 千克以下。根据需要，滚轮输送机可组合成直线式、转弯式和分支式三种形式，转弯式有 45°和 90°，转弯式的滚轮平均倾斜角只有直线式的 1/2。为了保持物品的方向性和平稳性，转弯内侧半径尺寸最小应等于物品长度，物品比输送机宽度两边小 50 毫米。在选择输送机时，应根据滚轮输送机标准宽度来设定物品包装箱的长度和宽度。

3)重力式滚珠输送机

重力式滚珠输送机(见图 3-23)是货物在其上可以自由沿任意方向运动的输送机，它广泛用于输送底部较硬的货物的场所。这种输送机使用时不需要润滑，但不能用于有灰尘的环境。

图 3-23 重力式滚珠输送机

(2)动力式输送机

动力式输送机主要用于物流自动化程度较高的场合，是物流自动化、机械化作业的重要组成部分。动力式输送机根据驱动介质的不同，可分为辊子式输送机、链条式输送机、平带式输送机和悬挂式输送机。如果货物有不规则的表面，例如，各种形状的邮包等，可选用平带输送机；对于形状规则的货物，例如纸箱、托盘等，可选用辊子输送机或链条输送机；有些情况下需要控制货物的间隔或进行精确定位，也应选用平带输送机；对于重量较大的货物，则应选用辊子输送机；如果要求节省占地面积，缩短输送距离，提高储存空间的利用率，可采用悬挂式输送机。

1)辊子式输送机

辊子式输送机由一系列等间距排列的辊子组成，辊子转动呈主动状，可以严格控制物品的运行状态，按规定的速度精确、平稳、可靠地输送物品。其对货物支承面的要求与重力式滚筒输送机相同。辊子式输送机的价格较高，所以一般用于有储积、分流、合流和分类等要求的场合。

按传统方式分类，辊子式输送机可分为齿轮传动、电动滚筒传动和带传动。

①齿轮传动辊子输送机(见图 3-24)。齿轮传动的辊子输送机的负载能力大，传动精度高，使用寿命长，对环境适应性强，适用于重载，运动精度要求高，启、制动频繁，经常逆转的场合。齿轮传动的辊子输送机有两种形式：一种是圆锥齿轮传动(见图 3-24a)，该种方式是在每根辊子轴或滚筒上装一个圆锥齿轮，在主动轴上对应于每个辊子处都装有与之啮合的圆锥齿轮，当驱动装置驱动传动轴时，啮合的圆锥齿轮就使所有的辊子以相同的速度和相同的方向转动，达到输送货物的目的；另一种是圆柱齿轮传动(见图 3-24b)，该种传动方式是在每个辊子轴或滚筒上装一个圆柱齿轮，每个辊子上的圆柱齿轮再与过渡齿轮相啮合，当驱动装置驱动第一个与其相连的辊子时，过渡齿轮使所有的辊子以相同速度和相同方向转动，达到输送货物的目的。圆锥齿轮传动的输送机侧面所占空间较大，为安全生产，必须加安全罩。这种方式也可与万向节配合(见图 3-24c)用于弯道输送物品。

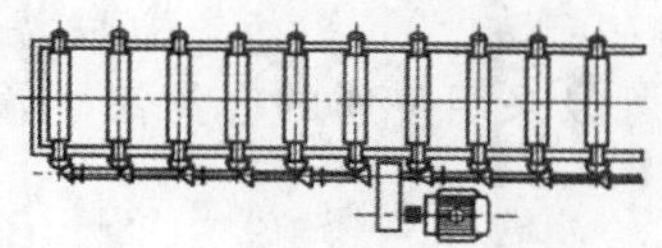

a 圆锥齿轮传动

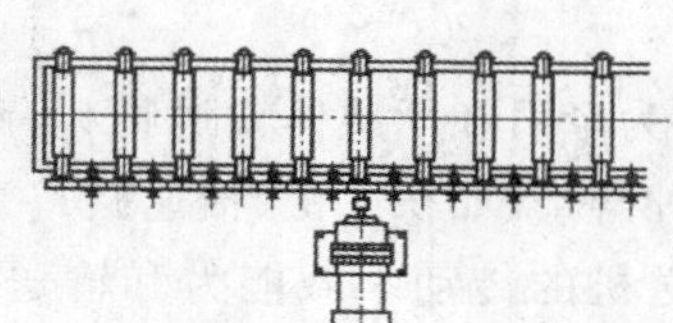

b 圆柱齿轮传动

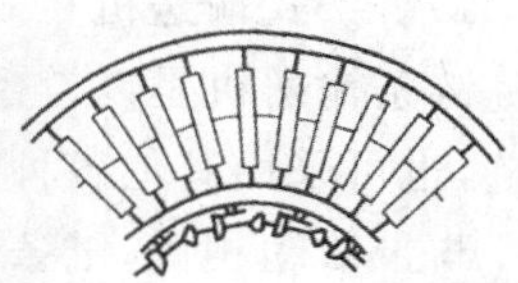

c 圆锥齿轮与万向节的配合

图 3-24 齿轮传动辊子输送机

②电动滚筒式辊子输送机(见图 3-25)。电动滚筒(见图 3-26)本身具有动力，独立的IP 地址，可单独驱动。即每个电动滚筒内都配备有一个电机和一个减速器。由于不需要任何外部传动设备，这种输送机比较简单、安全、干净，且每个滚筒自成系统，所以更换维修比较方便，一般用于频繁启、制动的场合。但这种输送机造价比较高，因而实际应用时，每隔几根无动力滚筒才安装一根电动滚筒。若要求每个辊子均成为主动辊子，可通过圆带传动将几根辊子连在一起，采用“一带多”的方式来实现。

③带传动辊子输送机(见图 3-27)。带传动辊子输送机的传送带可以是平皮带、V 型皮带、圆皮带和齿型皮带。

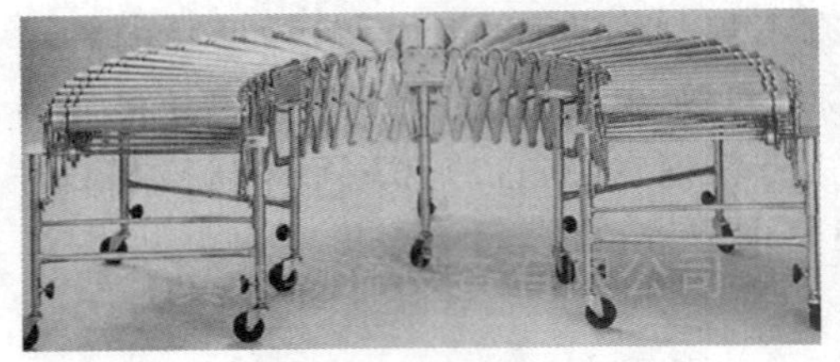

图 3-25　电动滚筒式辊子输送机

图 3-26　电动滚筒

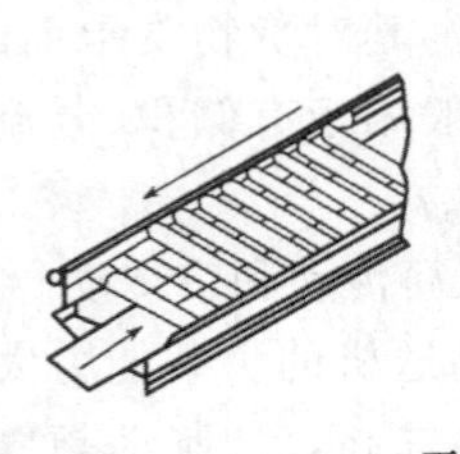

a 平皮带传动

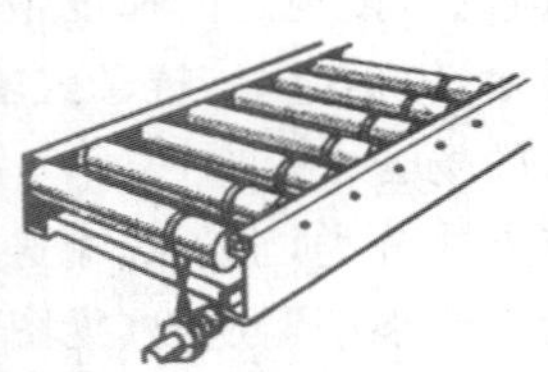

b 圆带传动

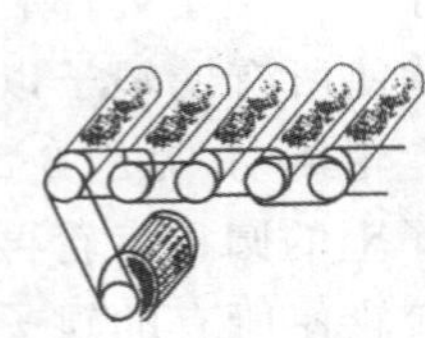

c 齿形皮带传动

d V 型皮带传动

图 3-27　带传动辊子输送机

2)链条式输送机

链条输送机是以链条作为牵引和承载体输送物料，链条可以采用普通的套筒滚子输送链，也可采用其他各种特种链条(如积放链、倍速链)。

与带传动相比，链条输送机的传动承载能力和输送能力大，通用性好，输送也方便，对环境适应性较强，可以在经常接触油、水，以及温度较高的地方工作。主要输送托盘、大型周转箱等。

①动力链条式输送机(见图 3-28)

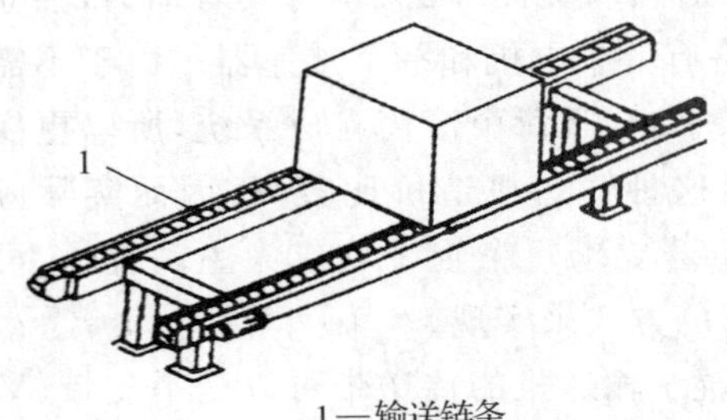

1—输送链条

2—承载托板

图 3-28　动力链条式输送机

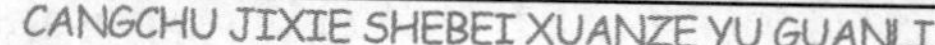

动力链条式输送机主要用于输送单元负载，例如托盘、物料箱等。物流中心常见的有滑动式（见图 3-29）和滚动式（见图 3-30）链条输送机。

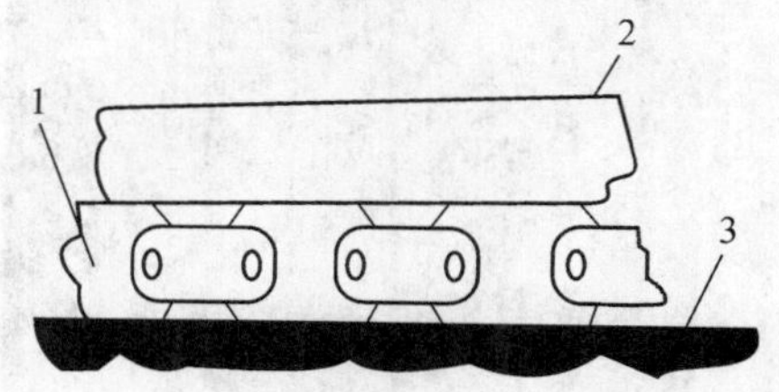

图 3-29　滑动式链条输送机输送方式

1—输送链条　2—承载托板　3—滑行导轨

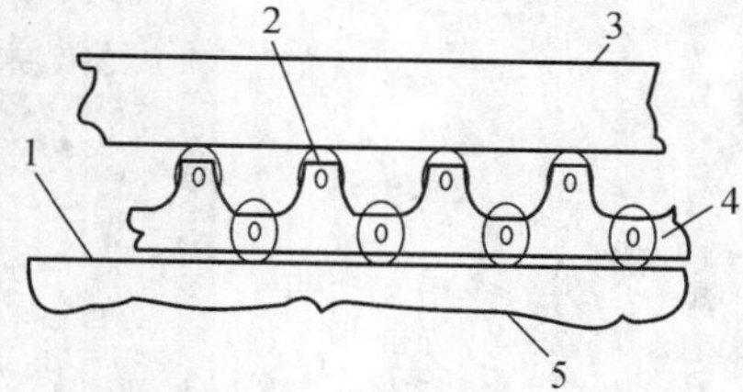

图 3-30　滚动式链条输送机输送方式

1—滑行导轨　2—承载货物滚子　3—承载托板　4—输送链条　5—导轨滚动滑行滚子

滑动链条式由链条承受货物，链条直接在导轨上滑行，因而摩擦力大，故导轨要采用摩擦系数小、耐磨的材料。这种输送机结构简单，维护容易，造价低，但噪声大，动力损耗大，承载能力小，用于轻物品、短距离输送。

滚动链条式，其滚轮直径大于链板高度，被输送的物件往往由工装承托，当物料被停止器阻挡，不能随链条一起运动时，输送链的滚轮和托板之间仅产生滚动，从而控制物料的输送。由于滚动摩擦，摩擦阻力小，动力损耗低，承载能力较大。滚子材料可以用钢，也可以采用工程材料制作，以便降低噪声。这种输送机速度较慢，构造简单、易维护，常用于配送中心和仓库的配送、包装区域。

链条通常都是通过链轮来驱动的，如果链条节距较大，链轮的尺寸会很大，驱动装置所占的空间与惯性也会很大，而且由于运行阻力的波动，往往会使链条发生脉动现象，不能做到移动速度精确，因此，在链条输送机中多采用小节距的链条或在驱动机构中用多边形效应补偿装置，使链条沿链轮节线方向匀速运行。

②常见的一些链式输送机（见图 3-31 至图 3-36）

• 顶板链输送机（见图 3-31）是在链式输送机的两侧链条间加装板式构件，以便输送形态不规则的物品。在链板上加装专用工夹具，并根据工控要求可作为装配线，或直接采用塑钢平顶链或不锈钢平顶链作为输送载体，可实现弯道输送。

• 直板链输送机（见图 3-32）的链板输送线可承受较大载荷，长距离输送，具有结构紧凑、运行平稳、维修方便的特点。链板形式可分为直线链板和转弯链板。这种链板输送机广泛应用于家用电器、柴油机、发动机、食品、汽车、摩托车等行业的装配及输送。

图 3-31 顶板链输送机

图 3-32 直板链输送机

图 3-33 尼龙辊子链输送机

图 3-34 悬挂链输送机

图 3-35 单列平顶链输送机

- 尼龙辊子链输送机(见图 3-33)适用于电路板插件、焊接、检验等生产工艺。
- 悬挂链输送机(见图 3-34)是一种封闭式悬挂输送链,采用滚珠轴承作为链条走轮,能随意转弯、爬升,能适应各种地理环境条件。适用于工厂车间仓库内部成件物品或货物及集装单元物料的空中输送,能将仓库、装配线等相关节点有机地结合起来,由于悬挂式输送机系统的空间布置对地面设备和作业操作影响很小,同时由于输送机本身就是一个"活动仓库",所以,可在最大程度上理顺车间的生产工艺,产生更大的效益。适用于服装、汽模零配件、肉食加工等长距离回转输送。
- 单列平顶链输送机(见图 3-35)和多列平顶链输送机(见图 3-36)。这类输送机工作面链板可选择不锈钢或工程塑料平顶链。广泛应用于饮料、啤酒、食品、制药、印刷、化妆

品、电子等行业的生产流水线。

3.垂直输送设备

(1)垂直升降输送机

在物流中心各楼层之间进行物品搬运时,除了通常的电梯之外,还必须有专门的垂直运输设备,以充分利用空间。垂直输送机运动平稳,不会使物品因振动而损坏。

1)连续式提升机

连续式提升机(见图 3-37)为楼层间或一定高度内的垂直输送设备。只能输送件货,且物料有最小尺寸的限制。这种设备工作起来节拍快,输送效率高,且不受输送高速的影响。工作时采用单向运行方式,一般不能进行往复输送物料,不能多出入口输送。

图 3-36 多列平顶链输送机

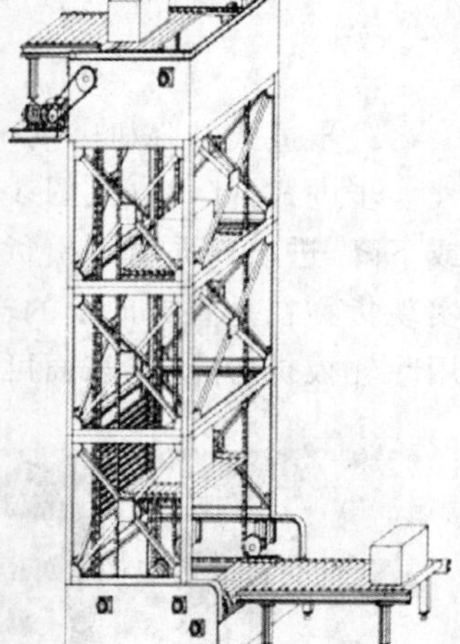

图 3-37 连续式提升机

2)往复式提升机

往复式提升机(见图 3-38)利用升降平台的上下往复运动来实现物料的垂直输送。升降平台上可装上不同种类的输送设备,并与出入口输送设备相配合,使输送过程实现完全自动化;升降平台的上下行程均可输送物料,在升降平台的一个循环过程中可使物料同时双向流动;提升行程范围大,但输送量随着行程的增加而减少。

往复式升降机采用托盘在上下楼层间来回提升货物,占地面积小,工艺较连续式升降机简单,适合于对速度要求不高的用户。

重型往复式升降机为往复式升降机中装载重型货物的一种,它有针对重型货物的一系列安全措施和机制,在运行过程中可以保证货物不受损害,安全可靠。

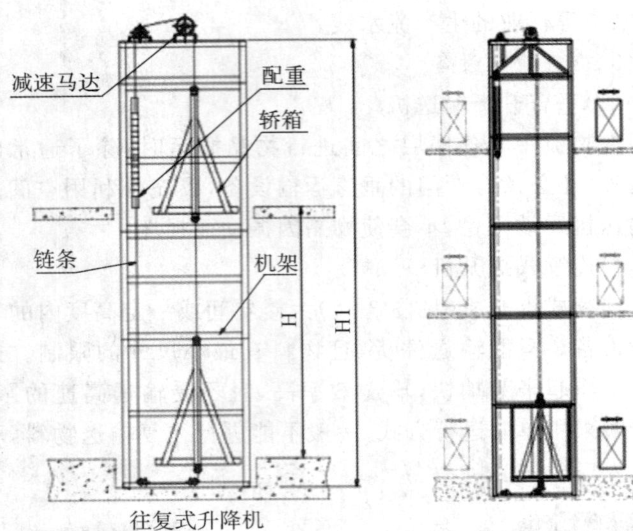

图 3-38　往复式升降机

3)步进式升降机

步进式升降机(见图 3-39)是货物在升降机中分层摆放,有节奏地一步一步垂直上升或下降,进出口同时进出货物,适合于高度(厚度)较小,数量较多的货物输送。可连续地实现货物在垂直方向上的输送。采用带刹车电机或步进电机作为驱动装置,支架材料采用冷轧板折弯成形,表面可经过静电喷塑处理或采用不锈钢材料。

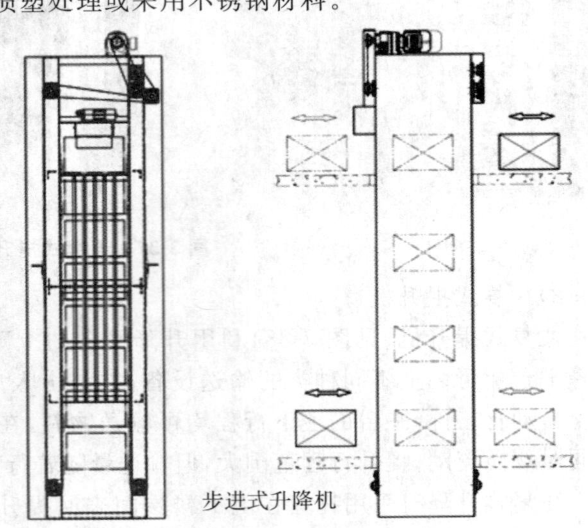

图 3-39　步进式升降机

4)斗式提升机

斗式提升机(见图 3-40)提升范围广,不仅能提升粉状、粒状和块状普通物料,而且可提升磨琢性较强的物料;可广泛用于矿山、冶金、化工、建材等各个行业,适用于向上输送粉状、粒状无磨琢性物料。

图 3-40 斗式提升机

(2)液压升降平台

液压升降平台是一种相对简单,且适应能力很强的起重机械,与其他起升设备相比,液压升降平台速度慢,但能精确定位在各种高度,适合于不需要经常性提升货物的场所。

按功能可分为起重平台和维修安装工作平台(见图 3-41),新式液压升降平台增加了行走机构,可在轨道上行驶,在仓库中被广泛用作拣货。

液压升降平台主要由载货平台、剪式支臂、液压油缸和电动油泵等组成,其升降由油缸驱动剪式支臂来完成,可以在起升高度范围内的任意位置停止,可同时运输搬运人员、机械和货物,常用于楼层间的垂直运输、车辆的装卸、货架巷道内的储存或拣货作业。

固定式液压升降台是一种升降稳定性好、适用范围广的货物举升设备。主要用于生产流水线、自动线货物高度之间运送,物料上线下线,工件装配等升降作业。根据不同的工作要求和使用环境,可配置不同的工作台形式、动力形式、控制方式和其他附加配件。

固定式液压升降货梯适合在室内外各种环境条件下安装使用。它可根据使用要求,安装在封闭的井道内或敞开的楼层间;安装在凹形基坑内或平实的地面上。主要用于各种工作阁层间物料输送,生产流水线高度差之间货物输送,物件上线下线,工件装配等升降作业。

4.其他工属具

为了提高仓储机械设备利用率,人们研制了多种专用工属具,用于与仓储装卸作业机具配合使用,这类工属具主要满足以下三方面的需要:

第一,能提高生产率。主要满足减轻自重、缩短装卸时间。

第二,能减轻体力劳动。使用自动装卸的工属具,以减轻装卸作业劳动的强度,并尽量减少辅助人员的数量。

第三,安全作业。自动装卸工属具的使用,既要防止作业人员使用时发生人身伤亡事故,又要防止货物本身的坠落或其他损伤事件的发生。

(1)主动工属具

主动工属具即自动化的工属具,仓储作业中,装卸货物常用的工属具有起重电磁铁和真空吸盘。起重电磁铁和真空吸盘吸取及放下货物的作业均自动进行,不需要辅助劳动力的帮助,因而,采用这类取物装置可以大大提高货物装卸作业的效率。

a 用于室内作业及探出作业的豪华移动式液压平台

b 车载式液压升降平台

c 固定式液压升降平台

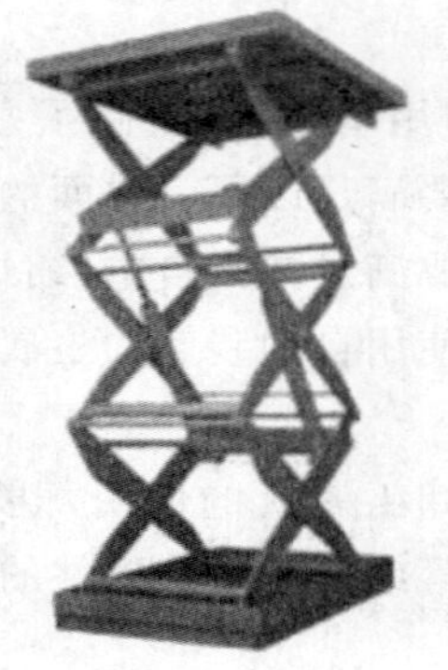

d 固定式液压升降货梯

图 3-41　液压升降平台

起重磁铁用于搬运磁性物料，例如钢板、型钢等。

起重磁铁分为电磁铁式、永磁式和电控永磁式。采用电磁铁(见图 3-42)时，要采取措施防止断电时物件脱落发生严重事故，所以，在进行作业时，起重电磁铁不能在人上方运行，也不能在设备上方运行。通常，须备蓄电池作为辅助电源，一旦断电可由蓄电池供电，其容量应能保证将物件放到地面。采用永磁式的起重磁铁(见图 3-43 至图 3-45)没有断电物料脱落的危险，但磁铁磁力小，价格较高。采用电控永磁式磁铁作业(见图 3-46)时，磁铁的剩磁足以紧紧吸住物件，安全可靠，当卸放物件时，需要反向通以适量的消磁直流电。

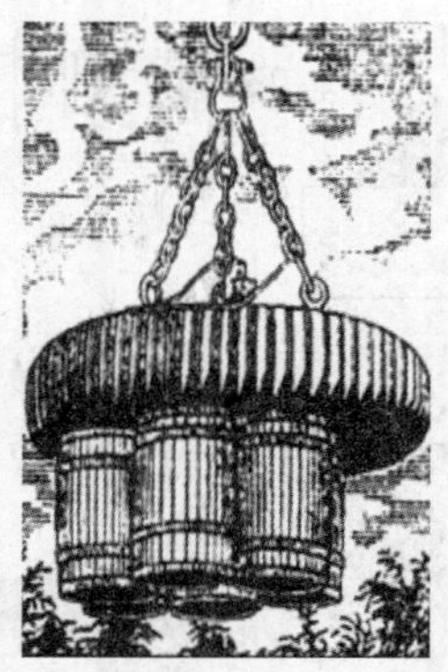

图 3-42 起重电磁铁搬动(搬运整桶螺钉)

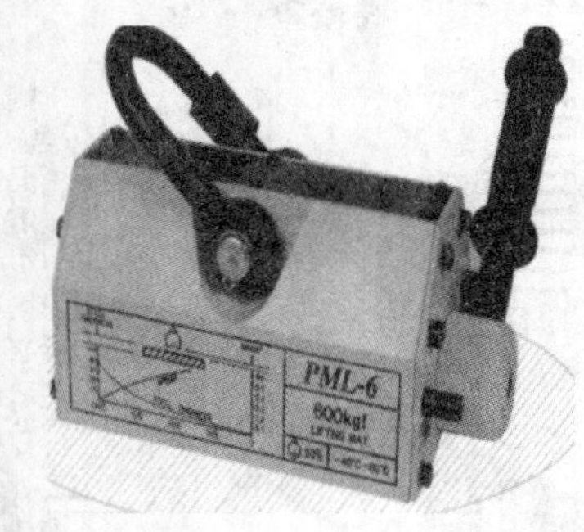

图 3-43 永磁起重器

图 3-44 永磁式起重器作业(单)

图 3-45 永磁式起重器作业(组合)

a 起吊圆钢

b 起吊冷轧带钢卷

图 3-46 电控永磁式磁铁作业

真空吸盘(见图 3-47)是利用真空将物品吸起,吸取方式有水平吸取和垂直吸取(见图 3-48),对于货物的物质特性没有要求,特别适合于木板、钢板、纸板之类的板状物件和袋装物件的搬运作业(见图 3-49)。

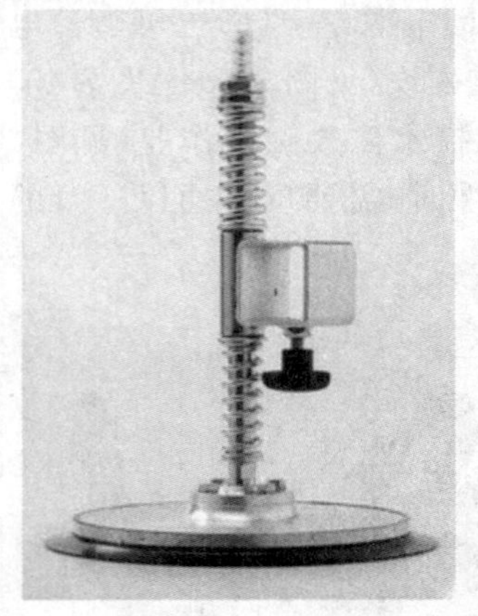

图 3-47　真空吸盒

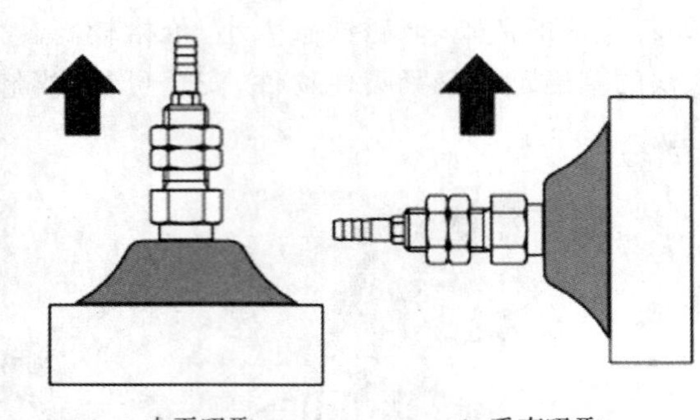

a 水平吸取　　b 垂直吸取

图 3-48　真空吸盘的吸取方式

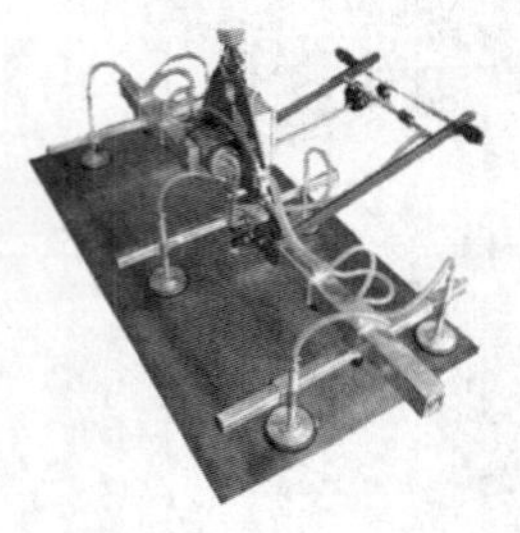

a 真空吸盘吸起钢板

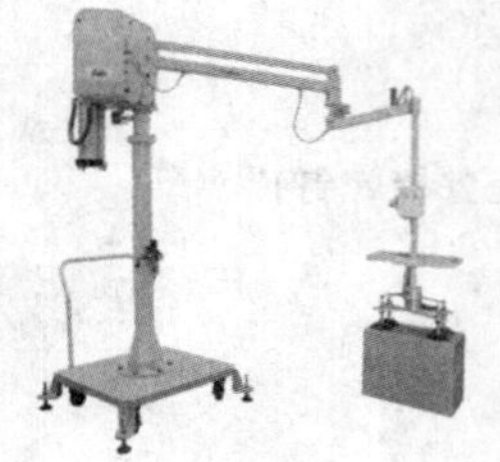

b 真空吸盘吸起箱体

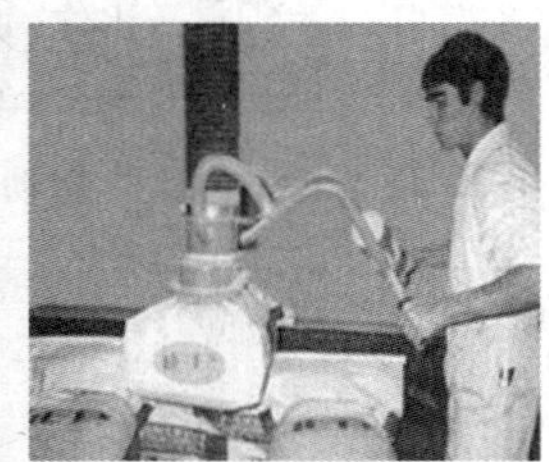

c 通过扩展手柄搬移袋状物

图 3-49　真空吸盘作业

真空吸盘分为有泵真空吸盘和无泵真空吸盘,无泵真空吸盘靠提起吊环及与之相连的活塞,使室内产生真空;吸盘落下时,活塞落下,使真空室通过活塞杆与活塞环间的间隙与大气相通,从而卸载货物,所以,其安全性取决于货物表面是否平整和吸盘的真空水平。真空吸盘具有结构简单、操作和维修方便的特点,因而被广泛使用。

(2)常见的单元货物吊具

吊具是起重机械中吊取重物的装置。吊取成件物品最常用的吊具是吊钩,其他还有吊环、起重吸盘、夹钳和货叉等。起重吸盘、夹钳和货叉等可在起重机上作为专用吊具长久使用,也可作为可更换的辅助吊具挂在吊钩上临时使用,常用于多货种仓库和堆场,以提高作业效率。抓取散状物料的吊具一般为颚板可开闭的抓斗,也可用电磁吸盘吸取如金属切屑等导磁性物料。吊取流动性物料的吊具常用的有盛桶和吊罐,一般通过倾侧或抽底塞等方式卸出钢水或化学溶液,通过打开吊罐底门卸出混凝土等流动性物料。

在仓储作业中,托盘的搬运作业一般是通过叉车进行的,但在有些场合,吊运作业才能解决问题,常见的吊具形式如图 3-50 所示。

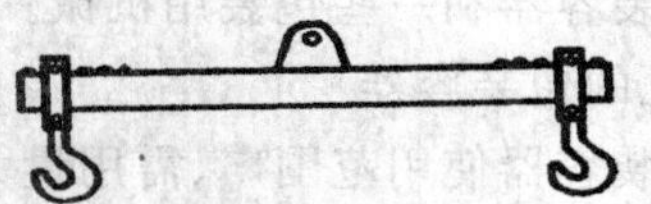

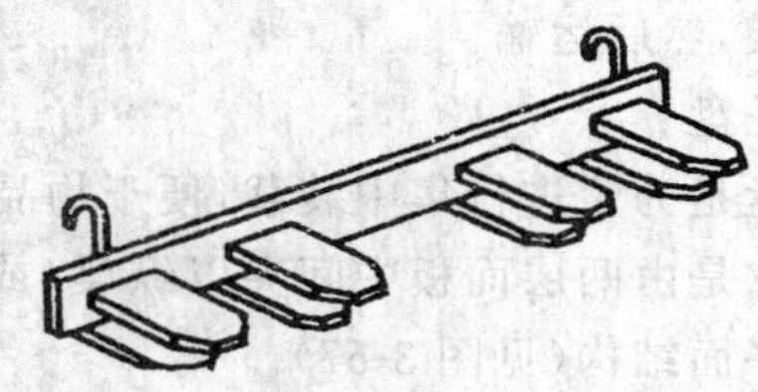

图 3-50 托盘吊具

此外，物流中心及仓储作业中还有一些特殊用途的物件搬运作业吊具，例如钢卷吊具（见图 3-51）、吊网（见图 3-52）、卷纸吊具（见图 3-53）、铁桶鹰嘴钩（见图 3-54）、钢坯吊具（见图 3-55）、成套索具（见图 3-56）等。

图 3-51 钢卷吊具

图 3-52 吊网

图 3-53 卷纸吊具

图 3-54 铁桶鹰嘴钩

图 3-55 钢坯吊具

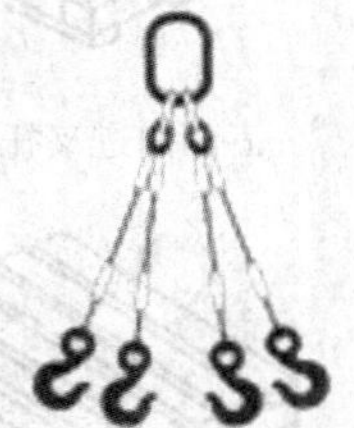

图 3-56 成套索具

3.1.2 包装、分拣和拣选设备及系统配置

1. 包装设备及系统配置

物流包装设备是用来盛放小型物料，以供人工或机具搬运的常见器具，这里主要介

绍常见的包装容器和一些包装用机械。

(1)常见的包装容器

物流包装容器使用范围广、需用量大,广泛使用于车间内部的工序间或工序内,以及储存和运输中,这些容器通常由人工或配以重力式输送机进行搬运,可以单个贮存于仓库货架上,也可以堆码在工序间的临时贮存;对于运输来说,容器需要通过各种包装机械进行封装,然后运输。

1)托盘

托盘是为了进行集中装载,便于物品的运输、装卸和保管,用于储运一定数量物品的工具。它是由两层面板中间夹以纵梁(或柱脚)或单层面板下设纵梁(垫板或柱脚)组成的一种平面结构(见图 3-57)。

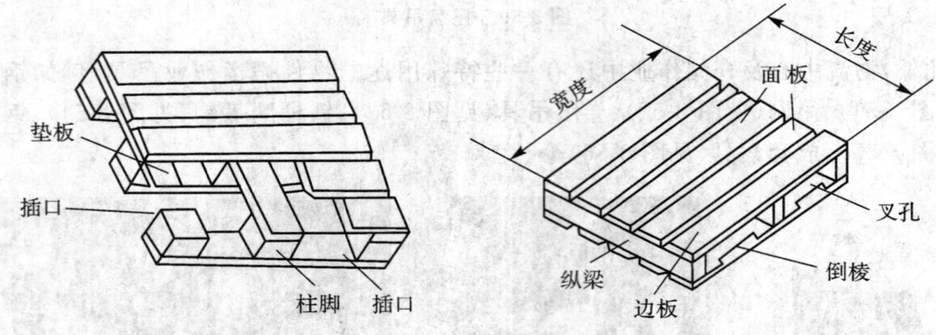

图 3-57　托盘各部分名称

托盘通常是作为叉车的附属搬运工具来使用的,因而托盘都有两向进叉或四向进叉的插口。托盘又分为平托盘、柱式托盘、箱式托盘、轮式托盘,还有一些特种专用托盘。

①平托盘。平托盘品种繁多,用途十分广泛。各种平托盘的特征如图 3-58 所示。

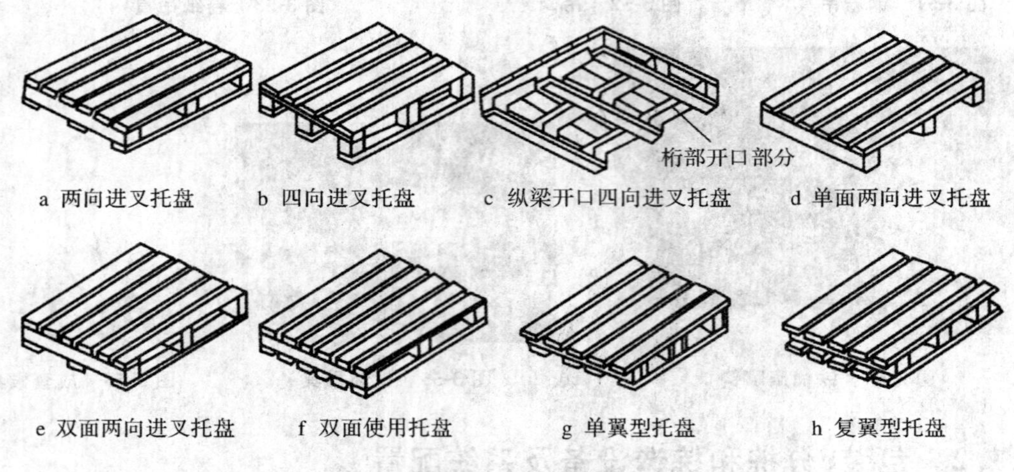

图 3-58　各种平托盘

平托盘通常有木制、金属制、塑料制、塑木制、纸制托盘。木制的平托盘(见图 3-59a)本体比较轻,被广泛使用;金属托盘(见图 3-59b)是以钢、铝合金、不锈钢等材料为原材料加工制造的托盘;塑料制平托盘(见图 3-59c)与传统木制托盘相比,有质轻、耐水、防潮、整洁、硬度高、可回收强等特点;塑木托盘(见图 3-59d)是通过塑木型材组装而成的一种新型的复合材料托盘,它综合了木制托盘的韧性、塑料托盘的清洁和钢制托盘硬度等优点,由于它优良的物性并且符合环保要求,在欧美,塑木托盘已被广泛使用于出口、存储、周转等领域,为企业降低了物流成本。纸托盘(见图 3-59e)是以纸浆、纸板为原料加工制造的托盘。

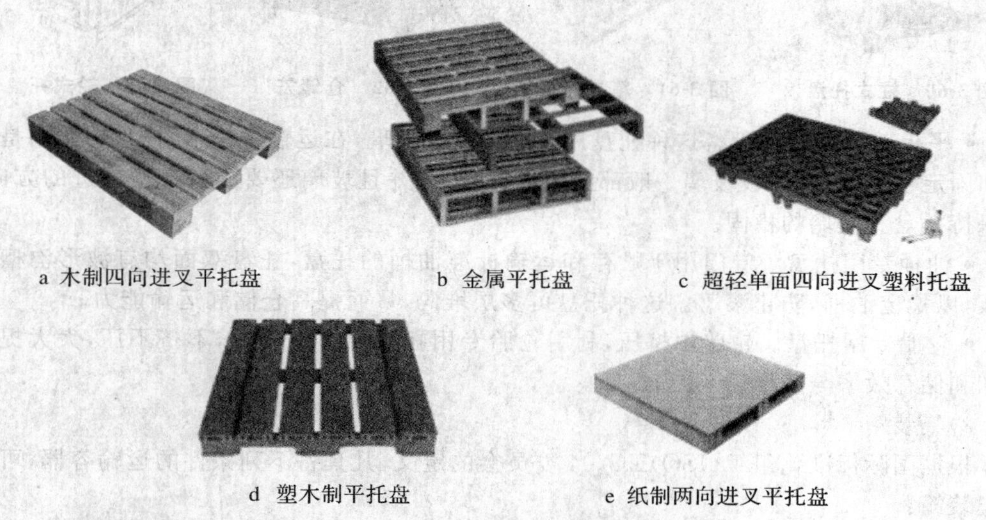

a 木制四向进叉平托盘　b 金属平托盘　c 超轻单面四向进叉塑料托盘

d 塑木制平托盘　e 纸制两向进叉平托盘

图 3-59　各式平托盘

②柱式托盘。柱式托盘分为固定式和可卸式两种,其基本结构是托盘的四个角有钢制立柱(见图 3-60),柱子上端可用横梁连接,形成框架形。柱式托盘的主要作用:一是利用立柱支撑重量物,向上叠放;二是可防止托盘上放置的货物在运输和装卸过程中发生塌垛情况。柱式托盘多用于包装物料、棒料管材等的集装。不用时,还可叠套存放,节约空间。

③箱式托盘。箱式托盘是四面有侧板的托盘(见图 3-61),有的箱体上有顶板,有的没有顶板。箱板有固定式、折叠式和可卸下式三种。四面周栏板有板式、网式和栅栏式,因而,通常也将四周栏板为栅栏式的箱式托盘称之为笼式托盘或仓储笼(见图 3-62)。箱式托盘防护能力较强,可防止塌垛和货损现象;在运输过程中可装载异型不易堆码或稳定性较差的货物。箱式托盘多用于散件或散状物料的集装,金属箱式托盘还用于热加工车间集装热料。一般下部可叉装,上部可吊装,并可进行码垛。仓储笼用于存放形状不规则的物料,可使用托盘搬运车、叉车、起重机等作业;可相互堆叠放置;通常空箱可折叠。

④轮式托盘。轮式托盘(见图 3-63)(有时也称物流台车)与柱式托盘和箱式托盘相比,多了下部的小型轮子,因而轮式托盘具有短距离移动的功能,也有自行搬运或滚上滚下式的装卸等优势。

⑤特种专用托盘。

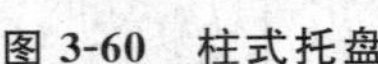
图 3-60　柱式托盘

图 3-61　箱式托盘

图 3-62　仓储笼

图 3-63　轮式托盘

• 平板玻璃集装托盘。这种托盘用于运输平板玻璃，在运输过程中，托盘的作用是支撑和固定平板玻璃，平板玻璃一般都立放在托盘上，并且玻璃还要顺着车辆前进的方向，以保持托盘和玻璃的稳固。

• 油桶专用托盘。专门用于贮存和运输标准油桶的托盘，托盘双面均有波形沟槽或侧板，以稳定油桶，防止滚落。这种托盘可多层堆码，从而提高仓储和运输能力。

• 轮胎专用托盘。轮胎怕挤压，利用轮胎专用托盘可多层码放，不挤不压，大大提高装卸和储存效率与质量。

2)集装箱

根据国际标准化组织(ISO)TC/04 委员会的定义，凡具备下列条件的运输容器，可称为集装箱：

①具有足够的强度，能长期反复使用；

②中途转运时，不用搬动箱内的货物，可整体转载；

③备有便于装卸的装点，能进行快速装卸；

④便于货物的装入和卸出；

⑤具有 1 立方米以上的内部容积。

所以说，集装箱是指具有一定强度、刚度和规格专供周转使用的大型装货容器。使用集装箱转运货物，可直接在发货人的仓库装货，运到收货人的仓库卸货，中途更换车、船时，无须将货物从箱内取出换装。按所装货物种类分，有杂货集装箱、散货集装箱、牲畜集装箱、液体货集装箱、冷藏集装箱、保温集装箱、挂式集装箱、特种深冷集装箱等；按制造材料分，有木集装箱、钢集装箱、铝合金集装箱、玻璃钢集装箱、不锈钢集装箱等；按结构分，有折叠式集装箱、固定式集装箱等，在固定式集装箱中还可分密闭集装箱、开顶集装箱、板架集装箱等；按总重分，有 30 吨集装箱、20 吨集装箱、10 吨集装箱、5 吨集装箱、2.5 吨集装箱等。

下面我们就按所装货物的种类，来介绍几种常见的集装箱类型：

• 杂货集装箱(见图 3-64)，又称普通集装箱，以装运杂货为主，通常用来装运文化用品、日用百货、医药、纺织品、工艺品、化工制品、五金交电、电子机械、仪器及机器零件等。这种集装箱占集装箱总数的 70％～80％。

• 散装货集装箱(见图 3-65)一般在顶部设有 2～3 个小舱口,以便装货。底部有升降架,可升高成 40°的倾斜角,以便卸货。这种箱子适宜装粮食、水泥等散货。如果需要进行植物检疫,还可在箱内熏舱蒸洗。

• 牲畜集装箱的箱子侧面采用金属网,通风条件良好,而且便于喂食,是专为装运牛、马等活动物而制造的特殊集装箱。

• 液体集装箱(见图 3-66)是为运输食品、药品、化工品等液体货物而制造的特殊集装箱。其结构是在一个金属框架内固定上一个液罐。

• 冷藏集装箱(见图 3-67)通常可分外置式和内置式两种,一般温度可在－28℃ ～＋26℃之间调整。内置式集装箱在运输过程中可随意启动冷冻机,使集装箱保持指定温度;而外置式则必须依靠集装箱专用车、船和专用堆场、车站上配备的冷冻机来制冷。这种箱子适合在夏天运输黄油、巧克力、冷冻鱼肉、炼乳、人造奶油等物品。

• 保温集装箱的箱内有隔热层,箱顶又有能调节角度的进出风口,可利用外界空气和风向来调节箱内温度,紧闭时能在一定时间内不受外界气温影响。这种集装箱适宜装运对温、湿度敏感的货物。

• 挂衣集装箱(见图 3-68)是适合于装运服装类商品的集装箱。

• 特种深冷集装箱(见图 3-69)用于需要超低温冷冻运输的货物,箱内温度可达－70℃。

图 3-64 杂货集装箱　　图 3-65 开顶散货集装箱　　图 3-66 液体货集装箱

图 3-67 冷藏集装箱　　图 3-68 挂衣集装箱　　图 3-69 特种深冷集装箱

3)集装袋

集装袋(见图 3-70)又称柔性集装箱,是集装单元器具的一种,配以起重机或叉车,就可以实现集装单元化运输。它适用于装运大宗散状粉粒状物料。

它的特点是结构简单、自重轻、可以折叠、回空所占空间小、价格低廉。

依据货物特性，以及对所需集装袋的要求，可将集装袋分为普通类集装袋、导电集装袋、立方集装袋、透气集装袋等。

①普通集装袋（见图 3-71）通常是以聚丙烯、聚乙烯为原料，经拉丝、编织、裁剪、缝制而成，具有无毒、无味、防潮、防尘、耐酸、耐碱，安全牢固、操作方便的特点，可广泛用于农副产品、五金矿产、水泥等粉、粒状物品包装。这种集装袋可一次性使用，也可回空周转使用，运输中成本较低、效率高。

②导电集装袋（见图 3-72）通过编织在袋体布料和吊带中的导电丝的接地起导电作用，有效地去除在装料和卸料时产生的静电，防止燃烧和爆炸，主要用于化工、医药等行业危险物品的包装。

③立方集装袋（见图 3-73）是袋中有隔片结构的袋子，灌装物品后能保持立方体的形状，不外扩变形，比普通袋节省储存空间，可降低运输成本。

④透气集装袋（见图 3-74）是采用特别设计编织的透气布缝制而成，有良好的透气性，特别适用于农副产品的包装。

⑤成型内袋（见图 3-75）与外袋相缝后使用，用于食品及高档化工品包装，它在装卸过程中使灌装更加充分，方便快捷，更加强了货物的防潮、防污功能。

图 3-70　集装袋

图 3-71　普通集装袋

图 3-72　导电集装袋

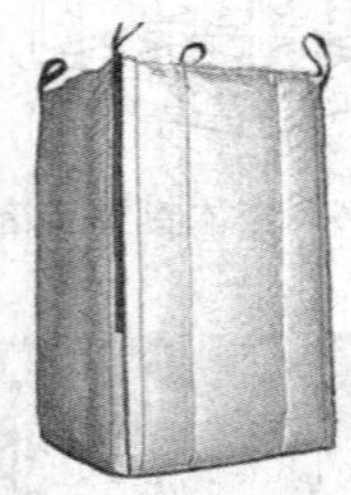
图 3-73　立方集装袋

图 3-74　透气集装袋

图 3-75　成形内袋

依据集装袋在货物装卸过程中的作业需要而对集装袋的设计不同，可分为多种进料口、出料口、吊袋方式：

①各种进料口的集装袋(见图 3-76)。

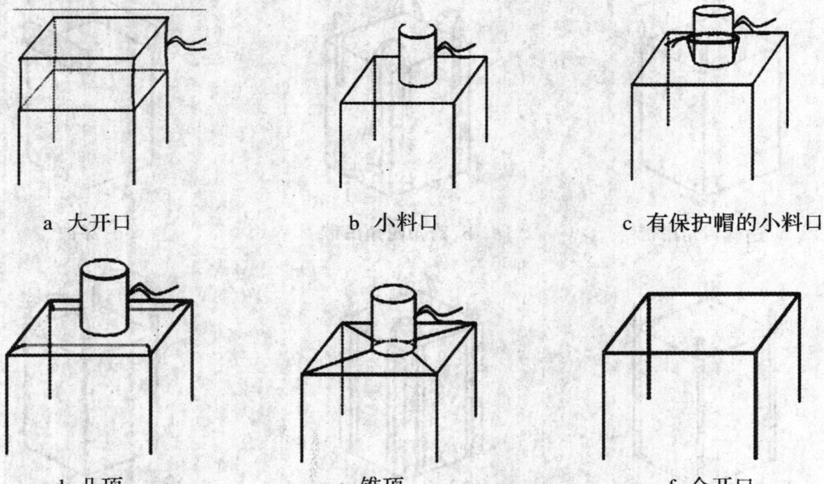

a　大开口　　b　小料口　　c　有保护帽的小料口

d　凸顶　　e　锥顶　　f　全开口

图 3-76　各种进料口集装袋

②各种出料口集装袋(见图 3-77)。

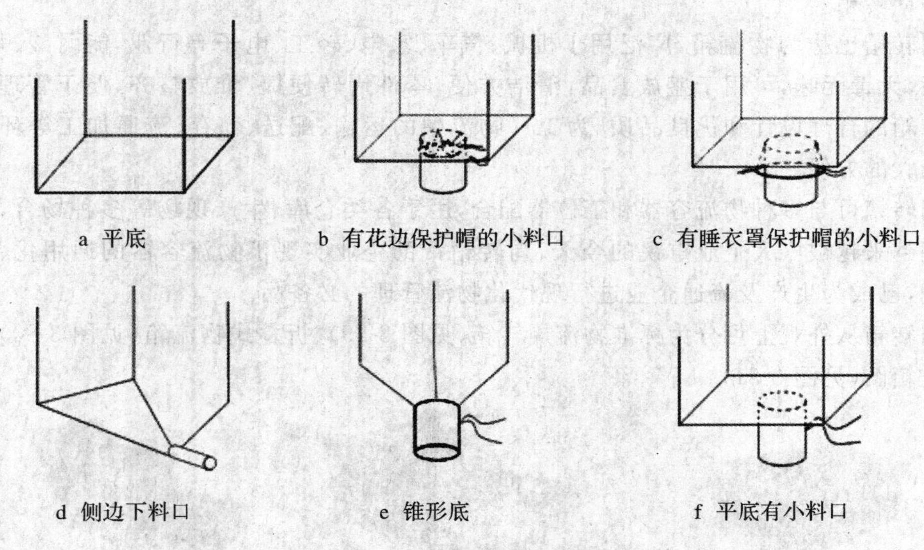

a　平底　　b　有花边保护帽的小料口　　c　有睡衣罩保护帽的小料口

d　侧边下料口　　e　锥形底　　f　平底有小料口

图 3-77　各种出料口集装袋

③各种吊袋的集装袋(见图 3-78)。

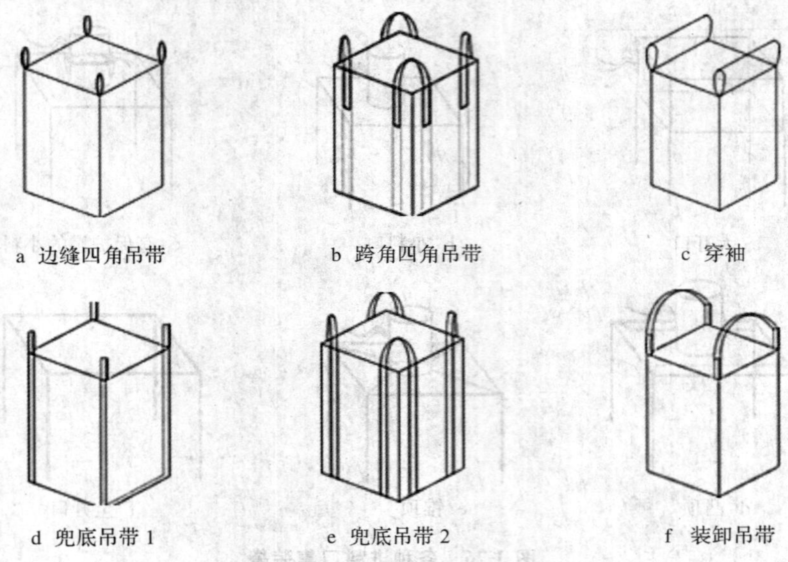

图 3-78 各种吊带集装袋

4)周转箱

周转箱也称为物流箱,广泛用于机械、汽车、家电、轻工、电子等行业,能耐酸、耐碱、耐油污,无毒无味,可用于盛放食品,清洁方便,零件周转便捷、堆放整齐,便于管理。各类周转箱的合理设计和优良品质,为工厂物流中的运输、配送、储存、流通加工等环节带来了极大的方便。

周转箱可与多种物流容器和工位器配合,用于各类仓库、生产现场等多种场合,在物流管理越来越被广大企业重视的今天,周转箱帮助企业实现了物流容器的通用化、一体化管理,已成为生产及流通企业进行现代化物流管理的必备品。

周转箱从外观上可分为标准物流周转箱(见图 3-79)、折叠式物流箱(见图 3-80)和防盗物流箱图(见图 3-81)。

图 3-79 标准周转箱

图 3-80 两种折叠周转箱

图 3-81 两种防盗周转箱

(2)包装机械

包装机械是指能完成全部或部分产品和商品包装过程的机械。包装过程包括充填、裹包、封口等主要工序,以及与其相关的前后工序,如清洗、堆码和拆卸等。此外,包装还包括计量或在包装件上盖印等工序。使用机械包装产品可以提高生产率,减轻劳动强度,适应大规模生产的需要,并满足清洁卫生的要求。

包装机械的种类繁多,分类方法很多。从不同的观点出发可有多种,按产品状态分,有液体、块状、散粒体包装机;按包装作用分,有内包装、外包装包装机;按包装行业分,有食品、日用化工、纺织品等包装机;按包装工位分,有单工位、多工位包装机;按自动化程度分,有半自动、全自动包装机等。

包装机械的分类方法还有许多,各种分类方法各有其特点及适用范围,但均有其局限性。从国际上包装机械总的情况来看,比较科学的分类方法是按其主要功能进行分类,其基本分类为:充填机、封口机、裹包机、捆扎机多功能包装机。

1)充填机

充填机是将精确数量的包装品装入到各种容器内的包装机。其主要种类有:

①容积式充填机(见图3-82)。包括量杯式、插管式、柱塞式、料位式、螺杆式、定时式充填机。

②称重式充填机(见图3-83)。包括间歇称重式、连续称重式、称重一离心等分式等充填机。

③计数式充填机(见图3-84)。包括单件计数式、多件计数式充填机。

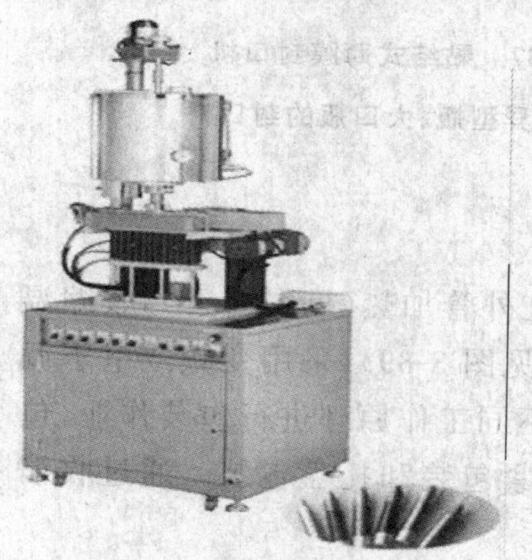

图3-82 容积式充填机

(口红定量填充机)

图3-83 称重式充填机

(洗衣粉、味精、砂糖等)

图3-84 计数式充填机

(全自动电子数粒装瓶机)

2)封口机

封口机是将充填有包装物的容器进行封口的机械,其主要种类有:

①无封口材料封口机(见图3-85)。包括热压式、冷压式、熔焊式、插合式、折叠式等封口机。

②有封口材料封口机(见图3-86)。包括旋合式、滚纹式、卷边式、压合式等封口机。

③有辅助封口材料封口机(见图3-87)。包括胶带式、黏结式、钉合式、结扎式、缝合式等封口机。

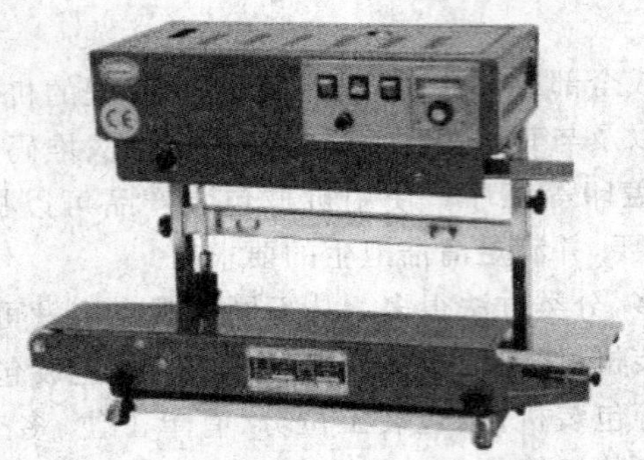

图 3-85　热压式薄膜封口机

图 3-86　旋合式封口机

(果冻、果汁、蜂蜜等罐装旋盖封口)

图 3-87　黏结式薄膜封口机

(各类异型瓶、大口瓶的封口)

3)裹包机

这里介绍几种特种包装的裹包机技术:

①热收缩包装技术。热收缩包装机有的采用石英远红外管加热(见图 3-88),收缩温度和输送速度是稳定可调的;也可通过不锈钢灯管加热(见图 3-89),采用变频或电子调速,内循环型,温度由固态调压器或温控仪器控制等多种不同工作原理进行包装作业,包装之后的产品,能密封、防潮、防撞击,适用于多件物品裹紧包装和托盘包装。通过收缩提高包装的可展示性。

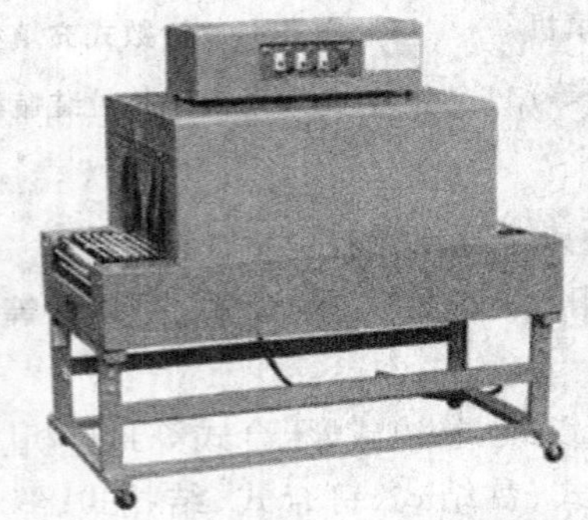

图 3-88　石英远红外管加热热收缩包装机

图 3-89　不锈钢灯管加热内循环型热收缩包装机

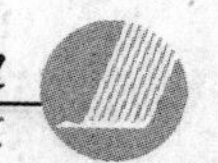

②真空包装技术。使用真空包装机(见图3-90)可按设定的程序完成抽真空或抽真空后充入惰性气体的功能,然后进行封口、印字、冷却、排气的完整过程。经抽真空包装后的物品可防止氧化、霉变、虫蛀、受潮,可以延长产品储存期限。

真空包装通常适宜于以下食品:

- 腌腊制品:香肠、火腿、腊肉、板鸭等。
- 酱腌菜:榨菜、萝卜干、泡菜等。
- 豆制品:豆腐干、素鸡等。
- 熟食制品:烧鸡、烤鸭、酱牛肉等。
- 方便食品:即食湿面、熟菜等。
- 软罐头:糖水桃、八宝粥、清水笋等。

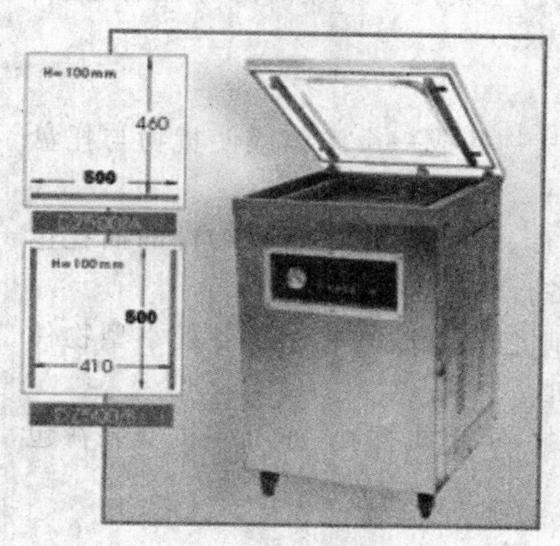

图3-90 真空包装机

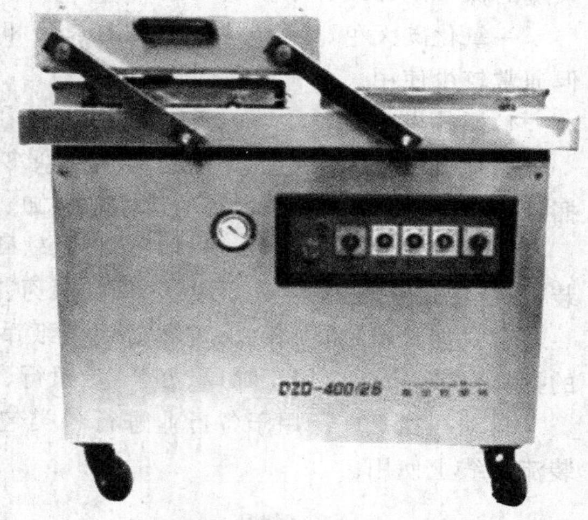

图3-91 真空充气包装机

③充气包装技术。在商品的储存、运输中,除去人为破坏和机械损伤之外,商品的腐败变质或霉烂损坏都是由于微生物的作用而引起的。例如,粮食、水果的变质、变味及腐烂,皮革、毛棉丝绒等天然纤维纺织品的霉烂,金属制品的锈蚀等,关系最为密切的当属生熟食品。按微生物对氧气的亲密性可分为嗜氧菌、厌氧菌和兼性厌氧菌三大类,而大多数致腐性菌都属嗜氧微生物,例如霉菌、酵母、细菌等。前面介绍的真空包装技术虽可有效地阻止嗜氧菌的繁殖,但却不能阻止厌氧和兼性厌氧菌的繁殖。充气包装技术利用充气包装机(见图3-91)充入一种或两种混合气体置换包装袋中的气体,从而对上述三种微生物同时起到抑制或杀灭作用。

常用的包装气体有二氧化碳、氮气、氧气、乙醇、二氧化硫、一氧化碳。

二氧化碳用得最多,它对微生物及寄生虫卵有较好的抑制作用,浓度高时对微生物有杀灭作用。要注意的是,在充气包装中,浓度太高会改变食品的味道,使食品带酸味,对果蔬类还会产生抑制呼吸的作用;而浓度太低则不足以抑制细菌、霉菌的繁殖;当储存或运输含水量较多的食品时,一般不单独使用二氧化碳气体。

氮气无味、无臭,是一种惰性气体,充入氮气的目的主要在于减少对包装物品的压力。但适当提高氮气的浓度、减少氧气的浓度,可防止氧化并抑制细菌生长,因为惰性气体可大大减缓细菌的繁殖速度。氮气适宜于储存或运输类似花椒、大料、茴香、茶叶等味重物品的保香。

氧气对新鲜鱼肉、贝类等生鲜食品的储存和运输是重要的,因为生鲜食品的组织具有活性,完全无氧或氧气太少反而不利于它们的保鲜,需要有适量的氧气用来维持产生氧化肌红蛋白,以使新鲜鱼肉保持正常的、固有的鲜红色,新鲜果蔬也对氧气有一定的需求,必须有微量的氧气使果蔬通过呼吸来保持活性。

乙醇杀菌力强,但有可燃性和酒精味,通常需要用其他气体稀释后再使用,例如用二氧化碳气体稀释后便不再起火,不会爆炸。

二氧化硫对防虫、防霉效果极佳,同时能减弱新鲜果蔬的呼吸和代谢速度,从而延长果蔬的保存期并减少维生素的损失。但如果二氧化硫浓度过高会给食品带来异味。

一氧化碳无色、无味,具有较强的杀菌和抑菌能力,主要用于果蔬的防霉和消毒上,但通常较少使用。

4)捆扎机

捆扎机(见图 3-92)的作用是为了使众多的箱包货物捆成一个整体或使货物与托盘捆扎成一个整体,以利于货物的运输和装卸。

捆扎机通常用于纸箱、塑料箱、书刊、软硬包及方形、筒状、环状等各种物件的捆扎包装,广泛应用在轻工、食品、外贸、印刷、医药、邮政等各行业。

台式捆扎机(见图 3-93)主要适用于纸币、票据、邮包、印刷品、礼品等各种小型物件的捆扎包装,广泛应用于邮局、办公室、银行、书店等处。

自动捆扎机广泛用于各行业进行各类包件的捆扎,可单机捆扎,亦可多机安装在包装流水线上使用。

图 3-92 捆扎机

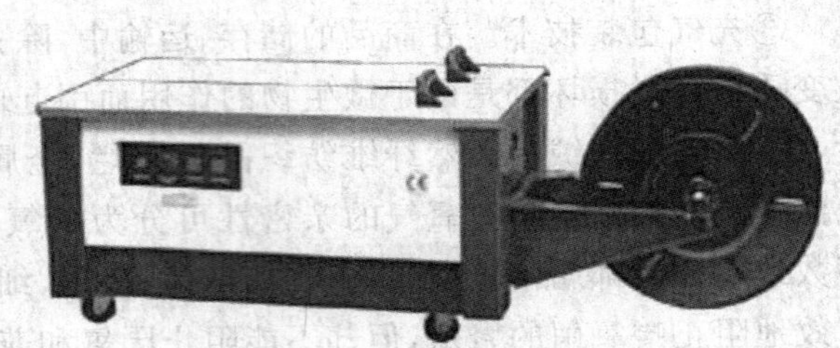

图 3-93 半自动台式捆扎机

5)多功能包装机

这类包装机具有两种或两种以上的功能。其主要种类有:

①充填封口机。它具有充填、封口两种功能。

②成型充填封口机。它具有成型、充填、封口三种功能。成型的种类有袋成型、瓶成型、箱盒成型、泡罩成型、熔融成型等。

③定型充填封口机。它具有定型、充填、封口功能。

④双面封箱机。它能同时封上盖和下底两个面,封箱时,箱子可侧放或立放。

如图 3-94 所示的多功能全自动封口机可自动完成送料、计量、充填制袋、打印日期、充气(排气)、成品输出的功能。可用于膨化食品、锅巴、果冻、糖果、开心果、苹果片、水饺、汤圆、朱古力、宠物食品、小五金件、药材等的包装封口系列作业。

图 3-94 多功能全自动封口机

2. 分拣和拣选设备及系统配置

传统的分拣系统有三个基本构成元素：分拣货架、集货货架和分拣人员。将其中一个元素静止不动，再和其他两个元素组合；或将其中两个元素静止不动，与其他一个元素组合，形成了五种不同的可操作分拣方法，即“人到货”分拣方法、分布式的“人到货”分拣方法、“货到人”的分拣方法、闭环“货到人”分拣方法和活动的“人到货”分拣方法。下面图示中，A 表示空托盘，B 表示储货货架，K 表示分拣人员。

(1)各种分拣方法

1)“人到货”分拣方法

这是一种传统的分拣方法，这种方法是分拣货架静止不动，通过人力拣取货物。在这种分拣方式中，分拣货架是静止的，而分拣人员带着流动的集货货架或容器到分拣货架，即拣货区拣货，然后将货物送到静止的集货货架(集货点)处，如图 3-95 所示。

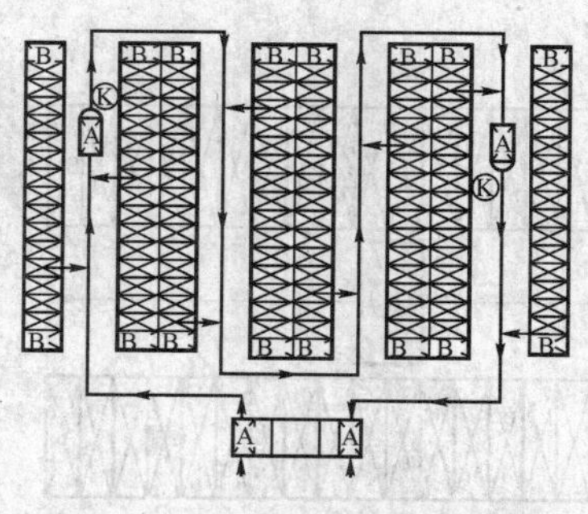

图 3-95 “人到货”分拣方法

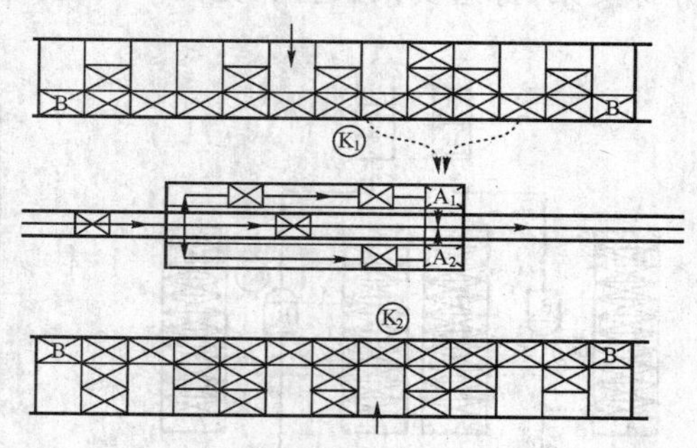

图 3-96 分布式的“人到货”分拣方法

2)分布式的“人到货”分拣方法

这种分拣作业系统的分拣货架也是静止不动的，但分拣作业区被输送机分开(见图 3-96)，分拣工作在输送机两边进行，拣选出的货物可由人直接送到输送机(集货点)，或用载物器具集中后送到输送机(集货点)，由输送机送到集货中心。由于有输送机的帮助，分拣人员的行走距离缩短了，劳动强度降低了，拣货效率有所提高。不足之处在于：由于输送机将拣货作业区分成两个部分，在分拣任务不是均匀分布在两边的货架时，不能调节两旁分拣人员的工作节奏，同时也造成系统的柔性差、补货困难、所需的作业面变大等问题。

3)“货到人”的分拣方法

这种作业方法是人不动，托盘(或分拣货架)带着货物来到分拣人员面前，再由不同的分拣人员拣选，拣出的货物集中在集货点的托盘上，然后由搬运车辆送走(见图 3-97)。

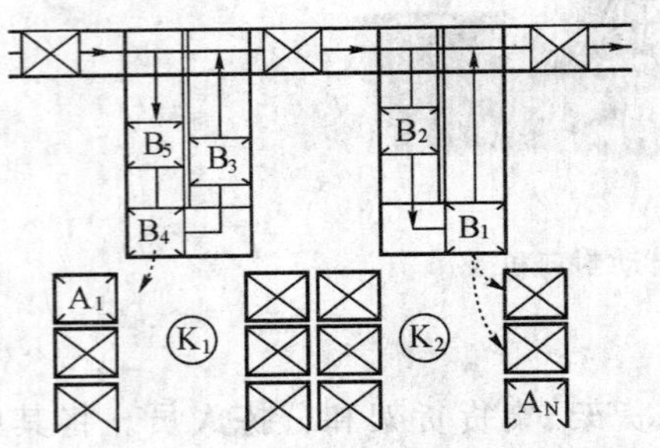

图 3-97　“货到人”分拣方法

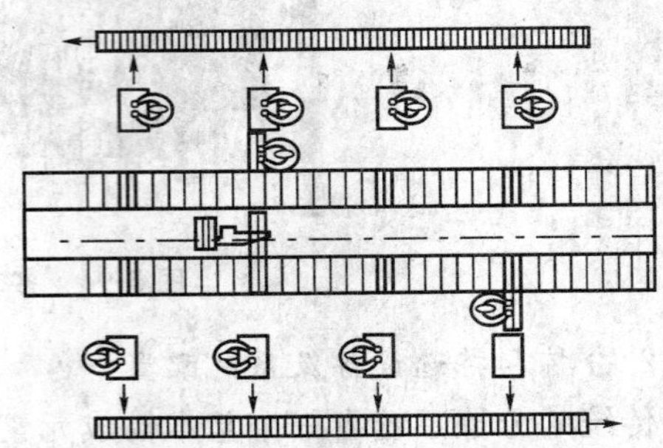

图 3-98　小容量自动化仓储系统

采用这种方法，分拣人员不用行走，分拣效率高、工作面积紧凑、补货容易、空箱和空托盘的清理也容易进行，优化了分拣人员的作业条件。不足之处在于：投资大，分拣周期长，这种分拣方法的应用系统称为小容量自动化仓储系统(见图 3-98)。

4)闭环“货到人”分拣方法

这种分拣方法载货托盘(即集货点)总是有序地放在地上或搁架上，处在固定位置。输送机将分拣货架(或托盘)送到集货区，拣货人员根据拣货单拣选货架中的货物，放到载货托盘上，然后移动分拣货架，再由其他分拣人员拣选，最后通过另一条输送机将拣空后的分拣货架(拣选货架)送回(见图 3-99)。

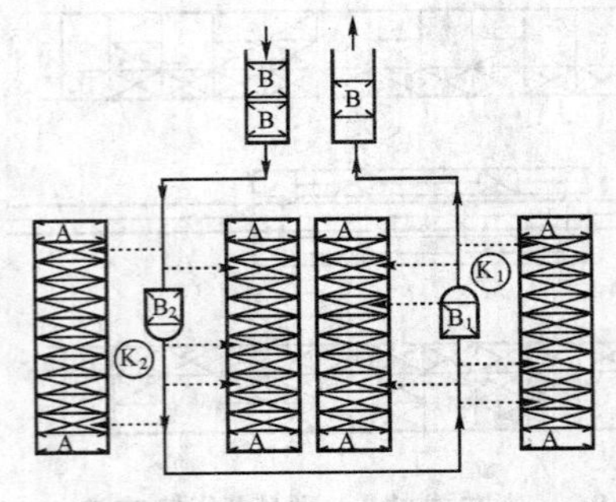

图 3-99　闭环“货到人”分拣方法

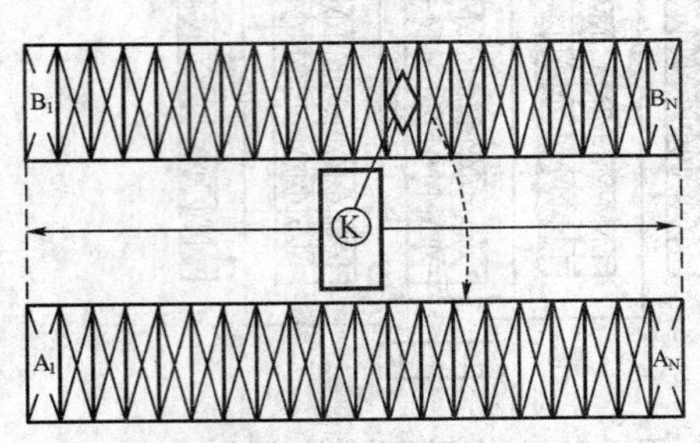

图 3-100　活动的“人到货”分拣方法

这种方法的优点在于：拣选路径短、拣选效率高、系统柔性好、空箱和无货托盘的清

理容易、所需作业面积小、劳动组织简单。不足之处在于:为了解决分拣货架的出货和返回问题,仓库、输送机和控制系统的投资大,同时,由于是顺序作业,所以作业时间较长。

5)活动的"人到货"分拣方法

这种分拣方法是分拣人员(或分拣机器人、高架堆垛机)带着集货容器(集货点)在搬运机械的帮助下,按照订货单的要求,到分拣货架拣货,当集货容器装满后,到集货点卸下所拣货物(见图 3-100)。

由于此系统一般是由机器人拣货,而机器人取物装置的柔性所限,不能同时满足箱状货物、球状货物、柱状货物的拣取,其应用作业局限性较大,因而,这种分拣方法适宜于出库频率很高、且货种单一的场合。

(2)分类装置

1)横向货物分类装置

横向货物分类装置(见图 3-101)由多条短平带输送机并联组成,皮带机的运动方向与分类装置的运动方向垂直,每条皮带机的驱动装置是独立的,可分别驱动,整套装置由牵引链拖动。这种装置对一般货物的分拣具有良好的适应性,但如果货物的重心较高底面不平整,就会对装置的正常运行产生影响。

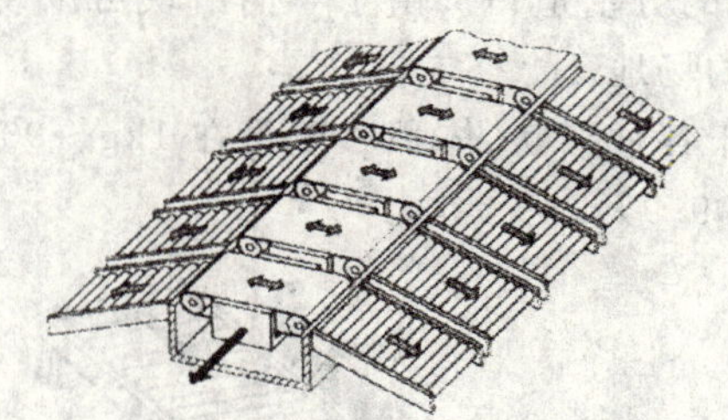

图 3-101 横向货物分类装置

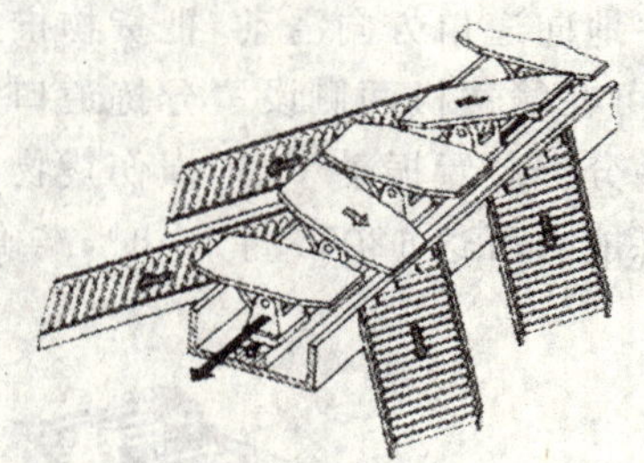

图 3-102 翻盘式分类装置

2)翻盘式分类装置

翻盘式分类装置(见图 3-102)由牵引链牵引,翻盘到达指定的分岔道口时,向左或向右倾斜,被拣货物靠重力滑入分岔道口。这种分类装置的牵引链能在水平和垂直两个平面转向;工作时,被拣货物通过喂料输送机送入托盘,送入角度是斜角或直角,因此翻盘式分类装置的布置十分灵活,或水平、或倾斜、或隔层布置,组成一个变化多样的空间分拣系统。此类装置的翻盘一般都做成是马鞍形,所以对底面不平整的软包装货物有良好的适应性。

3)活动货盘分类装置

活动货盘分类装置(见图 3-103)由圆管或金属板条组成,每块板条或管子上都有一个活动的货物托盘作横向运动,当货物到达分类装置出口时,将货物分到指定的岔道实现分类。这种分类装置的分拣效率很高,但仅适宜于较轻较小货物的分拣作业。

4)直落式分类装置

直落式分类装置(见图 3-104)是通过牵引链驱动的,所输送的待分拣货物放在一些底部有活门的托盘上,当托盘到达预定位置后,由分拣系统发出信号,活门打开,货物落入指定容器。采用这种装置不需要辅助作业就可较为容易地实现分拣货物的集中,此类装置一般用来对扁平状的货物进行分类,例如书籍、扁平包裹等。

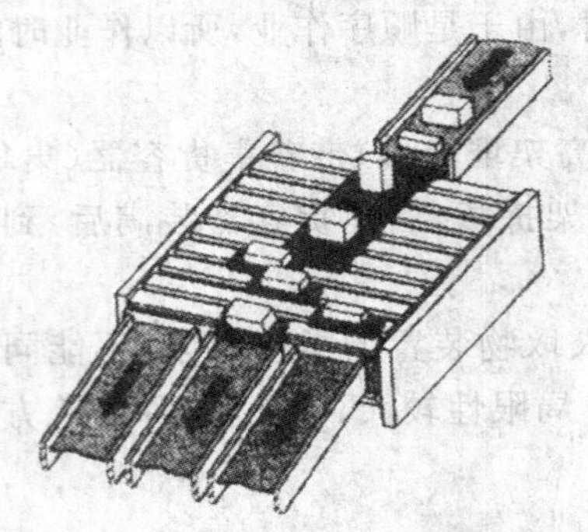
图 3-103　活动货盘分类装置

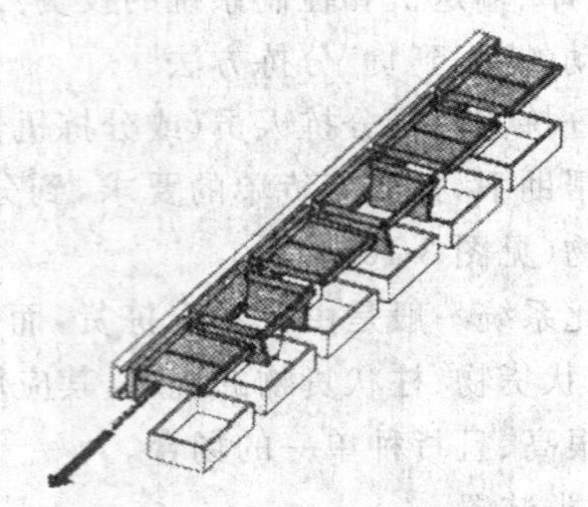
图 3-104　直落式分类装置

5)滑块式分类装置

滑块式分类装置(见图 3-105)是一种特殊的板式输送机,它是通过货物分流来实现货物分类的。板面由金属板或管子组成;每块板条或管子上各有一块能作横向运动的导向板,导向块靠在输送机的侧边上,当分拣货物到达指定道口时,控制器发出指令使导向滑块顺序地向道口方向滑动,把货物推入指定的分岔道口。由于导向滑块可以朝两侧滑动,所以可在输送机两侧设置分拣道口,以节约场地。

这种分类装置振动小、不损伤货物,适宜于各种形状、体积和重量在 1kg～90kg 的货物。分拣能力可达 12000 件/小时,准确率为 99.9%。

图 3-105　滑块式分类装置

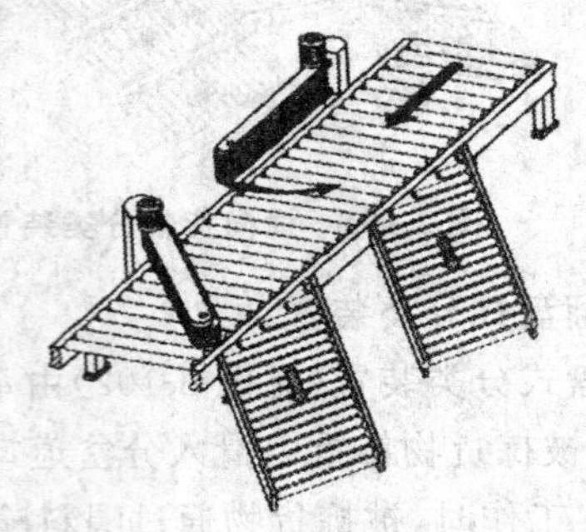
图 3-106　摇臂式分类装置

6)摇臂式分类装置

摇臂式分类装置(见图 3-106)是通过对货物的流向进行控制来实现分类的,同时可以提高系统的分拣效率,可达 2500 件/小时。这种分类装置在主道上安装一根摇臂,对货物的流向进行控制来实现货物的分类,装置的摇臂上安装的齿形皮带可使分流速度更快更准确。

7)皮带浮出式分类装置

皮带浮出式分类装置(见图 3-107)是在主滚道中设置一条宽度较窄的皮带机,皮带宽、又有花纹、摩擦力大,因而使货物改向更加容易,也使分流速度更快、更准确。这种装置多用于输送线的分流和分类中。

图 3-107 皮带浮出式分类装置

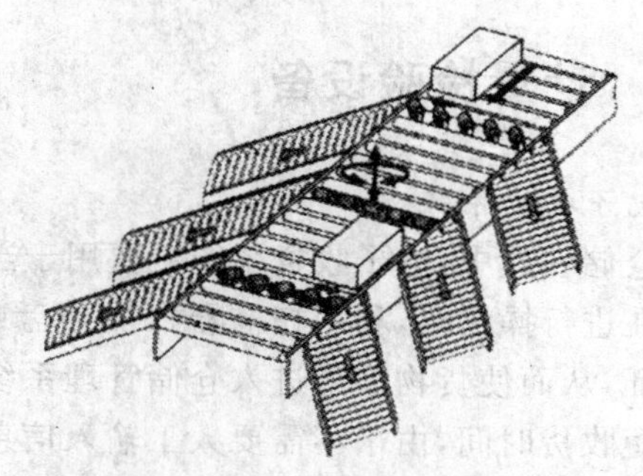

图 3-108 辊子浮出式分类装置

8)辊子浮出式分类装置

辊子浮出式分类装置(见图 3-108)可与辊子输送机、平带输送机融为一体,放在输送系统的岔口处,可看作是一种分流装置。在没有分类作业时,可作为输送机输送货物。该装置是在对应岔口的入口处设置了一排短辊子,这些短辊子与主滚道上表面水平,可通过气动元件向两侧摆动和浮出主滚道的上面,这些短辊子通过表面上胶或是采用聚氨酯材料,增大摩擦力,从而带动货物转向。如果岔道上的辊子是主动辊子并且上了胶,加上采用上述变向措施,就很容易达到较高的效率。采用这种装置,岔道方向可与主滚道成 45°～90°,在岔道方向与主道成 90°时,要在岔道前加一个转速较快的变向辊子来支持输送货物的变向。这种分类装置的分拣速度可达 2～2.5 米/秒,分流能力可达 7000 件/小时。

9)推出式分类装置

推出式分类装置(见图 3-109)是附在输送机上的一类分类装置,是通过 90°分流来实现分拣的。分流可采用气缸侧推方式(见图 3-109a),也可采用摇臂推出方式(见图 3-109b)和辊道侧翻推出方式(见图 3-109c)。推出式分类装置简单,价格不高,货物流向精确、可靠。不足之处在于:货物及货物的包装必须结实,否则分拣作业将损坏货物,或使货物四处散开,另外,货物的运行速度也不能太大,货物的包装,特别是包装物的底面一定要平。

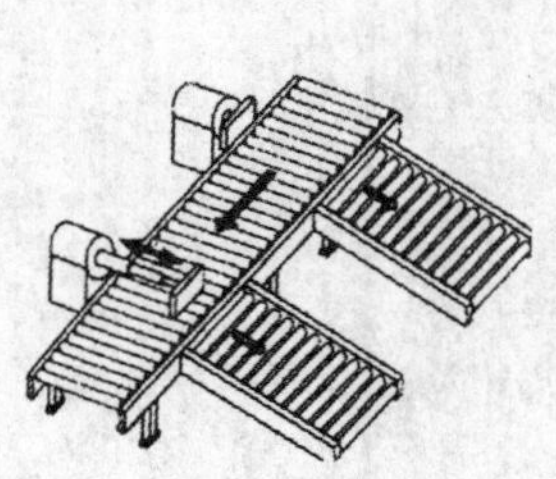

a 气缸推出方式

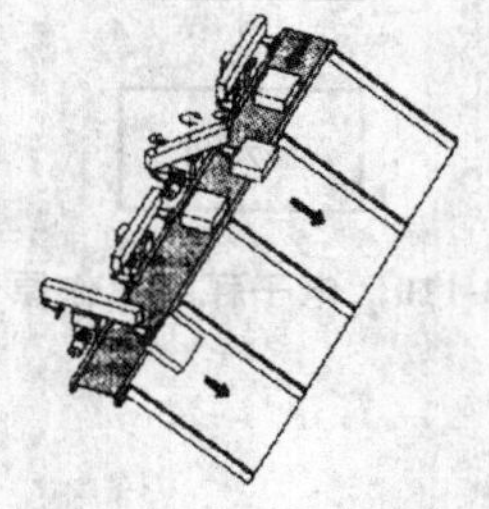

b 摇臂推出方式

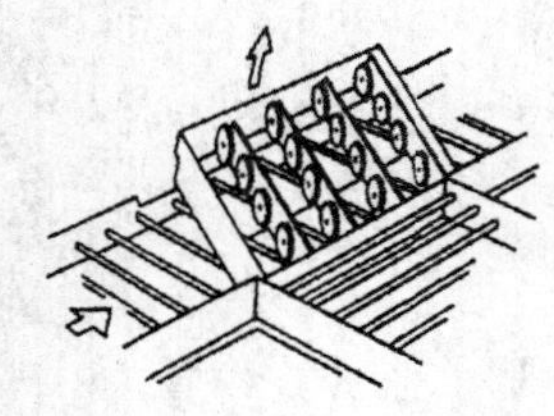

c 辊道侧翻推出方式

图 3-109 三种推出式分类装置

3.1.3 计量检验设备

1. 电子收货系统

在仓储管理中，电子收货系统主要用于当货物到达仓库时，对货物进行快速的登记。管理员在进行操作时，利用扫描器扫描托盘或包装箱(袋)等上的条码，系统就自动取消接收单证，从而使货物信息进入仓储管理系统(WMS)中，并与订单进行电子核对。该系统能缩短收货时间，由于不需要人工输入信息，因而可大大提高作业效率和准确率。

2. 电子秤

电子秤是国家强制检定的计量器具，它的合格产品是有检定分度值 e 和细分值 D 的标准，是受国家计量法保护的产品。

电子秤是一种普遍使用的电子秤重系统，它操作简单、称量速度快，可以数字显示并自动记录称重结果。

电子秤是采用现代称重传感器的技术、电子技术和计算机技术一体化的电子称量装置，能够满足并解决现实生活中提出的“快速、准确、连续、自动”称量要求，同时有效地消除人为误差，使之更符合法制计量管理和工业生产过程控制的应用要求。

电子秤的工作原理(见图 3-110)是：秤重物品经由装在机构上的重量传感器，将重力转换为电压或电流的模拟讯号，经放大及滤波处理后由模/数(A/D)处理器转换为数字信号，数字信号由中央处理器(CPU)运算处理，周边所需要的其他功能及各种接口电路也和 CPU 连接应用，最后由显示屏以数字方式显示出来。

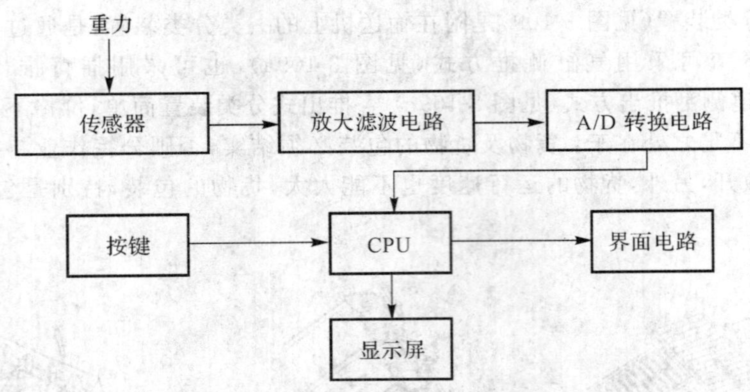

图 3-110 电子秤的工作原理

3.2 仓储设备选择

3.2.1 仓储设备的选择原则

选择物流设备，原则上要技术上先进、经济上合理、生产作业上安全适用、无污染或污染小。

1. 作业方式与作业量协同原则

仓储装卸搬运设备的选择应配合仓库的经营目标和服务方式，与作业流程、作业方式和作业量相配合。作业量如果大，设备的自动化程度可以配置得高一些；作业量小的情况下，通常可选用人力和省力设备协同作业的方式来完成。

2. 作业对象和环境决定原则

仓储装卸搬运设备性能参数的确定要考虑库存货物单元的重量、货架高度、仓库地面承载能力、货架通道宽度等。

3. 工作能力均衡原则

为提高搬运效率，避免人员、设备的闲置、等待和空载，仓储装卸搬运设备之间的工作能力要协调，要与仓库系统的出入库系统布置，以及分拣系统的能力协调，以保证仓储系统能维持在一个合理的速度下运行。

4. 最小成本原则

主要指的是设备的使用费用低，整个寿命周期的成本低。有时候，先进的设备、自动化程度高的设备的使用会与低成本发生冲突，这就需要在充分考虑适用性的基础上，进行权衡，作出合理选择。

5. 环境条件原则

仓储装卸搬运设备在高温或低温下作业时，要选用相应的传输带、轴承、驱动装置和润滑系统。自动化设备的选用还必须考虑其作业环境的清洁、干爽，且作业环境的温度要控制在一定的范围之内。

6. 系统可靠性和安全性原则

仓储装卸搬运设备能否安全可靠地作业，将直接影响仓库的服务水平和服务质量。为提高仓储机械系统的可靠性，在系统构造时，要储备必要的设备能力，设计必要的冗余环节，防止仓储机械系统完全失效，以及设备功能在时间上的稳定性和保持性要求。安全性要求设备在使用过程中保证人身及货物的安全，并且尽可能地不危害到环境，能够选择符合环保要求、噪音少、污染小的仓储设备进行作业是比较理想的。

7. 维修性和可操作性原则

维修性是指当仓储设备发生故障时，通过维修手段使其恢复功能的难易程度。一般指以下三个方面：

①设备的技术图纸、资料齐全，便于维修人员了解设备的结构，易于拆装和检查。

②设备设计应合理。在达到使用要求的前提下，设备的结构应力求简单，零部件组合应该标准化，有较高的互换性，在设计上能够考虑到现场检测的问题，使检查和拆卸较为容易。

③能为设备提供适量的备件，或者有方便的备件供应渠道。

此外，维修技术要求尽量符合设备所在区域的情况。

设备的操作性总的要求是方便、安全、可靠，符合人机工程学原理。

8. 物流和信息流的统一原则

现代仓储系统是集信息、管理和机电一体化的复杂系统，仓储机械系统作业时要求输入各种作业和管理的指令，因此在设备配置时，要兼顾机械系统的控制与信息管理和状态监控的需要。

3.2.2 货架系统的选择

1. 流利架

流利架（见图 3-111）又称滑移式货架，是将货物置于滚轮上，利用一边通道存货，另一边通道取货。料架朝出货方向向下倾斜，货物在重力作用下向下滑动。可实现先进先出，并可实现一次补货，多次拣货，存储效率高，适合大量货物的短期存放和拣选。流利架广泛应用于配送中心、装配车间以及出货频率较高的仓库里。

流利架上的常用容器有周转箱、零件盒及纸箱。其中，周转箱和零件盒是两种标准容器，周转箱更常使用。故在制定流利架标准规格时，以可堆式周转箱为参照。

图 3-111　流利架

如图 3-112 所示的流利架，A 型流利架是前后梁同时作为货物挡梁，是结构最简单的一种流利架；B 型流利架是一种常用型流利架，前后挡梁安装于侧梁上；C 型流利架是在 B 型的结构上加装拣货斜板。

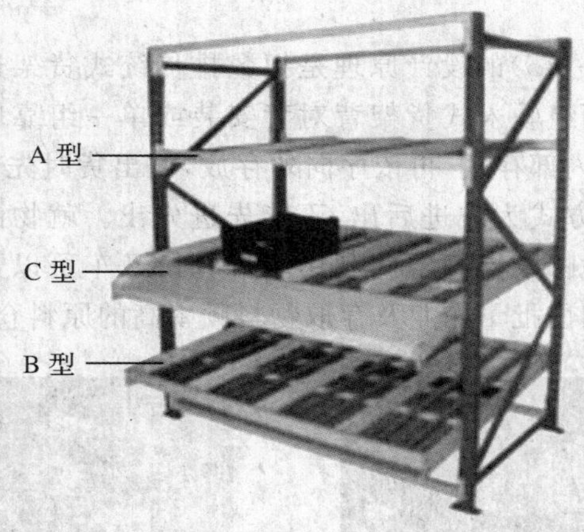

图 3-112 流利架组架

2. 后推式货架

后推式货架(见图 3-113)是使保管效率增加而设计的形式,其原理是在前后梁间以多层台车重叠相接,在货架前端将货物置于台车上,后储存货物时叉车同时会将原先货物推向里面。台车通过轴承跨于倾斜轨道上,当外侧货物被取走时,里面的台车会自动滑向外侧。可以规划储位的深度通常为 2～4 个栈板。

后推式货架适用于先进后出的作业方式,具有储存量大、空间利用率高的特点,适合多品种、大批量物品的储存。例如,像冷冻库等需要较大提高空间利用率的场合。

图 3-113 后推式货架组件

如图 3-114 所示的后推式货架组件,每个台车有四个滚动轴承及四个导向轴承;台车以颜色区分,以方便储位管理,这种后推式货架具有良好的滑动性。

图 3-114 后推式货架

3. 驶入式货架

驶入式货架(见图3-115)的设计原理是把数排传统式货架连接起来,设有专用的走道,其配置方式可以为两组驶入式货架背对背安装或单一组靠墙,叉车的进出皆使用相同的走道。存放时先由内部存放,再依序向外存放,而出货时先由外部货物取出,再向内依序取货,所以,其存取方式为先进后出,不能先进先出。就物品存储而言,这种货架的储存密度非常好,可以大幅度提高空间利用率,同时,叉车可以开入巷道内存放托盘,因而,驶入式货架适合周期性批量作业及存取物料频率高的原料仓库或转运仓库。

图 3-115　驶入式货架

4. 悬臂式货架

悬臂式货架(见图3-116)是在传统式货架支柱上装设外悬臂而成,是一种长形物专用的货架。适合钢管、型钢、塑料管、长箱体等长形物品的存放。因而,管料生产工厂或长形产品制造商、长形产品物流商等需要利用悬臂式货架进行货物的存放。

可根据用户现场使用状况将悬臂式货架设计成单面悬臂或双面悬臂,悬臂末端可安装挡块防止货物滚落。同时,需配以叉距较宽的搬运设备进行装卸作业。

图 3-116　悬臂式货架

5. 重型移动式货架

重型移动式货架(见图3-117)是将重量型货架装置于电动驱动台架上,台架在固定空间内可以作横向移动,目的在于节省通道空间,从而有效地发挥空间效用,增加空间储存量。货架的移动管理由控制面板操作控制,可以是手控,也可以是遥控打开所要存取的储位通道,使搬运机具进入通道存取货物。

图 3-117 重型移动式货架

6. 自动立体仓库

自动立体仓库(见图 3-118)也简称为立库,是由组装式货架辅以堆垛机、输送设备、码垛设备、搬运设备等组成,通过手动、单机、联机或计算机联网控制,实现自动存取货物,充分利用建筑物空间,达到标准化、自动化作业。显然,立库的使用可以在很大程度上降低劳动强度,降低储运成本,但立库本身作为自动化的先进存储系统其设备成本较高。

图 3-118 自动立体仓库

7. 贯通式货架

贯通式货架(见图 3-119)又称通廊式货架。贯通式货架是通过取消位于各排货架之间的巷道,将货架合并在一起,使同一层、同一列的货物互相贯通而形成的货架形式。因而,在同样的空间内比通常的托盘货架几乎多一倍的储存能力。

图 3-119 贯通式货架

贯通式货架采用托盘存取模式，适用于品种少、批量大的货物储存。贯通式货架除了靠近通道的货位，由于叉车需要进入货架内部存取货物，通常单面取货不超过 4 个货位深度。

贯通式货架还可根据实际需要选择配置导向轨道。这种货架广泛应用于冷库及食品、烟草行业的库房。

8. 阁楼式货架

阁楼式货架（见图 3-120）是用货架作楼面支撑，设置有楼梯、扶栏和升降机等的一种货架，通常可设计成多层楼层（通常 2～3 层）。因而，这是一种充分利用空间的简易货架，即在已有的货架或工作场地上建造一个中间阁楼以增加储存面积。阁楼楼板上一般可放轻泡及中小件货物或储存期长的货物，可用叉车、输送带、提升机、电动葫芦或升降台提升货物。

阁楼式货架适用于库房较高、货物较小、人工存取，储物量大的情况。楼面支撑货架可以设计多种规格，阁楼楼面可以用平板、花纹板、钢铬板、木板等不同种类的材料进行设计。阁楼上一般采用轻型小车或托盘牵引小车作业。

图 3-120　阁楼式货架

3.2.3　叉车的选择

在第三章第一节里介绍了叉车类型、性能及技术参数，本节将介绍一些带有专门工属具的特殊用途的叉车（见图 3-121 至图 3-128），根据其叉属具的用途，主要有：纸箱夹、纸卷夹、桶夹、软包（纸浆包）夹、推出器、旋转器、调距叉、快装式推拉器。

图 3-121　纸箱夹

图 3-122　纸卷夹

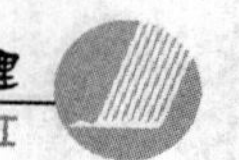

图 3-123 桶夹

图 3-124 软包夹、纸浆包夹

图 3-125 推出器

图 3-126 旋转器

图 3-127 调距叉

图 3-128 快装式推拉器

3.3 仓储设备的管理

依照设备综合管理的理论，企业应实行设备全过程管理，即实行从设备的规划工作起直至报废的整个过程的管理，这个过程一般可分为前期管理和使用期管理两个阶段。就仓储设备的管理而言，同样可分为前期和使用期两个管理阶段，本节主要论述使用期仓储设备的管理。主要包括仓储设备的基础管理工作、运行管理和维修管理。

3.3.1 仓储设备的基础管理

仓储设备的基础管理工作主要包括设备的凭证管理、档案与资料管理和资产管理。

1.仓储设备凭证管理

仓储设备管理凭证是企业进行仓储设备管理活动的依据。因此，搞好仓储设备凭证管理是企业进行正常仓储作业和设备维修的重要前提和保证。

凭证的内容主要包括两个方面：一是实质内容，例如设备名称、规格、型号、数量及与其相关的使用单位等，或者是精度检测和相关的精度值等设备管理活动项目；二是格式内容，包括标题、表头、单位负责人、填表人、填表日期、凭证号码及文字注释等。

仓储设备的凭证管理可归纳为以下六个方面：

(1)明确管理部门

由于凭证具有记录原始数据、明确责任的作用，因此要求记录仓储设备的凭证真实和准确，凭证要有明确的主管部门来负责凭证的设置、修改、审核及使用监督。

(2)凭证设置程序

仓储设备凭证的设置，由主管部门专业管理人员拟出草稿，经部门负责人审批后，由相关处室(如计划处、财务处等)会签，并经企业领导批准，定稿实行。

(3)凭证的启用

经批准的凭证，视使用范围，由主管部门通过厂部文件或会议纪要等形式下达到有关部门落实实施，并纳入到有关制度中，制定相关的检查监督办法。

(4)凭证的填写

仓储设备管理凭证由使用凭证的相关人员负责填写，凭证的填写应书写认真、整洁、数据准确，并须有单位负责人签字方才有效。

(5)凭证的审核

取得凭证的主管人员，要审核凭证的内容，发现问题要及时查清，涉及实物管理的要经常和实物核对；设备维修等费用凭证，按规定期限和财务部门对账，以免发生差错和漏洞。

(6)凭证的传递和保存

凭证的传递要有固定的传递路线，有有关的制度保证；凭证由联次注明的相关部门主管人员保存，如购置合同由设备采购员保管、设备入库单由仓库保管员保存，并根据重要程度确定其保存年限。

2.仓储设备档案与资料管理

像叉车、货架、登高设备、托盘等许多仓储设备均有技术档案，这些设备的技术档案是在设备管理过程中形成的，经整理归档保存，包括图纸、文字说明、计算资料、图表、录像、图片(照片)等。

仓储设备的资料通常包括设备选型安装、调试、使用、维护、修理和改造所需要的产品样本、图纸、技术标准、技术手册、规程，以及设备管理的法规、制度等。

这些档案和资料是管理和修理过程中不可缺少的基本资料，需要妥善保管，例如，一

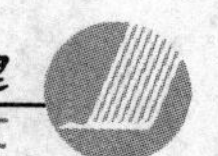

些重要设备的档案可能仅供查询或复制，但不出借，以防丢失。

3.仓储设备资产管理

仓储设备是企业固定资产的组成部分，是企业进行仓储作业的物质技术基础，新购置的设备经过验收后要列入企业的固定资产再交付使用，直到报废为止，可以运用ABC分析法，根据设备发生故障后和修理停机对生产、质量、成本、安全、维修等方面的影响程度和造成损失大小等综合因素，划分为三类：A类为重点设备，B类为主要设备，C类为一般设备。对重点设备的管理要求做到以下几点：

①建立重点设备台账及技术档案，内容必须齐全，并有专人管理。

②重点设备上应有标志，可在编号前加符号A。

③重点设备的操作人员必须严格选拔，能正确操作和做好维护保养，人机要相对稳定。

④明确专职维修人员，逐台落实定期点检(保养)内容。

⑤对重点设备优先采用监测诊断技术，组织好重点设备的故障分析和管理。

⑥重点设备的配件应优先储备。

此外，对仓储设备都要进行编号，较为普遍采用的是三段编号法，如图3-129所示：

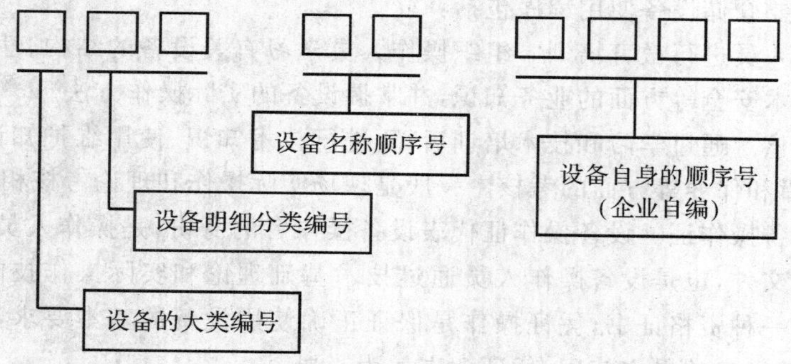

图3-129 设备编号方式及代表的意义

第一段以三位数字为代号，表示固定资产的大类和明细分类；第二段以两位数字为代号，表示该设备的名称或组型的顺序号；第三段以四位数字为代号，表示该设备自身的顺序号。

根据上述编号规则，一辆运输车(自卸车)的编号如图3-130所示：

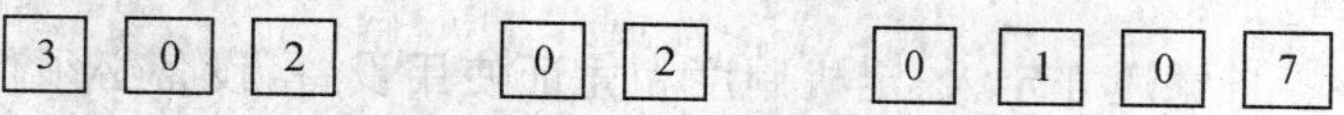

图3-130 某运输车的设备编号

第一段数字302表示运输车(自卸车)属运输设备，属固定资产第三大类，故本段第一位表示大类的数字为3；自卸车是无轨运输设备，在第三大类固定资产中属第二明细分类，故本段后两位表示明细分类的数字为02。

第二段的两位数字02表示自卸车的名称序号为2。

第三段的四位数字0107表示挂此牌号的自卸车是第107辆车。

3.3.2 仓储设备的运行管理

1. 设备正确使用的标志

仓储设备使用管理中，重要的是必须正确使用设备，尤其是对于重点设备、主要设备的使用，一定要掌握其机械性能，按照使用说明书、操作规程以及各种条件下对设备机械使用性能的要求进行作业。要考虑经济合理和技术合理两个方面。正确使用的标志有三个方面：

①高效率。设备使用必须使其作业性能得以充分发挥，如果设备长期处于一种低效运行的状态，就是一种不合理使用。

②经济性。即要求在可能的条件下使单位实物作业量的设备使用费成本最低。

③设备非正常损耗防护。即使设备的操作、保养、修理、管理都很好，也不能避免正常磨损及油耗。使用中应杜绝或避免非正常的损耗现象。例如，早期磨损、过度磨损、事故损坏，以及其他各种使设备技术性能受到损害或缩短使用寿命的情况都应避免。

2. 大型或重要仓储设备使用程序

大型或重要仓储设备使用程序包括：

①对操作人员进行教育培训。组织操作人员学习有关设备的结构、性能、操作维护、故障排除和技术安全等方面的业务知识，并掌握设备的实际操作方法。

②技术考核。通过学习和技术培训后，要进行技术知识、使用维护知识、操作规程和技能、排除故障和保养等方面的考核。一般是现场实际操作和理论考核相结合。

③发放设备操作证。设备操作证代表设备操作者的身份，是操作人员独立使用和操作设备的证明文件，也是设备操作人员通过技术基础理论和实际操作技能培训、经考试合格后取得的一种资格证书，凭证操作是保证正确使用设备的基本要求，对于重点仓储设备、主要仓储设备的操作使用，凭证上岗尤为必要。

④设备委托书。大型重点和主要仓储设备价格昂贵，为了增加操作人员的责任心，在操作人员接管设备前，应由设备管理部门和使用部门发给操作人员设备委托书。

3. 设备使用规程

仓储设备，尤其是大型、重点、主要设备的使用，应该按操作规程进行作业。操作者在使用设备过程中要掌握"三好"、"四会"，并严格执行"五项纪律"：

"三好"要求包括：

①管好设备。自觉遵守定人、定机制度和凭证使用设备，设备必须保持完整，未经允许，不得借与他人使用。

②用好设备。设备不带病运转，不超负荷使用，不大机小用和精机粗用。细心爱护设备，防止事故发生。

③修好设备。按规定的检修时间停机检修设备，操作人员要配合维修人员修好设备，并做好日常维护工作。

"四会"包括：

①会使用。操作人员应熟悉设备性能、结构、传动原理及操作规程，正确使用设备。

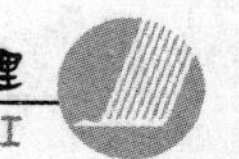

②会保养。执行设备有关的维护、润滑规定，保持设备清洁，润滑及时，发现异常情况时能够及时正确处理。

③会检查。操作人员应熟悉设备开动前及使用后的检查项目内容。

④会排除故障。操作人员应熟悉所用设备的特点，会排除运行过程中的简单故障，排除不了的要及时报告，配合维修人员加以排除。

“五项纪律”包括：

①实行定人定机，凭操作证操作设备。

②经常保持设备整洁，按规定加油，确保设备润滑良好。

③遵守安全操作规程和交接班制度。

④管理好设备附件和工具，不损坏、不丢失。

⑤发现异常即刻停机检查。

3.3.3 仓储设备的维修管理

1.设备的三级保养制

首先是设备的日常维护保养，一般有日保养和周保养。日保养由设备操作人员当班进行，主要是检查交接班记录、擦拭设备、检查手柄位置和手动运转部位是否正确灵活、安全装置是否可靠、低速运转传动是否正常、润滑和冷却是否畅通等。

还要注意设备运转的声音是否正常，设备的温度、压力、液位、电气、气压系统、仪表信号、安全保险等是否正常。

离岗时要关闭开关，所有手柄放到零位。填写交接班记录和运输台时记录。

周保养应擦净设备导轨、各传动部位及外露部分；检查各部位的技术状况，紧固松动部位，调整配合间隙；擦拭电动机，检查绝缘、接地情况，做到完整、清洁、可靠。

一级保养是以操作人员为主，维修人员协助，按计划对设备局部拆卸和检查，清洗规定的部位，调整设备各部位的配合间隙，疏通油路、管道，更换或清洗油线、毛毡、滤油器等，紧固设备的各个部位。一级保养所用的时间大约为4～8小时，一级保养完成后应做记录并注明尚未清除的缺陷。一级保养的范围应该包括所有仓储在用设备，对重点设备和主要设备应严格执行。一级保养的主要目的是减少设备磨损，消除隐患，延长设备使用寿命。

二级保养是以维修人员为主，设备操作人员参加协助完成。二级保养列入设备的检修计划，对设备进行部分解体检查和修理，更换或修复磨损件，清洗、换油、检查修理电气部分，使设备的技术状况全面达到规定标准的要求。

2.精密、大型、稀有、关键仓储设备的维护要求

这类设备是实现企业仓储正常运作的重点设备，这类设备的使用应严格执行一些特殊的要求：

①实行定使用人员、定检修人员、定专用操作维护规程、定维修方式和备配件的“四定”做法。

②必须严格按说明书安装设备。按不同设备的年检要求，进行定期检查、调整安装

水平和精度，并作出详细记录，存档备查。

③对环境有特殊要求的设备，例如，防振、防尘的设备，管理和操作时要采取相应措施，确保设备的性能不受影响。

④对于一些精密、稀有、关键设备，在日常维护中要注意一般不要拆卸零件，必须拆卸时，应由专门的维修人员进行。一旦在操作运行中发现设备异常，应立即停止。

⑤严格按照设备使用说明书规定的加工范围进行操作，不允许超规格、超重量、超负荷、超压力使用设备。

⑥设备的润滑油料、清洗剂要严格按照说明书的规定使用，不得随意用代用品。

⑦精密、稀有设备在非工作时间要加防护罩。

⑧设备的附件和专用工具应有专用柜架搁置，防锈蚀，不得外借或做他用。

案例分析

一、国际冷藏仓库协会：2008 年全球冷库容量增加

全球冷链联盟(GCCA)的核心合作伙伴国际冷藏仓库协会(IARW)近期在华盛顿发布了全球冷库容量的报告。该报告显示，全球的公共冷库(PRW)的存储容量稳步增加。随着世界各地更多地依靠冷链来满足不断增长的易腐产品的贸易和消费，增加冷藏容量成为一个全球的趋势。2008 年，全球总体冷藏库容量大约是 2.4777 亿立方米(87.4997 亿立方英尺)。

自 1998 年起，国际冷藏仓库协会(IARW)每隔一年发布一次全球冷库容量报告。这份报告是世界各地冷库容量统计的唯一资源。国际冷藏仓库协会 2008 年的报告收集了来自 40 多个国家的数据，比以往任何一次都多。此外，国际冷藏仓库协会撰写了 18 个国家公共冷藏库的市场概况，包括一些新兴市场和发展中市场。这也是该报告首次显示冷链行业过去十年的增长走势。

国际冷藏仓库协会在 45 个国家和地区观测当地公共冷库的存储容量。与 2006 年收集的数据比较来看，17 个国家和地区的冷库容量有所上升，而在 6 个国家保持比较平稳水平。其他地区收集的数据不足，无法作出结论。显示增长幅度最大的地区分别为法国、德国、荷兰、西班牙和巴西。这些国家在 2008 年的冷库总容量为 63.5032 亿立方英尺(1.7982 亿立方米)，这意味着从 2006 年开始增加了 15 个百分点。

这份报告也标志着国际冷藏仓库协会(IARW)自 1998 年以来第一次成功收集到了中国和印度冷库行业的准确数据。自那时起，这两个国家在冷库容量上已有显著增加。据显示，自 1998 年以来，印度增加了一倍以上。中国冷库的迅猛发展也是有目共睹的，为了关注中国市场，国际冷藏仓库协会今年特意于 2008 年 10 月在上海召开其理事会，全球冷链巨头悉数到场，并借此良机首次举办全球冷链中国峰会。

国际冷藏库协会总裁兼首席执行官贝尔·哈德逊先生表示：“世界各地的冷藏库行业在继续快速增长。此外，我们正看到，越来越多的公司选择依赖于第三方物流企业的专业知识，以满足他们的储存及分销的需要。”

全球冷库的存储容量报告中的数据主要涉及公共冷藏库的存储容量。然而，公共冷

藏库和自用冷藏库的定义因不同的国家而异。在北美，公共冷藏库被界定为由一家从事储存货物业务的公司所经营的仓库。在北美以外的地区，"公共"的定义则可以是完全不同的意思。在某些国家，国际冷藏库协会是无法区分公共或自用冷库的。

同时，我们也必须注意到，如今日新月异的物流系统依赖于信息技术、越库作业和其他方法来达到更高的运转速度和减少贮存次数。因此，公共冷藏库空间使用量的增长，似乎远远大于通过对冷藏库容量进行直观评估所得的结果。

二、甘肃陇西巧借干旱发展中药材仓储业

被誉为"千年药都"的甘肃陇西气候干旱，降雨稀少，工农业生产受到严重制约。可是当地却利用干旱的气候优势发展起中药材仓储业，促进当地群众增收致富。

中药材经销行业有条不成文的规矩：市场价格低时购进，价格上涨时再伺机售出，因此，选择一个干燥通风的储藏环境成了整个经营的重要环节。而陇西县气候属于干旱半干旱地区，全年降雨量400多毫米，加之光照比较充足，很利于药材的储藏。经销商每存放一件中药材，只需每月花费8毛钱，而南方潮湿多雨需要动用空调，每存放一件中药材每天的花费就得2元钱。因此，陇西成了各大药商的首选之地，因此也被称为"天然药仓"。

在陇西，上千吨的大型仓储企业达到了23家，中药材仓储容积80多万立方米，静态仓储能力超过5万吨，目前已经成为西北最大的中药材仓储基地。

中药材仓储业的繁荣不仅让仓储企业赚了钱，还促进了中药材生产。陇西中药材种植历史悠久，各类中药材的产量更是占到了全国的五分之一。但前些年中药材市场大起大落，时常出现卖难的现象。随着仓储业迅速发展壮大，吸引大批中药材经销商前来收购储藏，农民只要将药材种出来就能够卖出去，而且亩均纯收入稳定在千元以上。除此之外，许多制药厂家还把厂房搬到了这里，就近取材生产，直接促进了当地社会经济的发展。

目前，全县中药材产业总产值达到5.8亿元，为农民提供人均纯收入680元，占到了农民人均收入的30%以上。

思考题

1. 简述各类搬运车辆的适用场合。
2. 简述各类托盘的适用场合。
3. 简述各类集装袋的适用场合。
4. 简述不同类型货架的用途。
5. 试比较各种分拣方法的适用环境。
6. 举例说明各种包装技术和包装设备的使用。

第4章

仓储作业流程管理

本章要点

本章介绍仓储的作业流程是仓储运行的根本，包括三个基本作业环节：入库作业、储存保管作业、出库作业，具体又可以细化为进货作业、搬运作业、储存作业、盘点作业、订单处理作业、拣货作业、发货作业等。

4.1 入库作业管理

4.1.1 入库前的准备

仓库应根据仓储合同或者入库单、入库计划，及时进行库场准备，以便货物能按时入库，保证入库过程的顺利进行。仓储管理者应定期同货主、生产厂家以及运输部门联系，了解将要入库的货物情况，如货物的品种、类别、数量和到库时间，从而做好货物的入库准备工作。入库准备需要由仓库的业务部门、仓储管理部门、设备作业部门分工合作，共同完成，主要的工作有以下几个方面：

①熟悉入库货物。仓库业务、管理人员应认真查阅入库货物资料，掌握入库货物的品种、规格、数量、包装状态、单件体积、到库确切时间、货物存期、货物的物理化学特性、保管的要求等，根据这些信息做好库场安排和准备。

②掌握仓库库场情况。要了解货物入库期间、保管期间仓库的库容、设备和人员的变动，以便安排工作。必要时对仓库进行清查，清理归位，以便腾出仓容。

③制订仓储计划。仓库业务部门根据货物情况、仓库情况以及设备情况，制订出仓储计划，并将任务下达到各相应的作业单位、管理部门。

④妥善安排仓库库位。仓库部门根据入库货物的性能、数量、类别，结合仓库分区分类保管的要求，核算货位的大小，根据货位使用原则，妥善安排货位、验收场地，确定堆垛

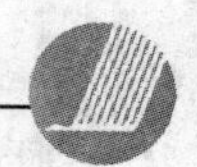

方法、苫垫方案等准备工作。

⑤准备货位。仓管员要及时进行货位准备，彻底清洁货位，清除残留物，清理排水管道或排水沟，必要时安排消毒除虫、铺地，检查照明、通风设备，发现损坏要及时通知修理。

⑥准备苫垫材料、作业用具。在货物入库前，根据所确定的苫垫方案，准备相应的材料，并组织苫垫铺设作业。对作业所需的用具，准备妥当，以便能及时使用。

⑦验收准备。仓库理货人员根据货物情况和仓储管理制度，确定验收方法，准备验收所需要的点数、称量、测试、开箱、装箱、丈量、移动照明等工具。

⑧装卸搬运工艺设定。根据货物、货位、设备条件、人员等情况，合理科学地制定卸车搬运工艺，保证作业效率。

⑨准备文件单证。仓管员对货物入库所需的各种报表、单证、账簿要准备好，以备使用。

在实际操作中，不同仓库、不同货物的业务性质不同，入库准备工作也有所区别，需要根据具体情况和仓储管理制度做好充分准备。

4.1.2 确定货位

货位是指仓库中实际可用于堆放商品的一定面积。货位选择要充分满足货物的保管要求，确保作业方便。确切地来说，货位选择的时候要注意以下几个原则：

1.根据货物的货量、尺度、特性、保管要求选择货位

应当根据储存物品存量的多少，比较准确地确定每种物品所需的货位大小及数量。若储存货位超过实际需要，则不利于仓容的充分利用；货位尺度与货物尺度要匹配，特别是大件、长件、不规则货物要能存入所选货位；为了避免物品在储存过程中相互影响，性质相同或者保管条件相近的物品可以集中存放；货位的通风、光照、温、湿度、排水、防风、防雨等条件应该满足货物保管的需要。

2.根据物品周转情况安排货位

“先进先出”是仓储保管的重要原则。在安排货位时，要尽量避免后进货物围堵先进货物；存期长的货物不能围堵存期短的货物；出入库频繁的物品应尽可能安排在靠近出入口或专用线的位置，以加速作业和缩短搬运距离。

3.根据存储物品的作业要求合理选择货位

对于体大笨重的物品，应考虑装卸机械的作业是否方便。使用货架时，重货放在货架下层，需要人力搬运的重货，存放在腰部高度的货位。总之，安排的货位应该尽可能地保证搬运、堆垛、上架的作业方便。要有足够的作业场地，能使用机械进行直达作业。

4.作业分布均匀

所安排的货位尽可能避免仓库内或同一作业线路上多项作业同时进行，以免互相妨碍。尽量实现各货位的同时装卸作业，以提高效率。

5.保留机动货位

在规划货位时，应该注意保留一定的机动货位，以便当物品大量入库时可以调剂货位，避免打乱货位安排。

4.1.3 货物接运

1.货物接运管理

由于货物到达仓库的形式不同,除了一小部分货物由供货单位直接运到仓库交货外,大部分货物要经过铁路、公路、海运、空运和短途运输等运输工具转运。凡经过交通运输部门转运的货物,均需经过仓库接运后,才能进行入库验收。

货物接运的主要任务是向托运者或承运者办清业务交接手续,要求手续清楚、责任分明,及时将货物安全接运回仓库,为仓库验收工作创造条件。接运工作是仓库业务活动的开始,是货物入库和保管的前提,接运工作的好坏直接影响到仓库的后期活动。因此,接运人员接运转运货物时,必须认真检查、分清责任,取得必要的单证,避免将一些在运输过程中或运输前就已经损坏的货物带入仓库,给后期的验收和保管工作带来困难和损失。

货物接运人员要熟悉各交通运输部门及有关供货单位的制度和要求,根据不同的接运方式,处理接运中的各种问题。

2.货物接运方式

入库货物的接运主要有以下几种方式。

(1)专用线接运

专用线接运是铁路部门将转运的商品直接运送到仓库内部专用线的一种接运方式。仓库接到车站通知后,就确定卸车货位,力求缩短场内搬运距离,准备好卸车所需的人力和机具。车辆到达后,要引导对位。

在卸车过程中应注意以下几点:

①卸车前进行检查。主要内容包括:核对车号;检查货封是否脱落、破损或印纹不清、不符;校验商品名称、箱件数与商品运单上填写的名称、箱件数是否相符等。

②卸车过程中正确操作。要按车号、品名、规格分别堆放,按外包装的指示标志,正确勾挂、铲兜、升起、轻放,防止包装和商品损坏;妥善处理苫盖,防止受潮和污损;对品名不符、包装损坏或商品损坏,应另外堆放,写明标志,并会同承运部门进行检查,编制记录;正确使用装卸机具、工具和安全防护用具,确保人身和商品安全等。

(2)车站、码头提货

凭提货单到车站、码头提货时,应根据运单和有关资料认真核对商品的名称、规格、数量、收货单位等。货到库后,接运人员应及时将运单连同提取回的商品向保管人员当面清点,然后由双方办理交接手续。

(3)到供货单位提货

仓库接受货主委托直接到供货单位提货时,应根据提货通知,了解所提货物的性能、规格、数量,准备好提货所需的机械、工具、人员,配备保管员在供方当场检验质量、清点数量,并做好验收记录,接货与验收合并为一次完成。

(4)供货单位送货到库

供货单位或存货单位将商品直接运送到仓库储存时，应由保管员或验收人员直接与送货人员办理交接手续，当面验收并做好记录。若有差错，应填写记录，由送货人员签字证明，据此向有关部门索赔。

(5)承运单位送货到库

交通运输等承运部门受供货单位或货主委托送货到仓库，接货要求与供货单位送货到库的要求基本相同。所不同的是发现错、缺、损等问题后，除了要送货人员当场出具书面证明、签章确认外，还要及时向供货单位和承运单位发出查询函电并做好有关记录。

(6)过户

过户是指对已入库的货物通过购销业务使货物所有权发生转移，但仍储存于原处的一种入库业务。此类过户入库手续，只要收下双方下达的调拨单和入库单，更换户名就可以了。

(7)转库

转库是因故需要出库，但未发生购销业务的一种入库形式，仓库凭转库单办理入库手续。

(8)零担到货

各种形式的零担到货应由零担运输员负责填写零担到货台账，并填发到货通知单。

4.1.4 交接与初检

接货人员或运输单位送货到仓库与理货员办理内部交接时，理货员须根据到货凭证，对货物进行初检，初检内容如下：

1.核对凭证

货物运抵仓库后，理货员首先要检验商品入库凭证，然后按商品入库凭证所列的收货单位、货物名称、规格及数量等具体内容，与商品各项标志核对。经复核复查无误后，即可进行下一道程序。通常入库商品应该具备下列证件：存货单位提供的入库通知书、订货合同等；存货单位提供的质量证明书或合格证、装箱单、磅码单、发货明细等；运输单位提供的运单，如入库前在运输途中发生残损，应有笔录内容。验收时若发现问题，应根据具体情况做具体分析，采取相应措施。

2.大数点收

大数点收是按照商品的大件包装(即运输包装)进行数量清点。点收的方法有两种：一是逐件点数计总；二是集中堆码点数。

对于花色品种单一，包装大小一致，数量大或体积小的商品，适于用集中堆码点数法，即将入库的商品堆成固定的垛形(或置于固定容量的货架)，排列整齐，每层、每行件数一致，一批商品进库完毕，货位每层(横列)的件数乘层数可得出每垛总数。再乘总垛数即可得出商品总数。最后一垛其顶层的件数往往是零头，与以下各层的件数不一样。

3.检查货物的表面状态

在大数点收的同时，对每件货物的外表状态要进行认真查验。如发现包装破损、内容外泄、油污、散落、标志不当等不良质量状况，必须单独存放，并详细检查内部有无短缺、破损和变质。逐一查看包装标志，目的在于防止不同商品混入，避免差错，并根据标志指示操作确保入库储存安全。

4. 办理交接手续

入库货物经过上述工序，在检查完毕后，就可以与接货人员办理货物交接手续。交接手续通常是仓库保管员在送货回单上签名盖章表示货物收讫。如果上述程序中发现差错、破损等情形，必须在送货单上详细注明或由接货人员出具差错、异状记录，详细写明差错数量、破损情况等，以便与运输部门分清责任，作为查询处理的依据。

货物入库交接除了要履行规范的手续外，还要进行卸车作业。如果把入库卸车、验收和堆码作业连续一次性完成，即一次性作业，对于减少入库环节，提高作业效率，降低成本有着十分重要的意义，应力争实现一次性作业。

4.1.5 货物入库验收

货物入库验收，是仓储工作的起点，是分清仓库与货主或运输部门责任的界线，并为保管养护打下基础。商品入库的验收工作，主要包括数量验收、质量验收和包装验收三个方面。在数量和质量验收方面应分别按商品的性质、到货情况，来确定验收的标准和方法。

1. 商品验收的基本要求

商品验收的基本要求包括以下方面：

(1)及时

到库商品必须在规定的期限内完成入库验收工作。这是因为商品虽然到库，但未经过验收的商品没有入账，不算入库，不能供应给用料单位。只有及时验收，尽快做出验收报告才能保证商品尽快入库入账，满足用料单位需求，加快商品和资金的周转。同时商品的托收承付和索赔都有一定的期限，如果验收时发现商品不合规定要求，要提出退货、换货或赔偿等要求，均应在规定的期限内提出，否则，供方或责任方不再承担责任，银行也将办理拒付手续。

(2)准确

以商品入库凭证为依据，准确查验入库货物的实际数量和质量状况，并通过书面材料准确地反映出来。做到货、账、卡相符，提高账货相符率，降低收货差错率，提高企业的经济效益。

(3)严格

仓库的各方都要严肃认真地对待商品验收工作。验收工作的好坏直接关系到各方的利益，也关系到以后各项仓储业务的顺利开展。因此，仓库领导应高度重视验收工作，直接参与的验收人员要以高度负责的精神来对待这项工作，明确每批商品验收的要求和方法，并严格按照仓库验收入库的业务操作程序办事。

(4)经济

商品在验收时，多数情况下，不但需要检验设备和验收人员，而且需要装卸搬运机具和设备以及相应工种工人配合。这就要求各项工作密切协作，合理组织调配人员、设备，以节省作业费用。此外，在验收工作中，尽可能保护原包装，减少或避免破坏性试验，也是提高作业经济性的有效手段。

2.商品验收准备

验收准备是货物入库验收的第一道程序。仓库接到到货通知后，应根据商品的性质和批量提前做好验收的准备工作，包括以下五方面内容：

(1)人员准备

安排好负责质量验收的技术人员和用料单位的专业技术人员以及配合数量验收的装卸搬运人员。

(2)资料准备

收集、整理并熟悉待验商品的验收凭证、资料和有关验收要求，如技术标准、订货合同等。

(3)器具准备

准备好验收用的计量器具、卡量工具和检测仪器仪表等，并检验好准确性。

(4)货位准备

落实入库货物的存放货位，选择合理的堆码垛型和保管方法，准备所需的苫垫堆码物料。

(5)设备准备

大批量商品的数量验收，必须有装卸搬运机械的配合，应做好设备的申请调用。

此外，对特殊商品的验收，如毒害品、腐蚀品、放射品等，还须配备相应的防护用品，采取必要的应急防范措施，以防万一。对进口货物或存货单位要求对货物进行内在质量检测时，要预先联系商检部门或检验部门到库进行检验或质量检测。

3.核对凭证

核对凭证应从下列三个方面的内容进行：

①审核验收依据，包括业务主管部门或货主提供的入库通知单、订货合同、协议书等。

②核对供货单位提供的验收凭证，包括质量保证书、装箱单、码单、说明书和保修卡及合格证等。

③核对承运单位提供的运输单证，包括提货通知单和货物残损情况的货运记录、普通记录和公路运输交接单等。

在整理、核实、查对以上凭证时，如果发现证件不齐或不符等情况，要与货主、供货单位、承运单位和有关业务部门及时联系解决。

4.确定验收比例

由于受仓库条件和人力的限制，对某些批量大在短时间内难以全部验收，或全部打开包装会影响商品的储存和销售，或流水线生产的产品质量有代表性无须全部验收等情况，可采用抽验方法。抽验比例应首先考虑以合同规定为准，合同没有规定时，确定抽验的比例一般应考虑以下因素：

(1)商品的价值

商品价值高的，抽验比例大，反之则小，有些价值特别大的，商品应全验。

(2)商品的性质

商品性质不稳定的或质量易变化的，验收比例大，反之则小。

(3)气候条件

在雨季或黄梅季节，怕潮商品抽验比例大，在冬季怕冻商品抽验比例大，反之则小。

(4)运输方式和运输工具

对采用容易影响商品质量的运输方式和运输工具运输的商品，抽验比例大，反之则小。

(5)厂商信誉

厂商信誉好，抽验比例小，反之则大。

(6)生产技术

生产技术水平高或流水线生产的商品，产品质量较稳定，抽验比例小，反之则大。

(7)储存时间

入库前，储存时间长的商品，抽验比例大，反之则小。

在按比例抽验时，若发现商品变质、短缺、残损等情况，应考虑适当扩大验收比例，甚至全验，彻底验清商品的情况。

5. 实物验收

实物验收包括内在质量、外观质量、数量、重量和精度验收。当商品入库交接后，应将商品置于待检区域，仓储管理员及时进行外观质量、数量、重量及精度验收，并进行质量送检。

(1)外观质量验收

外观质量验收的方法主要采用看、听、摸和嗅等感官检验方法。要准确进行外观质量检验，就要求保管员拥有丰富的识货能力和判断经验。外观质量验收的内容包括：外包装完好情况、外观质量缺陷、外观质量受损情况和受潮、霉变和锈蚀情况等。

(2)数量验收

主要包括以下三种方法：

①点数法，指逐件清点，一般适用于散装的或非定量包装的商品。

②抽验法，指按一定比例开箱点件的验收方法，适合批量大、定量包装的商品。

③检斤换算法，指通过重量过磅换算该商品的数量，适合商品标准和包装标准的情况。

(3)重量验收

商品的重量一般有毛重、皮重、净重之分。人们通常所说的商品重量，是指商品的净重。重量验收是否合格，是根据验收的磅差率与允许磅差率的比较判断的，若验收的磅差率未超出允许磅差率范围，说明该商品合格；若验收的磅差率超出允许磅差率范围，说明该批商品不合格。磅差是指由于不同地区的地心引力差异、磅的精度差异及运输装卸损耗的因素造成重量过磅数值上的差异。

表 4-1 所示为金属允许的磅差率范围。重量验收方法包括以下几种：

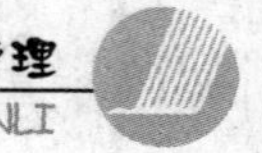

表 4-1　金属允许磅差率范围

品种	有色金属	钢铁制品	钢材	生铁、废钢	贵金属
允许磅差	±1‰	±2‰	±3‰	±5‰	±0‰

①检斤验收法，是指对于非定量包装的、无码单的商品，进行打捆、编号、过磅和填制码单的一种验收方法。磅码单如表 4-2 所示。

表 4-2　磅码单

供货单位＿＿＿＿＿＿＿＿＿＿＿　　　　品　　名＿＿＿＿＿＿＿＿＿＿＿

合同编号＿＿＿＿＿＿＿＿＿＿＿　　　　型号规格＿＿＿＿＿＿＿＿＿＿＿

序号	重量	序号	重量	序号	重量
1		6		11	
2		7		12	
3		8		13	
4		9		14	
5		10		15	

实际磅差率＝(实际重量－应收重量)/应收重量×1000‰

索赔重量＝应收重量－实收重量

②抄码复衡抽验法，是指对定量包装的、附有码单的商品，按合同规定的比例抽取一定数量商品过磅的验收方法。

$$抽验磅差率=(\sum 抽验重量-\sum 抄码重量)/\sum 抄码重量\times 1000‰$$

索赔重量＝抽验磅差率×应收总重量

③平均扣除皮重法，是指按一定比例将包装拆下过磅，求得包装物的平均重量，然后再将未拆除包装的商品过磅，从而求得该批货物的全部皮重和毛重。在使用这种方法时，一定要合理选择应拆包装物数量，使净重更趋准确。

④除皮核实法，除皮核实是指选择部分商品拆开过磅，分别求得商品的毛重和净重，再与包装上标记的重量进行核对。核对结果未超过允许差率，即可依其数值计算净重。

⑤约定重量法，是指存货单位和保管单位在签订《仓储保管合同》时，双方对商品的皮重已按习惯数值有所约定，则可遵从其约定净重。

⑥整车复衡方法，是指大宗无包装的商品，如生铁、煤、砂石等，检验时要将整车引入专用地磅，然后扣除空车重量，即可求得商品的净重。这种方法适合散装的块状、粒状或粉状的商品。

⑦理论换算法，适合于定尺长度的金属材料、塑料管材等。仓库在重量验收过程中，要根据合同规定的方法进行。为防止人为因素造成磅差，一旦验收方法确定后，出库时必须用同样的方法检验商品，这就是进出库商品检验方法的一致性原则。

(4)精度验收

精度验收主要包括仪器仪表精度检验和金属材料尺寸精度检验两个方面。

1)仪器仪表精度检验

对仪器、仪表精度检验时,除简易的指标在仓库验收时检验外,一般专门由质检部门或厂方负责质量检验,仓库免检。

2)金属材料尺寸精度检验

对金属材料的尺寸精度检验是仓库的一项十分重要的工作。金属材料的尺寸,分公称尺寸和实际尺寸两种:公称尺寸是指国际标准和国家标准中规定的名义尺寸,即在生产过程中希望得到的理想尺寸,是生产、储运和使用的依据;实际尺寸是指验收中直接测得的长、宽和直径的尺寸。在实际生产中,产品的实际尺寸与理想尺寸总存在着一定的差距。

尺寸精度是用公称尺寸与实际尺寸的差异范围来表示的,包括偏差和公差。偏差是实际尺寸与公称尺寸之间的差数。实际尺寸小于公称尺寸,两者差数为负数,则称负偏差;实际尺寸大于公称尺寸,两者差数为正数,则称正偏差。公差是指尺寸允许的误差。

金属材料在交货时,都有一定的正负偏差范围。在偏差范围内,则符合尺寸检验要求。

6.对商品验收过程中发现问题的处理

在商品验收中,可能会发现一些问题,验收人员应根据不同情况,在有效期内进行处理。处理问题要做到及时、准确,并要认真填写商品验收记录。在问题未解决之前,有问题的商品应分开存放,妥善保管,尽量保持原包原捆,不得发放出库。

①证件未到或不齐全时,应及时向供货单位或存货单位索取,到库商品作为待检验商品堆放在待检区,妥善保管,待证件到齐后再进行验收。证件未到之前,不能验收,不能入库,更不能发货。

②凡质量不符合规定的,验收入员应如实慎重填写商品验收记录,并及时通知存货单位,由存货单位向供货单位交涉处理。

③数量、型号、规格不符合规定,主要有以下几种原因:供货单位少发、错发;承运部门错装、错运、错送或者在运输过程中造成货损货差;提货人员在车站、码头等错提、少提、多提、串提或在途中造成货物丢失、被盗等。遇到这种情况时,提货人员应积极查询,追回少提部分,退回多提部分,换回错提、串提部分,无法追回的部分由仓库处理,并负责赔偿。

④入库通知单或其他证件已到,但在规定的时间内商品未到库时,应及时向存货单位反映,以便存货单位向供货单位或承运部门查询。

⑤价格不符时,供方多收部分应予拒付,少收部分经检验核对后,应主动及时更正。如果总额计算错误,应通知供货单位及时更正。

⑥对仓库收到的无存货单位的无主商品,仓库收货后应及时查找该批货物的产权部门,主动与发货人联系了解货物的来龙去脉,并作为待处理商品,不得动用,依其现状做好记录,待查清后再作处理。

⑦发现货物出现残损、潮湿、短件等情况时,必须取得承运部门的货运记录和普通记录。验收人员应将残损、潮湿、短件等详细情况记入商品验收记录,并和承运部门的记录一并交回存货单位处理。如属供货单位或承运部门的责任,由存货单位与供货单位或承运部门交涉处理;如系仓库责任(在提、接、运过程中发生的),则由仓库与存货单位协商处理或赔偿。

4.1.6 商品入库手续

商品检验合格,即应办理入库手续,这是商品验收入库阶段的最后环节,也是一项严肃的基础工作。

1.安排货位

安排货位时,必须将安全、方便、节约的思想放在首位,使货位合理化。货物因自身的自然属性不同而具有不同的特性,如有的商品怕冻,有的易受潮等。如果货位不能适应储存货物的特性,就会影响货物质量,要尽可能缩短收、发货时间;以最少的仓容,储存最大限量的货物,提高仓容使用效能。

2.搬运

经过充分的入库准备及货位安排后,搬运人员就可把验收场地上经过点验合格的入库货物,按每批入库单开制的数量和相同的品种集中起来,分批送到预先安排的货位,要做到进一批、清一批,严格防止品种互串和数量溢缺。分类工作应力争送货单位的配合,在装车起运前,就做到数量准、批次清。对于批次多和批量小的入库货物,分类工作一般可由保管收货人员在单货核对、清点件数过程中同时进行,也可将分类工作结合在搬运时一起进行。

在搬运过程中,要尽量做到"一次连续搬运到位",力求避免入库货物在搬运途中的停顿和重复劳动。对有些批量大、包装整齐的货物,仓库具备机械操作能力,应尽量采用机械搬运方式。

3.堆码

货物堆码是指货物入库存放的操作方法和方式。堆码时要保证人身和货物的安全、清点数量的便利及仓库容量利用率的提高。

4.登账

商品入库登账,除仓库的财务部门有商品账凭以结算外,保管业务部门则要建立详细反映库存商品进、出和结存的保管明细账,现一般用仓库与库存管理系统来进行,用以记录库存商品动态,并为对账提供主要依据。登账必须以正式合法的凭证为依据,如商品入库单和出库单、领料单等。

5.立卡

"卡"又称"料卡"或"商品验收明细卡",能够直接反映该垛商品品名、型号、规格、数量、单位及进出动态和积存数,一般挂在上架货物的下方或挂在堆垛商品的正面。货卡按其作用不同可分为货物状态卡、商品保管卡。商品保管卡包括标识卡和储存卡等。商品保管卡采用何种形式,应根据仓储业务需要来确定。

①货物状态卡是用于表明货物所处业务状态或阶段的标识,根据ISO9000国际质量体系认证的要求,在仓库中应根据货物的状态,按可追溯性要求,分别设置待检、待处理、不合格和合格等状态标识。

②货物标识卡用于表明货物的名称、规格、供应商和批次等。根据ISO9000质量体系认证的要求,在仓库中应根据货物的不同供应商和不同入库批次,按可追溯性要求,分

别设置标识卡。

③储存卡是用于表明货物的入库、出库与库存动态的标识。卡片应按“入库通知单”所列内容逐项填写。商品入库堆码完毕,应立即建立卡片,一垛一卡。对于卡片的处理,通常有两种方式:一是由保管员集中保存管理。这种方法有利于责任制的贯彻,即专人专责管理。但是如果有进出业务而该保管员缺勤时就难以及时进行。二是将填制的料卡直接挂在物资垛位上。挂放位置要明显、牢固。这种方法的优点是便于随时与实物核对,有利于物资进、出业务的及时进行,可以提高保管人员作业活动的工作效率。

6. 建立商品档案

建立商品档案是将物资入库业务全过程的有关资料证件进行整理、核对,建立资料档案,以便货物管理和保持客户联系,为将来发生争议时提供依据,同时也有利于总结和积累仓储管理经验,为物资的保管、出库业务创造良好的条件。

(1)档案资料的范围

档案资料的范围包括:

①货物出厂时的各种凭证、技术资料。

②货物到达仓库前的各种凭证、运输资料。

③货物入库验收时的各种凭证、资料。

④货物保管期间的各种业务技术资料。

⑤货物出库和托运时的各种业务凭证、资料。

(2)建档工作的具体要求

建档工作的具体要求包括:

①应一物一档。即建立商品档案应该是一物(一票)一档。

②应统一编号。即商品档案应进行统一编号,并在档案上注明货位号,“实物保管明细账”上注明档案号,以便查阅。

③应妥善保管。即商品档案应存放在专用的柜子里,由专人负责保管。

7. 签单

商品入库后,应及时按照“仓库商品验收记录”要求签回单据,以便向供货单位和货主表明收到商品的情况。另外,如果出现短少等情况,也可作为货主向供货方交涉的依据,所以签单必须准确无误。

4.1.7 商品入库单证流转

货物验收工作由理货员、计量员、复核员、业务受理员分工负责。理货员负责作业的组织与货物的数量与外观质量验收、计量、堆码、记录等,并向业务受理员提交货物验收的结果和记录。

具体步骤如下:

①业务受理员接受存货人的“验收通知”(也可由存货人委托仓库开具)、货物资料(如质保书、码单、装箱单、说明书和合格证等),登建货物档案,并将存货人验收通知单作为《货物储存保管合同》附件的形式进行管理,其信息录入计算机中生成验收通知单。然

后将存货人验收通知单作为验收资料和“收货单”及其他验收资料一并交给理货员。

②理货员根据业务受理员提供的收货单、验收资料、计量方式等确定验收方案、储存货位、堆码方式、所需人力、设备等，做好验收准备工作。

③由理货员开具作业通知单，进行验收入库作业，做好有关记录和标识。

③货物验收完毕后，理货员手工出具“验收单”，一式一联，一并交给复核员。同时负责作业现场与货位的清理和货牌的制作、悬挂。

⑤复核员依据收货单、验收单对实物的品名、规格、件数、数量、存放货位等逐项核对，签字确认后返回给理货员。

⑥理货员在经复核员签字的收货单、验收码单诸联加盖“货物验收专用章”后，将验收码单录入到计算机中，据此生成仓单附属码单，根据验收结果填写存货人验收通知和收货单，并与其他验收资料一并转回业务受理员处。

⑦业务受理员对理货员返回的单据和验收资料审核无误后，由计算机打印仓单附属码单，一式两联，依据收货单、验收码单、计算机打印的仓单附属码单一式两联、存货人验收通知，以及有关验收资料、记录，报经主管领导或授权人签字后，连同存货人验收通知、收货单、仓单附属码单一式两联转给收费员。

⑧收费员依据仓单、《货物储存保管合同》约定的收费标准，结算有关入库费用并出具收费发票。

⑨业务受理员将仓单正联、存货人验收通知、仓单附属码单一联及收费单据等一并转交(寄)给存货人；其余单证资料留存并归档管理。

4.2 商品在库管理

4.2.1 在库商品的养护与保管

商品在储存过程中，由于商品本身自然属性及外界因素的影响、随时会发生各种各样的变化，从而降低甚至丧失产品的使用价值。保管是指对物品进行储存，并对其进行物理性管理的活动。商品保管的目的就在于根据各种不同商品的特点，为储存商品提供和创造适宜的保管条件；采取相应的措施和手段，最大限度地减少或延缓商品的自然损耗，以保证商品的使用价值。

要做好商品养护和保管工作，首先必须了解商品质量变化的形式及导致商品质量变化的因素。

1. 库存商品质量变化的形式

商品在库存过程中的质量变化归纳起来有物理机械变化、化学变化、生理生物变化等。

(1)商品的物理机械变化

物理变化是指只改变物质本身的外表形态，不改变其本质，没有新物质的生成，并且有可能反复进行的质量变化现象。物品的机械变化是指物品在外力的作用下，发生形态变化。物理机械变化的结果不是数量损失，就是质量降低，甚至使物品失去使用价值。物品常发生的物理机械变化主要有挥发、熔化、溶化、渗漏、串味、沉淀、破碎与变形等。

①挥发。挥发是指低沸点的液体商品，在空气中经汽化而散发到空气中的现象。这种挥发的速度与气温的高低、空气流动速度的快慢、液体表面接触空气面积的大小成正比关系。防止商品挥发的主要措施是加强包装密封性。此外，要控制仓库温度，高温季节要采取降温措施，保持在较低温度条件下储存，以防挥发。

②熔化。熔化是指低熔点的商品受热后发生软化以致熔化为液体的现象。商品的熔化，除受气温高低的影响外，还与商品本身的熔点、商品中杂质种类和含量高低密切相关。熔点越低，越易熔化；杂质含量越高，越易熔化。商品熔化，有的会造成商品流失、粘连包装、沾污其他商品；有的因产生熔解热而体积膨胀，使包装爆破；有的因商品软化而使货垛倒塌。预防商品的熔化应根据商品的熔点高低，选择阴凉通风的库房储存。在保管过程中，一般可采用密封和隔热措施，加强库房的温度管理，防止日光照射，尽量减少温度的影响。

③溶化。溶化是指有些固体商品在保管过程中，能吸收空气和环境中的水分，当吸收数量达到一定程度时，就会溶化成液体。易溶性商品具有吸湿性和水溶性两种性能。商品溶化与空气温度、湿度及商品的堆垛高度有密切关系。商品溶化后本身的性质并没有变化，但由于形态改变，给储存带来很大的不便。对易溶化商品应按商品性能，分区分类存放在干燥阴凉的库房内，避免与含水分较大的商品同储。在堆码时要注意底层商品的防潮和隔潮，垛底要垫得高一些，并采取吸潮和通风相结合的温、湿度管理方法来防止商品吸湿溶化。

④渗漏。渗漏是指液体商品，特别是易挥发的液体商品，由于包装容器不严密、包装质量不符合商品性能的要求及在搬运装卸时碰撞震动破坏了包装，而使商品发生跑、冒、滴、渗的现象。商品渗漏，与包装材料性能、包装容器结构及包装技术优劣有关，还与仓储温度变化有关。因此，对液体商品应加强入库验收和在库商品检查及温、湿度控制和管理。

⑤串味。串味是指吸附性较强的商品吸附其他气体、异味，从而改变本来气味的变化现象。商品串味与其表面状况、与异味物质接触面积的大小、接触时间的多少以及环境中的异味的浓度有关。预防商品的串味，应对易被串味的商品尽量采取密封包装，在储存中不得与有强烈气味的商品同库储藏，同时还要注意仓储环境的清洁卫生。

⑥沉淀。沉淀是指含有胶质和易挥发成分的商品，在低温和高温等因素影响下，引起部分物质的凝固，进而发生沉淀和膏体分离的现象。预防商品的沉淀，应根据不同商品的特点，防止阳光照射，做好商品冬季保温工作和夏季降温工作。

⑦沾污。沾污是指商品外表沾有其他脏物，染有其他污秽的现象。其主要原因是生产、运输储存中卫生条件差以及包装不严所致。对一些外观质量要求较高的商品，如服装、仪器等要特别注意。

⑧破碎与变形。破碎与变形是指常见的机械变化，指商品在外力作用下所发生的形态上的改变。对于容易破碎和变形的商品，要注意妥善包装，轻拿轻放。在库房内堆垛

高度不能超过一定的压力限度。

(2)商品的化学变化

商品的化学变化与物理变化有本质的区别。它的产生，不仅改变了商品的外表形态，也改变了商品的本质，并且有新物质生成，且不能恢复原状的变化现象。商品化学变化过程即商品质变过程，严重时会使商品失去使用价值。商品的化学变化形式主要有氧化、分解、水解、化合、聚合、锈蚀、风化等形式。

①氧化。氧化是指商品与空气中的氧及其他能放出氧的物质，所发生的与氧结合的变化。商品发生氧化，不仅会降低商品的质量，有的还会在氧化过程中，产生热量，发生自燃，有的甚至会导致爆炸事故。容易发生氧化的商品品种比较多，所以对此类商品，要储存在干燥、通风、散热和温度比较低的库房，才能保证其质量安全。

②分解。分解是指某些性质不稳定的商品，在光、热、电、酸、碱及潮湿空气的作用下，由一种物质生成两种或两种以上物质的变化现象。商品发生分解反应后，不仅使其数量减少、质量降低，有的还会在反应过程中，产生一定的热量和可燃气体，并引起事故。

③水解。水解是指某些商品在一定条件下，遇水所发生分解的现象。如硅酸盐和肥皂，其水解产物是酸和碱，这样就同原来的商品具有不同的性质。

④化合。化合是指商品在储存期间，在外界条件的影响下，两种或两种以上的物质相互作用而生成一种新物质的反应。此种反应，一般不是单一存在于化学反应中，而是两种反应(分解和化合)依次先后发生。如果不了解这种情况，就会给保管和养护此类商品造成损失。

⑤聚合。聚合是指某些商品，在外界条件的影响下，能使同种分子互相加成后，而结合成一种更大分子的现象。储存和保管养护此类商品时，要特别注意日光和储存温度的影响，以便防止发生聚合反应，造成商品质量的降低。

⑥锈蚀。锈蚀是指金属或金属合金，同周围的介质相接触时，相互间发生了某种反应，而逐渐遭到破坏的过程。金属商品之所以会发生锈蚀，其一是由于金属本身化学性质不稳定，在其组成中存在着自由电子和成分的不纯；其二是由于受到水分和有害气体的作用所造成的。

⑦风化。风化是指含结晶水的商品，在一定温度和干燥空气中，失去结晶水而使晶体崩解，变成非结晶状态的无水物质的现象。

(3)商品的生理生化变化及其他生物引起的变化

生理生化变化是指有生命活动的有机体商品，在生长发育过程中，为了维持它的生命，本身所进行的一系列生理变化。这些变化主要有呼吸、发芽、胚胎发育、后熟。其他生物引起的变化有霉腐、虫蛀等。

①呼吸。呼吸是指有机商品在生命活动过程中，不断地进行呼吸，分解体内有机物质，产生热量，维持其本身的生命活动的现象。呼吸作用可分为有氧呼吸和无氧呼吸两种类型。不论是有氧呼吸还是无氧呼吸，都要消耗营养物质，降低商品的质量。保持正常的呼吸作用，是有机体的基本生理活动，商品本身也具有一定的抗病性和耐储存性。因此，鲜活商品的储藏应保证它们正常而最低的呼吸，利用它们的生命活性，减少商品损耗、延长储藏时间。

②发芽。发芽是指有机体商品在适宜条件下，冲破“休眠”状态，发生的发芽、萌发现象。发芽的结果会使有机体商品的营养物质，转化为可溶性物质，供给有机体本身的需要从而降低有机体商品的质量。在发芽萌发过程中，通常伴有发热、生霉等情况，不仅增加损耗，而且降低质量。因此对于能够萌发、发芽的商品必须控制它们的水分，并加强温、湿度管理，防止发芽、萌发现象的发生。

③胚胎发育。胚胎发育主要是指鲜蛋的胚胎发育。在鲜蛋的保管过程中，当温度和供氧条件适宜时，胚胎会发育成血丝蛋、血环蛋。经胚胎发育的禽蛋新鲜度和食用价值将大大降低，为抑制鲜蛋的胚胎发育，应加强温湿度管理，最好是低温储藏或减少供氧，亦可采用石灰水浸泡、表面涂层等方法。

④后熟。后熟是指瓜果、蔬菜等类的食品在脱离母株后继续其成熟过程的现象。瓜果、蔬菜等的后熟，能改进色、香、味以及适口的硬脆度等食用性。但当后熟作用完成后，则容易发生腐烂变质，难以继续储藏甚至失去食用价值。因此，对于这类鲜活食品，应在其成熟之前采收并采取控制储藏条件的办法，来调节其后熟，以达到延长储藏期限、均衡上市的目的。

⑤霉腐。霉腐是指商品在霉腐微生物作用下所发生的霉变和腐败现象。在气温高、湿度大的季节，如仓库温、湿度控制不好，有些商品将会生霉变或腐烂，使商品受到不同程度的损失，严重的可使商品完全失去使用或食用价值，甚至造成人畜食用后中毒的现象发生。

⑥虫蛀。商品在储存期间，常常会遭到仓库害虫的蛀蚀。经常危害商品的仓库害虫有多种，仓库害虫不仅破坏商品的组织结构，使商品发生破碎和孔洞，而且其排泄的各种代谢废物污染商品，影响商品质量和外观，降低商品使用或食用价值，因此害虫对商品危害性是很大的。凡是含有有机成分的商品，都容易遭受害虫蛀蚀。

2.影响库存商品质量变化的因素

商品在储存期间发生的质量变化，是由一定因素引起的。为了确保商品的安全，了解商品质量变化的规律，必须找出其变化原因。通常引起商品变化的因素有内因和外因两种，内因是变化的根据，外因是变化的条件。

(1)商品质量变化的内因

内因主要有以下方面：

①商品的物理性质。主要包括商品的吸湿性、导热性、耐热性、透气性等。吸湿性是指商品吸收和放出水分的特性，很多商品质量变化都与其含水的多少以及吸水性的大小有直接关系；导热性是指商品耐温度变化而不致被破坏或显著降低强度的性质；透气性是指商品能被水蒸气透过的性质；透水性是指商品能被水透过的性质。

②商品的机械性质。商品的机械性质是指商品的形态、结构在外力作用下的反应。商品的这种性质与其质量关系极为密切，是体现适用性、坚固耐久性和外观的重要内容，它包括商品的弹性、可塑性、强度等，这些商品的机械性质对商品的外形及结构变化有很大的影响。

③商品的化学性质。商品的化学性质是指商品的形态、结构以及商品在光、热、氧、酸、碱、温度、湿度等作用下，发生改变商品本质的性质。与商品储存密切相关的化学性

质包括：商品的化学稳定性、商品的毒性、腐蚀性、燃烧性、爆炸性等。

(2)商品质量变化的外因

外因主要包括以下几方面：

①空气中的氧。空气中含有21%左右的氧气。氧是非常活跃的，能和许多商品发生作用，对商品质量变化影响很大。因此，在商品养护中，对受氧气影响比较大的商品，要采取各种方法隔绝氧气对商品的影响。

②日光。日光中含有热量、紫外线、红外线等，它对商品起着正反两方面的作用：一方面，日光能够加速受潮商品的水分蒸发，杀死杀伤微生物和商品害虫，在一定条件下，有利于商品的养护；另一方面，某些商品在光的直射下，又发生破坏作用，如挥发、退色、老化等。因此，要根据各种不同商品的特性，注意避免或减少日光的照射。

③微生物和仓库害虫。微生物和害虫的存在是商品霉腐、虫蛀的前提条件。微生物可使商品产生腐臭味和色斑霉点，影响商品的外观，同时使商品受到破坏、变质、丧失其使用或食用价值；害虫在仓库里，不仅蛀食动植物性商品和包装，有些仓虫还能危害塑料、化纤等化工合成商品。此外，白蚁和老鼠还会蛀蚀仓库建筑物和纤维质商品。

④温度。温度是影响商品质量变化的重要因素，温度能直接影响物质微粒的运动速度，一般商品在常温或常温以下，都比较稳定。高温能够促进商品的挥发、渗漏、熔化等物理变化及各种化学变化；而低温又容易引起某些商品的冻结、沉淀等变化；温度忽高忽低，会影响到商品质量的稳定性；此外，温度适宜时会给微生物和仓库害虫的生长繁殖创造有利条件，加速商品腐败变质和虫蛀。因此，控制和调节仓储的温度是商品养护的重要工作之一。

⑤空气的湿度。空气湿度的改变，能引起商品的含水量、化学成分、外形或体态结构发生变化。湿度降低，将使商品因放出水分而降低含水量，减轻重量。所以，在商品养护中，必须掌握各种商品适宜的湿度要求，尽量创造商品适宜的空气湿度。

⑥卫生条件及有害气体。卫生条件不良，不仅使灰尘、油垢、垃圾等污染商品，造成某些外观疵点和感染异味，而且还为微生物、仓库害虫创造了活动场所。因此在储存过程中，一定要搞好储存环境的卫生，保持商品本身的卫生，防止商品之间的感染。大气中的有害气体，主要来自燃料燃烧时放出的烟尘以及工业生产过程中的粉尘、废气。商品储存在有害气体浓度大的空气中，其质量变化明显，特别是金属商品，必须远离二氧化硫发源地。

3. 库存商品保管措施

商品保管不仅是技术问题也是管理问题，它是一门综合性应用科学，对于普通商品的养护工作而言要维持它们质量、数量、包装的完好，重要的不是技术措施的保证而是管理水平的高低。制定必要的管理制度和操作规程，并严格执行是各项管理工作的基础。"以防为主，以治为辅，防治结合"是商品保管工作的方针。具体应做好以下几方面的工作：

(1)坚持在库检查

商品在储存期间会受到各种因素的影响，而它的变化往往会经历一个从量变到质变的过程。有些商品在进入仓库前未发现异状，可是经过一段时间会发生变质。如果仓库的管理人员能够及时地发现并采取相应的措施和手段，有效地控制外界因素的影响，就可以避免商品受到损失。这就要求仓库的管理人员根据储存商品的性质、保管条件、气候变化，确定检查对象、检查周期，经常对商品进行检查测试。

商品在库检查时不可能每批每件都查，可以排出重点，有计划、有步骤地进行定期检查。一般可将下列商品作为重点排查对象：

①入库时发现已有问题的商品。

②性能不稳定或不够熟悉的商品。

③堆放场所不适宜的商品。

④已有轻微异状但尚未处理的商品。

⑤储存时间较长的商品（即久储商品）。

⑥储存在最易发生问题的部位的商品，如近窗、沿墙、垛底、垛心等处的商品。

必要时可进行翻堆倒垛、抽芯挖底检查，以便深入发掘问题。总之，对库存商品的质量情况，应进行定期或不定期的检查，及时发现在库商品存在的异常情况。同时，要检查库场的虫害、鼠害等方面的情况。

(2)确保仓库清洁卫生

垃圾、尘土、杂草为霉菌、害虫提供了生存空间，而霉菌、害虫的繁殖直接导致了仓储商品霉变、虫蛀、变质等。因此，要保管好商品，必须经常清除这些杂物，保持库房环境的整洁。

库房内要做到墙壁、窗台、墙沟、垛底无垃圾、污土；垛顶无积尘，走道、支道要每天打扫，货垛出清后要清扫货位，尾角、垛顶要清除蛛网、积尘。为了防止尘土飞扬，在水泥地坪上可用湿木屑洒地。露天场地要做到货位四周无积水、无垃圾、无杂草，保持环境整洁。

(3)加强仓库的温、湿度管理

存储商品质量的变化及变化的快慢，取决于其自身的某些特性和保管环境两方面的因素。商品自身的特性仓库无法控制，但保管环境对仓库来说是可控因素，也就是说，仓库无法阻止商品质量发生变化，但可以通过改善保管条件来延缓变化的速度，在合理的时间范围内维持合乎要求的商品质量。

保管环境中的温度和湿度是保证商品质量的决定性因素。各种商品按其内在特性，有不同的温、湿度要求，如果仓库内的温、湿度长期超过适度范围，就会加速商品质量变化。例如，沥青制品受热后会软化、水泥受潮之后会结块，降低使用性能。所以，仓库必须根据气候条件，采取各种措施，使库房内的温度、湿度得到控制与调节，创造适宜商品储存的温、湿度条件。

仓库平时要做好温、湿度监测工作，并填写好仓库温、湿度记录表，早晚各监测一次。仓库温、湿度记录表所提供的资料即为采取相关措施的主要依据。常见的温、湿度控制措施有：

1)密封

密封即采用一定方法把整厅、整垛或整件商品尽可能严密地封闭起来，减弱外界不良气候条件的影响，切断外界虫、霉菌感染和空气氧化途径，以达到商品安全储存的目的。密封是温、湿度调节的基础。没有良好的密封，通风、吸湿等措施形同虚设。

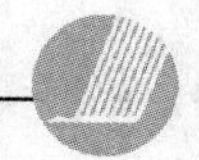

商品在密封前应对其进行检查，如发现有锈蚀、发黏、变质等现象，必须立即处理，待商品处于良好状态后方可进行密封。密封时要选择适当的气候条件，一般选择在空气湿度较低的情况下进行。密封之后要定期检查，及时发现和纠正不良状况。

2)通风

通风即根据空气流动的规律，科学地利用库内外的空气交换，调节库内的温、湿度。通风是利用自然条件的好办法，费用低廉，一般仓库均可运用，常用的有自然通风和机械通风两种方法。例如，利用库外干燥空气的大量流通，能降低库内商品的含水量；利用库外的低温空气，能降低库内商品的温度等。合理的通风可以保持库内适宜的温、湿度，从而保证商品质量的稳定性。

通风不是随时随地都可以进行的。仓库必须结合商品的保管需要，选择适当的通风时机，合理运用通风措施。通风与否主要是根据当时的库内外温、湿度的比较来判定。一般来讲，通风具有季节性，秋冬季空气干燥适于通风，春季机会不多，夏季机会更少。即使在冬季也要尽可能利用好的气象条件，一般西北风较干燥，东南风较潮湿，所以，最好在刮西北风时进行通风降湿，但是风力超过五级的风沙天气以及雾天、雪天、空气含有有害气体时，尽量不要通风，否则通风效果会适得其反。

3)吸潮

梅雨季节或阴天，当库内湿度过高时对商品保管很不利，而库外湿度又过大、不宜进行通风降湿时，可以在密封库内采用吸潮的办法降低库内湿度。目前，国内常用的吸潮方法包括用去湿机吸潮和吸潮剂吸潮。

①去湿机吸潮。空气去湿机吸湿量较大，操作方便、效率较高、成本较低、无污染。目前，市场上去湿机的品牌和型号比较多，仓库可根据库场的实际情况，选择合适的品牌和型号。

②吸潮剂吸潮。吸潮剂具有较强的吸潮性，能够迅速吸收库内空气中的水分，从而降低空气中的相对湿度。吸潮剂的媒质很多，常见的仓库使用的吸潮剂有生石灰、氯化钙、硅胶。

4)降温

降温措施很多，普通商品可采用苫盖遮阳，避免放在阳光直射的地方；对温度敏感的商品，气温高时可采用直接或间接洒水降温；对于容易自燃的商品，必要时可以采取在库内存放冰块、释放干冰的方法降温，以保证库内温度的适宜。

以上各种温、湿度控制措施应根据当时情况择优选用或者与其他方法结合使用，以达到综合治理的效果。

(4)专项养护

①金属制品锈蚀的防治。金属表面受到周围各种介质的化学及电化学作用后会引起锈蚀。仓库中商品的腐蚀绝大部分是由于空气引起的，属于大气腐蚀。

金属制品一旦出现了锈蚀，就应该及时除锈，否则会造成设备维修、零部件更换、停工减产的损失，金属构件因腐蚀后安全系数降低而引发的损失更是难以估量。根据金属表面锈蚀的程度以及不同种类的金属制品，可分别采用手工除锈、机械除锈、化学药剂除锈等方法；除锈之后需要及时进行防锈处理，以巩固除锈工作的成果。

对于金属制品的防锈，仓库除了提供不易产生锈蚀的储存条件外，如清洁场地、疏通排水、通风、干燥，还应该保护金属制品的防护层或包装不受破坏。防护层是在金属材料表面上涂抹防锈材料而形成的，使金属与环境中的特定介质隔离，以起到一定时期内的防锈效果。针对不同的金属制品，可分别采用涂油防锈、涂漆防锈、造膜防锈、气相防锈等方法。

②仓库虫鼠害的防治。据统计资料表明，常见的仓库害虫已多达60多种，它们对粮食、油料、饲料等动植物产品造成严重的和大范围的危害。仓库害虫的生存能力强，耐热、耐冻、耐干、耐饥，有的具有抗药性，有的繁殖能力很强。对此，仓库一方面要做好库内外的环境卫生，特别是害虫藏匿和过冬之处，杜绝虫源，彻底清除害虫生长繁殖的环境；另一方面，要根据各仓库的具体情况及储存商品的性质，采用化学药剂防治虫害。常用的化学药剂有萘、樟脑等除虫剂。对于已经生虫的商品，可采用熏蒸剂杀虫。有条件的仓库还可使用紫外线、微波、辐射等杀虫法。

防鼠方法最重要的是断绝食物来源，拆除或封堵鼠类栖身之所。对于易受鼠害的商品采取密闭、安装防护网和档鼠板等防范措施，仓库要经常检查鼠害情况，一日发现鼠害，要及时采取器械捕鼠、毒饵诱杀等方法灭鼠，以保证库存商品的安全。

③仓储商品霉变的防治。商品发生霉变的原因，一方面是商品本身含易腐霉物质；另一方面，是出于存在适宜微生物繁殖的因素，如温度、湿度、氧气、酸碱度等。

对于易发生霉变的商品，在保管时，要注意破坏利于微生物生长的环境。例如，利用日光曝晒，对商品采用密封、除氧等方法，都可以预防商品霉尘。另外，还可以采用多菌灵、水杨酰苯胺、百甫清等化学药剂防止霉变。有条件的仓库也可采用紫外线、微波、辐射等物理方法防霉。

4.2.2 堆存与苫垫

1.堆存的概念与形式

堆码是指将物品整齐、规则地摆放成货垛的作业。它根据物品的性质、形状、重量等因素，结合仓库储存条件，将物品堆码成一定的货垛。常见的堆码方式有以下几种：

(1)散堆存放

适用于露天存放的、没有或不需要包装的各种大宗商品，如煤炭、矿石、黄沙等散装货物。由于散货具有较强的流动性和散落性，且多在露天存放。所以，堆码的货垛要注意保持规定的温度、湿度，做到热天不自燃，雨天不流失，刮风不飞扬，损耗不超过国家标准。

(2)集装箱存放

集装箱存放法是指在仓储过程中，以集装箱按一定大小和重量的单元组合货载存放于集装箱堆场。这种方法可以直接以集装箱作为媒介，使用机械装卸搬运，装卸效率高，能大大降低商品在装卸和仓储过程中的货损、货差，是一种理想的存储方式。

(3)货架存放

货架存放可充分利用仓库空间，扩大仓库储存能力。并且采用货架存放商品互不挤压，便于对商品的维护保养，提高存储商品的质量。这种方法一般适用于小件、品种规格繁多、包装简易、不便堆垛的商品。

(4)托盘存放

利用托盘为媒介对商品进行储运。它的特点是单元组合商品从装卸、搬运入库，直

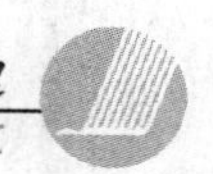

到出库运输，始终不离开托盘，非常适用于带包装商品的存放。托盘上堆放商品的方法有重叠式、压缝式、通风式等。托盘堆垛时必须限制商品伸出托盘边缘，否则有可能导致商品包装的损坏，并使货垛缺乏稳定性。

(5)堆垛存放

堆垛存放主要针对有包装的商品和裸装的计件商品。该方法能够提高仓容利用率。根据商品的基本性能、外形等不同条件，主要有以下几种堆垛方法：

①重叠式堆垛。逐件逐层向上重叠堆码而成的货垛，垛顶成平面，垛形成长方体，这种方法比较方便作业和计数，占地面积小、操作方便，但稳定性较差。露天场合下，垛顶表面不利于雨水排泄。适用于整齐、规则，能够垂直叠放的板材、箱装商品、袋装商品等。为了便于板材的计数，往往根据单层厚薄采取逢五或逢十交错向上码高。

②纵横交错式堆垛。以一个方向铺放一层商品后，再以垂直方向铺放第二层商品，这样逐层交错堆放，垛顶成平面。此方法货垛较为稳定，但操作比较复杂，而且层边商品容易滑落，需要捆绑或收进，适用于长短一致的锭材、管材、捆装商品、狭长的箱装材料等。值得注意的是一头大、一头小的特点，堆垛时必须大、小头错开。

③仰伏相间式堆垛。对于上下两面有大小差别或凹凸的商品，如钢轨、槽钢、角钢等，一般将商品一层仰放，再一层伏放，仰伏相间相扣。若在露天存放，两端需有高低倾斜以便于排水。该垛极为稳固，但不利于机械化作业，将逐渐被淘汰。

④压缝式堆垛。对于箱装商品、袋装商品或托盘化商品的堆叠，考虑到垛体的稳定性，将底层商品并排摆放，排列成正方形、长方形或者环形，往往以压缝的方式往上堆码并逐层收小，形成稳定性较好的尾脊形或立体梯形货垛，也可以下层直立堆垛到一定高度后再压缝堆垛。这种方法可以提高仓库利用率，同时，由于垛形便于雨水排泄，适用于露天场合的货垛。只是货垛商品的计数稍显复杂，适用于建筑、卫生陶瓷、阀门等用品。

⑤载柱式堆垛。码放商品前，在货垛两旁分别载上两至三根木柱或者钢棒，然后将商品平铺在柱中，每隔几层便在两侧对应的柱子上用铁丝拉紧，以防倒塌。该方法多用于棒材、中空钢管、圆钢等长条状商品的存放，也适合机械化作业。

⑥衬垫式堆垛。衬垫式堆垛也称牵制法堆垛，即码垛时每层或者每隔几层铺放衬垫，衬垫物平整牢靠后，再往上码垛的方法。这种方法主要是利用衬垫物使货垛的横断面平整，商品互相牵制，以加强货垛的稳固性。该法适用于不规则的商品，如无包装的电动机、水泵等。

⑦通风式堆垛。通风式堆垛也称间距式堆垛，即商品在堆码时，每两件相邻的商品之间都留有空隙，以便通风，通常有示字形、非字形、旋涡形、井字形四种形式。适用于需要通风防潮湿的商品。

⑧直立式堆垛。根据商品的属性，将其保持垂直方向码放的方法，一般是将每批商品按件排成行列的形式，每行或列堆放一层或数层，垛形成长条形。适用于不能侧压的商品，如玻璃、片状砂轮易碎品，桶装、罐装、坛装商品，橡胶、塑料、沥青等侧压易黏制品。

2.垫垛

(1)垫垛的目的

垫垛是指在商品堆垛前，在预定的货位地面位置上，使用各种衬垫材料进行铺垫。

其主要目的是为了隔离地面的潮气和积水的侵蚀，并便于通风透气，防止商品受潮、霉变、残损，避免重物损坏地坪。常见的衬垫材料有废钢轨、钢板、枕木、木板、水泥墩、垫石、货板架、油毡、帆布、芦席、塑料薄膜等。

(2)垫垛的基本要求

商品如何垫底，取决于所存商品的性能和库场的现实情况。具体要求如下：

①所选衬垫物不会影响待存商品的品质。堆存商品时，要选择坚固耐压的衬垫物。

②堆场在使用前，必须平整夯实，衬垫物要铺平放正，保持同一方向，露天堆场要布置畅通的排水系统。

③衬垫物不能露在货垛外面，以防遇水顺着衬垫物内流浸湿商品。

④垫底高度应视商品特性、气候条件、库场地理位置等具体情况而定，如无通风要求的商品存放在地面干燥的库房内，在垛底铺层油毡成帆布、芦席即可。

一般情况下，露天货场垫高不低于30厘米，库房内垫高不低于20厘米。

3.苫盖

苫盖是指为了减少日晒雨淋、扬尘湿气、风雪冰冻等自然环境对商品的直接侵蚀，利用专门的遮盖材料对货垛采取的保护性措施。常用的苫盖材料有苫布(包括各种篷布、塑料布、帆布等)、塑料薄膜、油毡纸、芦席、竹席、玻璃钢瓦、铁皮等。

(1)苫盖的方法

①就垛苫盖法。即直接使用苫盖物覆盖在货垛上。该方法操作方便，但不具备通风条件，适用于大件商品的苫盖。可用帆布、油布或塑料布作为苫盖物。

②鱼鳞式苫盖法。将苫盖材料从货垛底部开始，自下而上成鱼鳞式逐层交叠围盖，每件苫盖材料都需要固定，可于苫盖材料下端处加隔离板或向内反卷以达到通风透气的效果。该方法通风条件较好，但操作比较繁琐。

③隔离苫盖法。苫盖材料与商品货垛不直接接触，用竹竿、木条、隔离板等架空苫盖物，使之与货垛间留有一定空隙。有利于隔热，又便于排水通风。

④活动棚苫盖法。将苫盖物制成一定形状的棚架，棚架支脚装有滑轮，可整体推动到达或退出货位。该方法操作方便，具有良好的通风条件，但购买成本较高而且伞身还占用一定的仓库面积。

(2)苫盖的要求

苫盖的目的是为了防晒、防雨、防风、防尘。为了实现这个目的，苫盖必须具备下列基本要求：

①选料合理。苫盖材料的选用应符合“防火、安全、经济、耐用”的要求。还要结合商品对苫盖物的要求，如在易燃易爆品仓库，不得使用芦席、油毡纸等易燃苫盖物。

②符合苫盖的技术规范。无论采用何种苫盖方法，苫盖材料都应该加以固定，确保风刮不开。苫盖的接口要有一定程度的叠盖，不能留有空隙。苫盖材料表面要平整没有凹陷，避免雨雪后积水渗入货垛。苫盖的底部与垫垛平齐，不腾空或拖地，一般离开地面10厘米以上，既防雨水渗入，又利于垛底通风。

4.2.3 盘点作业

商品在储存过程中，因其本身性质、自然条件的影响、计量器具的合理误差或人为的因素，易造成商品数量和质量的变化。为及时了解和掌握商品在储存过程中的变化，就需要经常地进行盘点和检查。

1.商品盘点的目的

商品盘点的目的包括：

(1)确定现存量

由于多记、误记和漏记，使库存资料记录不实；由于商品损坏、丢失、验收和发货清点有误，造成库存量不实；由于盘点方法不当，产生误盘、重盘和漏盘时，造成库存不实，为此，必须确认现存数量。

(2)确认企业损益

企业的损益与总库存金额有着极其密切的关系，而库存金额与商品库存及单价成正比，为准确计算出企业实际损益，必须进行商品的盘点。

(3)核实商品管理成效

通过盘点，可以发现呆滞品和废品及其呆废品处理情况、存货周转率以及商品保管、保养、维修情况，从而采取相应的改善措施。

2.商品盘点的种类与方法

商品盘点的种类与方法包括以下几种：

(1)商品盘点的种类

盘点分为账面盘点及现货盘点。

账面盘点又称为永续盘点，就是将每天入库及出库商品的数量及单价，记录在电脑或账簿上，而后不断地累计加总，算出账面上的库存量及库存金额。

现货盘点亦称为实地盘点或实盘，也就是实地去点数、调查仓库内商品的库存数，再依商品单价计算出库存金额的方法。

在实际工作中将账面盘点与现货盘点的结果进行对比，如存在差异，即产生账货不符的现象，就应分析寻找错误原因，弄清究竟是账面盘点记错还是现货盘点点错，从而划清责任。

(2)商品盘点的方法

商品盘点的方法包括以下几种：

①动态盘点法(又叫永续盘点)，是指对有动态的商品，即发生过收、发业务的商品，及时核对该批商品余额是否与账、卡相符的一种盘点方法。动态盘点法有利于及时发现差错和问题处理。

②循环盘点法，是在每天、每周按顺序一部分一部分地进行盘点，到了月末或期末则每项商品至少完成一次盘点的方法。这种方法是按照商品入库的前后顺序，不论是否发生过进出业务，有计划地循环进行盘点的方法。

③重点盘点法，是指对商品进出动态频率高的，或者是易损耗的，或者是昂贵商品的一种盘点方法。

④定期全面盘点法，是指利用半年或年终财务结算前，在一定时间内对在库商品进

行全面的盘点清查的一种方法。这种方法盘点的工作量大，检查的内容多，是把数量盘点、质量检查、安全检查结合在一起进行的方法。

3. 定期全面盘点的步骤

(1)做好盘点准备

盘点是一项费时、费力、工作量相当大的工作，没有充分的准备、严密的操作流程以及员工高度的责任心是无法顺利完成的。

①成立盘点组织。定期盘点需要建立临时性的，具有一定形式的联合组织。盘点组织由保管机构主管、技术管理机构、财务管理机构派人参加。

②人员的集训。盘点前必须对盘点人员进行必要的指导和培训，特别是新进入公司的员工，应讲清盘点要求、盘点常犯错误及异常情况的处理方法等。

③准备好盘点工具。需准备盘点表及红、蓝色圆珠笔，复写纸，计算器，大头针等。

④告知顾客。最好在三天前以各种方式通知顾客、供应商在盘点期间不收货、不退货、不发货。

⑤盘点工作分派。由于品项繁多，差异性大，不熟悉商品的人员进行盘点难免会出现差错，所以在初盘时，最好还是由管理该类商品的理货员来实施盘点，然后再让后勤人员及部门主管来进行交叉的复盘及抽盘工作。

⑥整理储存场所。一般应在盘点前一日做好环境整理工作，包括：检查各个区位的商品陈列情况及仓库存货的位量和编号是否与盘点布置图一致；对尚未办理入库手续或出库手续的商品，应予以标明，不在盘点之列；整理货垛、货架，使其整齐有序，以便点算。

(2)盘点时间确定

一般来说，为保证账物相符，货物盘点次数愈多愈好，但盘点需投入人力、物力、财力，有时大型全面盘点还可能引起生产的暂时停顿，所以，合理确定盘点时间非常必要。

一般性货品就货账相符的目标而言，导致盘点误差的关键原因主要在于出入库的过程。出入库越频繁，引起的误差也会随之增加，可能是因出入库作业单据的输入、检查点数的错误，或是出入库搬运造成的损失，因此一旦出入库作业次数多时，误差也随之增加。

仓库物品的流动速度较快，在尽可能投入较少资源的同时，要加强库存控制，可以根据物品的不同特性、价值大小、流动速度、重要程度来分别确定不同的盘点时间，盘点时间间隔可以从每天、每周、每月、每年盘点一次不等。另外必须注意的问题是，每次盘点持续的时间尽可能短，全面盘点以2～6天内完成为佳，盘点的日期一般会选择在财务结算前夕，这样通过盘点决算损益，以查清财务状况。也可以在淡季进行，因淡季储货较少，业务不太频繁，盘点较为容易、投入资源较少，且人力调动也较为方便。对仓库来说，通常盘点时间的确定可参考表4-3。

表4-3　盘点时间确定

盘点的对象	盘点的时间
主要物品(A类物品)	每天或每周盘点一次
一般物品(B类物品)	每两、三周盘点一次
次要物品(C类物品)	每月盘点一次

(3)盘点具体作业

盘点时,因工作单调琐碎,人员较难持之以恒。为了确保盘点质量,除人员组织培训时加强宣传教育外,工作进行期间应加以领导和督促。

在计算机信息管理系统里,通常是按仓卡编号和仓位编号进行盘点,打印出盘点清单供盘点人员使用;保管员将盘点结果输入计算机,并对盘点中产生差异的物品进行复核,对所报的物品损益进行复核,打印出盘点损益单;最后生成损益结算的财务凭证。

盘点作业的关键是点数,其工作强度极大,且手工点数差错率较高。通常可使用手掌机进行盘点,以提高盘点的速度和精确性。

(4)查找盘点差异的原因

当盘点结束后,会将一段时间以来积累的作业误差及其他原因引起的账物不符暴露出来。发现账物不符且差异超过容许误差时,应立即追查产生差异的主要原因。

盘点差异的原因通常可能来自以下一些方面:

①记账员素质不高。登录数据时发生错登、漏登等情况。

②账务处理系统管理制度和流程不完善,导致数据出错。

③盘点时发生漏盘、重盘、错盘现象,盘点结果出现错误。

④盘点前数据资料未结清,使账面数据不准确。

⑤出入库作业时产生误差。

⑥货物损坏、丢失等原因。

(5)盘点盘盈、盘亏的处理

差异原因查明后,应针对主要原因进行适当的调整与处理,至于呆滞品、废品、不良品减价的部分需与盘亏一并处理。货品除了盘点时产生的盈亏外,有些货品价格上会产生增减,这些变更经主管审核后必须利用货品盘点盈亏及价目增减更正修改表。

(6)盘点结果的评估检查

进行盘点的目的主要是希望能借助盘点来检查货品出入库及保管状况,从而借助盘点了解问题所在。例如:在这次盘点中,实际存量与账面存量的差异是多少;这些差异是发生在哪些品项上;平均每一差异量对公司损益造成多大的影响;每次循环盘点中,有几次确实存在误差;平均每项货品发生误差的次数又是多少。

盘点的结果经常会出现较大的盈亏,因此,通过盘点可以查出作业和管理中存在的问题,并通过解决问题提高管理水平,减少损失。

盘点结果的评价主要指标是:盘点数量差错、盘点数量差错率、盘点品项误差率、平均每件盘差品金额、盘差次数比率、平均每品项盘差次数率。

4.2.4 订单处理作业

仓库与其他经济实体一样,具有明确的经营目标和服务对象。因此,在仓库规划建设、开展配送活动之前,必须根据订单信息,对顾客分布、物品特性及品种数量、送货频率等资料进行分析,以此确定未来所要配送的货物种类、规格、数量和配送时间等。订单处理是仓库组织、调度的前提和依据,是其他各项作业的基础。

由于物流配送的业务活动是以客户订单发出的订货信息作为其驱动源，在配送活动开始前应根据订单信息，对客户的分布、所订物品的品名、物品特性和订货数量、送货频率和要求等资料进行汇总和分析，以此确定所要配送的货物种类、规格、数量和配送时间，最后由调度部门发出配送信息（如拣货单、出货单等）。订单处理是调度、组织配送活动的前提和依据，是其他各项作业的基础。

订单处理是配送服务的第一个环节，也是配送服务质量得以保证的根本。其中，订单的分拣和集合是订单处理过程中的重要环节。

订单处理是实现企业顾客服务目标最重要的影响因素。改善订单处理过程，缩短订单处理周期，提高订单满足率和供货的准确率，提高订单处理全程跟踪信息，可以大大提高顾客服务水平与顾客满意度，同时也能够降低库存水平，降低物流成本，使企业获得竞争优势。

一般的订单处理过程主要包括五个部分，即订单准备、订单传递、订单登录、按订单供货、订单处理状态跟踪，如图 4-1 所示。

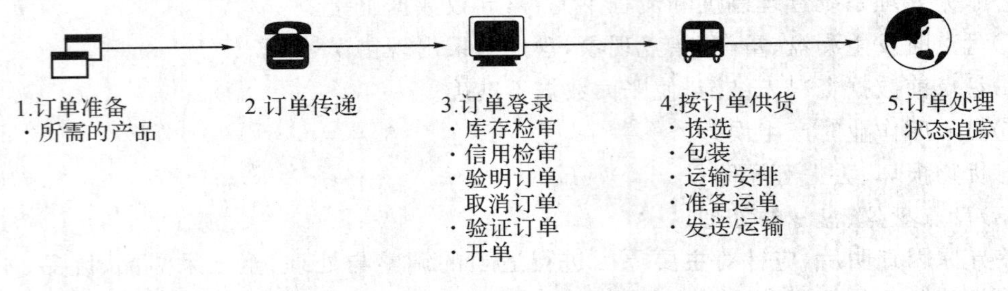

图 4-1　订单处理过程

1. 订单准备并汇总订单

订单准备是指顾客寻找所需产品或服务的相关信息并做出具体的订货决定。具体内容包括选择合适的厂商和品牌，了解产品的价格、功能、售后服务以及厂商的库存可供水平等信息。减少顾客订单准备的时间，降低顾客的搜寻成本，能够显著地增加企业产品的市场份额。

仓库在接收到订货通知后，要在规定的送货截止时间之前将各个用户的订货单进行汇总，以此来确定所要配送的货物的种类、规格、数量和配送时间等。

2. 订货方式与订单传递

接受客户订单的方式分为传统订货方式和电子订货方式。

(1)传统订货方式

传统订货方式包括以下几种：

①厂商铺货。供应商直接将物品放在货车上，一家家去送货，缺多少补多少，适用于周转率快的物品或新上市的物品。

②厂商巡货、隔天送货。供应商派巡货人员前一天先到各客户处查需补充的物品，隔天再予以补货。可利用巡货人员为商店整理货架、贴标签或提供经营管理意见、市场信息等，也可促销新品。传统的供应商采用这种方式，但成本较高，可能造成零售业者难以管理。

③电话口头订货。订货人员将物品名称及数量以电话口述的方式向厂商订货。由

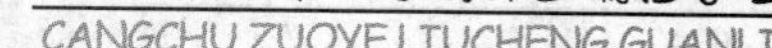
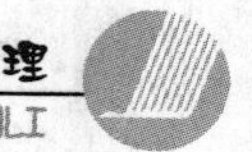

于每天需向许多供应商要货，且需订货的品项可能达数十种，故花费时间长，错误率高。

④传真订货。客户将缺货信息整理成文，利用传真机传给供应商。利用传真机虽然可以快速地传递订货信息，但传送资料的品质不良难以确认。

⑤客户自行取货。客户自行到供应商处看货、补货，此种方式多为传统杂货店因地缘较近而采用。客户自行取货可省却物流中心的配送作业，但个别取货可能影响物流作业的连贯性。

⑥业务员跑单接单。业务员到各客户处去推销产品，而后将订单带回或紧急时用电话先与公司联系、通知客户订单。

上述几种订货方式都需人工输入资料而且经常重复输入、传票重复填写，并且在输入输出间常造成时间耽误及产生错误。

随着市场竞争的日趋加剧，传统的订货方式已无法应付订货的高频率和快速响应需求。于是，新的订货方式便应运而生，这就是电子订货方式。

(2)电子订货方式

这是一种借助计算机信息处理，以取代传统人工书写、输入、传送的订货方式，将订货信息转为电子信息由通讯网络传送，故称电子订货系统(EOS)。

电子订货系统具体做法有以下三种：

1)订货簿或货架标签配合手持终端机及扫描器

订货人员携带订货簿及手持终端机巡视货架，若发现物品缺货就用扫描器扫描订货簿或货架上的物品条形码标签，再输入订货数量，当所有订货资料皆输入完毕后，利用数据机将订货信息传给供应商或总公司。

2)POS系统

客户若有POS收银机，则可在物品库存档内设定安全存量。每当销售一笔物品时，电脑自动扣除该物品库存。当库存低于安全存量时，便自动生成订单，经确认后便通过通讯网络传给总公司或供应商。

3)订货应用系统

客户的计算机信息系统里有订单处理系统，可将订货信息通过与供应商约定的共同格式和约定的时间里将订货信息传送出去。

订单传递就是把订货信息从顾客传递到产品的供应商处。包括三种：手工传输、电话或传真传输、网络传输。一般而言，通过电脑直接连线的方式最快也最准确，而手工传输、电话或传真传输的方式较慢。由于订单传递时间是订货前置时间内的一个因素，其可经由存货水准的调整来影响客户服务及存货成本，因而传递速度快、可靠性及正确性高的订单处理方式，不仅可大幅提升客户服务水准，对存货相关的成本费用也能有效地缩减。由于网络传输方式速度快，运行成本低，可靠性好，准确性高，逐渐成为最重要的订货信息传输方式。

3.订单内容的确认

接受订单后应对订单的内容进行确认，主要内容包括以下几个方面：

(1)需求品项数量及日期的确认

此项为对订货资料项目的基本检查，即检查品名、数量、送货日期等是否有遗漏、笔误或不符合公司要求的情形。尤其当要求送货时间有问题或出货时间延迟的时候，更需要再与客户确认一遍订单内容或更正期望运送时间。若采用电子订货方式接单，也需要对订货资料加以检查确认。

(2)客户信用的确认

不论订单以何种方式传至公司，配销系统的第一步骤就是查核客户的财务状况，以确定其是否有能力支付该批订单的账款，多检查客户的应收账款是否已超过其信用额度。一般可以通过两个途径来核查客户的信用状况。

①客户代号或客户名称输入时：当输入客户代号、名称等资料后，系统即加以审核客户的信用状况，当客户应收账款已超过其信用额度时，系统就加以警示，以便输入人员决定是否继续输入其订货资料或拒绝其订货。

②订购品项资料输入时：若客户此次的订购金额加上以前累计的应收账款，超过信用额度，系统将锁定此笔订单资料，以便主管来审核。

原则上顾客的信用调查由销售部门来负责，但有时销售部门往往为了争取订单并不太重视这种核查工作，因而有些公司会授权运销部门来负责客户的信用核查，一旦发现有问题，将订单送回销售部门来处理。

(3)订单形态确认

物流中心虽有整合传统批发商的功能以及有效率的物流、信息处理功能，但在面对众多的交易对象时，似乎仍需针对不同的客户需求而又有不同的做法。反映到接受订单业务上，可看出其具有多种订单交易形态。常见的订单形态有一般交易订单、现销式交易订单、间接交易订单、合约式交易订单、寄库式交易、兑换券交易。不同的订单交易形态有不同的订货处理方式，因而接单后必须再对客户订单或订单上的订货品项加以确认其交易形态，以便让系统针对不同形态的订单提供不同的处理功能。

(4)订单价格确认

不同的客户(大盘、中盘、零售)、不同的订购量，可能有不同的售价，输入价格时系统应加以检查。若输入的价格不符(输入错误或因业务员降价强接单等)，系统应加以锁定，以便主管审核。

(5)加工包装确认

客户对于订购的商品，是否有特殊的包装、分装或贴标等要求，或是有关赠品的包装等资料需要详加确认后记录。

(6)设定订单号码

每一订单都要有其单独的订单号码，此号码由控制单位或成本单位来指定，除了便于计算成本外，可用于制造、配送等一切有关工作，且所有工作说明及进度报告均应附此号码。

(7)建立客户档案

即将客户状况详细登录，以利于日后合作。客户档案的内容应包括客户名称、客户代号、客户等级、客户信用额度、客户销售付款及折扣率的条件、开发或负责此客户的业务员资料、客户配送区域、客户收账地址、客户点配送路径顺序、客户点适合的送货车辆形态、客户点卸货特性、客户配送要求、延迟订单(过了订货时间的订单)的处理方式等。

(8)存货查询及按订单分配存货的方式

如确认库存能否满足客户需求，订单分配存货方式，以及优先分配权问题等。

优先分配通常掌握以下原则：

①具有优先权者优先分配；

②依客户等级来取舍，将客户重要性程度高的做优先分配；

③依订单交易量或交易金额来取舍，将对公司贡献度大的订单优先处理；

④依客户信用状况，将信用较好的客户订单优先处理。

(9)计算拣取的标准时间

由于要有计划地安排出货时程，因而对于每一订单或每批订单可能花费的拣取时间应要事先掌握，因此要计算订单拣取的标准时间：

①首先计算每一单元(一栈板、一纸箱、一件)的拣取标准时间，且将之设定于电脑记录标准时间档，并将单元拣取时间记录下来，则不论数量多少，都很容易推导出整个标准时间。

②有了单元的拣取标准时间后，即可依每品项订购数量(多少单元)再配合每品项的寻找时间，来计算出每品项拣取的标准时间。

③最后，根据每一订单或每批订单之订货品项及考虑一些纸上作业的时间，计算出整张或整批订单的拣取标准时间。

(10)依订单排定出货时间及拣货顺序

前面根据存货状况进行了存货的分配，但对于这些已分配存货的订单，应如何安排其出货时间及拣货先后顺序，通常会再依客户需求、拣取标准时间及内部工作负荷来拟定。

(11)分配后存货不足的处理

若现有存货数量无法满足客户需求，且客户又不愿以替代品替代时，则应依客户意愿与公司政策来决定应对方式，可采取重新调拨、补送、延迟交货、取消订单等方式。

(12)订单资料处理输出

订单资料经由上述的处理后，即可开始打印一些出货单据，以展开后续的物流作业。

①拣货单(出库单)。拣货单据的产生，在于提供商品出库指示资料，作为拣货的依据。拣货资料的形式需配合物流中心的拣货策略及拣货作业方式来加以设计，以提供详细且有效率的拣货信息，便于拣货的进行，比如可以考虑打印商品储位、拣货数量等。

②送货单。物品交货配送时，通常附上送货单据给客户清点签收。因为送货单主要是给客户签收、确认出货资料，其正确性及明确性很重要。要确保送货单上的资料与实际送货资料相符，除了出货前的清点外，出货单据的打印时间及修改也须注意。

③缺货信息。待配货完毕后，对于缺货的物品或缺货的订单资料，系统应提供查询或报表，以便采购人员紧急采购。

4.2.5 拣选作业

每张客户的订单中都至少包含一项以上的商品，如何将这些不同种类数量的商品由仓储中心中取出集中在一起，这就是拣货作业。

1.拣货作业的目的及功能

在仓储中心内部所涵盖的作业范围里，拣货作业是其中十分重要的一环，拣货作业的目的是正确而且迅速地集合顾客所订购的商品。从成本分析的角度来看，物流成本约占商品最终销售价格30%，一般而言，拣货成本占物流搬运成本的绝大部分。因此，若要降低物流搬运成本，由拣货作业上着手改进，可达事半功倍的效果。

从人力需求的角度来看，目前大多数的仓储中心仍属劳动力密集的产业，其中拣货作业直接相关的人力成本更占50%以上，且拣货作业的时间投入占整个物流中心的30%～40%。由此可见，规划合理的拣货作业方法，对于日后物流中心的运作效率具有决定性的影响。

2.拣货单位

基本上，拣货单位可分成栈板、箱及单品三种。一般而言，以栈板为拣货单位的体积及重量最大，其次为箱，最小单位为单品，为了能够作出明确的判别，进一步作以下划分：

①单品：拣货的最小单位，单品可由箱中取出，可以用人手单手拣取。

②箱：由单品所组成，可由栈板上取出，必须用双手拣取。

③栈板：由箱叠栈而成，无法用人手直接搬运，必须利用堆高机或拖板车等机械设备。

④特殊品：体积大形状特殊，无法按栈板、箱归类，或必须在特殊条件下作业的，如大型家具、桶装油料、长杆形货物、冷冻货品等等，都属于具有特殊的商品特性，拣货系统的设计将严格受限。

拣货单位是根据订单分析出来的结果而作决定的，如果订货的最小单位是箱，则不要以单品为拣货单位。库存的每一品项都需要作以上分析，判断出拣货的单位，但一些品项可能有两种以上的拣货单位，则在设计上要针对每一种情况区分考虑。

3.拣货策略

拣货策略的决定是影响日后拣货效率的重要因素，因而在决定拣货作业方式前，必须先对常见的拣货基本策略有所了解，一般可作如下划分：

(1)按订单拣取(single-order-pick)

这种作业方式是针对每一张订单，作业员巡回在仓库内，将客户所订购的商品逐一从仓储中挑出集中的方式，是较传统的拣货方式。

这种作业方式之优点包括：作业方法单纯；前置时间短；导入容易且弹性大；作业员责任明确，派工容易、公平；拣货后不用再进行分类作业，适用于大量订单的处理。

缺点包括：商品品项多时，拣货行走路径加长，拣取效率降低；拣货区域大时，搬运系统设计困难。

(2)批量拣取(batch pick)

把多张订单集合成一批，依商品类别将数量加总后再进行拣取，之后依客户订单作分类处理。

此种作业方式之优点包括：适合订单数量庞大的系统；可以缩短拣取时行走搬运的距离，增加单位时间的拣货量。

缺点包括：对订单的到来无法做即时的反应，必须等订单累积到一定数量时才做处

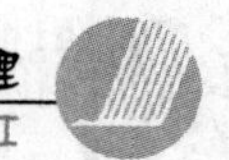

理，因此会有停滞的时间产生。只有根据订单到达的状况做等候分析，决定批量大小，才能将停滞时间减到最低。

按订单拣取和批量拣取是两种最基本的拣货策略，比较而言，订单拣取弹性较大，临时性的产能调整较为容易，适合客户少样多量订货，订货大小差异较大，订单数量变化频繁，有季节性趋势，且货品外形体积变化较大，货品特性差异较大，分类作业较难进行的物流中心。批量拣取的作业方式通常在系统化、自动化后产能调整能力较小，适用于订单大小变化小，订单数量稳定，且货品外形体积较规则固定的物流中心。

(3)引申的拣货策略

除上述两项基本的拣货策略外，由此两策略引申出的拣货策略还包括下述五项。

①复合拣取(composite pick)。复合拣取为订单拣取及批量拣取的组合；可依订单品项、数量决定哪些订单适于订单拣取，哪些适合批量拣取。

②分类式拣取(sort-while-pick)。一次处理多张订单，且在拣取各种商品的同时，把商品按照客户订单分类放置的方式。举例来说，一次拣取五张订单时，每次拣取用台车或笼车带上五家客户的篮子，边拣取边按客户放置在相应的篮子中。如此可减轻事后分类的麻烦，有利于提升拣货效率，较适合每张订单量不大的情况。

③分区、不分区拣取(zoning or no zoning pick)。不论是采用订单或批量拣取，在效率上考虑皆可配合采用分区或不分区的作业策略。所谓分区作业，就是将拣取作业场地作区域划分，每一个作业员负责拣取固定区域内的商品。而其分区方式又可分为拣货单位分区、拣货方式分区及工作分区。事实上在作拣货分区时亦要考虑到储存分区的部分，必须先针对储存分区进行了解、规划，才能使得系统整体的配合趋于完善。

④接力拣取(relay pick)。此种方法与分区拣取类似，先决定拣货员各自分担的产品项目或料架的责任范围后，各个拣货员只拣取拣货单中自己所负责的部分，然后以接力的方式交给下一位拣货员。

⑤订单分割拣取。当一张订单所订购的商品项目较多，或欲设计一个要求及时快速处理的拣货系统时，为了使其能在短时间内完成拣货处理，故利用此策略将订单切分成若干子订单，交给不同的拣货人员同时进行拣货作业，以提高拣货的效率。订单分割策略必须与分区策略联合运用才能有效发挥长处。

4.2.6 仓储加工和包装作业

1. 仓储加工作业

(1)仓储加工的概念

仓储加工是流通加工的一种，通过加工，可以大大提高客户的满意程度，提高配送质量，增加配送效益，减轻生产企业的负担，提高配送的总体经济效益。

仓储加工是仓储企业在进行配送作业时，按用户要求，改变或部分改变商品的形态和包装形式的一种生产性辅助加工活动。如根据用户的需求对物品进行套裁、简单组装、分装、贴标、包装等加工活动，以及卷板展平、开片、下料，原木锯材，型煤加工，玻璃集中套裁等。

仓储企业必须按照所配送物品的特点和用户的基本要求来确定其加工内容，并设置加工设备，配备一定加工及其技术管理人才，按生产加工程序组织生产，努力提高劳动生产率和加工质量，降低劳动消耗，提高配送加工的经济效益。

仓库所进行的加工作业在整个物流配送作业系统中处于可选择性的附带货物作业，它是一项可提高服务水平、增加附加价值的作业。

(2)仓储加工的方式

一般较常见的仓储加工主要有初级加工活动，如按照用户的要求下料、套裁、改制等；辅助性加工活动，如给物品加贴条码、贴标签、简单包装等；深加工活动，如把蔬菜、水果等食品进行冲洗、切割、过秤、分级和装袋，把不同品种的煤炭混合在一起，加工成“配煤”等。加工作业不仅是一种增值性经济活动，而且完善了仓库的服务功能。具体的仓储加工的方式包括：

①贴标签作业。贴标签作业大致可分为贴中文说明标签和贴价格标签。贴中文说明标签大部分是以进口物品为主。当物品入库前就开始进行作业，标签贴完后再入库。这主要是针对贸易进口商的一种物流服务项目。另外一种是贴价格标签，这是针对零售店的要求所进行的流通加工，其作业大部分是在拣货完成后进行的。

②热缩包装。在流通加工作业中，热缩包装作业也是一种比较常见的加工方式，主要是针对超市或大卖场的需求，把某些物品按促销要求组合用热收缩塑料包装材料固定在一起。常用的薄膜收缩温度范围为88℃～149℃，受热时变软，冷却后收缩，收缩强度相当大，可承受较大、较重的物品。

③礼品包装。主要是针对逢年过节时，有部分物品必须组合成礼品销售盒，如礼酒礼盒、南北货礼盒、食品礼盒等。

④小包装分装。主要是针对国内外厂商的大包装物品或散装物品，以计量(或计重)包装方式改为物品的销售包装。

⑤钢板剪切。汽车、冰箱、冰柜、洗衣机等生产制造企业，每天需要大量的钢板，除了大型汽车制造企业外，一般规模的生产企业如若自己单独剪切，难以解决因用料高峰和低谷的差异引起的设备忙闲不均和人员浪费问题，如果委托专业钢板剪切加工企业，可以解决这个矛盾。这类专业加工企业不仅提供剪切加工服务和配送服务，还出售加工原材料和加工后的成品。

⑥水泥加工。在水泥流通服务中心，将水泥、砂石、水以及添加剂按比例进行初步搅拌，然后装进水泥搅拌车，事先计算好时间，水泥搅拌车一边行走，一边搅拌，到达工地后，搅拌均匀的混凝土可直接进行浇注。

⑦玻璃加工。平板玻璃的运输货损率较高，玻璃运输的难度比较大。在消费比较集中的地区，建立玻璃流通加工中心，按照用户的需要对平板玻璃进行套裁和开片，可使玻璃的利用率从62%～65%，提高到90%，大大降低了玻璃破损率，增加了玻璃的附加价值。

⑧自行车、助力车加工。自行车和助力车整车运输、保管和包装费用多、难度大、装载率低，但这类产品装配简单，不必进行精密调试和检测，所以，可以将同类部件装箱，批量运输和存放，在商店出售前现场组装。这样做可以大大提高运载率，有效地衔接批量生产和分散消费。这是一种只改变物品状态、不改变物品功能和性质的流通加工形式。

⑨水产品、肉类、蔬菜、水果等食品加工。鱼等水产品的开膛、去鳞，猪肉、鸡肉等肉类食品的分割、去骨，常常在运到商店后进行并分类出售。超市货架上摆放的各类洗净的蔬菜、水果、肉末等无一不是配送加工的产物。

2.包装作业

在国家标准《包装流通术语》(CB/T18354－2001)中对包装所下的定义是："所谓包装是指为在流通过程中保护商品、方便运输、促进销售，按照一定技术方法而采用的容器、材料及辅助物等的总体名称，也指为了达到上述目的而采用容器、材料和辅助物的过程中施加一定技术方法等的操作活动。"现代物流观认为，包装是生产的终点、物流的始点，包装贯穿于整个物流活动的始终，可以说，没有完善的包装，就没有现代化的物流。

(1)包装的作用

包装的基本作用有保护功能、便利功能和促销功能。

1)保护功能

包装的第一项功能，便是对于物品的保护作用。如避免搬运过程中的脱落，运输过程中的振动或冲击，保管过程中由于承受重物压力所造成的破损，避免异物的混入和污染，防湿、防水、防锈、防光，防止因为化学或细菌的污染而出现的腐烂变质，防霉变、防虫害等。

2)便利功能

恰当的包装能有利于运输和使用(消费)，有利于物流各个环节衔接作业。如对运输环节来说，包装尺寸、重量和形状最好能配合运输、搬运设备的尺寸、重量，以便于搬运和保管；对仓储环节来说，包装则应方便保管、移动简单、标志鲜明、容易识别、具有充分的强度。

3)促销功能

包装的商品功能是因为包装能够创造商品形象、促进商品销售。对于以大量销售方式为特征的商品，如超市、便利店销售的由顾客在购物架上自由选择的商品，大都采用预先包装(Pre-packaging)的方式，使顾客由包装就能选购自己所需的商品，因此，包装具有连接商品与消费者的作用。商品包装外部的文字图画有利于对商品的介绍，美观的商品包装可以通过文字、图案和色彩效果引起顾客的购买欲，起到商品促销的作用。

4)其他功能

包装在物流中比较重要的其他功能主要有：

①成组化功能。为了材料搬运或运输的需要而将物品整理成适合搬动、运输的单元，如使用托盘包装，将托盘上的货物与托盘一起构成一个物流运作的单元。

②效率功能。恰当的包装设计充分考虑到物流系统各环节处理的需要，对提高物流系统各环节的作业效率都有重要的影响。例如，多数货物经过成组包装后进行运输，以便于运输过程中的搬运和装卸，缩短作业时间，减轻劳动强度，提高机械化作业的效率。另一方面，一类货物的统一包装能使货物堆放、清点变得更加容易，从而提高了仓储工作的效率。

③跟踪功能。良好的货物包装能使物流系统在收货、储存、取货、出运的各个过程中跟踪商品，如将印有时间、品种、货号、编组号等信息的条形码标签贴在物品上供电子仪器识别，能使生产厂家、批发商和仓储企业迅速准确地采集、处理和交换有关信息，加强

了对货物的控制，减少了物品在流通过程中的货损货差，提高了跟踪管理的能力和效率。

(2)包装容器技术

1)包装袋

包装袋是柔性包装中的重要技术，包装袋材料是柔性材料，有较高的韧性、抗拉强度和耐磨性。一般包装袋结构是筒管状结构，一端预先封死，在包装结束后再封装另一端，包装操作一般采用充填操作。包装袋广泛适用于运输包装、商业包装、内装、外装，因而使用较为广泛。包装袋一般分成下述三种类型：集装袋、一般运输包装袋、小型包装袋(普通包装袋)。集装袋适于运输包装，一般运输包装袋适于外包装及运输包装，小型包装袋适于内装、个装及商业包装。

2)包装盒

包装盒是介于刚性和柔性包装两者之间的包装技术。包装材料有一定柔性，不易变形，有较高的抗压强度，刚性高于袋装材料。包装结构是规则几何形状的立方体，也可裁制成其他形状，如圆盒状、尖角状，一般容量较小，有开闭装置。包装操作一般采用码入或装填，然后将开闭装置闭合。包装盒整体强度不大，包装量也不大，不适合做运输包装，适合做商业包装、内包装，适合包装块状及各种异形物品。

3)包装箱

包装箱是刚性包装技术中的重要一类。包装材料为刚性或半刚性材料，有较高强度且不易变形。包装结构和包装盒相同，只是容积、外形都大于包装盒，两者通常以10升为分界。包装操作主要为码放，然后将开闭装置闭合或将一端固定封死。包装箱整体强度较高，抗变形能力强，包装量也较大，适合做运输包装、外包装，包装范围较广，主要用于固体杂货包装。主要包装箱有瓦楞纸箱、木箱、塑料箱、集装箱。

4)包装瓶

包装瓶是瓶颈尺寸有较大差别的小型容器，是刚性包装中的一种，包装材料有较高的抗变形能力，刚性、韧性要求一般也较高，个别包装瓶介于刚性与柔性材料之间，瓶的形状在受外力时虽可发生一定程度变形，外力一旦撤除，仍可恢复原来瓶形。包装瓶结构是瓶颈口径远小于瓶身，且在瓶颈顶部开口；包装操作是填灌操作，然后将瓶口用瓶盖封闭。包装瓶包装量一般不大，适合美化装潢，主要做商业包装、内包装使用。主要包装液体、粉状货。包装瓶按外形可分为圆瓶、方瓶、高瓶、矮瓶、异形瓶等若干种。瓶口与瓶盖的封盖方式有螺纹式、凸耳式、齿冠式、包封式等。

5)包装罐(筒)

包装罐是罐身各处横截面形状大致相同，罐颈短，罐颈内径比罐身内颈稍小或无罐颈的一种包装容器，是刚性包装的一种。包装材料强度较高，罐体抗变形能力强。包装操作是装填操作，然后将罐口封闭，可做运输包装、外包装，也可做商业包装、内包装用。包装罐(筒)主要有小型包装罐、中型包装罐、集装罐等。

(3)包装的保护技术

①防震保护技术。防震包装又称缓冲包装，在各种包装方法中占有重要的地位。产品从生产出来到开始使用要经过一系列的运输、保管、堆码和装卸过程，置于一定的环境之中。在任何环境中都会有力作用在产品之上，并使产品发生机械性损坏。为了防止产

品遭受损坏，就要设法减小外力的影响，所谓防震包装就是指为减缓内装物受到冲击和振动，保护其免受损坏所采取的一定防护措施的包装。防震包装主要有以下三种方法：全面防震包装方法、部分防震包装方法、悬浮式防震包装方法。

②防破损保护技术。缓冲包装有较强的防破损能力，因而是防破损包装技术中有效的一类。此外还可以采取以下几种防破损保护技术：捆扎及裹紧技术、集装技术、选择高强保护材料。

③防锈包装技术。主要包括防锈油防锈蚀包装技术和气相防锈包装技术。防锈油包装技术就是将金属涂封防止锈蚀，使金属表面与引起大气锈蚀的各种因素隔绝，将金属表面保护起来，就可以达到防止金属大气锈蚀的目的。气相防锈包装技术就是用气相缓蚀剂(挥发性缓蚀剂)，在密封包装容器中对金属制品进行防锈处理的技术。

④防霉腐包装技术。在运输包装内装运食品和其他有机碳水化合物货物时，货物表面可能生长霉菌，在流通过程中如遇潮湿，霉菌生长繁殖极快，甚至伸延至货物内部，使其腐烂、发霉、变质，因此要采取特别防护措施。包装防霉烂变质的措施，通常是采用冷冻包装、真空包装或高温灭菌方法。

⑤防虫包装技术。防虫包装技术，常用的是驱虫剂，即在包装中放入有一定毒性和嗅味的药物，利用药物在包装中挥发气体杀灭和驱除各种害虫。常用驱虫剂有萘、对位二氯化苯、樟脑精等。也可采用真空包装、充气包装、脱氧包装等技术，使害虫无生存环境，从而防止虫害。

⑥危险品包装技术。危险品有上千种，按其危险性质，交通运输及公安消防部门规定分为十大类，即爆炸性物品、氧化剂、压缩气体和液化气体、自燃物品、遇水燃烧物品、易燃液体、易燃固体、毒害品、腐蚀性物品、放射性物品等，有些物品同时具有两种以上危险性能。对这些物品可以采用相应的物理和化学方法来处理。

⑦特种包装技术。包括充气包装、真空包装、收缩包装、拉伸包装、脱氧包装等。

4.3 出货作业管理

4.3.1 商品出库的依据

商品出库必须依据货主开的“商品调拨通知单”，才能出库。不论任何情况下，仓库都不得擅自动用、变相动用或者外借货主的库存商品。

“商品调拨通知单”的格式不尽相同，不论采用何种形式，都必须是符合财务制度要求的、有法律效力的凭证。要坚决杜绝凭信誉或无正式手续的发货。

4.3.2　商品出库的要求、形式和作业程序

1. 商品出库要求

商品出库要求，应做到“三不”、“三核”、“五检查”。

“三不”，即未接单据不登账，未经审单不备货，未经复核不出库；“三核”，即在发货时，要核实凭证、核对账卡、核对实物；“五检查”，即对单据和实物要进行品名检查、规格检查、包装检查、件数检查、重量检查。具体地说，商品出库要求严格执行各项规章制度，提高服务质量，使用户满意，包括对品种规格要求，积极与货主联系业务，为用户提货创造各种方便条件，杜绝差错事故的发生。

2. 商品出库的形式

(1)送货

仓库根据货主单位预先送来的或电脑传递的“商品调拨通知单”，通过发货作业，把应发商品交由运输部门送达收货单位，这种发货形式就是通常所称的送货制。仓库实行送货，要划清交接责任。仓储部门与运输部门的交接手续，是在仓库现场办理完毕的。运输部门与收货单位的交接手续，是根据货主单位与收货单位签订的协议，一般在收货单位指定的到货目的地办理。

送货具有“预先付货、按车排货、发货等车”的特点。仓库实行送货具有多方面的好处：仓库可预先安排作业，缩短发货时间；收货单位可避免因人力、车辆等不便而发生的取货困难；在运输上，可合理使用运输工具，减少运费。仓储部门实行送货业务，应考虑到货主单位不同的经营方式和供应地区的远近，既可向外地送货，也可向本地送货。

(2)自提

由收货人或其代理持“商品调拨通知单”直接到库提取，仓库凭单发货，这种发货形式就是仓库通常所称的提货制。它具有“提单到库，随到随发，自提自运”的特点。为划清交接责任，仓库发货人与提货人在仓库现场，对出库商品当面交接清楚并办理签收手续。

(3)代办托运

代办托运是由仓库将货物通过运输单位托运，发到货物需用单位的一种出库方式。它是在仓库备完货后，到承运单位办理货运手续，通过铁路、水路、公路、航空、邮局等将货物运到购货单位指定的地点，然后由用户自行提取。在办理托运前，仓库应按需求单位的要求备好货. 并做好发运记录，适用于异地、同地业务单位之间购货。仓库按照规定程序办理完托运手续并取得运输部门的承运凭证，将应发货物全部点交承运部门后，责任才开始转移。

3. 商品出库的作业程序

出库作业程序是保证出库工作顺利进行的基本保证，为防止仓库工作失误，在进行出库作业时必须严格履行规定的出库业务工作程序，使出库有序进行。商品出库的程序主要包括商品出库前的准备—审核出库凭证—出库信息处理—拣货—分货—出货检查—包装—刷唛—点交—装车发运—发货后的清理等。

(1)出库前的准备

通常情况下,仓库在接到客户通过网络传来或送来的提货单后,为了能准确、及时、安全、节约地搞好商品出库,提高工作效率,仓库应根据出库凭证的要求做好如下准备工作:

①选择发货的货区、货位;

②检查出库商品,拆除货垛苫盖物;

③安排好出库商品的堆放场地;

④安排好人力和机械设备;

⑤准备好包装材料等;

⑥送货上门的商品要备好运输车辆,代办托运的要与铁路、公路、水路等承运部门联系。

(2)审核出库凭证

仓库部门接到出库凭证(提货单、领料单)后,必须对出库凭证进行审核:

①审核出库凭证的合法性、真实性;

②审核出库凭证手续是否齐全,内容是否完整;

③核对出库商品的品名、型号、规格、单价、数量;

④核对收货单位、到站、开户行和账号是否齐全和准确。

凡在证件审核中,发现有物品名称、规格、型号不对,印鉴不齐全,数量有涂改,手续不符合要求的均不能发料出库。但在特殊情况(如救灾、抢险等)下,可经领导批准先发货,事后及时补办手续。

(3)出库信息的处理

出库凭证经审核确实无误后,将出库凭证信息进行处理。

当采用人工处理方式时,记账员将出库凭证上的信息,按照规定的手续登记入账时在出库凭证上批注出库商品的货位编号,并及时核对发货后的结存数量。

当采用计算机进行库存管理时,出库凭证的信息录入微机后,由出库业务系统进行信息处理,并打印生成相应的拣货信息,即拣货单、规格、数量。

(4)拣货与分货

拣货作业就是依据客户出库单或仓储部门的拣货单,将货物从指定位置或其他区域拣取出来的作业过程。分货作业又称配货作业。在拣货作业完成后,根据客户订单进行货物分类工作,即分货。详细见 4.2.5 拣选作业。

(5)出货检查

出货检查即复核,为了保证出库商品不出差错,配好货后企业应立即进行出货检查。出货检查拣货就是将货品一个个点数并逐一核对出货单,进而查验出货物的数量、品质及状态情况。

出货检查由复核员按出库凭证对出库商品的品名、规格、单位、数量等进行复核。既要复核单货是否相符,又要复核货位结存量来验证出库量是否正确。检查无误后,复核人在出库凭证上签字,方可包装或交付装运。在包装装运过程中要再次进行复核。

(6)包装

出库商品有的不需要包装,直接装运出库,如钢管、螺纹钢等。有的则需要经过包装才可装运出库。特别是发往外地的商品,为了适应安全的要求往往需要进行重新组装或加固原包装。详细见4.2.6包装作业。

(7)刷唛

包装完毕后,要在外包装上写清收货单位、收货人、到站、本批商品的总包装件数、发货单位等。字迹要清晰,书写要准确。并在相应位置上印刷或粘贴条码标签,回复利用的包装,应彻底清除原有标识,以免造成标识混乱,导致差错。

(8)点交

出库商品无论是要货单位自提,还是交付运输部门发送,发货人员必须向收货人或运输人员按车逐件交代清楚,划清责任。如果本单位内部领料,则将商品和单据当面点交给提货人,办清交接手续。若是送料或将商品调出本单位办理托送的,则与送货人或运输部门办理交接手续,当面将商品交点清楚,交清后,提货人员应在出库凭证上签字盖章。发货人员在经过接货人员认可后,在出库凭证上加盖商品付讫印戳,同时给接货人员签发出门证,门卫按出门证核检无误后方可放行。

(9)装车发运

点交手续办完后,应装车发运,装车应遵循以下原则:

①为了减少或避免差错,尽量把外观相近、容易混淆的货物分开装载;

②重不压轻,大不压小,轻货应放在重货上面,包装强度差的应放在包装强度好的上面;

③尽量做到"后送先装"。由于配送车辆大多是后开门的箱式货车,先卸车货物应装载车厢的后部,靠近车厢门,后卸车的货物装在前部;

④货与货之间,货与车辆之间应留有空隙并适当衬垫,防止货损;

⑤不将散发臭味的货物与具有吸臭性的货物混装;

⑥尽量不将散发粉尘的货物与清洁的货物混装;

⑦切勿将渗水货物与易受潮货物一同存放;

⑧包装不同的货物应分开装载,如板条箱货物不要与纸箱、袋装货物堆放在一起;

⑨具有尖角或其他突出物的货物应和其他货物分开装载,或用木板隔开,以免损伤其他货物;

⑩装货完毕,应在门端处采取适当的稳固措施,防止开门卸货时,货物倾倒造成货损或人身伤亡事故。

4.3.3 商品出库出现问题时的处理

由于仓库储存商品的种类较多,在商品出库过程中出现问题也是多方面的,若发现有问题应及时进行处理。

1.出库凭证上的问题

①发货前验单时,凡发现提货凭证有问题,如抬头、印鉴不符,或者情况不清楚,应及时与出具出库单的单位或有关部门联系,妥善处理。

②出库凭证有假冒、复制、涂改等情况时应及时与仓库保卫部门联系,妥善处理。

③凡用户自提出库,出库凭证超过提货期限,用户前来提货,必须先办理相关手续,

按规定缴足逾期仓储保管费，然后方可发货。

④任何白条都不能作为发货凭证，特殊情况(如救灾等)发货必须符合仓库有关规定。

⑤提货时，用户发现规格开错，保管员不得自行调换规格发货，必须通过制票员重新开票方可发货。

⑥商品进库未验收，或者期货未进库的出库凭证，一般暂缓发货，并通知供应商，待货到并验收后再发货。提货期顺延，保管员不得以发代验。

⑦如客户因各种原因将出库凭证丢失，客户应凭本单位出具的证明及时与仓库发货员和财务人员联系挂失，原制票员签字作为旁证。如果挂失时货已被提走，仓储部门不负责任，但有义务协助客户找回商品。如果货品还未被提走，经保管员与财务人员查实后，做好挂失登记，将原凭证作废，缓期发货。之后，发货员应时刻警惕，防止有人持作废凭证前来提货，一旦发现应及时与保卫部门联系处理。

2. 漏记账和记错账

漏记账是指在商品出库作业中，由于未及时核销商品明细账，而造成账面数大于实存数的现象。错记账是指在商品出库后核销明细账时，没有按实际发货的商品名称、数量等登记，从而造成账实不符的情况。若出现出库计划数与商品实存数不符的情况，通常是实存数小于提货数。造成这种问题的原因主要有：

①商品入库时，由于验收问题，增大了实收商品的签收数量，从而造成账面数大于实存数；

②仓库保管人员和发货人员在以前的发货过程中，因错发、串发等差错而形成实际商品库存量小于账面数；

③用户单位没有及时核减开出的提货数，造成库存账面数大于实际存储数，从而开出的提货单提货数量过大；

④配送中心仓储过程中所造成的货物减损，也会造成实际商品库存量小于账面数。

当遇到提货数量大于实际商品库存数量时，要认真分析原因，根据具体情况及时进行处理；属于入库时错账，可以用报出报入方法来进行调整，即先按库存账面数开具商品出库单销账，然后再核实际库存数量重新入库登账，并在入库单上签明情况；属于用户单位漏记账而多开出库数，应由用户单位出具新的提货单，重新组织提货和发货；属于仓储过程中的损耗，需要考虑损耗数量是否在合理的范围之内，并与货主单位进行协商，合理范围之内的损耗应内货主单位承担，超过合理范围之外的损耗，则由仓库负责赔偿。

3. 串发货和错发货

所谓串发货和错发货，主要是指发货人员对商品种类规格不熟悉或者由于工作中的疏漏把错误规格、数量的商品发出库的情况。如提货单开具某种商品的甲规格出库，而在发货时将该商品的乙规格发出，造成甲规格账面数小于实存数、乙规格账面数大于实存数。在这种情况下，如果商品尚未出库，应立即组织人力重新发货，如果商品已经提出仓库，保管人员要根据实际库存情况，如实向本库主管部门和运输单位讲明串发货、错发货商品的品名、规格、数量、提货单位等情况，会同货主单位和运输单位共同协商解决。一般在无直接经济损失的情况下，由货主单位重新按实际发货数冲票解决。如果形成直接经济损失,应按赔偿损失单据冲转调整保管账。

4. 包装破漏

包装破漏是指在发货过程中因商品外包装破散、孔洞等现象引起的商品渗漏、裸露等问题。包装损坏主要是由于存储过程中的堆垛挤压,发货时装卸操作不慎等引起的,发货时对商品外包装有破损、脱钉、松绳的,应整修加固,以保证运输途中的商品安全。若发现包装内的商品有破损、变质等质量问题或数量短缺,不得以次充好。应以溢余补短缺,这样方可出库,否则造成的损失由仓储部门承担。

4.4 储位管理

4.4.1 储位管理概述

仓储储位存在的意义是保证管理者可以随时控制货物的"状态",即通过对储位的管理实现对物品的跟踪、控制,以达到在高效率高质量地保管货品的基础上有效掌握货品的去向及数量。

储位管理的重点已经从静态存储作业的"保管"向配送作业的"动管"转移。储位管理的目的就是辅助其他作业顺利进行,方便存取作业并掌握货品库存,提供其他作业进行的判断依据,而其最主要的辅助作业对象就是拣货作业。

一般而言,储位管理必须达到以下目标:

①空间的最大化使用。

②劳力及设备的有效使用。

③储存货品特性的全盘考虑。

④做到所有品项皆能随时准备存取。

⑤货品的有效移动。这一点尤其要注意,有效移动不光要有工作效率和经济效益,还在于对于货品物理位置和时间位置的有效把握。

⑥货品品质的确保。

4.4.2 储存要素分析

储位管理的基本考虑要素有储位空间、物品、人员及储放与搬运设备、作业目标、资金等关联要素。

1. 储位空间

不同形态的仓储中心,其所重视的功能也不同,有的重视保管机能,有的重视分类配送功能。故在储位空间的考虑上,重视保管功能的主要是仓库保管空间的储位分配,重视分类配送的则为拣货动管及补货的储位配置。而在储位配置规划时,先把储位空间确定。那就必须考虑到空间大小、柱子排列、梁下高度、走道、机器回旋半径等基本因素,再配合到其他外在因素，方可做出完善的配置。

2.物品

如何管理放置在储位空间中的物品？

第一，必须考虑的是物品的影响因素。常见的物品影响因素包括如下几个方面：

①供应商：即商品是别处供应而来，还是自己生产而来，有无自身的行业特性。

②商品特性：即商品的体积大小、重量、单位、包装、周转率快慢、季节性的分布，物理化学性质(腐蚀或溶化等)，温湿度的要求，气味的影响等。

③量的影响：如生产量、进货量、库存决策、安全库存量等。

④进货时效：采购前置时间，采购作业特殊要求。

⑤品项：种类类别、规格大小等。

第二，考虑的是如何摆放商品，摆放时要考虑的因素主要有：

①储位单位：储位的单位是单品、是箱，还是栈板，且其有什么商品特性。

②储位策略的决定：是定位储放、随机储放、分类储放，还是分类随机储放。或其他的分级、分区储放。

③储位指派原则的运用：靠近出口，以周转率为基础。

④商品相依需求性。

⑤商品特性。

⑥补货的方便性。

⑦单位在库时间。

⑧以订购几率为基础。

第三，商品摆放好后，就要做好有效地在库管理，随时掌握库存状况，了解其品项、数量、位置、入出库状况等所有资料。

3.人员

人员包括仓管人员、搬运人员、拣货和补货人员等。仓管人员负责管理及盘点作业，拣货人员负责拣货作业，补货人员负责补货作业，搬运人员负责入库、出库作业、翻堆作业(为了商品先进先出、通风、气味避免混合等目的)。而人员在存取搬运商品时，讲求的是省时、有效率。而在照顾员工的条件下，讲求的是省力。因此要达成存取效率高、省时、省力，则作业流程方面要合理化，精简作业；而储位配置及标示要简单、清楚，一目了然；且要好放、好拿、好找。再者作业流程中使用的表单要简单、统一且标准化。

4.储放设备、搬运与输送设备

除了上述三项基本要素，其他主要的关键要素为储放设备、搬运与输送设备，即当物品储放不是以直接堆叠在地板上，则必须考虑相关之栈板、料架等。而人员不是以手抱、捧物品时，则必须考虑使用输送机、笼车、堆高机等输送与搬运设备。

①搬运与输送设备。在选择搬运与输送设备时，应考虑商品特性、物品的单位、容器、栈板等因素，以及人员作业时的流程与状况，再加上储位空间的配置等，选择适合的搬运与输送设备。当然还要考虑设备成本与人员使用操作的方便性。

②储放设备。储放设备也同搬运与输送设备考虑的一样，如商品特性、物品的单位、容器、栈板等商品的基本条件，再选择适当的设备配合使用。例如使用自动仓库设备，或

是固定料架、流力架等料架的选择使用。有了料架设备时，必须将其做标示、区隔，或是颜色辨识管理等。若是在拣货作业，则应考虑电子辅助标签的应用。而出货、点货时，无线电传输设备的导入等皆要纳入考虑范围。而后，将各储位及料架等做统一编码，以方便管理。而编码原则，则必须简明易懂，容易作业。

5. 作业目标

除了上述的基本要素与关联要素之外，作业目标也应考虑。作业目标是决策时的指导原则。常见的作业目标主要有：

①空间使用率要高。

②作业方便。

③进出货效率快。

④先进先出。

⑤商品好管理。

⑥盘点容易。

⑦库存掌握无浪费。

⑧配送快，无缺货。

6. 资金

所有考虑规划，最后仍需要归结到花费多少，是否超出预算能力。因此投入成本及经济效益具有决定性的影响，不可不慎。

综合以上所述，做储位管理时，要事先的面面俱到，方能做到有效的管理。从图 4-2 可以清楚看出储位管理的构成要素。

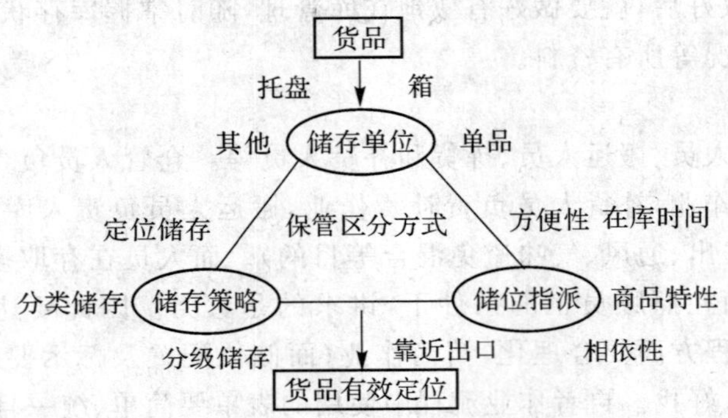

图 4-2　储位管理的构成要素

4.4.3　储区空间规划布置

1. 储位规划的必要性

物流配送中心的作业是一连串的“存”和“取”的动作组合。随着需求向着小批量、多品种和时效性方向发展，使得储存作业中货物流动频率、货物品种和数量迅速增加。据统计，仓库中的卸货、取货、分拣和装车环节的作业一般约占整个配送中心总作业时间的

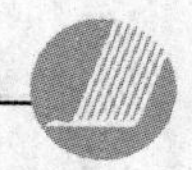

40%,而其余约60%的作业时间却是作业人员的行走耗时,考虑到劳动力成本在仓库的成本比例比较高以及许多行走耗时是因为储位规划不合理的缘故,那么如何使“存”和“取”的动作快速而有效,做到“好存好取”,对储位进行有效的管理非常必要。

储位规划管理是研究如何将仓库储位合理地安排以便最快地存放、提取货物,从而实现仓库货物搬运时间最优化和提高空间利用率的目标的操作。

从上面的定义可以看出,优化货物搬运时间包括两个部分:最小化行走距离和最小化存放、提取货物时间。前者与货物在仓库中存放的位置有关,后者与货物存放在储位上的高低位置有关。优化仓库的储位规划方案,可以同时节约入库时的搬运时间和出库时提货和运送时间。合理的储位摆放方法是一种既能节省投资,又能理想地提高仓库效率的有效手段。

不但在仓库投入使用的初期需要进行储位规划,而且日常运作中也要经常性地再规划。储位调整是一种日常性的工作,仓储中心应当在问题积累严重之前就进行储位优化调整,避免陷入仓库空间不足的窘境。

2.储位规划的基本原则

储位规划的基本原则包括:

(1)储位明确化

在仓储中心储放的每一种货物必须有明确的存放位置。因此货物储存区必须经过详细规划区分,每一个储位都要编码。

(2)货物存放有效合理

把货物有效合理地存于指定储位要经过精细的安排,储位安排常见的原则有:

①存取频率高的货物对应的存放储位与收货区、发货区或仓库出入口的距离小,即考虑横向距离。

②存取频率越低的货物存放的纵向相对位置越高;相反的,存取频率越高的货物存放的纵向相对位置越低,但最接近于最佳纵向存取位置,即不需弯腰或上架的存取高度。

③重量大的货物存放的储位纵向相对位置低;相反的,重量小而体积大的货物存放的纵向相对位置高一些。

④需要专门存储环境的货物,要放在指定的库区,冷冻品要存于冷库,易燃易爆品要存于防火防爆库。

⑤必须考虑到货物相关性,即相关性强的货物,一起出库的可能性大,最好置于相邻储位。

⑥必须考虑货物的相容性。相容性低的货物绝不能储存在一起,以免损害品质,如烟、香皂和茶叶绝对不能放在一起。

⑦对寿命周期短的产品,要遵循先入先出原则,即先入库的货物应先出库。比如,感光纸、胶卷、食品、药品等。

(3)储位上货物存放状况明了

当货物放入储位后,要对货物的数量、品种、存放位置、拣货取出、淘汰更新和损耗损伤情况进行详细的登记建账,做到货物与账务完全吻合。

3.储位布局的主要形式

储存场所布置是将各种物资合理地布置到库房、物料棚或货场的某个具体位置。储存场所的合理布置对提高物资保管质量、充分利用仓储能力、加速物资收发、降低仓储费用等具有重要意义。

储存场所布置分为平面布置和空间布置。

(1)平面布置

储存场所的平面布置是指在有效的平面上，对库房、物料棚、货场内的货垛、货架、通道、收发料区、垛间距、墙间距等进行合理的安排布置。主要要注意正确处理相互之间位置的关系。在平面布置过程中，必须考虑仓储业务的顺利进行，同时要确保最大限度地利用仓库面积。平面布置常见的形式有：

①横列式。横列式是指货位、货架或货垛与库房的宽向平行排列布置。其特点是货垛整齐美观、存取盘点方便、通风采光良好，但仓容利用率较低。

②纵列式。纵列式是指货位、货架或货垛与库房的宽向垂直排列布置。其特点是仓容利用率较高，主干道货位利于存放周转期短的物品，支干道货位存放周转期长的物品。但不利于通风采光及机械化作业。

③混合式。混合式是指横列式和纵列式在同一库房内混合布置货位或货架的一种形式。其兼有上述两种方式的特点，是最常用的一种方式。

④倾斜布置。即货垛的长度方向与运输通道成一锐角(30°、45°或 60°)，具体可分为货垛倾斜和通道倾斜两种情况。倾斜式布置有一定的优点，但有很大的局限性，仅适用于单一品种、大批量、集装单元堆垛和利用叉车作业的场合。

露天货场货位的布置形式一般采取与货场的主作业通道成垂直方向排列，以便于装卸和搬运。

(2)空间布置

从有效利用仓储空间的角度出发，必须综合考虑储存场所的平面和高度两方面的因素，才能使仓储空间得到充分利用。储存场所的空间布置，就是库存物资在库房、物料棚和货场高度方向上的布置。通常有以下几种形式：

①物资堆垛。物资堆垛是大批量物资的垂直布置形式，它是将物资的单位包装直接堆码到垛基上，层层堆码到一定高度。可利用原包装堆码或利用托盘和集装箱堆码。

②利用货架。物资进行竖向布置的主要手段是利用各种货架，货架的类型和高度决定了竖向布置的形式和高度。有的物品利用原包装直接存入货架，有的可装入货箱或码到托盘上再存入货架，这样可以充分利用仓储空间，并利于迅速发货。

③采用架上平台。在库房净空比较高、货架比较矮的情况下，可以采用架上平台的方式充分利用空间，在货架的顶部铺设一层承压板构成两层平台，这样可以在平台上直接堆放货物，也可排布货架。

4.储位存储策略

良好的储存策略，可以减少出入库移动距离，缩短作业时间，充分利用储存空间。一般常见的储存方法有以下五种：

①定位存储。即每一项货物都有固定的储位。例如：有的货物要求控制温度储存条件，易燃易爆物必须存于一定高度并满足安全标准及防火条件的储位。按照管理要求某些货物必须分开存储，一般化学原料和药品必须分开存储，重要保护物品要有专门的储

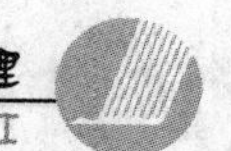

位。这种定位储位方法易于管理，搬运时间较少，但是需要较多的储存空间。

②随机储存。所谓随机储存是指每一个货物的储位不是固定的，而是随机产生的。这种方法的优点在于共同使用储位，最大限度地提高了储区空间的利用率。但是，对货物的出入库管理及盘点工作带来困难。特别是周转率高的货物可能被置于离出入口较远的储位，增加了出入库的搬运距离。

一个良好的储位系统中，采用随机储存能有效利用货架空间。通过模拟实验，随机储存比定位储存节约35%的移动储存空间及增加了30%的储存空间。这种方法适用于空间有限、货物品种少而体积小的情况。

③分类储存。所谓分类储存，通常是按照产品相关性、流动性、尺寸和重量以及产品特性来分类储存。

④分类随机储存。这种方法是每一货物有固定的存放储区，在各类储区中，每个储位的指定是随机的。其优点在于吸收分类储存的部分优点，又可节省储位数量，提高储区利用率。

⑤共同储存。这种方法是当确切知道各货物进出库的时间时，对于不同货物，只要相容，就可以共用相同的储位。这虽然在管理上会带来一定的困难，但是减少占用储位空间，缩短搬运时间，有一定的经济性。

4.4.4 储位编码与货物编号

储存定位的含义是储物位置的确定。储存定性管理的前提条件是储位编号。所谓储位编号，就是按照一定的排列规则，采用统一标记对仓库储位编上顺序号码，并作出明显标志。如果定位系统有效，能大大节约寻找、存放、取出的时间，节约不少物化劳动及活劳动，而且能防止差错。储存定位既可以采取先进的计算机管理，也可采取一般的人工管理。

1.储位编码

(1)储位编号的要求

在品种、数量很多，进出库频繁的仓库里，保管员必须正确掌握每批货物的存放位置。货位编号就好比货物在库的“住址”，做好货位编号工作，应根据不同仓库条件、货物类别和批量整零情况，搞好货位划分及编排序号，以符合“标志明显易找、编排循规有序”的要求。

①标志设置。货位编号的标志设置，要因地制定，采取适当方法，选择适当位置。例如：仓库标志，可在库门外挂牌；多层建筑库房的走道、支道、段位的标志，一般都放置在水泥或木板地坪上。但存放粉末类、软性笨重类货物的库房，其标志也有印制在天花板上的；泥土地坪的简易货棚内的货位标志，可利用柱、墙、顶、梁刷置或悬挂标牌。

②标志制作。目前，仓库货位编号的标志制作很不规范、统一，可谓五花八门。储位编号应按照统一的规则进行。储位编号所用的代号和连接符号必须一致，每种代号的先后顺序必须固定，每个代号必须代表特定的位置。根据仓库的规模和经营状况，储位编号方法可以有所不同。例如有以甲、乙、丙、丁为标志的；有以A、B、C、D为标志的；也有以东、西、南、北为标志的。这样，很容易造成单据串库、货物错收、错发事故。若统一使用阿拉伯字母制作货位编号标志，则可以避免以上弊病。

另外，制作库房、走道和支道的标志，可在阿拉伯字母外，辅以圆圈标示。可用不同直径的圆标示不同处的标志。例如，库房标志圆的直径为 24 厘米；走道、支道标志圆的直径为 6 厘米。走道、支道的标志还可以在圆圈上附加箭头指示标志。

③编号顺序。仓库范围的库房、货棚、货场以及库房内的走道、支道、段位的编号，基本上都以进门的方向左单右双或自左而右的规则进行。

④段位间隔。段位间隔的宽窄，取决于储存货物批量的大小。

(2)储位编号的方法

货位编号应按照统一的规则和方法进行，根据仓库货位的多少、储存条件等具体情况和使用上的习惯而加以区别。

①库房、货棚货位编号。对库房、货棚货位，在编号时，应有明显区别，可加注“库”、“棚”等字样，或加注“K”、“P”字样。若库房是多层，首先对多层库房进行编号，可采用三个数字号码表示，个位数表示仓间编号，十位数表示楼层编号，百位数表示仓库的编号。例如：352 号楼库，就是 3 号库、第 5 层、第 2 号仓间。库房或货棚内货位编号，一般采用“四号定位”法，就是一个货位号用 4 位表示。从左到右分别为：“库房和货棚”编号，用油漆写在库房或货棚大门口和货物入口处。“货区或货架”位置编号，顺序数码写在货位上方顶梁上或悬挂在顶梁上。“货区排次或货架层次”编号，写在货架或货垛上。“商品具体位置、顺序”编号，写在地面上或货架的货格上，或用标签插在商品的包装上。例如，有一商品存放在第 4 号库房、第 7 货区、第 5 排、第 6 货位上，它的货位缩号就可写成 4—7—5—6。

货位号要记入保管账、卡的“货位号”栏中，如果商品调整厂货位，账、卡号的货位号同时调整，这样可以做到“见账知物”和“见物知账”。

②货架货位编号。在以整件货物进出的仓库里，货架的作用主要是提高库房高度利用率。货架的货位编号一般都是从属于段位编号，只需在段位末尾加注“上”字样，即可按位找货。

2. 商品编码

(1)商品编码的概念

所谓商品编码，是指用一组有序的代表符号来表示分类体系中不同类商品的过程。在进货时，商品本身大部分已有商品代码及条码，但有时为了物流及存货管理，配合自身的物流作业资讯系统，而将商品重新编一个商品代号及物流条码，以方便储存管理系统运作，并能掌握商品的动向。

(2)商品编码的作用

其作用包括：

①增加商品资料的正确性，提高商品储存活动的工作效率；

②可以利用电脑整理分析，节省人力、减少开支、降低成本；

③记录正确可提供储存或拣取商品的核对，便于拣货及送货；

④因统一编码，可以防止重复订购相同的商品，并能够削减存货；

⑤可考虑选择作业的优先性，并达到商品先进先出的目的。

(3)商品编码的原则

其原则包括：

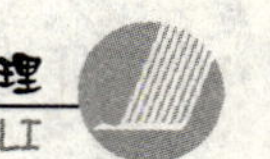

①唯一性。虽然同一个编码对象可以有很多不同的名称，也可以按不同的方式对其进行描述，但在一个分类编码标准体系中，每个编码对象有一个代码，一个代码只表示一个编码对象，即一个代码只代表一项商品。

②简易性。代码结构应尽量简单，长度尽量短，以便于记忆，也可以节省机器存储空间，减少代码处理中的差错，提高信息处理效率。

③完全性。每一种货物都有一种代码来表示，而且必须统一，有连贯性。

④可扩充性。为将来可能增加的商品留有扩充编号的余地。

⑤适应性。代码要尽可能反映商品的特点，易于记忆、暗示和联想。此外，代码还必须适应管理工作的具体需要。

(4)商品编码的方法

代码的种类很多，常见的有无含义代码和有含义代码。无含义代码通常可以采用顺序码和无序码来编排；有含义代码则通常是在对商品进行分类的基础上，采用序列顺序码、数值化字母顺序码、层次码、特征组合码及复合码等编排。不同的代码，其编码方法不完全一样，在商品编码中，常见的方法有：

①顺序码。顺序码又称流水编码法，即将阿拉伯数字或英文字母按顺序往下编码。其优点是代码简单，使用方便，易于延伸，对编码对象的顺序无任何特殊规定和要求。缺点是代码本身不会给出任何有关编码对象的其他信息。在物流管理中，顺序码常用于账号及发票编号等。在少品种多批量配送中心也可用于商品编码，但为使用的方便，必须配合编号索引。

②层次码。层次码是以编码对象的从属层次关系为排列顺序组成的代码。编码时，将代码分成若干层次，并与分类对象的分类层级相对应，代码自左至右表示的层级由高到低，代码的左端为最高位层级代码，右端为最低位层级代码，每个层级的代码可采用顺序或系列顺序码(见表4-4)。层次码的优点是能明确表明分类对象的类别，有严格的隶属关系，代码结构简单，容量大，便于计算机统计，但其层次较多，代码位数较长。

表4-4 1010050312层次码

层级	大类	小类	品名	形状	规格
编码	1	01	005	03	12
含义	烤烟型	一类烟	帝豪	铁盒	12支装

③实际意义编码。根据商品的名称、重量、尺寸以及分区、储位、保存期限或其他特性的实际情况来考虑编号。这种方法的特点在于通过编号即可很快了解商品的内容及相关信息(见表4-5)。

表4-5 YY259B01实际意义编码

编 码		意义
YY259B01	YY	云南烟
	259	表示2×5×9，尺寸大小
	B	表示B区，货物储存区号
	01	表示第一排货架

④暗示编码。用数字与文字的组合编号，编号暗示货物的内容和有关信息(见表4-6)。

表4-6 BY05WB10暗示编码

属性	货物名称	尺寸	颜色与形式	供应商
编码	BY	05	WB	10
含义	自行车	大小为5号	白色、小孩型	供应商号码

4.4.5 储位指派方式

在库管中心的保管空间、储位设备、储位编码等一切工作完成后，系统就可以实现储位的指派。储位的指派可以分成人工指派方式、计算机辅助指派方式、计算机自动指派方式三种。

1. 三种储位指派方式

(1)人工指派方式

人工指派方式是指完全由管理人员的人脑来安排储位的方式，受管理者本身对储位管理的相关经验与应用程度的影响较大。优点是电脑及相关事务机器投入少，费用不必投入太多；以人脑来调配储位，弹性大。缺点是过分依赖管理者的经验，执行效率差。在执行过程中要求做好以下要点工作：

①要求仓管人员必须熟记储位指派原则，并能灵活应用。例如，进行ABC分析来排列货架，因为从货架上存取货物以腰部的高度最容易取出货品，而在人体工程学上也认为此高度最适合存取作业，因此若将货架分成三段，把经常存取的A类商品放在中段，下段则放置出货量仅次于A类品的B类商品，而进出货频率不高的C类商品则放在上段。

②仓储人员必须按指派单证把商品放在指定储位上，并做好详细记录。

(2)计算机辅助指派储位方式

计算机辅助指派储位方式是利用图形监控系统，收集储位信息，并显示储位的使用情况，把这作为人工指派储位依据进行储位指派作业。计算机辅助指派是在做进货批次作业时，管理者由计算机查询出库存储位状况，指示进货人员摆放货品，且在货品摆放后，并由读取条形码的掌上型终端机做储位变动记录。

(3)计算机自动指派方式

计算机指派方式是通过计算机分析后直接完成储位指派工作。计算机全自动指派则是储位指派全由计算机运算后，指示进货人员，进货人员由无线电传输终端机接收储位摆放指示将货品上架，并将储位变动信息输入无线电传输终端机中传入计算机主机计算，以便进行下一次进货作业指派。

后两种方式由于其资料输入/输出均以条形码读取机扫入，故错误率低，且其一切控制均为实时控制方式。资料扫读后，透过无线电或网络即刻把回馈资料传回，而其中储位的搬移布置又用软件明确设立，决不会有人为的主观影响，其效率远胜人工指派方式。缺点是设备费用高，维护困难。

2. 储位单元与指派方式

(1)储位单元

货品指派储位单元就是每一次指派时的计算管理单位，由于其进货量的大小，或储存设备的使用种类的不同，而使得指派货品上架时会有大小数量不同的指派单元，其大致可区分为三种：

①个别储位单元表示每一个储位的储存状况均列入管理状态。

②纵深储位单元表示以每道纵深的储位为一个管理单元，每单元以放置一种货品为原则，其储存状况均列入管理状态。主要储放设备为后推式料架、驶入式料架、流动式栈板料架。

③区域储位单元表示以客户单一货品的最常进货批量、最适宜进货批量或最小进货批量为公倍数，设置一个储区作为管理单元，例如 10 个栈板所占的区域为一单元，每区域单元储位以放置一种货品为原则，其储存状况均列入管理状态。

个别储位单元作业繁杂，故在管理上必须较为严密；而区域式则作业单纯，管理上较不严密，且各区域货品存量多，因此存量掌握不易精确。

(2)储位单元与指派方式

对于不同的仓储中心的管理模式，可以采用不同的储位指派模式，并不是全由计算机来自动指派储位就是最佳的储位指派的方式，必须因地制宜，配合物料的储存单元来互相评价。具体如表 4-7 所示。

表 4-7 储位单元与指派方式

储位储存单元 / 计算机化程度	个别储位单元	纵深储位单元	区域储位单元
未应用计算机，以人工管理指派储位	×	×	○
应用计算机建立货品储位管理文件，以人工管理指派储位	×	△	○
应用计算机辅助人工管理指派储位	△	○	○
计算机全自动管理指派储位	○	○	○

×不适合 △勉强可用 ○适合

思考题

1. 货位选择要考虑哪些原则？
2. 入库前的准备工作有哪几个方面？
3. 卸车过程中应注意哪些问题？
4. 简述商品验收的基本要求。
5. 简述库存商品质量变化的形式。
6. 库存商品保管有哪些措施？
7. 论述盘点的种类和方法。

第5章

仓储安全与特殊货物管理

本章要点

仓储安全是仓储管理的重要组成部分，特别是易燃易爆易腐物质管理更为重要，学习本章要了解消防安全知识、仓储安全新技术；重点掌握粮食仓储管理、油品库管理、危险品库管理，树立安全管理的理念，建立安全管理责任制，并对安全管理进行考核，通过执行严格的安全管理措施，来保证安全工作总目标的实现。

5.1 仓储安全管理

5.1.1 概述

1. 仓储安全管理的概念

仓储安全管理是仓储管理的重要组成部分，在仓库物资管理过程中，由于仓库存储物资具有易燃、易爆以及易腐蚀、有毒等不安全因素，危险性大。一旦发生事故，将可能造成人员伤亡和物资的大量损失，因此应重视仓储安全管理。仓库安全管理的基本任务是发现、分析和消除仓库物资管理过程中的各种危险，保护仓库中的人、财、物不遭受破坏、损害和损失，并在一定条件下取得最佳的经济效益和社会效益。

从系统理论角度看，对与仓储管理有关的因素如仓储人员、仓储对象、仓储设施设备等进行科学合理的管理，从而达到仓储的目的，这就是仓储安全管理的基本含义。仓储安全管理的基本目的为保护仓储工作人员安全，对仓储设施设备进行良好管理避免发生安全事故，妥善保管货物避免货物发生变质及被盗等现象。

现代安全管理的对象是特定的系统安全，所以安全工作也是一项复杂的系统工程，其基本程序为：①总结本仓库的历史经验并吸取和借鉴其他仓库安全管理的经验，找出

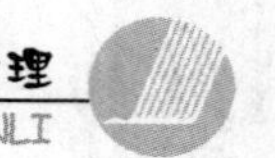

管理方面的差距及失误;②从仓库实际出发,分析现实的需要和可能,全面地研究,有选择地吸收仓库安全管理的制度和方法;③综合研究应用各种管理的基本原则、方法及其实践成果,确立必须遵循的基本原则和适用的方法;④运用现代科学技术提供的先进手段,为安全管理的决策提供科学的依据,并为安全管理组织实施提供可靠的保障。

2.现代仓储安全管理的基本特点

现代仓储安全管理就是如何应用现代科学知识和工程技术去研究、分析、评价、控制以及消除物资储存过程中的各种危险,有效地防止灾害事故,避免损失。加强仓库安全管理,重要的是找出仓库事故发生发展的规律,弄清仓库安全管理工作的特殊规律,针对性地采取相应措施,现代仓库安全管理,其基本内容和要求,主要有以下特点:

(1)以预防事故为中心,进行预先安全分析与评价

预测和预防事故是现代仓库安全管理的重要课题,对仓库作业系统中固有的及潜在的危险进行综合分析、测定和评价,并进而采取有效的方法、手段和行动,控制和消除这些危险,以防止事故,避免损失。

预防事故的根本在于认识危险,进行危险性预测,运用科学知识和手段,对工程项目、仓库作业系统中存在的危险及可能发生的事故及其严重程度,进行分析和判断,并进一步作出估计和评价,以便查明系统的薄弱环节和危险因素并加以改进,同时对各种设计方案能否满足系统安全性的要求进行科学评价,作为制定措施的依据。

危险性预测的基本内容包括系统中有哪些危险,可能会发生什么样的事故,事故是怎样发生的,发生的可能性有多大(也就是用事故发生的概率或用既定的危险性量度表示以及危害和后果是什么)。

为保障仓库安全,对于储存危险性的物资,即有足够潜在能量形成足以毁坏大量库存物资或造成人员伤亡的条件,而且有引起火灾、爆炸等灾害的实际可能性情况,必须预先建立完善的和可靠的安全防护系统。对各项安全设施与装置的选择以及设置的数量,应通过安全评价确定。其评价方法以分析和预测系统可能发生的故障、事故及潜在危险,通过有组织的评价活动,确定危险度等级,并以此为依据,制定相应的合理的安全措施。

(2)从总体出发,实行系统安全管理

仓库安全管理内容繁多:有仓库安全管理组织体制,如主要对仓库安全组织机构设置原则、形式、任务、目标等内容的优化;有仓库安全管理基础工作,如仓库安全管理法规建设、仓库安全培训教育的组织与实施、仓库安全设计及其评价、仓库安全检查方案的制订与实施等;有仓库作业生产安全管理,如仓库储存作业、收发作业的安全管理;有仓库设施、设备的安全管理,如仓库库房、装卸搬运设备、电气设备、通风设备、消防设备等的安全管理及事故预防措施;有仓库检修作业安全管理;有仓库劳动保护;有仓库人员安全管理;有仓库安全评估;有仓库事故管理等。各个仓库安全管理内容和安全管理环节之间形成相互联系、相互制约的体系。因此,仓库安全管理不能孤立地从个别环节或某一局部范围内分析和研究安全保障,必须从系统的总体出发,全面地观察、分析和解决问题,才可能实现系统安全的目标。

系统安全管理应当从仓库储存规划可行性研究中的安全论证开始,包括安全设计、

安全审核、安全评价、安全制度、安全检查、安全教育与训练以及事故管理等各项管理工作。

(3)对安全进行数量分析,为安全管理、事故预测和选择最优化方案提供科学的依据

现代安全工程把安全中的一些非定量因素采用定量的方法研究,把安全因素从抽象的概念量化为一个数量指标,从而为安全管理、事故预测和选择最优化方案提供了科学的依据。在计算机上进行数据处理,安全工程所研究的问题,说到底是一个划界的问题,也就是划定安全与危险的界限,可行与不可行的界限。现代安全工程通过定量化处理来划定系统的危险度等级及其相应的安全措施。

对安全进行数量分析,是安全科学日益发展完善的一个标志。运用数学方法和计算技术研究故障和事故同其影响因素之间的数量关系,揭示其间的数量变化及规律,就可以对危险性等级及可能导致损失的严重程度进行客观的评定,从而为选取最优的安全措施方案和决策提供依据。

安全的定量化分析包括以事故发生频率、事故严重率、安全系数、安全极限和以预选给定数值作为尺度进行分析比较的相对方法,以及用时间发生的频率值作为安全量度的概率方法。

例如,采用概率安全分析(probabilistic safety analysis,PSA)即概率危险度评价(probabilistic risk analysis,PRA),可以在仓库建设规划设计、建设以及运行的各个阶段上应用,通过分析评价查明和辨别系统中的薄弱环节,对安全有重大影响的关键部位以及对预防事故的措施作出评价,从而可以及时更新和完善设计,正确了解和把握工程的安全性能,并为编制安全规划和操作规程、加强安全管理和实行科学决策提供科学的依据。

5.1.2 消防安全基础知识

1. 燃烧的基本原理和燃烧的类型

(1)燃烧的基本原理

可燃物质与氧化剂作用发生的放热反应,通常伴有火焰发光和(或)发烟的现象,称为燃烧。人们通常所说的“起火”、“着火”,就是燃烧一语的习惯叫法。对于燃烧的认识,我们将从三个方面加以阐述:燃烧三要素、燃烧类型和火灾蔓延。

燃烧需要一定的条件才能发生,它必须具备三个条件,又称为三要素。这三个要素是指可燃物质、助燃物质和着火源。如果这三个要素不同时具备和相互作用时,燃烧就不会发生。

1)可燃物质

凡能与氧化剂反应,同时发光、发热的物质都称为可燃物质。可燃物质有固体燃料、液体燃料和气体燃料三种。

①固体燃料。最明显的固体燃料是木头、纸和布。如索具、垫舱板、家具、胶合板、抹布和床垫等。可燃固体货物如包装货、纸筒货、散装货(如粮食)以及轻金属(如镁、钠、钛)等。

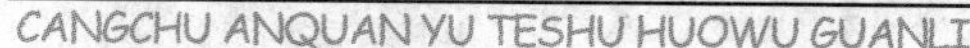

固体燃料的燃烧特性如下：

• 高温分解。固体燃料燃烧之前，它必须转化成蒸汽状态。通常一开始是由于干热，而后产生这个转化，随后便引起燃烧。这个过程即所谓高温分解，它是由于热的作用而产生的化学分解。在这种情况下分解导致了从固体状态向蒸汽转化。如果蒸汽与空气充分混合并加热到足够的温度（被火焰、火星、热的电动机加热），就会引起燃烧。

• 燃烧速率。固体燃料的燃烧速率取决于它本身的结构。粉末或碎屑状的固体燃烧比大块的物质燃烧得快，如小木头片比一根结实的木梁燃烧得快。经过粉碎的燃料与热接触的面要大得多，因而有更多的蒸汽供燃烧，所以火就燃烧得异常猛烈，而燃料也就被迅速地消耗尽了。另一方面，大块燃料要比粉碎后的燃料燃烧的时间长。

尘雾是由非常微小的粒子组成。当一种易燃粉末（如粮食粉末）的尘雾与空气充分混合并被点燃时，它的燃烧速率非常快，并具有爆炸力。船舶装卸粮食和其他微粒货物时，就容易发生这种爆炸事故。

• 燃烧温度。一种物质的燃烧温度是在没有火星和火焰的情况下，造成燃烧的最低温度，不同的物质有不同的燃烧温度。拿某一种物质来说，由于体积、表面积和其他因素的不同，燃烧温度也不同，常见的可燃材料的燃烧温度在49℃与538℃之间。

②液体燃料。船上最常见的液体燃料是燃油、润滑油、柴油、煤油、油漆及其他溶剂等。货物中也有易燃的液体。

液体燃料的燃烧特性如下：

• 挥发。易燃液体像易燃固体一样也要释放出蒸汽，然后引起燃烧，这个过程就是液体的挥发。液体挥发出气体的速率比固体要快，这是因为液体的分子排列得比较松散。此外液体能在很大的温度范围内释放出蒸汽。汽油在－43℃就开始挥发蒸汽，这就造成汽油有不断燃烧的危险。

燃油、润滑油这类较重的易燃液体必须加热到使之释放出足够的气体时，才能燃烧。如润滑油在204℃时开始燃烧。火很快就会达到这个温度，因此直接同火接触的油会很快地起火燃烧。一旦某种轻的或重的易燃液体开始燃烧，辐射回输和连锁反应就会迅速增强火焰。

易燃液体产生的蒸汽比空气重。这种蒸汽非常危险，因为它将会沉降到低处，慢慢地散发，而且还会漂到远处的火源上去。例如：从集装箱跑出来的蒸汽能够沿着甲板漂移，从甲板上的开口处，漂移到甲板下面去，直到接触火源（如电动机发出的火星）时为止。如果空气与蒸汽充分地混合，它就会燃烧并把火引入到泄漏的集装箱里去，其结果便是严重的火灾及爆炸。

• 燃烧。同样重的易燃液体与固体比较，液体产生的热量大约是固体的2.5倍。液体释放热的速度比木头释放热的速度快3～10倍。易燃液体溢出时，会扩散很大的面积，释放出大量的蒸汽。因此，当它被点燃时，会产生大量的热。这就是大开口的液体罐及溢出的液体被点燃后为什么燃烧如此猛烈的原因之一。

• 闪点。液体燃料的闪点就是指一定的温度，在这个温度上，液体燃料释放出足够的蒸汽，从而在它的表面形成一层可燃的混合气体。混合气体就是空气与蒸汽的混合气体，这种混合气体能够被点燃，但是不能够保持持续的燃烧。

较高一点的温度才能够保持持续的燃烧。这个温度被称为液体的燃烧点。

③气体燃料。常见的易燃气体包括乙炔、丙烷和丁烷。

气体燃料燃烧的特性如下：

可燃气体的燃烧往往同时伴有发光、发热的激烈反应，对周围环境的破坏很大，危险性十分明显。根据燃烧条件，燃烧必须同时具备可燃物、助燃物和点火源。而对易燃气体而言，一旦泄露，与空气接触，就已存在两个条件，如若存在点火源，则燃烧就无法避免。由此可知，要消除易燃气体的燃烧危险性，就必须严防易燃气体泄露到空气中，同时阻止点火源引入其中；或在易燃气体容易泄露的场所，严格控制点火源的出现。能导致易燃气体燃烧的点火源种类很多，主要有：撞击、摩擦、绝热压缩、冲击波、明火、加热、高温、热辐射、电火花、电弧、静电、雷击、紫外线、红外线、放射线辐射、化学反应热、催化作用等，必须处处注意、时刻防备。在国家标准《瓶装压缩气体分类》(GB16163－1996)中，列入可燃气体的工业纯气品种多达40余种，其中，以可燃性液化气体居多。液化气体的特点是沸点低，极易气化，泄压时闪蒸且扩散，与空气混合形成易燃、易爆气体，火灾危险性极大。易燃气体酿成火灾的严重后果不堪设想：人员受到直接辐射热或黏附可燃性液化气体，就会烧伤或死亡，其他可燃物会受到大量辐射热，形成大面积火灾，而且灭火以后极有可能会发生二次燃爆危险。此外，易燃气体会发生空间燃爆。

2)助燃物质

与可燃物质相互结合能导致燃烧的物质都叫做助燃物质，如氧气、氯气等。

一般来说，空气中的含氧量至少达到11%才能够维持燃烧。但是，闷火只需要3%的氧气，所以如棉花等物质的燃烧仅需要很少的氧气就可闷燃，而且一旦获得氧气的补充，容易死灰复燃。

3)着火源

在火灾发生初期提供燃烧赖以维持的热能源被称为着火源。如明火、电器火花、摩擦撞击产生的火花、静电火花、雷击、辐射热、化学反应热等。

在火灾发展过程中，可燃物质本身燃烧所释放出的热量也可以维持本身的火势，并促使继续向四周发展蔓延。

(2)燃烧类型

物质的燃烧可分为闪燃、着火、自燃和爆炸四类。

1)闪燃

闪燃是由于固态或液态物质因蒸发、升华或分解产生的可燃气体或蒸汽与空气混合后，借助火焰时发生的瞬间燃烧过程。

闪点温度下，由于燃烧液体蒸汽很慢，生成的蒸汽量仅够维持一刹那的燃烧，来不及供应新的蒸汽以维持稳定的燃烧。但闪燃往往是火警的先兆。

闪点是衡量可燃物质火灾危险性的指标，可燃液体的闪点有如下特点：

①两种可燃液体混合物的闪点不具有加合性，高闪点与低闪点的混合液，其闪点低于这两种液体的平均值。例如把闪点为40℃的煤油和闪点为－38℃的车用汽油以1∶1相混合，其闪点低于1℃。

②易燃、可燃液体的水溶液，其闪点会随水量比例的增大而升高，醇水溶液的闪点变

化规律即是如此。

2)着火(点燃)

可燃物在空气中受着火源的作用而发生持续燃烧的现象称为着火。在规定的条件下可燃物质开始持续燃烧所需的最低温度称着火点(燃点)。燃点越低,越容易着火。灭火时,当燃烧中的物质的温度降低到燃点以下,火就熄灭。石油产品的燃点比闪点高1℃～3℃。

3)自燃

可燃物受热升温,在没有明火作用的条件下,能自行着火的现象,称为自燃。

4)爆炸

爆炸是指物质氧化还原反应的速度急剧增加,并在极短的时间内放出大量能量的一种破坏力很大的现象。爆炸分为两类:一类是由于混合气体或粉尘引起的分散爆炸。可燃气体或液体、粉尘必须在空气中达到一定的浓度才能发生爆炸。另一类是由单一化合物引起的分散爆炸。如乳化油炸药、黑火药、TNT 等。

2.火灾的蔓延及灭火的基本方法

(1)火灾蔓延

1)可燃物质的燃烧过程

气体最容易燃烧,其燃烧所需要的热量只用于自身的氧化分解,并使其达到燃点而燃烧。

液体在热作用下,先蒸发成蒸汽,然后蒸汽被氧化、分解,而后在气体状态下燃烧。此后与气体的燃烧过程相似。

固体可燃物质与其周围相接触的空气达到该可燃物的点燃温度时,可燃固体部分首先熔融、蒸发或分解,析出可燃气体或蒸汽,然后与空气混合而燃烧。但如焦炭一类的可燃物,不能成为气态物质燃烧,只是在表面上进行燃烧,在燃烧时则呈炽热状态,燃烧过程释放的热量又加热燃烧边缘的下一层,待达到点燃温度,于是燃烧过程就持续下去。

2)热传播

热传播是火灾蔓延的重要因素。热传播有三种形式:

①热传导。即热量从物体的一端传到另一端的现象,靠物质彼此接触的微粒间能量交换得以实现热量传递。

②辐射。即以热射线传播热量的现象,以电磁波的形式向四周传播热能。

③对流。即依靠热微粒的流动来传播热能的现象。

(2)灭火的基本方法

1)隔离法

针对可燃物,将在火场周围的可燃物与燃烧物分隔开来不使火势蔓延,并使燃烧因缺乏可燃物而停止。如将燃烧物迅速转移到安全地点或投入水中;移走火源附近的可燃物、易燃、易爆物品;关闭可燃气体或液体进入燃烧地点的开关等。

2)窒息法

窒息法是用一种不燃的物质覆盖燃烧物表面使之与空气隔绝,或者释放某种惰性气体冲淡空气中的含氧量或关闭火场的通风筒、门窗,停止或减少氧气的供给,使燃烧因得不到足够的助燃物而熄灭的方法。常用的覆盖物有：石棉毯、黄沙、泡沫等。常用于冲淡火场空气中含氧量的不燃气体有：二氧化碳、卤化烃、水蒸气和氮气等。

3)冷却法

冷却法是将灭火剂喷洒到燃烧物上，迅速降低其温度，当燃烧的温度降低到燃点以下时，火就会熄灭。通常用水来冷却降温。另外用水洒在火场附近的建筑物或燃烧物上，使之降温可以阻止火灾的蔓延。

4)抑制法(中断法)

抑制法就是使用灭火剂渗入到燃烧反应当中去，使助燃的游离基消失，或产生稳定的或活动性很低的游离基，使燃烧反应中止。如用卤化烃灭火。

(3)灭火剂

灭火剂的最重要特性是它的不燃性。燃烧是物质与氧的化合反应，故常用灭火剂是已被氧化了的物质，因而不能再与氧化合。灭火剂的一般功能是使可燃物与氧气有效地分离。

1)水

由于蒸发时能从烟中移去热量，因而是一种良好的灭火剂，水具有吸收较大热量的能力，液体蒸发形成水蒸气时，吸收的热量最大，其吸热量为539千卡/千克，并产生1.7立方米的蒸汽。水的汽化热很高故用水来灭火十分有效。液体汽化必须从某些热源吸收热量，把水喷到火焰上时，即从燃烧物质中吸收热量，最终得以汽化，当热量由高温物质转移给冷水时，物质的温度下降，从而使火熄灭。

2)二氧化碳

二氧化碳由于可起覆盖作用，并能减少火场空气中的含氧量使火焰熄灭而作为一种良好的灭火剂。与水相反，二氧化碳对火场破坏很少，而且二氧化碳不导电，因此可用于气体火灾的扑灭。

常温常压下纯净的二氧化碳是无色无臭的气体，其本身不助燃，用降温、加压便能使其液化，制造方便，便于储存。灭火器中喷出的是固态或液态的二氧化碳，虽然能降低温度，对燃烧物有一定的冷却作用，但远不能扑灭火灾，它的作用是增加空气中的不助燃物的成分，相对减少空气中的含氧量。实验表明，当燃烧区域中含氧量低于12%，或二氧化碳浓度达到30%～35%，绝大多数燃烧都会自行熄灭。

在一般情况下，二氧化碳是化学性质不活泼的气体，但在高温下，它能与钠、钾、镁等金属起反应，例如金属镁能在二氧化碳中燃烧，在反应中会释放大量的热，因此二氧化碳不能用作锂、钾、镁、锑、钛、镉、铀的金属及其氢化物的火灾，同样也不能用于扑灭那些惰性介质中自身供氧燃烧的物质(如硝化纤维火药)引起的火灾。

3)泡沫

灭火的泡沫是泡沫液与水混合，通过化学反应或机械方法产生泡沫的。泡沫能在燃烧物表面形成覆盖层，使之与空气隔绝，起窒息和防止辐射热的作用；泡沫受热蒸发可起到冷却作用，产生的水蒸气又可降低氧气的浓度。它是甲类火和乙类火的良好灭火剂。泡沫灭火剂也有它的局限性，对可以溶解于水的易燃液体，它的灭火作用就不显著，如对于醇类、酮类、酐类以及有机酸引起的火灾，用一般的水溶性蛋白空气泡沫施救，泡沫里

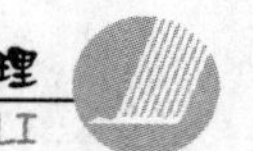

的水分会很快被这些易燃液体所溶解，起不到隔绝空气的作用。因而必须用抗溶性的泡沫液来代替一般的水溶性常用泡沫液。另外，由于泡沫带水，没有切断电源的电器火灾，忌水化学物品火灾均不宜使用。

4)化学干粉

化学干粉是一种固体粉末，装在机筒内，使用时用压缩的二氧化碳或氮气这类惰性气体推动喷射，它对燃烧起抑制作用，主要是干粉能对燃烧中的大量活性基因发生作用，使其成为不活性物质，从而中断燃烧连锁反应，使燃烧连锁反应终止。干粉反应后分解出不燃气体和粉雾，可以稀释空气中含氧量和阻碍热辐射。

干粉灭火剂主要用于扑救液体、可燃气体的火灾和一般带电设备的火灾，液化气船上则广泛使用干粉灭火剂。由于干粉无多大冷却作用，故扑救炽热物后，容易引起复燃。另外，干粉对蛋白泡沫和一般泡沫有较大的破坏作用，因此干粉不能与上述两种泡沫联用。干粉使用时，粉末飞扬，会影响救火人员呼吸，须加以注意。

对轻金属火灾，普通干粉没有效果，应采用金属型干粉，如7150干粉扑救。

5)砂土

黄沙、干土也常被用作灭火剂使用。主要用于初期小火，火灾初始时常是一个火点，面积不大，产生热量不多。如没有其他灭火机在附近，随手使用黄沙、干土等去覆盖，也能起到隔绝空气，阻止氧气进入，达到灭火效果。

对于镁粉、铝粉、闪光粉等易燃固体引起的火灾，使用砂土扑救是很适宜的。应该注意的是，砂土不能用来扑救爆炸品的火灾。

5.1.3 仓储安全管理措施

1.仓储安全管理措施的基本内容

仓储管理首先要树立安全管理的理念，做到全员参与安全管理，但主要要通过严格执行仓储安全管理措施来实现。仓储安全管理措施分析仓储对象及所需的仓储设施设备，制定仓储安全管理目标，制定仓储安全管理的相关制度，建立安全管理责任制，并对安全管理进行考核管理，对相关的事故进行分析，做到预防安全事故的发生等。其中仓储安全目标管理是目标管理方法在安全工作上的应用。安全目标管理是目标管理的重要组成部分，是围绕实施安全目标开展安全管理的一种综合性较强的管理方法。下面对安全目标管理的原理及事故树分析法作一重点介绍。

2.安全目标管理

安全目标管理的基本内容包括：安全目标体系的设定、安全目标的实施、安全目标的考核与评价。

(1)安全目标体系的设定

安全目标体系的设定是安全目标管理的核心，目标设立是否恰当直接关系到安全管理的成效。目标设立过高，经努力也不可能达到，会伤害操作者的积极性；目标设立过低，不用努力就能达到，则调动不了操作者的积极性和创造性。二者均对组织的安全工作没有推动作用，达不到目标管理的目的。目标体系设定之后，各级人员依据目标体系层层展开工作，从而保证安全工作总目标的实现。

1）目标设定的依据

目标设定的依据主要包括：

①党和国家的安全生产方针、政策，上级部门的重视和要求；

②本系统本部门安全生产的中、长期规划；

③工伤事故和职业病统计数据；

④部门长远规划和安全工作的现状；

⑤部门的经济技术条件。

2）目标设定的原则

目标设定的原则包括：

①突出重点。目标应体现组织在一定时期内在安全工作上主要达到的目的，要切中要害，体现组织安全工作的关键问题；要集中控制重大伤亡事故和后果严重的工伤事故、急性中毒事故及职业病的发生、发展。

②先进性。目标要有一定的先进性，目标要促人努力、促人奋进，要有一定的挑战性；要高于本部门前期的安全工作的各项指标，要略高于同行业平均水平。

③可行性。目标制定要结合本组织的具体情况，经广泛论证、综合分析，确保经过努力可以实现，否则会影响操作者参与安全管理的积极性，失去实施目标管理的作用。

④全面性。制定目标要有全局观念、整体观念，目标设定既要体现组织的基本战略和基本条件，又要考虑外部环境的影响；安全分目标的实现是各职能部门和各级人员的责任和任务，而安全总目标的实现需要各部门各类人员的共同努力和部门与部门间、人与人之间的协调和配合。因此，总目标的设定既要考虑组织的全面工作和在经济、技术方面的条件以及安全工作的需要，也要考虑各职能部门、各级各类人员的配合与协作的可能性。

⑤尽可能数量化。目标要具体并尽可能数量化，不但有利于对目标的检查、评比、监督与考核，而且有利于调动操作者努力工作实现目标的积极性。对难以量化的目标可采取定性的方法加以具体化、明确化，避免用模棱两可的语言描述，应尽可能考虑可考核性。

⑥目标与措施要对应。目标的实现需要有具体措施作保证，只设立目标而没有实现目标的措施，目标管理就会失去作用。

⑦灵活性。所设定的目标要有可调性。在目标实施过程中组织内部、外部的环境均有可能发生变化，要求主要目标的实施有多种措施作保证，使环境的变化不影响主要目标的实现。

3）目标设定的内容

目标设定的内容包括：

①安全目标是全体人员在计划期内完成的劳动安全的工作成果。部门性质不同，作业条件、内容不同，劳动安全卫生水平不同，安全目标的内容也不同，一般包括以下几个方面：重大事故次数，包括死亡事故、重伤事故、重大设备事故、重大火灾事故、急性中毒事故等；死亡人数指标；伤害频率或伤害严重率；事故造成的经济损失，如工作日损失天

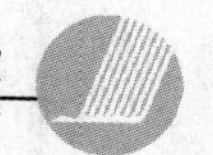

数、工伤治疗费、死亡抚恤费等;作业点尘害达标率;劳动安全卫生措施计划完成率、隐患整改率、设施完好率;全员安全教育率、特种作业人员培训率等。

②保证措施包括技术措施、组织措施,还包括措施进度和责任者。保证措施大致有以下几方面:安全教育措施,包括教育的内容、时间安排、参加人员规模、宣传教育场地;安全检查措施,包括检查内容、时间安排、责任人,检查结果的处理等;危险因素的控制和整改,对危险因素和危险点要采取有效的技术和管理措施进行控制和整改,并制定整改期限和完成率;安全评比,定期组织安全评比,评出先进班组;安全控制点的管理,制度无漏洞、检查无差错、设备无故障、人员无违章。

4)目标的分解

企业的总目标设定以后,必须按层次逐级进行目标的分解落实,将总目标从上到下层层展开,从纵向、横向或时序上分解到各级、各部门直到每个人,形成自下而上层层保证的目标体系。这种对总目标的逐级分解或细分解称为目标分解。目标分解的目的是得到完善的纵横方向的目标体系。

目标分解的结果对目标的实现和管理绩效将产生重要影响,因此必须具有科学性、合理性。在目标分解时应注意:上层目标应具有战略性和指导性,下层目标要具有战术性和灵活性,上层目标的具体措施就是下层的目标;不论目标分解的方法和策略如何,只要便于目标实现都可以采用;落实目标责任的同时要明确利益和授予相应的权利,做到责权统一;上下级之间、部门之间、人员之间的目标、责任和权利要协调一致,责权要与单位、个人的能力相符;目标分解要便于考核。

目标分解的形式多种多样,常见的有以下三种:

第一种,按管理层次纵向分解,即将总目标自上而下逐级分解为每个管理层次直至每个人的分目标。

第二种,按职能部门横向分解,即将目标在同一层次上分解为不同部门的分目标。如安全目标的实现涉及安全专职机构、生产部门、技术部门、计划部门、动力部门、人事部门等。要将安全目标分解到上述各部门,通过各部门协作配合共同努力,使安全总目标得以完成。

第三种,按时间顺序分解,即总目标按照时间的顺序分解为各时期的分目标。企业在一定时期内的安全总目标可以分解为不同年度的分目标,不同年度的分目标又可分为不同季度的分目标等。这种分法便于检查、控制和纠正偏差。

在实际应用中,上述三种方法往往是综合应用。一个安全总目标既要横向分解到各个职能部门,又要纵向分解到班组和个人,还要在不同年度、不同季度有各自的分目标。只有横向到边,纵向到底,结合不同时期的工作重点,才能构成科学、有效的目标体系。

在安全目标分解的实践中,人们编制了各种形式的安全目标管理责任书,也叫目标管理卡,制作与填写安全目标管理卡是目标分解的重要内容。目标管理卡分为单位目标管理卡(见表5-1)和个体目标管理卡(见表5-2)。其内容一般包括:目标项目、目标值、权限和保障条件,以及对策、成果评价、签发日期、签发人等。目标管理卡的应用明确了目标、责任、权力与利益,便于自我管理,也便于检查、评比,以及部门间、人员间的协调与配合。

表 5-1 单位目标管理卡

责任单位			授权单位			签发日期	
目标项目	权限	目标值	对策措施	目标要求	惩罚规定	自我评价	领导评价
						签名	签名

表 5-2 个体目标管理卡

目标项目				
责任者			签发者	
目标要求	权限及保障条件	奖惩办法	自我评价	领导评价

(2)安全目标的实施

安全目标的实施是指在落实保障措施、促使安全目标实现的过程中所进行的管理活动。目标实施的效果如何,对目标管理的成效起决定性作用。该阶段主要是各级目标责任者充分发挥主观能动性和创造性,实行自我控制和自我管理,辅之以上级的控制与协调。

1)目标实施中的控制

控制是管理的一项基本职能,它是指管理人员为保证实际工作与计划相一致而采取的管理活动。通过对计划执行情况的监督、检查和评比,发现目标偏差,采取措施纠正偏差;发现薄弱环节,进行自我调节,保障目标的顺利实施。

控制要以实现既定目标为目的,在不违背工作重点的前提下,不强调目标责任者对目标实施过程采取相同的方式。鼓励目标责任者的创造精神,目标责任相关的部门和人员要相互协调、配合。遇到影响目标实施的重大问题应及时向上级汇报。控制分为以下几种方式:

①自我控制。它是目标实施中的主要控制形式,通过责任者自我检查、自行纠偏达到目标的有效实施。自我控制便于人人参与安全管理,人人关心安全工作,激发个人的主人翁责任感,可以充分发挥每个人的聪明才智,可以使领导者摆脱繁琐的事务性工作,集中精力把握全局工作。

②逐级控制。它是指按目标管理的授权关系,由下达目标的领导逐级控制被授权人员,一级控制一级,形成逐级检查、逐级调节、环环相扣的控制链。逐级控制可以使发现的问题得到及时解决。逐级控制时非直接上级不要随意插手或干预下级工作。

③关键点控制。关键点是指对实现安全总目标有决定意义和重大影响的因素。关键点可以是重点目标、重点措施和重点单位等。

2)目标实施中的协调

协调是目标实施过程中的重要工作,总目标的实现需要各部门、各级人员的共同努力和协作配合。通过有效的协调可以消除实施过程中各阶段、各部门之间的矛盾,保证目标按计划顺利实施。目标实施中协调的方式大致有以下三种:

①指导型协调。它是管理中上下级之间的一种纵向协调方式。采取的方式主要有指导、建议、劝说、激励、引导等。该方式的特点是不干预目标责任者的行动,按上级意图进行协调。这种协调方式主要应用于:需要调整原计划时;下级执行上级指示出现偏差,需要纠正时;同一层次的部门或人员工作中出现矛盾时。

②自愿型协调。它是横向部门之间或人员之间自愿寻找配合措施和协作方法的协调方式。其目的在于相互协作、避免冲突,更好地实现目标。

③促进型协调。它是各职能部门、专业小组或个人,相互合作,充分发挥自己的特长和优势,为实现目标而共同努力的协调方式。

(3)安全目标的考核与评价

为提高安全目标管理效能,目标在实施过程中和完成后都要进行考核、评价,并对有关人员进行奖励或惩罚。考核是评价的前提,是有效实现目标的重要手段。目标考评是领导和群众依据考评标准对目标的实施成果客观的测量过程。这一过程避免了经验型管理中领导说了算,缺乏群众性的弱点,通过考评使管理工作科学化、民主化。通过目标考评奖优罚劣,避免"大锅饭",对调动工人参与安全管理的积极性起到激励作用,为下一个目标的实施打下良好基础,从而推动安全管理工作不断前进。

为做好安全目标的考评工作,考评中应遵循以下原则:

①考评要公开、公正。考评标准、考评过程、考评内容和考评结果及奖惩要公开,要增加考评的透明度。不搞领导裁决,不搞神秘化,不搞发红包。考评要有统一的标准,标准要定量化,无法定量的要尽可能细化,使考评便于操作,也避免因领导或被考评人不同,而有不同的考评标准。

②以目标成果为考评依据。目标管理是强调结果的管理,对达到目标的过程和方法不作规定。因此不论你付出的努力有多大,考评的是成果的大小、质量和效果。这一方法激励人们的创造精神,工作中讲究实效,避免形式主义。

③考评标准简化、优化。考评涉及的因素较多,考评结果应最大限度表明目标结果的成效,标准尽量简化,避免项目过多,引起考评工作的繁琐和复杂。考评标准要优化,要抓反映目标成果的主要问题,评定等级要客观。

④实行逐级考评。安全目标的设定和分解是逐级进行,进而构成目标体系,由上至下逐级考评,有利于考评的准确性。

对目标的考评内容包括:①目标的完成情况,包括完成的数量、质量和时间。②协作情况,即目标实施过程中组织内部各部门或个人间的联系与配合情况等。除上述主要考评内容外,还应适当考虑目标的复杂程度和目标责任人的努力程度。

由于考评的标准、内容、对象不同,因此对目标的考评方法也不同,但考评方法应简单、易行,具有系统性、综合性、多样性。可采取分项计划方法、目标成果考评法、岗位责任考评法等。

(4)做好安全目标管理工作应注意的问题

1)加强各级人员对安全目标管理的认识

部门领导对安全目标管理要有深刻的认识,要深入调查研究,结合本单位实际情况,制定企业的总目标,并参加全过程的管理,负责对目标实施进行指挥、协调;加强对中层和基层干部的思想教育,提高他们对安全目标管理重要性的认识和组织协调能力,这是总目标实现的重要保证;还要加强对职工的宣传教育,普及安全目标管理的基本知识与方法,充分发挥职工在目标管理中的作用。

2)要有完善的系统的安全基础工作

安全基础工作的水平,直接关系着安全目标制定的科学性、先进性和客观性。如:要制定可行的伤亡事故频率指标和保证措施,需要有完善的工伤事故管理资料和管理制度;控制作业点尘毒达标率,需要有毒、有害作业的监测数据。只有建立和健全了安全基础工作,才能建立科学的、可行的安全目标。

3)安全目标管理需要全员参与

安全目标管理是以目标责任者为主的自主管理,是通过目标的层层分解、措施的层层落实来实现的。将目标落实到每个人身上,渗透到每个环节,使每个操作者在安全管理上都承担一定目标责任。因此,必须充分发动群众,将全体人员科学地组织起来,实行全员、全过程参与,才能保证安全目标的有效实施。

4)安全目标管理需要责、权、利相结合

实施安全目标管理时要明确操作者在目标管理中的职责,没有职责的责任制只是流于形式。同时,要赋予他们在日常管理上的权力。权限的大小,应根据目标责任大小和完成任务的需要来确定。还要给他们应得的利益,责、权、利的有机结合才能调动广大人员的积极性和持久性。

5)安全目标管理要与其他安全管理方法相结合

安全目标管理是综合性很强的科学管理方法,它是安全管理的"纲",是一定时期内安全管理的集中体现。在实现安全目标过程中,要依靠和发挥各种安全管理方法的作用,如建立安全生产责任制、制定安全技术措施计划、开展安全教育和安全检查等。只有两者有机结合,才能使安全管理工作做得更好。

3.事故树分析

事故树分析(fault tree analysis, FTA)是对安全性进行分析评价的一种科学的和先进的方法,这种方法能对各种系统的危险性进行辨识和评价,既适用于定性分析,也适用于定量分析,并具有简明形象的特点。

(1)事故树分析的基本概念

事故树分析又称作故障树分析或事故逻辑分析,是一种表示导致灾害事故(或称为不希望事件)的各种因素之间的因果及逻辑关系图。这种由事件符号和逻辑符号组成的模式图,是用以分析系统的安全问题或系统的运行功能问题,并为判明灾害或功能故障的发生途径及导致灾害(功能故障)各因素之间的关系,提供一种形象而简洁的表达方式。

在仓储管理过程中,可能由于设备、装置故障或误动作,作业人员的误判断、误操作

等所发生事故的影响而形成一定的危险性。为了不使这些危险性因素导致灾害后果，就需要预选分析和判明仓库作业系统中可能发生什么危险，哪些条件可能导致这些危险，以及发生危险的可能性有多大。有了这种分析和判断就可以采取相应的措施和手段消除危险。在分析一个系统，特别是一个大而复杂的系统时，必须了解并确定所有可能导致危险的多种因素，也就是具体分析组成该系统的各个单位或子系统的功能、相互关系及对导致该系统发生灾害事故的影响，并进行详细的逻辑推理，找出引起事故的必要和充分的条件，才可能对事故进行有效的控制。

(2)事故树分析图的内容

事故树分析图包括以下内容：

①系统可能发生的灾害事故，即确定顶上事件；

②系统内固有的或潜在的危险因素，包括由于人的误操作而导致灾害的因素；

③各个子系统及各要素之间的相互联系与制约关系，即输入(原因)与输出(结果)的逻辑关系，并用专门符号标示出来。

(3)事故树分析的功用

事故树分析具有以下的功用：

①发现与查明系统内固有的或潜在的危险因素，明确系统的缺陷，为改进安全设计、制定安全技术措施及采取管理对策提供依据；

②搞清楚由于设备、装置的故障和误动作，以及人的误操作对系统的影响，找出重点和关键，并使作业人员全面了解和掌握各项防灾控制要点；

③能对导致灾害事故的各种因素及其逻辑关系，作出全面、简洁和形象的描述；

④可以对已发生的事故，通过事故树全面分析事故的原因，以充分吸取教训，作为拟定防范措施的依据；

⑤便于计算顶上事件的发生概率，进行定量分析与评价。

(4)事故树分析的基本程序

实施事故树分析，基本上可分作三个阶段，即编制事故树、进行定性和定量分析以及制定事故对策和改善系统。

1)编制事故树

编制事故树的过程，也就是研究系统中的各种信号的异常以及人和环境因素对系统运行的影响，所以首先要明确所要分析的对象系统，充分掌握所分析系统的设备装置、作业环境和操作项目，了解作业过程中危险特性，搜集事故实例，分析仓库安全事故及其影响，根据可能发生事故的危险程度，把对系统影响大的灾害或事故，作为分析对象，也就是顶上事件。

编制事故树应先找出系统内固有的或潜在的危险因素。系统的危险性可能有许多原因，如操作差错、设备隐患、未知环境因素的影响以及规程不完善等等。对所分析的对象，包括物资、设备、人员等，要弄清其各种可能发生故障(失效)的状态、相互联系及其对系统的影响。

事故树分析的特点是由顶上事件按系统构成的逆程序逐项展开。如以火灾爆炸事故作为顶上事件，则应控制系统的逆程序，先分析可能导致火灾爆炸的流量、温度、压力等参数的变动，进而分析引起上述条件变动的泵、阀门及仪表系统的故障。根据它们之间的输入(原因)与输出(结果)的逻辑关系，按规定的符号加以标示。

绘制出事故树，基本上就可以看清灾害事故发生的途径以及事故原因之间的关系，但是初步编成的树，往往不完善或者在符号应用上欠妥，必要时可以用安全检查表作参考，或进行故障类型和影响分析以及安全操作研究，对已编制的树进行修改使之完善。

2)进行定性和定量分析

事故树的定性分析主要是求出导致发生灾害事故的基本事件的组合，分析重要度，对于有重复事件的树进行化简。

定量分析应根据需要和条件来确定。在进行定量分析时，应具有故障数据和误操作率数据，已编成的树应包括全部的故障并考虑到人的因素，这样通过计算所得到的顶上事件的发生概率，才有意义。

3)制定防灾对策和对系统进行改善

编制事故树的最大好处并不是为了计算，而是为了找隐患，找薄弱环节，查明系统的缺陷，然后加以改进。所以在编制出事故树并进行全面分析之后，必须制定防止灾害的对策，在考虑投资和技术等各个方面条件之后，选择最经济、最合理、最切合实际的对策和措施。

5.1.4 仓储安全新技术

1.安全管理信息系统

管理信息系统(MIS)主要包括对信息的搜集、录入，信息的存储，信息的传输，信息的加工和信息的输出(含信息的反馈)五种功能。它把现代化信息工具——电子计算机、数据通信设备及技术引进管理部门，通过通信网络把不同地域的信息处理中心联结起来，共享网络中的硬件、软件、数据和通信设备等资源，加速信息的周转，为管理者的决策及时提供准确、可靠的依据。近年来，有些仓库正在推行事故控制技术，其中的事故隐患检查方法是一种积极的、适合仓库的安全管理手段，它是根据危险源辨识和系统安全分析的结果，把主要的潜在事故隐患作为检查和控制的对象，编制成各类标准安全检查表。在实际仓储管理中，需要获取大量的事故信息量，这些信息都是需要及时处理和综合分析、判断的，这就需要应用计算机来建立仓库安全管理系统。

(1)安全管理信息系统分析及设计

安全管理系统之症结主要是安全管理中作为决策依据的信息流通不畅，根据事故控制的基本模式，在系统设计时，要考虑几个信息反馈回路，而以下两个基本回路尤为重要。

①制表(安全检查表)→检查(工作岗位)→隐患评价→打印(整改通知)→有关部门→整改(工作岗位)

②隐患总库→制表(安全检查表)→检查→发现新隐患→(新隐患)存档→总库

因此，系统应按如下方式运行：

首先，通过危险源辨识发现来自各分库的事故隐患，经过汇总、分析后，输入计算机，并分别建立了两个事故隐患档案：一个是按不同的岗位来分的事故隐患档案，安全检查

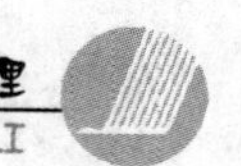

表的制订就是以它作为依据；另一个是按其所属的不同的专业部门来分的事故隐患档案，它是用来区分事故隐患的类型，以便制订出各种专业报表，发送至各专业部门。其次，各个不同岗位的安全检查表通过计算机打印出来后，发送至各作业岗位。再次，工作人员依表进行安全检查，发现事故隐患后，及时通过网络系统反馈回仓库安全部门的信息管理中心，进行汇总，建立当前事故隐患档案。最后，根据按专业分隐患档案对其进行分类汇总，制订出各种不同专业报表，再通过网络系统发至各专业部门，指导其进行事故隐患整改。

如果，在当前事故隐患检查中发现未列出的新事故隐患，则把它存入事故隐患档案（包括按岗位分和按专业分事故隐患档案），因此，安全检查表的内容也随之丰富。

当前事故隐患档案的建立，是为了实现对各专业部门进行的隐患整改情况的跟踪监督。通过与当前事故隐患档案中情况的对照，可发现以前的事故隐患是否已得到整改，从而采取相应措施。

在系统中，建立以上两种事故隐患档案之后，还可建立伤亡事故档案，以及仓库特殊作业岗位工作人员的素质、岗位安全教育培训档案等。

根据上述分析，建立了仓库安全管理信息系统。

（2）系统说明

1）危险源辨识

危险源辨识是建立安全信息管理系统的基础，也是建立此系统的第一步。进行危险源辨识工作时，不仅要分析以往发生的伤亡事故资料，还要参照来自系统外部的其他有关信息资料。危险源辨识，应掌握下列几项内容：

①仓库设施、设备本质安全化水平，设计缺陷及作业环境缺陷；

②人机匹配问题；

③事故严重度和发生概率；

④事故可能发生的模式及波及范围预测。

按此要求进行危险源辨识，再辅以系统安全分析方法，即可找出各种潜在的事故隐患，从而为安全检查表的制订和隐患的整改工作打下基础。

2）仓库信息管理系统

该系统的模块设计包括两个方面：数据存储设计和处理过程设计。

数据存储设计主要是确定存储的内容和文件的组织方式。它包括各类档案文件的建立及分类。

处理过程设计主要是把模块分为四类：输入汇总、查询、打印报表和复制。

系统主控模块由下述多个功能模块组成，在菜单提示下调用子程序执行其功能。

信息搜集模块包括两部分的内容。第一部分是通过危险源辨识和系统安全分析，把各危险点的事故隐患搜集、录入；第二部分是通过安全检查，发现各危险点的事故隐患，并将其反馈至主模块。由于这两部分工作主要靠人工参与完成，故在此统一用信息收集模块表示。

（3）安全检查

安全检查是安全管理信息系统成败之关键。安全检查表依据从危险源辨识和系统安全分析(主要是事故树分析)得到的事故隐患档案确定,因而其内容全面、客观,具有严格的科学性。仓库安全检查因岗位差异而检查内容各异,表格形式通用的安全检查表,同时融安全检查和设备点检的要求于一表。检查表的主要内容包括:检查项目、检查内容(包括其他新的内容)及标准、检查结果(包括备注)以及检查人和检查日期。仓库各部门人员应严格按照检查表进行检查,及时将事故隐患反馈给安全管理部门。如果发现的事故隐患,已经仓库作业人员自己解决,也需记入检查表内。

(4)隐患整改

隐患整改是安全管理信息系统的最后实施体现,前面所做的一切都是为实施隐患整改创造条件,而隐患整改才是系统起作用的极为重要的手段。

应该建立以仓库业务管理、仓库设施设备、仓库车辆、仓库库区警卫、仓库安全监控等主体的隐患整改机制,这种按系统管理、分级负责的方法有利于充分发挥各部门的仓库安全责任。

仓库安全信息管理系统,分系统、按职责将事故隐患制成各种专业报表,通过安全管理信息系统网络,及时反馈到有关部门的终端上。

事故隐患整改过程就是一个系统调节反馈过程,每起事故隐患,不可能一次反馈、调节,它是控制危险因素,及时消除事故隐患,实施安全作业的重要环节。

2.仓储安全监控电子化

计算机技术和电子技术的发展促进了仓储安全管理的科学化和现代化,仓储安全管理必将突破传统的经验管理模式,增加安全管理的科学含量,推广应用仓储安全监控技术,提高仓储安全水平。

智能探头可以持续不断地测量探头所在环境的物理量变化,可以对干扰效应和因素按照给定的结构和算法进行测定予以消除,能够根据现场火灾的特征与探头内存储的火灾特性曲线参数进行比较,预测火灾,能对探测器的污染程度和老化程度进行判断,提高火灾预报的可靠性。

仓储安全监控模式将由集中监视、集中控制向集中监视、集中管理、分散控制转变;中央计算机监控系统通过通信网络将分散控制现场的区域智能分站连接起来,实现对仓库内各种保安防范措施和功能的集中监控管理、报警处理和联动控制。

5.2 特殊货物管理

特殊货物的管理就是分析特殊货物的特性,确定所需的设施设备,制定并执行相应的管理措施,而实现对特殊货物的仓储管理。所谓特殊货物,是指在仓储过程中需要采取特殊措施的货物,如冷藏品、化学品、易燃易爆品等,这些货物在仓储过程容易造成人身伤害、发生火灾和爆炸,造成仓储设施设备等事故。

5.2.1 冷藏品的仓储管理

1.冷藏保管的原理

由于在低温的环境中,细菌等微生物的繁殖速度大大降低,生物新陈代谢速度降低,能够延长有机体的保鲜时间,因而对鱼、肉、水果、蔬菜及其他易腐烂物品等都采用冷藏的方式仓储。对于低温时能凝固成固体的液体流质品,通常也采用冷藏的方式,因为这样有利于运输、作业和销售。此外,在低温环境中,一些混合物的化学反应速度降低,也采用冷藏方法储存。

冷藏保管根据控制温度的不同,可分为冷藏和冷冻两种方式。冷藏是指将温度控制在0℃~5℃进行保存,在该温度下水分不至于冻结,不破坏食品组织,具有保鲜的作用,但是微生物仍然还有一定的繁殖力,因而保藏时间较短。冷冻则是将温度控制在0℃以下,使水分冻结,微生物停止繁殖,新陈代谢基本停止,从而实现防腐。冷冻保管又分为一般冷冻和速冻,一般冷冻采取逐步降低温度,达到控制温度后停止降温,如-20℃;速冻则是在很短的时间内将温度降到控制温度以下,如-60℃,使水分在短时间内完全冻结,然后逐步恢复到控制温度(不低于-20℃)。速冻一般不会破坏细胞组织,具有较好的保鲜作用。冷冻储藏能使货物保持较长时间的不腐败变质。

2.冷藏仓库的类型

冷藏仓库按其用途不同,可分为生产性冷库、分配性冷库和综合性冷库。

(1)生产性冷库

生产性冷库是生产企业在产品生产过程中的一个环节,这类冷库被设在企业内部,以储存半成品或成品。如肉类加工厂内或药品制造厂的冷库便属于此类。生产性冷库只对产品作短期储存,储存的产品一般零进整出,仓库的规模根据生产能力以及运输能力来确定。

(2)分配性冷库

分配性冷库处于货物的流通领域,是为保持已经冷却或冻结的货物的温度和湿度条件而设置,其功能是保持市场供应的连续性和长期储备的需要。这类冷库一般建在大中型城市、交通枢纽和人口稠密的地区。分配性冷库储存量较大,货物以整进零出的方式通过仓库,但是交通枢纽处的货物则是以整进整出方式出入冷库。

(3)综合性冷库

综合性冷库则是将生产性与分配性融为一体,连接产品的生产和货物的流通。由于这一特点,综合性冷库的容量往往较大,货物进出较为频繁。这类冷库用于当地生产、当地消费的货物储存。

根据冷库规模的大小,冷藏仓库分为大型冷库(储量在5000吨以上)、中型冷库(储量在500~5000吨)和小型冷库(储量小于500吨)。

3.冷藏仓库的构成

冷藏仓库一般由冷冻间、冷却货物冷藏间、冷藏库房、分发以及货物运输设备、压缩机房、配电房、制冰间和氨库等组成。

(1)冷冻间

冷冻间是对进入冷库的商品进行冷冻加工的场所。货物在进入冷藏或者冷冻库房以前,应先在冷冻间进行冷冻处理,使货物均匀降温至预定的温度,否则,当货物温度较高,湿度较大时,直接进入冷藏或冷冻库会产生雾气,影响库房的结构。对于冷藏货物,一般降至2℃～4℃。冷冻货物则迅速降至－20℃使货物冻结。为了使货物合理冷冻,在冷冻间应将货物分散存放,以使其均匀降温。由于冷冻作业只是短期的作业,货物不堆垛,一般处于较高的搬运活性状态,多数直接放置在搬运设备上,如放置在推车上或托盘上。为便于维修,冷冻间一般在库外单独设立。

(2)冷藏间

冷却货物冷藏间是温度保持在0℃左右的冷藏库,用于储存冷却保存的商品。货物经预冷后,达到均匀的保藏温度时送入冷藏库堆码存放,或者少量货物直接送入冷藏间冷藏。因为冷藏品特别是果菜类货品对温度有较高的要求,不允许有较大的波动,所以冷藏间需要进行持续的冷处理,冷藏间一般采用风冷式制冷。为防止货垛内升温,保持货物间新鲜空气的流通,冷藏间一般采用列垛的方式堆码。另外,还需要安装换气装置,以满足货物呼吸的要求。

(3)冷冻库房

冷冻库房是温度控制在－18℃左右,相对湿度在95%～98%之间的冷藏库,这类冷藏库房能够较长时间地保存经预冷的货物。货物经预冷后,转入冷冻库房堆码存放。货堆一般较小,以降低内部温度。货垛底部采用货板或托盘垫高。一般不与地面接触。它用于存储冷冻货物,储存时间较长,在冷冻库房内部需要保持微风循环,以减少含水货物干缩损耗。

(4)分发间

冷库由于低温不便于货物分拣、成组、计量、检验等人工作业,此外为了控制冷冻库和冷藏库的温度、湿度,减少冷量耗损,需要尽量缩短开门时间和次数,以免造成库内温度波动太大,因此货物出库时应迅速地将货物从冷藏或冷冻库移到分发间,在分发间进行作业,因而分发间不能存放货物。

(5)传输设备

货物传输设备用于货物在冷冻库内的位移,垂直位移主要用电梯,水平位移主要用皮带传输机。货物传输设备的数量应根据冷藏仓库的货物吞吐量以及货物周转频率确定。

(6)其他设施

压缩机房是冷库的制冷动力中心,一般为单层建筑。由于机房内温度较高,故机房应选在自然通风较好的位置,以确保压缩机运行安全。配电间应有较好的通风条件,以保证变压器产生的热量及时扩散。

制冰间的设施一般有制冰池、溶冰池、提冰设备等。当快速制冰时,则可采用专门的成套设备。

冷冻库内温度一般控制在－4℃～－8℃,库内墙壁及柱子要有防护,以防冰块对其的撞击。

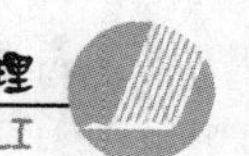

4.冷藏仓库仓储管理

作为一种专业性的仓库,冷库具有较为特殊的布局和结构,用具、货物也较为特殊。冷库主要存放生鲜食品,如管理不善,不仅会造成货物损失,还会发生食品的不安全事故,影响人民身体健康。因此,对冷库管理的技术、专业水平要求也较高。

冷库可分为冷冻库、冷藏库,使用时应按库房的设计用途合理选择,两者不能混用。当库房改变用途时,必须按照所改变的用途进行制冷能力、保温材料、设施设备等改造,确保完全满足新的用途。

为保证冷库能力的充分发挥,确保货物安全和库房维护。应设立专门的库房管理小组,责任到人。冷库要防水、防潮、防热、防漏以及经常保持清洁。为此,库内不得出现积水,严禁库内带水作业,对库内的冰、霜、水应及时清除,对于没有冻结处理的热货不准直接进入冷货。另外,冷货投入使用后,要经常进行维修,必须保持制冷状态,即使没有存货,冷冻库也要保持在−5℃,而对保温较高的冷藏库应在露点温度以下,以防受潮滴水。

要按照货物的类别和保管温度的不同分类使用库房。如食品库不得存放其他货品,食品也不能存放在非食品库房;不同控制温度的货物不能存放在同一库房内。

(1)货物出入库

货物在入库时除了通常仓储作业需要进行的查验、点数外,还要对送达货物的温度进行测量,查验货物内部状态,并进行详细记录,对于已霉变的货物不得接收入库。货物入库必须进行预冷。保证货物均匀达到需要的温度,未经预冷的货物不得直接进入冷库,以免高温货物吸冷致使室内升温,影响库内其他冷货。

货物出库时应认真核对,要对出库货物的标志、编号、数量、质量、所有人、批次等项目认真核对,防止错取、错发。对出库时需升温处理的货物,应按照作业程度进行加热处理,不得采用自然升温。

为了减少冷耗,货物出入库作业应选择在气温较低的时间段进行,如早晨、傍晚、夜间。出入库作业应集中仓库内的作业力量。尽可能缩短作业时间。要使装运车辆离库门距离最近,缩短货物露天搬运距离;防止隔车搬运。若货物出入库时库温升高,应停止作业。作业中不得将货物散放在地坪上,避免货物和货盘冲击地坪、内墙、冷管等。

(2)货物的储存

冷库要特别注意保证库内存储货物的质量,对含水货物应减少干耗,对食用品应加强卫生检疫。冷库应设专职的卫生检疫人员,对出入库货物进行检查。在库内应做到无污染、无霉菌、无异味、无鼠害、无冰霜。

定时和经常测试室内温度,严格按照货物保存所需要的温度控制仓库内温度。尽可能减少仓库内的温度波动,防止货物变质或者解冻发生倒垛。

将货物从冷冻间转入冷藏间时,货物温度不应高于冷藏间温度3℃。要严格控制室内温度变化,如冷冻库昼夜温差不大于1℃,冷藏间的昼夜温差不超过0.5℃。

对于腐烂的、受污染的货物以及其他不符合卫生要求包装的食品,在入库前需要经过挑选、除污、整理和包装后方可储藏。

库内堆码要严格按照仓库要求进行,选择合适货位,将存期长的存放在库端,存期短的存放在库门附近,易升温的货物存放在冷风口或排管附近。根据货物或包装形状合理采用垂直堆垛或交叉堆垛，堆垛要整齐、稳固、间距合理，堆垛不能堵塞或者影响冷风的流动，避免出现冷风短路，堆垛完毕在垛头上悬挂垛牌。拆垛作业应从上往下取货，禁止从垛中取货，取货时要注意防止因货物冻结粘连强行取货而扯破包装的现象。

要注意库内工作人员个人卫生，应定期对工作人员进行身体检查，对患传染病者须及时调离与冷藏货物发生接触的岗位。

5. 冷藏仓库安全管理

冷库虽然不发生起火、爆炸等事故，但冷库内的低温却会给人的生命造成威胁，因此也需要引起足够的重视。

(1)防止冻伤

冷库的人员，必须保温防护，穿戴手套、工作鞋，身体裸露部位不得接触冷冻室内的物品，包括货物、排管、货架、作业工具等。

(2)防止人员缺氧窒息

由于冷库特别是冷藏室内的氧气不足，会造成人员窒息，所以人员在进入库房尤其是长期封闭的库房以前，需进行通风换气，避免氧气不足。

(3)避免人员被封闭库内

库门应设专人看管，限制无关人员出入。人员出入库，管理人员应核查人数，特别是出库时，应确保全部出库，才能封闭库门。

(4)设备使用

库内作业应使用抗冷设备，并需要进行必要的保暖防护，否则低温会损害设备和人员。

5.2.2 危险品的仓储管理

1. 危险品概述

仓储中的危险品是指具有燃烧、爆炸、腐蚀、有毒、放射性或在一定条件下具有这些特性，并能伤害人员或造成财产、牲畜损失而需要特别防护的货物。由于危险品在性能上具有这些特点，因此在仓库的类型、布局、结构和管理上有其特别要求。

化学危险品的特征就是具有危险性，但各种危险品的危害具有不同的表现，根据其首要危险性可将危险品分为九大类：第一类是爆炸品；第二类是压缩气体和液体气体；第三类是易燃液体；第四类是易燃固体；第五类是自燃物品和遇湿易燃物品；第六类是氧化剂和有机过氧化剂；第七类是有毒品；第八类是腐蚀品；第九类是杂类。具体包括列入国家标准《危险货物品名表》(GB12268—1990)和国务院经济贸易综合部门公布的剧毒化学品目录和其他危险化学药品。危害品还包括未经彻底清洗的盛装过危险品的容器、包装物。危险品除了具有已分类的主要危险性外，还可能具有其他的危险特性，如爆炸品大都具有毒性、易燃性等。

2. 危险品管理制度与法规

国家对危险品实行严格的管理，实行相应管理部门审批、发证、监督、检查的系列管理制度，包括经济贸易管理部门的经营审批，公安部门的通行发证，质检部门的包装检验

发证，环境保护部门的监督管理，铁路、民航、交通部门的运输管理，卫生行政部门的卫生监督，工商行政部门的经营管理等。对于政府部门依法实施的监督检查，任何危险化学品单位不得拒绝和阻挠。

危险品管理按照依法管理的原则，严格根据法规的规定和国家标准实施管理。涉及危险品仓储和运输的主要管理法规有：《危险化学品安全管理条例》、《危险货物分类和品名编号》(GB6944)、《危险货物品名表》(GB12268)，各种运输方式的“危险货物运输规则”，以及《环境保护法》、《消防法》的相关规范和其他安全生产的法律和行政法规，涉及国际运输的危险货物还需要执行《国际海运危险货物规则》。

3.危险品包装

包装是危险品安全的保证，它的作用是保护危险品不受损害和外界的直接影响，保持危险品的使用价值；防止危险品对外界造成损害，避免发生重大危害事故；形状规则的包装能够方便作业，便于堆放、储存；固定标准的包装可以确保危险品的单元数量的限定。危险品的包装完全根据法规和标准进行，如《危险货物运输包装通用技术条件》(GB12463—1990)等。

危险品的包装必须经过规定的性能试验并且具有检验标志，具有足够的强度，没有损害和变形、封口严密等。包装须使用与危险品不相忌的材料，按包装容器所注明的使用类别盛装危险品。

危险品有上千种，按其危险性质确定包装，可分为通用包装和专用包装两类。通用包装适用于第三类、第四类、第五类、第六类中的大部分货物和第一类、第八类中的部分货物。

其余货物由于其各自特殊的危险性质，只能采用专用包装。

危险品的外包装上需要有明确的、完整的标志和标识，包括危险品的包装标志、储运图示标志、收发货标志，具体有包装容器的等级、编号，危险品的品名、收发货人、重量、尺寸、运输地点、操作指示，危险品的危险性质等级的图示等。

化学危险品是指在流通中，由于其本身具有燃烧、爆炸、腐蚀、毒害及放射性等性能，或因摩擦、振动、撞击、曝晒及温湿度等外界因素的影响，能够发生燃烧、爆炸或人畜中毒、表皮灼伤，以至危及生命、造成财产损失的危险性商品。化学危险品种类繁多，主要有化工原料、化学试剂、医药、农业杀虫剂、杀菌剂、化肥、燃料等。化学危险品的性质十分复杂，仓库工作人员只有具备一定的物理、化学、气象知识，掌握化学危险的安全养护技术，才能确保化学危险品的安全储存。

(1)危险商品

化学危险商品按不同危险的属性可分为十类：爆炸性商品、氧化剂、压缩气体和液化气体、自燃商品、遇水燃烧商品、易燃液体、易燃固体、毒害性商品、腐蚀性商品和放射性商品。这十类又归属于易爆类商品、易燃烧类商品和易伤害人体的商品三个大类。

1)易爆炸类商品

①爆炸性商品。爆炸性商品的化学性质活泼，对机械力、电热反应敏感。在外界作用下(如受热、撞击摩擦、振动或其他因素的激发等)，能发生剧烈的化学反应，瞬间产生大量的气体和热量，使周围压力急剧上升，发生爆炸，对周围环境造成机械性破坏。爆炸

性商品有以下三个基本特性(见表 5-3)。

表 5-3　爆炸性商品的基本特点

	特点概述
爆炸性	爆炸性是一切爆炸物的主要特性,爆炸性商品通常都具有化学不稳定性,在一定外因的作用下,以很高的速度发生猛烈的氧化—还原反应,产生大量的气体和热量,形成冲击波,对周围的环境造成机械性的破坏。
吸湿性	很多爆炸性商品都具有较强的吸湿性,多数炸药会随着水分含量的增加而降低爆炸能力,甚至失去爆炸性。这些商品水分充分蒸发后仍可恢复原来的爆炸性,但是吸湿和干燥的反复进行,会使药体硬化结块,降低其使用质量。对于已结块的炸药,不得用铁工具粉碎,以防发生爆炸。因此,储存爆炸商品的库房要经常保持干燥。
条件性	爆炸性是由其爆炸性商品的组成和性质决定的,但也需要必要的外界条件,如热的作用、机械作用、接触明火、日光的作用、金属的作用、强酸作用等,才会爆炸。因此,掌握了影响爆炸物爆炸的外界条件,就可以在储存过程中保证商品的安全。

②氧化剂。氧化剂类商品均有不同程度的氧化性,都有和还原剂、可燃物质混合成爆炸物的可能。在不同的条件下,氧化剂遇酸、遇碱、受热、受潮或接触有机物、还原剂,就能释放氧,发生氧化还原反应,引起燃烧。氧化剂的特性具体来说有五个方面(见表 5-4)。

表 5-4　氧化剂类商品的基本特性

	特性描述
氧化性	它是指氧化剂通常具有较强的得电子能力。
遇热分解	它是指大多数氧化剂有遇热分解、燃烧、爆炸的危险。
吸水性	它是指大多数盐类氧化剂都具有不同程度的吸水性,在潮湿的环境里很容易从空气中吸收水分,甚至溶化、流失。
化学敏感性	它是指氧化剂与还原剂、有机物、易燃物等接触时,能立即发生不同程度的化学反应甚至爆炸与燃烧,或因外界因素的作用而引起燃烧、爆炸。
遇酸分解	它是指碱性氧化剂,遇酸后能发生猛烈反应,引起燃烧或爆炸。

氧化剂还有其他的一些特性,如一定的毒性、腐蚀性,使人中毒与灼伤皮肤等。

③压缩气体和液化气体。压缩气体和液化气体是指将压缩、液化或加压溶解的气体贮存于耐压容器中。它在具备一定的受热、撞击或剧烈振动的条件下,容器的内压力容器膨胀引起介质泄露,甚至使容器的破裂爆炸,从而导致燃烧、爆炸、中毒、窒息等事故。压缩气体和液化气体的基本特性是:剧毒性、易燃性、助燃性和爆炸性等。

2)易燃烧类商品

①自燃商品。自燃商品的基本特性有:自燃性,自燃商品不需要明火接触而有自身燃烧的特性;条件性,自燃商品燃烧是有条件的,如温、湿度,有无助燃物等。自燃商品性根据自燃点的高低、发生自燃的难易程度及危险性的大小可分为两级自燃商品;一级自燃商品,化学性质比较活泼、易发生分解的商品,它的自燃点低、容易自燃;二级自燃商品,化学性质不太活泼,自燃点低,能自燃的商品。这两类自燃商品在养护上采取的措施有很大的不同。

②遇水燃烧商品。遇水或潮湿空气能分解产生可燃性气体，并放出热量而引起燃烧或爆炸的商品被称为遇水燃烧商品。它的特性是遇水后能发生剧烈的化学反应，放出可燃性气体，当达到气体燃点时立即燃烧以致爆炸。遇水燃烧商品在储存中绝对不能接触到水蒸气和水，常见的遇水燃烧商品有活泼金属锂、钠、钾等。

③易燃液体。在常温下以液体状态存在，遇水容易引起燃烧，其闪点在45℃以下的物质被称为易燃液体。易燃液体挥发出来的蒸气在一定温度条件下接触火源，即能发出闪电状的火花，但不能继续燃烧，发生闪光的最低温度叫闪点。易燃液体绝大多数是有机化合物，常见的有豆油、花生油、乙醚、汽油、酒精等。易燃液体的基本特性是：易燃性、挥发性、高度的流动扩散性、爆炸性、能与氧化性强酸及氧化剂发生反应、具有不同程度的毒性等。易燃液体按照闪点的高低划分种类：闪点在28℃以下的属于一级易燃液体；闪点在45℃以下、28℃以上的属于二级易燃液体。

④易燃固体。易燃固体是指以固体形态存在，本身燃点较低，遇明火或受热、受撞击、摩擦、接触氧化剂或强酸后，能发生剧烈的氧化反应，产生热量，达到该物质的燃点时发生猛烈的燃烧的固体商品，例如赤磷及含磷的化合物、硝基化合物等。易燃固体按燃点的高低、燃烧速度的快慢、燃烧作用的猛烈程度和气体毒性的大小也可分一级和二级两类。

3)毒害性商品

毒害性商品是指被误服、吸入或与皮肤黏膜接触进入肌体后，积累到一定的程度，就能与液体或组织发生生物化学反应或作用，扰乱破坏肌体的正常生理功能，引起暂时性或持久性的病理状态，甚至危及生命的物品。对于接触同一剂量、同种类型的毒害性质品，由于人的体质和生理状况不同(如年龄、体质、性别等)，毒害性商品对人体的影响是不一样的。毒害性商品的基本特性是：有毒性、挥发性、燃烧性和溶解性等。毒害性商品可分为无机毒害性商品和有机毒害性商品两大类。

4)腐蚀品

腐蚀品能灼伤人体的组织，对金属商品造成破坏。腐蚀品散发出的粉尘、烟雾、蒸气等，能强烈刺激眼睛和呼吸道，吸入后会引起中毒。腐蚀品的基本特性是：腐蚀性、毒害性、易燃性、氧化性和遇水分解性等。仓储部门一般将腐蚀品分为无机酸性腐蚀品、有机酸性腐蚀品、碱性腐蚀品和其他腐蚀品四类。常见的腐蚀品有发烟硝酸与硝酸、发烟硫酸与硫酸、冰醋酸等。

5)放射性商品

放射性商品能自发不断地放出人体感觉器官不能察觉到的射线，它放出的射线有α、β、γ、中子流四种类型，具有不同的穿透能力，能杀伤细胞，破坏人体组织，长时间或大剂量照射，会引起伤残甚至死亡。有些放射性商品还具有易燃、毒害、腐蚀等性质。常见的放射性商品有偶放射性同位素、独居石和夜光粉等。

4.危险品仓库的建筑要求

危险品仓库，一般占地面积较大。在布局上，应以“安全第一”为原则，区别各类商品的性能，搞好仓库的区域规划。一般来说，要按照储存危险品的类别和性能，充分利用地形，合理划分各类物品的存放地区；并按地势的标高和气象资料设置必要的防雷网；按安全需要科学布置消防系统。此外，危险品仓库在库区布局上要按公安部建筑设计防火规范的要求，预留符合规定的防火安全距离。具体要求如表5-5所示。

表5-5　典型危险品仓库的建筑要求

仓库分类	建筑要求
爆炸性商品仓库	专库专用，最好是利用山势、洼地作为屏障，建筑地下式仓库，要有2/3～1/3的高度设在地面以下，外露墙壁砌成45°斜坡，库顶要用轻质不燃材料覆盖；对于地上库应与四周保持足够的安全距离，并在周围筑堤（堤基离库墙1米～3米，堤顶宽度不小于1米，且高出屋檐1.5米以上），采用轻质隔热库顶；每幢建筑面积在100平方米以内，要通风良好，四壁做防水层，地坪用沥青抹平；为防日光照射，库房门窗要安装不透明玻璃或用白色涂料涂刷，库内照明可安装电灯（最好安防爆式电灯），电源开关应设在库房外避雨的地方；无电源的地方可用干电池照明，不可用明火工灯具。
易燃液体仓库	要远离生活区，用水方便，库间要有足够的消防车通道，消火栓的分布要周密合理；库房应采用钢筋混凝土结构，门窗向外开启；对于低沸点商品，应存放在低温库房或窑洞、地窖内；防爆灯在库外通过玻璃窗向库内照明，库内外墙壁上不能安装任何电器设备；库内应安装排毒净化设备，以排除易燃液体放出的有毒气体。
腐蚀性商品仓库	库顶最好是水泥的平顶结构，里面涂耐酸漆，以防腐蚀；地坪可以用一般的水泥地面；对于木结构的屋顶、门窗和各个结构部位的铁附近，都应涂上耐酸漆，以防酸性商品挥发出来的气体或蒸气腐蚀库房建筑结构；库内不宜安装电灯，在建筑时必须考虑库房的采光，也可以采取在库外向库内照明的方法。
放射性商品仓库	应建特型库，最好是地下式；库房建筑宜用混凝土结构，墙壁厚度应不少于50厘米，房顶、四壁、地坪要用拌有重晶石粉的混凝土抹平；地坪表面要光滑，以便冲洗残存的放射性灰尘；仓库四壁、天花板、门窗应用铅板衬制或覆盖，库内要有下水道和专用渗井。

5.危险品的安全储存管理

从总体上来说，危险品大都具有怕热、怕摩擦、怕水，具有腐蚀性等危险特性，因此要根据危险品的不同性能来建造和选择适宜的储存场所；同时危险品在装卸、搬运、堆码及管理、养护等方面，必须采取科学的方法。危险品仓储管理一般要求做到以下几点：

(1)分区分类储存

根据各类危险品性质的特点，实行分区分类储存。从这个角度，危险品仓库可分为大型危险品仓库、中小型危险品仓库和县以下（含县）危险品仓库。大型危险品仓库是大城市的专业仓库，可划分为若干存货区，库区之间有一定的安全距离和明显的界限；中小型危险品仓库在中小城市，库存总量不大、库区面积有限；县以下（含县）危险品仓库分布广，数量多，但是面积有限，库存量小。此外，要根据仓库建筑、设备和水源与消防条件，适当划分各类危险品的货区和货位，区与区、仓与仓、垛与垛之间，要有一定的安全间距。划定的货区、货段和货位，应进行货位编号。

危险品在储存过程中，要根据其类型的不同采取不同的保养措施，除此之外要进行定期检查与观测，做好商品检查记录，还要根据商品的特性，加强温湿度的控制与调节。

(2)设备管理

危险化学品的仓库实行专用仓库的使用制度，设施设备不能用于其他用途。各种设施和设备要按照国家相应标准和有关规定进行维护、保养，进行定期检测，保证其符合安

全运行要求。对储存剧毒化学品的装置和设施要每年进行一次安全评价;储存其他危险品的,储存装置每年进行一次安全评价。对评价不符合要求的设施和设备应停止使用,立即更换或维修。

(3)库场使用

危险化学品必须储藏在专用仓库、专用场地或者专用储藏室内。对危险品专用仓库的要求,不仅包括专区专用,不能存放普通货物,还包括不同种类的危险品应分类存放在不同的专用仓库,各仓库存放确定种类的危险品。与危险品仓储须经管理部门批准一样,危险品仓库改变用途,或改存放其他危险品,也需要相应的管理部门审批。

危险品的危害程度还与其存放数量有关,仓库需要根据危险品的特性和仓库的条件,确定各仓库的存量。例如,黄浦港务公司仓库第12仓楼下的堆存限额为1078升,不能堆放一级易燃液体和一级有机氧化物。

(4)堆码苫垫

危险品的储存以库房储存为主,堆码不宜过高过大,货垛之间要留出足够宽的走道,墙距较宽。在一般情况下,危险品的堆垛高度为:液体商品不超过2米;固体商品不超过3米。库房存放怕潮的危险品时,要适当垫高,露天存放更应垫高防水;同时,应根据商品的性质选择适宜的苫盖物种,如硫黄等腐蚀性商品,不宜用苫布盖,应以用苇席盖为妥。储存危险品用过的苫垫物料,需要调剂使用时,要经刷洗干净后再用。

(5)对从业人员的要求

从事危险化学品生产、经营、储存、运输、使用或者处置废弃危险化学品活动的人员,必须接受有关法律、法规、规章和安全知识、专业技术、职业卫生防护和应急援救知识的培训,并经考核合格,方可上岗作业。

(6)危险品仓库安全作业

危险品仓储管理的一般要求与其他货物仓储管理相同,其特殊要求如下:

1)货物出入库

仓库业务员应对货物按交通部颁布的《危险品运输规则》的规定进行抽查,做好相应的记录,并在货物入库后两天内对其验收完毕。入库验收方法主要采用感官验收为主,仪器和理化验收为铺。货物存放应按其性质分区、分类、分库储存。对不符合危险品报关要求的应与货主及时联系拒收。

危险品入库,仓储管理人员要严格把关,认真检查品名、标志、包装,清点数量,做好核查登记。对于品名、性质不明或者包装、标志不符,包装不良的危险品,仓库保管员有权拒收,或者依据残损处理程序进行处理,未经处理的包装破损危险品不得进入仓库,由仓库在收发货区接收和交付危险货物。剧毒化学品实行双人收发制度,送提货车辆不得进入存货区。

危险品出库时,仓库保管员需认真核对货物的品名、标志和数量,协同提货人、承运司机查验货物,确保按单发货,并做好出库登记,详细记录危险货物流向流量。当一次提货超过0.5吨时,要发出场证,交运输员陪送出场。仓库保管员应按"先进先出"原则组织货物出库,并认真做好出库清点工作。车辆运送时,应严格按危险品分类要求分别装运,对怕热怕冻的货物需按有关规定办理。

2)货物保管

危险品的储存方式、方法与储存数量必须符合国家标准。仓储管理人员要根据国家标准、危险特性、包装以及管理制度,合理选择存放位置,根据危险货物对保管的要求,妥善安排相应的通风、遮阳、防水、控湿、控温条件的仓库或堆场货位。

对危险品应实行分类分堆存放,堆垛不宜过高,垛间应留有一定的间距,货堆与库壁间距应大于0.7米,对怕热、怕潮、怕冻物品应按大气变化及时采取密封、通风、降温和吸潮等措施。

危险货物堆叠时要整齐,堆垛稳固,标志朝上,不得倒置,垛头应悬挂危险品的标志、编号、品名、性质、类别、级别等相关信息。

应对危险品仓库实行定期检查制度,检查间隔不宜超过5天;在检查中若发现问题应及时填写"问题商品通知单",并上报仓库领导;仓库保管员需保持仓库内的整洁,特别是对残余化学物品应随时清扫。对残损、质次、储存过久的货物应及时向有关单位联系催调。

危险品仓库实行专人管理,剧毒化学药品实行双人保管制度,仓库存放剧毒化学药品时须向当地公安机关备案。对于废弃的危险品、容器等,仓库要采取妥善的处理措施,如随货进行移交、封存、掩埋等无害化处理,不得留有隐患。剧毒危险品发生被盗、丢失、误用等应立即向当地公安机关报案。

3)货物装卸

危险品在进行装卸作业前应先了解所装卸危险品的危险程度、安全措施和医疗急救措施,并严格按照有关程序和工艺方案作业。根据货物性质选择合适的装卸机械。装卸易爆货物时,装卸机械应安装熄火装置,禁止使用非防爆型电器设备,作业前应对装卸机械进行检查。装卸搬运爆炸品、有机过氧化物、一级毒害品、放射性物质时,装卸搬运机都应按额定负荷降低25%使用,作业人员应穿戴相应的防护用品,夜间装卸作业应有良好的照明设备。作业现场须准备必要的安全、应急设备和用具。

6.危险品事故应急处理

危险品仓库必须根据库存危险品的特性、仓库的条件以及法规和国家管理机关的要求,制定仓储危险品应急措施。

应急措施包括发生危害时采取的措施和人员的应急职责,具体包括危险判定、危险事故信号汇报、现场紧急处理、人员撤离、封锁现场、人员分工等。

应急措施要作为仓库工作人员的专业知识,务必使每一个员工熟悉,且熟练掌握所在岗位的职责行为和操作技能。仓库应该定期组织员工开展应急措施演习,当人员有一定变动时也要进行演习。

5.2.3 油品的仓储管理

1.油品仓储作业的防火要求

油库的一般防火规定为:

①油库内前应设置防火须知板。在油库内外明显设立"严禁烟火"的标志。

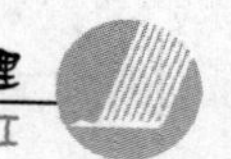

②入库人员不得携带火柴、打火机和易燃易爆物品入库。如携带上述火种和物品应留在门卫处保管。

③油库实行消防安全责任人制度和岗位消防安全责任制。制定油库消防安全规章制度,并督促落实制度。

④库内各部位,特别是储存区和装卸区应保持清洁,清除场地干草和杂物。

⑤临时照明不得使用明火,应使用移动式防爆灯具或防爆安全手电筒。工作完毕后,所有机械设备的电源应切断。

⑥所有作业场所的机器设备和容器应保持完整和清洁。使用前和使用中应经常检查,发生故障应及时修复。要消除设备和容器的跑冒滴漏现象。

⑦各种设备和容器应有专人负责操作、检查和保养。各种仪器仪表应由管理部门定期校验,保证灵敏有效。

⑧定期检查下述安全设备状况和性能:管道密闭性能是否良好;呼吸阀工作是否正常,冬季时阀门是否冻结;液压安全阀的液面是否保持规定的高度,封液是否清洁;阻火器是否有损坏和变形;量油孔口有色金属衬垫是否完好;接地装置是否完好;泡沫灭火系统是否完整好用等。

2. 控制油罐(容器)的容量

严格控制容器的安全容量对防火和灭火工作都有实际意义。

(1)油罐的储油高度

油罐的储油高度按下式计算:

$$H=D_1/D(H_1-H_2)$$

式中:H——储油安全高度,米;

H_1——油罐总高度(底板至顶板下缘),米;

H_2——泡沫覆盖层厚度(见表5-6);

D——罐内收油时温度下的平均弥补,千克/立方米;

D_1——储存期间最高温度下的油品密度,千克/立方米。

表5-6 不同油品所需灭火泡沫厚度

(单位:毫米)

油品闪点	用化学泡沫时	用空气泡沫时
≤28℃	300	450
28℃~45℃	300	300
>45℃	180	300

(2)油罐的安全容量

油罐的安全容量按下式计算:

$$G=V_HD_t$$

式中:G——安全容量,千克;

V_H——该油罐安全储油高度下的油品容积(可从该油罐容积表中查得),立方米;

D_t——储存期间最高温度下的油品密度,千克/立方米。

(3)油桶的安全容量

油桶罐装油品的数量,按季节气候情况确定(见表5-7),一般油桶灌装系数保持在93%～95%。

表5-7 油桶灌装标准容量

单位:升

油品名称	夏季	冬季	油品名称	夏冬季
汽油	135	140	机械用润滑油	160～170
工业汽油	135	140	汽车制动油	165
120#溶剂油	130	135	变压器油	165
200#溶剂油	140	145	皂化油、内燃机油	170
灯用煤油	155	160	齿轮油、汽缸油	170～175
轻柴油	155	160	润滑脂凡士林	180

3.油品收发防火

油品收发时,收发岗位的人员对罐体、阀门等要认真检查,防止油品跑损、混油、串油、管线憋压爆裂引起火灾爆炸事故。

接到收发油运单或任务单后,要详细核对品种、规格和数量,发现与运单不符时,要及时报告有关部门处理。正确安装油罐、油泵和管组,避免错收错发。

收油操作中,不应悬空向罐内输油,以免产生静电。向罐内输油的油泵能力,不应超过呼吸阀的工作能力,以免破坏油罐。

在发生雷雨时,应停止收发轻质油品,防止雷击和雷电感应引起火灾。

开启管道上阀门时,应缓慢进行,以免产生强烈的水锤作用而损坏设备。在开启蒸汽管线之前,应放净管内冷凝水。

4.计量、取样的防火

油品计量和取样的操作中有一定的火灾危险性,若操作不当会给油品储运造成灾害。

计量尺、测温盒和取样器应采用导电性能良好的、与罐体金属相碰不会产生火花的材料制作。

计量员应穿戴防静电服装和鞋帽。上罐时,在盘梯拉杆始端用双手握一下未刷漆部分,以消除静电。输油过程中进行油位高度测量时,为防止静电放电,金属量油尺一端要与油罐跨接。

取样筒、温度计的系绳须用铜链或棉麻绳。

5.灌装防火

轻油及黏油的灌装罐(高架罐)都应设高低液位显示及液位报警装置。汽油、煤油、柴油灌装罐(高架罐)严禁设在灌装间的顶部。除寒冷地区一些需要加温的柴油罐外,轻油灌装罐应设在室外。黏油灌装罐可设在室内,但应将防火通气孔引出室外。

灌装油罐应设防火堤,以防事故时油品向四周流散。应严格控制油品加温,防止温度超限。

灌装间、灌装场、油泵房要通风良好。灌装管道按有品分组使用。轻质油品的灌装

流速不宜大于4.5米/秒。

6.输油设施的防火

油库内油品的输送主要是使用油泵和输油管线。

油库中输送轻质油品，一般采用离心泵：输送燃料油或润滑油等黏性油品采用齿轮泵、往复泵、螺杆泵等容积泵。各种泵应设置防止油管超压爆破的安全阀。油泵配选电动机时应注意以下事项：

①输送轻质油品的油泵，应选择防爆型电动机。如采用非防爆型电动机，应将油泵与电动机用严密的砖墙隔开。

②根据油泵的工作性能，考虑电动机功率安全系数。对于功率较大的电动机(7.5千瓦以上)，其功率安全系数为1.05～1.1；中等功率的(1.5～7.5千瓦)的电动机，其安全系数为1.2～1.5，以免电动机因过载而发热燃烧，引起火灾。

在油库中由油泵引起的火灾，主要有以下几种情况：

①轴线不正，安装偏歪或轴本身有弯曲，在运转时轴与其他部件摩擦产生高热，引燃油气。

②滚珠轴承安装不标准，或润滑不足，或润滑油不洁净，造成滚珠轴承变形，破裂或轴壳咬死。摩擦产生高热或碎片挤轧产生火花引燃油气。

③盘根安装过紧时，盘根过热，引燃油气。

④油泵空转造成油泵壳高热引燃油气。

⑤离心泵导管中有空气囊，引起导管剧烈跳动甚至折断，大量油品流出遇火燃烧。

⑥非防爆电动机产生的火花或内燃机由排气管喷出的火花，点燃油蒸气等等。

7.油泵房的防火要求

油泵房是油库的心脏，尤其是输送轻质油品的泵房内，不可避免聚集有一定浓度的油蒸气，所以发生火灾、爆炸的危险性较大。油泵房的防火要求如下：

①泵房建筑物耐火等级不应低于二级，室内通风良好，空气中油蒸气的含量不大于30毫克(立方米)。泵房内不得有闷顶和夹层。

②泵房内照明灯具应采用防爆型的。

③当一个泵房内安装输送不同闪点油品的油泵时，油泵和所有设施，均应符合输送闪点最低油品的要求。

④泵房内禁止安装临时性、不符合要求的设备和铺设临时管道。不得采用带传动装置，以免因静电引起火灾。

⑤当油泵房相邻建筑物布置10千伏以下变配电装置、计量仪表表站、工作人员休息站时，必须采用防火墙与油泵房隔开，隔墙只允许穿过与泵房有关的电缆保护套管，穿墙套管孔洞应用非燃材料严密填塞，并各有单独出入口。

⑥在泵房的阀组场所，应有能将油品经水封引入集油井的设施，集油井应加盖，并有可以用油泵抽除的设施。

⑦设有真空系统的泵房，真空罐应设在泵房外面。

⑧泵房内机泵应排列整齐，管线排列有规律。泵与泵、泵与墙之间净距一般为1米，油泵、阀门、管线不渗漏，附近仪表齐全，并设置一定数量的移动灭火设备。

8. 输油管线的防火

输油管路分布于油库的各个作业区，把各输、储油设备联系为一个输转油品的整体。如果管路出事而引发火灾，对整个油库的安全影响和危险很大。为了防止输油管路出事，引发火灾，应注意以下几点：

①输油管路的材质应为钢管，安装应按照设计和工艺要求执行。油管相互间距、与建筑物的距离、上下交错管线间的距离，均应按照有关技术规范设计安装。

②不得将油管铺设在建筑物的上面或下面。当穿越铁路及库内机动车通行通路时，其交角不应小于60°，并应在管外装有保护性钢制套管。

③为了防止地上输油管路与相邻设施互相影响，地上铺设的油管应与有门窗洞口的建筑物保持不少于3米的距离，与无门窗洞口的建筑物保持1米以上的距离。

④地下输油管路埋深小于相邻建(构)筑物基础深度时，应按地上管路的规定铺设；大于基础深度时，管糟底或管沟底的开挖边线与建(构)筑物基本边缘的距离应大于建(构)筑物基础应力范围以外0.3米。

⑤地上油管应架设在不燃材料制成的支架上。保温层应采用不燃材料。地下铺设管路的管沟，应用耐火材料砌筑。

⑥多条管线平行铺设，其间距不应小于10厘米。蒸汽管线不得和输送轻质油品的管线平行铺设。

⑦地下管线和电缆线相交，油管应在电缆下边不小于1米的深度，与下水道相交，应在下水道下边1.5米的深度。

⑧地上和明沟铺设的输油管路应按设计要求装设伸缩器。输送轻质油品的油管与油罐阀门结合处，应装设防胀管接通罐顶，以防油品膨胀的压力爆破油管。

⑨地下管路经过的地面上方禁止堆积各种物料。

⑩架空管路跨越铁路时，其净空高度应在5.5米以上；跨越公路时应在4.5米以上；跨越人行道时应在2.2米以上。

⑪油管应定期(1～2年一次)进行耐压试验，试验压力应为工作压力的1.5倍，以衡量油管是否能够承受规定的压力。

⑫输油管的铺设应与油库容量相适应，如油库容量大、管径小，容易产生静电；但容量小、管径大又不经济。

5.2.4 粮食的仓储管理

1. 粮仓管理

(1)粮食的仓储特性

粮食的仓储特性包括：

1)呼吸性和自热性

粮食仍然具有植物的新陈代谢，能够吸收氧气和释放二氧化碳，通过呼吸作用，能产生和散发热量。因此当大量的粮食堆积时，释放的二氧化碳就会使空气中的氧气含量减少；大量堆积的粮食所产生的热量若不能散发，就会使粮堆内温度升高。另外粮食中含

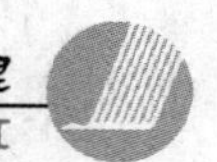

有的微生物也具有呼吸和发热的能力。粮食的自热不能散发，在大量积聚后，会引起自燃。

粮食的呼吸性和自热性与含水量有关，含水量越高，自热能力越强。

2)吸湿性和散湿性

粮食本身含有一定的水分，当空气干燥时，水分会向外散发，而当外界湿度大时，粮食又会吸收水分，在水分充足时还会发芽，芽胚被破坏的粮食颗粒就会发霉。由于具有吸湿性，粮食在吸收水分后不容易干燥，而储存在干燥环境中的粮食也会因为散湿而形成水分的局部聚结而致霉。不同粮食的含水量标准如表 5-8 所示。

表 5-8 粮食的含水量标准

粮食种类	含水量	粮食种类	含水量
大　米	15%以下	赤　豆	16%以下
小　麦	14%以下	蚕　豆	15%以下
玉　米	16%以下	花　生	8.5%以下
大　豆	15%以下	花生果	10%以下

3)吸附性

粮食具有吸收水分、呼吸的性能，能将外界环境中的气味、有害气体、液体等吸附在内部，不能去除。因此，一旦受到沾污，粮食就会因无法去除异味而损毁。

4)易受虫害

粮食本身就是众多昆虫幼虫和老鼠的食物。未经杀虫处理的粮食中含有大量的昆虫、虫卵和细菌，当温度、湿度适宜时将会大量繁殖，形成虫害，即使是经过杀虫处理的粮食，也会因为吸引虫鼠而造成二次危害。

5)散落流动性

散装粮食因为颗粒小，颗粒之间不会粘连，在外力(重力)作用下，具有自动松散流动的散落特性，当倾斜角足够大时就会出现流动性。根据粮食的这种散落流动性，可以采用流动的方式作业。

6)扬尘爆炸性

干燥粮食的麸壳、粉碎的粮食粉末等在流动和作业时会产生扬尘，伤害人的呼吸系统。当能燃烧的有机质粮食的扬尘达到一定浓度时(一般为 50～65 克/立方米)，遇火源会发生爆炸。据资料显示，美国在 1958—1975 年发生的粮谷粉尘爆炸达 139 起。

(2)粮仓的设施

粮仓是指贮藏粮食的专用建筑物，主要包括仓房、货场(或晒场)和计量、输送、堆垛、清理、装卸、通风、干燥等设施，并配备有测量、取样、检查化验等仪器。

粮食存储是仓储最古老的项目，“仓”在古代就是表示粮食的储藏的场所。粮食包括小麦、玉米、燕麦、大麦、大米、豆类和种子等。粮食仓储是实现粮食集中保管、分散消耗的手段，同时也是国家战略物资储备的方式之一。

粮食作为大宗货运输，需要较大规模的集中和仓储。为了降低粮食的储藏成本、运输成本，提高作业效率，主要以散装的形式进行运输和仓储，进入消费市场流通的粮食才采用袋装包装。

粮食仓库的设计应考虑粮食品种、贮藏量(仓容)和建筑费用等因素,在构造上主要应满足粮食安全贮藏和粮食仓库工艺操作所需的条件。选址和布局应考虑粮源丰富、交通方便、能源充足等因素。

2.粮仓管理的基本要求

(1)干净无污染

粮仓必须保持清洁干净。粮仓为了达到仓储粮食的清洁卫生条件,要尽可能用专用的粮筒仓;通用仓库拟用于粮食仓库,应是能封闭的,仓内地面、墙面要进行硬化处理,不起灰扬尘、不脱落剥离,必要时使用木板、防火合成板固定铺垫和镶衬;作业通道进行防尘铺垫。金属筒仓应进行除锈处理,如进行电镀、喷漆、内层衬垫等,在确保无污染物、无异味时才能够使用。

在粮食入库前,应对粮仓进行彻底清洁,清除异物、异味,待仓库内干燥、无异味时,粮食才能入库。对不满足要求的地面,应采用合适的衬垫,如用帆布、胶合板严密铺垫。使用兼用仓库储藏粮食时,筒仓内不能储存非粮食的其他货物。

(2)保持干燥,控制水分

保持干燥是粮食仓储的基本要求。粮仓内不能安装日用水源,消防水源应妥善关闭,洗仓水源应离仓库有一定的距离,并在排水沟的下方。仓库旁的排水沟应保持畅通,确保无堵塞,特别是在粮仓作业后,要彻底清除哪怕是极少量的散漏入沟的粮食。

应该随时监控粮仓内湿度,将其严格控制在合适的范围之内。仓内湿度升高时,要检查粮食的含水量,当含水量超过要求时,须及时采取除湿措施。粮仓通风时,要采取措施避免将空气中的水分带入仓内。

(3)控制温度,防止火源

粮食本身具有自热现象,温度、湿度较高,自热能力也越强。在气温高、湿度大时需要控制粮仓温度,采取降温措施。每日要测试粮食温度,特别是内层温度,及时发现自热升温情况发生。当发现粮食自热升温时,须及时降温,采取加大通风,进行货堆内层通风降温,内层放干冰等措施,必要时进行翻仓、倒垛散热。

粮食具有易燃特性,飞扬的粉尘遇火源还会爆炸燃烧。粮仓对防火工作有较高的要求。在粮食进行出入库、翻仓作业时,更应避免一切火源出现,特别是要注意消除作业设备运转的静电,粮食与仓壁、输送带的摩擦静电,加强吸尘措施,排除扬尘。

(4)防霉变

粮食除了因为细菌、酵母菌、霉菌等微生物的污染分解而霉变外,还会因为自身的呼吸作用、自热而霉烂。微生物的生长繁殖需要较适宜的温度、湿度和氧气含量,在温度为25℃~37℃、湿度75%~90%时,其生长繁殖最快。霉菌和大部分细菌需要足够的氧气,酵母菌则是可以进行有氧呼吸和无氧呼吸的兼性厌氧微生物。

粮仓防霉变以防为主。要严把入口关,防止已霉变的粮食入库;避开潮湿货物,如通风口、仓库排水口,远离会淋湿的外墙,地面妥善衬垫隔离;加强仓库温、湿度的控制和管理,保持低温和干燥;经常清洁仓库,特别是潮湿的地角,清除随空气飞扬入库的霉菌;清洁仓库外环境,消除霉菌源。

经常检查粮食和粮仓，若发现霉变，应立即清除霉变的粮食，进行除霉、单独存放或另行处理，并有针对性地在仓库内采取防止霉变扩大的措施。

应充分使用现代防霉技术和设备，如使用过滤空气通风法、紫外线等照射、施放食用防霉药物等，其中使用药物时需避免使用对人体有毒害的药物。

(5)防虫鼠害

粮食的虫鼠害主要表现在直接对粮食的耗损、虫鼠排泄物和尸体对粮食的污染、携带外界污染物入仓、破坏粮仓设备、降低保管条件、破坏包装物造成泄漏、昆虫活动对粮食的损害等。

危害粮仓的昆虫种类很多，如甲虫、蜘蛛、米虫、白蚁等，它们往往繁殖力很强，危害严重，能在很短时间内造成大量的损害。

粮仓防治虫鼠害的方法如下：

①保持良好的仓库状态，及时用水泥等高强度涂料堵塞建筑破损、孔洞、裂痕，防止虫鼠在仓内隐藏。库房各种开口隔栅完好，保持门窗密封。

②防止虫鼠随货入仓，对入库粮食进行检查，确定无害时方可入仓。

③经常检查、及时发现虫害鼠迹。

④使用药物灭杀，使用高效低毒的药物，不直接释放在粮食中进行驱避、诱食灭杀，或者使用无毒药物直接喷洒、熏蒸除杀。

⑤使用诱杀灯、高压电灭杀，合理利用高温、低温、缺氧等手段灭杀。

思考题

1. 简述燃烧的三要素。
2. 简述什么是热传播？有哪三种形式。
3. 简述灭火的基本方法。
4. 简述仓储安全管理的基本内容。
5. 简述事故树分析图包括的内容。
6. 简述冷藏仓库按基本用途分几类。
7. 简述爆炸性商品的基本特点。
8. 简述典型危险品仓库的建筑要求。

第 6 章

仓储经营管理与合同

☞ 本章要点

本章介绍仓储经营的含义，仓储的经营方法，仓储合同的主要条款及仓储合同的订立原则，明确仓储合同当事人权利和义务，重点掌握合同成立、无效、变更、解除、合同违约和免责等内容。

6.1 仓储经营服务

6.1.1 仓储经营的含义与作用

仓储经营管理是指在仓储管理活动中，运用先进的管理原理和科学的方法，对仓储经营活动进行计划、组织、指挥、协调、控制和监督，充分利用仓储资源，以实现最佳的协调与配合，降低仓储经营管理成本，提高仓储经营效益。仓储经营管理是社会再生产顺利进行的保障，是保持物资原有使用价值和合理地使用物资的重要手段，是加快资金周转，降低流通中各种费用与成本，提高经济效益的有效途径。仓储经营管理可以加强企业基础工作，提高管理水平，也可以充分利用仓储设施面向社会开展多样化服务，以获取更大利润。

6.1.2 仓储经营的方法

根据仓储的目的不同可以分为保管仓储、混藏仓储、消费仓储、仓库租赁和流通加工。

保管仓储是由仓储经营人提供完善的仓储条件，接受存货人的仓储进行保管，在保管期届满，将原收保的仓储物原料交还给存货人，存货人支付仓储费的一种仓储经营方

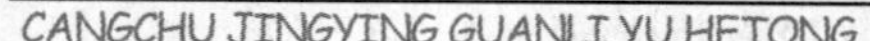
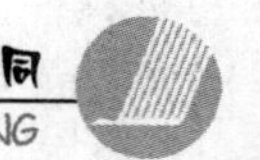

法。保管仓储的目的在于保持仓储物原状，物品一般为数量大、体积大、对保管要求较高的大宗物资，如农副产品、工业制品等。保管仓储活动是等价有偿活动，保管人提供仓储服务，存货人支付仓储费。仓储保管经营的整个仓储过程一般由保管人进行全程操作，仓储费是仓储企业收入的主要来源。

混藏仓储是存货人将一定品质、数量的储存物交给保管人，保管人将不同存货人的同样仓储物混合保存，在期届满时，保管人只需以相同种类、相同品质，相同数量的替代物返还给存储人，保管人收取仓储费的一种经营方法，是保管仓储的一种特殊方式。混藏仓储是一种特殊的仓储方式，它的存储对象是种类物，保管物并不随交付而转移所有权，其存储费率往往比保管仓储的费率低。

消费仓储是指存货人在存放储存物时，同时将储存物的所有权也转移到保管人处。在合同期届满时，保管人以相同种类，相同品质，相同数量替代品返还给存储人，并由存储人支付仓储费的一种仓储方法。消费仓储是一种更为特殊的仓储形式，它的储存物的所有权在仓储期间发生转移，其主要收入来源于仓储的消费收入，保管人返回相同种类、品质、数量的种类物。

仓库租赁是仓库所有人将企业拥有的仓库、场地、设备租给承租人，由承租人进行仓库经营，仓储所有人（出租人）收取出租费的经营方式。仓库租赁的具体方式可以是整体性出租，也可以采用部门出租、货位出租等分散进行方式。目前，世界各地箱柜委托出租的保管业务发展较为迅速，它是仓库业务者以一般城市居民和企业为服务对象，向其出租体积较小的箱柜保管非交易物品的一种仓储业务。它主要强调安全性和保密性，具有存货人自行保管货物、收入主要来自于租金、设备维修由保管人负责等特点。

流通加工是指物品从生产地到使用地的过程中，根据需要施加包装、分割、计量、分拣、刷标志、栓标签、组装等简单作业的总称。流通加工的类型主要包括为弥补生产领域加工不足的深加工、为满足需求多样化进行的服务性加工、为保护产品所进行的加工、为方便物流的加工、为促进销售的流通加工、为提高加工效率的流通加工、为提高原材料利用率的流通加工、为衔接不同运输方式，使物流合理化的加工、以追求企业利润为目的的流通加工和生产流通加工一体化的流通加工形式等。

6.2 仓储合同

6.2.1 仓储合同定义

根据我国《合同法》第381条的规定，仓储合同是保管人储存存货人交付的仓储物、存货人支付仓储费的合同。仓储合同主要有以下法律特征，包括以保管人向他人提供仓储保管服务为合同标的；保管人以仓库为堆藏保管仓储物的设备；仓储物必须是动产；仓储合同的保管人，须是经工商行政管理机关批准的，依法能从事仓储保管业务的法人或经济组织；仓储合同是双务有偿合同。双方当事人互负给付义务；一方提供仓储服务、另一方给付报酬和其他费用;仓储合同是诺成合同、不要式合同。

6.2.2 仓储合同当事人

仓储合同当事人包括存货人和保管人。存货人是指将仓储物交付给仓储的一方,保管人是指提供仓储物的保管服务的一方。保管人除应具备拥有保管设施和设备条件外,还必须拥有安全、消防等基本条件并取得相应的公安消防部门的许可,并取得从事仓储保管业务的资格。

6.2.3 仓储合同标底和标的物

中国在仓储合同的法律规定中并未明确规定仓储合同的损害赔偿是否可以赔物,而且在人们长期形成的观念中赔偿,即赔钱是理所当然的。但是在中国实行物赔并非无法可依,我国新《合同法》第 107 条:"当事人一方不履行合同义务或者履行合同义务不符合约定的,应当承担继续履行、采取补救措施或者赔偿损失等违约责任。"第 395 条:"本章没有规定的,适用保管合同的有关规定。"第 378 条:"保管人保管货币的,可以返还相同种类、数量的货币。保管其他可替代物的,可以依照约定返还相同种类、品质、数量的物品。"可见,中国的法律并没有禁止以实物赔偿作为违约损害赔偿的措施,虽然理论学者们的观点不尽相同,但是他们并没有否认不可以以实物进行赔偿。也就是说,仓储保管人不可随意处分仓储物,但若仓储物毁损,须以实物进行赔偿。因此,物流产业下,一旦仓储合同标的物受到损害,强调实际履行,主张实物赔偿有其特殊的功能。首先,实际履行是实现合同目的,维护合同纪律所采取的必要补救方式;其次,在很多损失难以确定的情况下,实际履行更有利于保护受害人的利益;再次,从举证责任上看,受害人采用实际履行的补救方式可以不必承担损失的举证责任,这对于债权人十分有利。强调实物赔偿就相当于扩大意义上的实际履行,而金钱赔偿则是赔偿损失,实物赔偿有其合法性及合理性。

仓储合同的标的物,即存货人交付保管人保管的货物必须能够移动、需要存放到仓库经营人所拥有的仓库的货物,所以只能是动产。另外,仓储合同的标的物虽然多数是种类物,但一经建立仓储保管关系,该种类物就特定化了,因此,保管方不能擅自调换动用保管物,在合同终结时,保管方返还给存货方的应该是原交付保管的物品。

6.2.4 仓储合同的订立

1. 仓储合同订立的原则

仓储合同的种类繁多,各种仓储合同的订立程序不尽相同,但当事人在订立仓储合同时必须遵循一定的原则。具体而言,应当遵守以下原则:

(1)平等原则

《合同法》第 3 条规定:"合同当事人的法律地位平等,一方不得将自己的意志强加给另

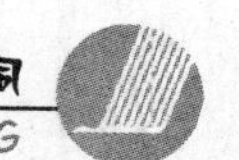

一方。"这一原则在仓储合同的订立过程中有着极为重要的意义，根据这一原则，在订立仓储合同的过程中，要自觉有意识地遵循平等原则，不能以大欺小、以强凌弱，杜绝命令式合同，反对一切凭借职位、业务、行政等方面的优势而与他人签订不平等的仓储协议。

(2)公平及等价有偿原则

《合同法》第5条规定："当事人应当遵循公平原则确定各方的权利和义务。"这一原则要求仓储合同的双方当事人依照价值规律来进行利益选择，禁止无偿划拨、调拨仓储物，也禁止强迫保管人或存货人接受不平等的利益交换。

(3)自愿与协商一致原则

《合同法》第4条规定："当事人依法享有自愿订立合同的权利，任何单位和个人不得非法干预。"自愿意味着让存货人与保管人完全依照自己的知识、判断去追求自己最大的利益，协商一致是在自愿基础上寻求意见一致，寻求利益的结合点，仓储合同的订立只有在自愿与协商的基础上，才能最充分体现双方的利益，从而保证双方依约定履行合同。

2.订立仓储合同的程序

仓储合同的订立，是存货人与保管人之间依意思表示而实施的能够引起权利和义务关系发生的民事法律行为。其订立过程就是仓储合同的当事人之间就合同条款通过协商达成协议的过程。不同种类的仓储合同其订立过程不尽相同。如计划性的仓储合同，以国家批准的仓储计划为前提；双方当事人约定必须经过签证、公证等程序才成立的仓储合同，则必须办理有关的签证、公证手续后，合同才告成立。但是，一般来说，订立合同主要有两个阶段，即准备阶段和实质阶段，实质阶段又包括要约和承诺两个阶段。

(1)准备阶段

在许多场合，当事人并非直接提出要约，而是经过一定的准备，进行一些先期性活动，才考虑订立合同。其中包括接触、预约和预约邀请，其意义在于使当事人双方相互了解，为双方进入实质的缔约阶段创造条件，扫除障碍。

①合同接触。有些国家特别强调合同订立前的接触，充分强调接触的法律意义，有些国家甚至将合同接触作为订立合同的必经程序。我国法律对合同接触没有明确的规定。但在合同实务中，合同接触意义重大，不容忽视，合同接触一般有以下两种形式：一是双方通过会谈、实际调查及实地考察等活动，进行单独接触，全面了解；二是通过向开户银行、公证机关、登记主管机关及业务主管机关咨询，了解对方当事人的资讯情况、履约能力等，在此基础上进行可行性分析，作出是否与其订立合同的决定。实践证明，充分的合同接触，可以预防和减少合同纠纷，提高合同履约率，减少和避免无效合同的发生，能有效防止合同订立过程中的欺诈行为，因此在实践中应大力提倡。

②仓储合同的预约。所谓预约，指当事人之间约定将来订立一定合同的合同，将来应当订立的合同，成为"本约"，而约定订立本约合同，称为"预约"，合同预约的履行结果是订立本约，预约是本约产生的前提和根据，本约是预约履行的必然结果，我国《合同法》对合同预约未做规定，但在实践中经常采用。预约仓储合同虽然只是预约，但也是一种合同，依据预约仓储合同，存货人和保管人负有应当订立合同的义务，如果预约的一方当事人不履行其订立本约的义务，则另一方有权请求其履行义务及承担违约责任。在预约仓储合同的情形下，如果存货人或保管人不履行订立本仓储合同的义务，另一方完全有

权请求法院强制其订约。

③要约邀请。要约邀请，又称为邀请要约、引诱要约，是指向不特定的人发出的，希望对方向自己提出订约的意思表示。其特征有三：第一，要约邀请仅是订立合同的提议，并不包含合同内容的主要条款。换言之，要约邀请不具备合同基本条款的内容，对其加以承诺并不能成立合同；第二，要约邀请是向不特定的人发出；第三，要约邀请以希望他人向自己提出订约。即，要约引诱的目的在于希望他人向自己提出订约为目的，其最终的目的是为了订立合同。在发生要约邀请以后，要约邀请人撤回其邀请，只要没有给善意相对人造成信赖利益的损失，要约邀请人一般不承担法律责任，但要约申请给他方造成损失时，须负法律责任。因为此时虽未进入实质缔约阶段，但双方已由一般对待关系进入了特殊对待关系，基于诚实信用原则而产生了附随义务，违反此种义务，给对方造成损害的，自然应承担赔偿义务，这在民法理论上，即为缔约过失责任的一种。

(2)实质阶段

根据《合同法》的规定，只要存货人和保管人之间依法就仓储合同的有关内容经过要约与承诺的方式达成意思表示一致，仓储合同即告成立，所以我们将之称为合同订立的实质阶段。

①仓储合同中的要约。所谓要约，是指向特定人发出的订立合同的意思表示，内容必须确定并表明经特定人同意后合同即告成立，发出要约的当事人称为要约人，而要约所指向的当事人则称为受理人。在仓储合同中，一般来说，要约的内容至少应当包含以下内容：标的物数量、质量、仓储费用，即使没有具体的数量、质量和仓储费用表述，也可以通过具体的方式来确定这些内容。根据仓储合同的特点和现实环境，我们认为，仓储合同的要约最好以书面形式规定，特别是大批货物的储存与保管，更是要提出可行的储存计划。在实践中，如果长期的固定的货物储存，一般而言，存货人与保管人都应当签订长期仓储合同；在分期分批储存时，亦应再填写标准格式的仓单，办理具体的仓储手续。

②承诺。在对外贸易中又称为接受和收盘，是指受要约人作出的同意要约内容的意思表示，承诺必须在要约的有效期限或合理期限内作出，并与要约的内容一致。受要约人对要约内容的任何扩充、限制或者其他变更，都构成一项新要约，而非有效的承诺，在仓储合同中，承诺的法律意义在于：保管人一经承诺，仓储合同即告成立且同时生效。

一般情况下，仓储合同经过要约和承诺两个阶段后即告成立。但在实践中，合同的成立并非必须以要约和承诺方式来实现，只要意思表示达成一致，当事人采取要约和承诺以外的方式，也可以成立合同。主要包括交叉要约和意思实现两种。所谓交叉要约，是指订约当事人采取非直接对话的方式，相互不约而同地向对方发出内容相同的要约。如甲公司向乙公司发出要约，称甲公司有货物 500 吨，欲在乙公司储存，期限一个月，费用 2000 元。而与此同时，乙公司也向甲公司发出要约、称甲公司有仓库一间，可为乙公司储存货物 500 吨，期限一个月，费用 2000 元，此种情况称为交叉要约，在此种情况下，双方意思表示在内容上完全一致且意思表示已经送达对方。因此，交叉要约可以成立合同。所谓意思实现，是指依照习惯或者事件的性质，承诺无须通知的要约，或要约人预先声明承诺无须通知的要约，其相对人如在相当时期内有可推断其承诺意思的客观事实，可以据此而成立合同，如保管人开始为保管行为，存货人开始发运寄存物品等。通常以

这种承诺事实而成立合同的方式，必须在要约的有效期间作出。该承诺事实出现之时，也就是合同成立的时间。

6.2.5 仓储合同的主要条款

仓储合同应具有以下主要条款：

1.仓储物的品名或品类

仓储物的品名或品类是指所存仓储物的名称，即全称、标准名称或类别的标准名称。在订立仓储合同时，仓储物的全名或品类的规定，必须清晰、明确，如果有代号的，应标明代号的全名，不符合法律规定的物不能保管。

2.仓储物的数量、质量、包装

仓储物的数量是指所存仓储物的多少，在确定合同数量时，有国家计划的应首先依据国家计划来确定。没有国家计划的应由双方协商确定，但存货人和保管人均要实事求是地确定，尤其是保管人要考虑自己的仓储能力。在合同中应明确规定仓储物的总量、计量单位等，数字要清晰无误。仓储物的质量是指所存仓储物的优劣、好坏。在确定仓储物质量时，要采取标准化，如果是国际仓储业务则应尽量使用国际标准。目前，我国实行的标准有国家标准、专业(部颁)标准、企业标准和协商标准。有国家标准的，则应使用国家标准，没有国家标准而有专业(部颁)标准的适用专业(部颁)标准。没有国家标准、专业(部颁)标准而有企业标准的，按企业标准执行；前三种都没有的，当事人可以协商标准。在确定质量时，要写明质量标准的全名。在适用协商标准时，当事人对质量的要求要清楚、明确、详细、具体地写入合同中。

仓储物的包装是指对仓储物表面上的包装，包装的目的是保护仓储物不受损害。仓储物的包装有国家标准或专业标准的，应按国家标准或专业标准确定，没有国家或专业标准的，当事人在保证储存安全的前提下，可以协商议定。

3.仓储物验收的内容、标准、方法、时间、资料

存货人交付仓储物给保管人储存时，保管人负责验收。存货人交付仓储物时包括仓储物和验收资料。保管人验收时对仓储物的品名、规格、数量、质量和包装状况等按包装上的标记或外观直辨进行验收；无标记的以存货人提供的验收资料为准。散装仓储物按国家有关规定或合同约定验收。验收方法在合同中确定具体采用全验还是按比例抽验。验收期限从仓储物和验收资料全部送达保管人之日起，至验收报告送出之日止。

4.储存条件和保管要求

仓储物在仓库储存期间，由于仓储物的自然性质不同，对仓库的外界条件和温度、湿度等都有特定的要求。比如肉类食品要求在冷藏条件下储存；纸张、木材、水泥要求在干燥条件下储存；精密仪器要求在恒温、防潮、防尘条件下储存。因此，合同双方当事人应根据仓储物的性质，选择不同的储存条件，在合同中明确约定。保管人如因仓库条件所限，达不到存货人的要求，则不能勉强接受。对某些较特殊的仓储物，如易燃、易爆、易渗漏、有毒等危险仓储物，在储存时，需要有专门的仓库、设备以及专门的技术要求，这些都应在合同中一一注明。必要时，存货人应向保管人提供仓储物储存、保管、运输等方面的

技术资料，以防止发生仓储物毁损、仓库毁损或人身伤亡等事件。如挥发性易燃液体在入库、出库时，保管人如不了解该液体的特性，采用一般仓储物的装卸方法，可能造成大量挥发外溢，酿成火灾。特殊仓储物需特殊储存条件、储存要求的，应事先交代明白。

5. 仓储物进出库手续、时间、地点、运输方式

由存货人或运输部门、供货单位送货到库的，或由保管人负责到供货单位、车站、港口等处提运的仓储物，必须按照正常验收项目进行验收，或按国家规定当面交接清楚，分清责任。交接中发现问题，供货人在同一城镇的，保管人可以拒收，外埠或本埠港、站、机场、邮局到货，保管人应予接货，妥善暂存，并在有效验收期内通知存货人和供货人处理。对于仓储物的出库，也应明确存货人自提或保管人送货上门或者保管人代办运输的责任。

6. 仓储物的损耗标准和损耗处理

仓储物在运输过程和储存中会发生数量、重量的减少，对这些损耗，合同应明确规定一个标准以作为划分正常与非正常损耗的界限。正常损耗不认为是损耗，而视为符合合同要求履行；非正常损耗由运输或保管中的责任人负责。

7. 计费项目、标准和结算方式、银行账号、时间

计费项目、标准是指保管人收取费用的项目和标准，有国家规定的计费项目和标准的，按国家规定标准和项目执行，没有国家规定的，当事人可以协商议定。结算的方式是指存货人和保管人以何种方式结算。银行账号是指各自的银行、账号的名称。时间是指双方结算的时间界限，即何时结算，何时结算完毕。以上条款均须在合同中明确、详细规定，以免发生争议。

8. 责任划分和违约处理

责任划分是指存货人和保管人在仓储物入库、仓储物验收、仓储物保管、仓储物包装、仓储物出库等方面的责任。这在合同中应明确规定，划清各自的责任。违约处理是指对保管人和存货人的违约行为如何处理。违约处理的方式有协商、调解、仲裁、诉讼等方式，违约责任形式有违约金、赔偿金等。这些在合同中也应明确规定。

9. 储存期限，即合同的有效期限

合同一般应规定储存期限，但有的合同也可以不规定储存期限，只要存货人按时支付仓储费合同即继续有效。

10. 变更和解除合同的期限

在确定变更或解除合同期限时，有国家规定的应按国家规定执行，没有国家规定的，当事人应在仓储合同中明确规定变更或解除的期限。此期限的确定应该合理，要考虑国家利益及当事人利益。

11. 其他事项

与仓储合同有关的仓储物检验包装、保险、运输等事项，也必须在合同中明确规定或另订合同。仓储合同不仅涉及仓储关系，有时还涉及其他关系。比如，与其有关的运输、保险等等。这些关系也必须在合同中明确规定或另订合同。

6.2.6 仓储合同当事人的权利和义务

1.保管方的主要权利

保管方的主要权利包括：

①有权要求存货方按合同规定及时交付标的物。

②有权要求存货方对货物进行必要的包装。

③有权要求存货人告知货物情况并提供相关验收资料。根据法律规定，存货人违反规定或约定，不提交特殊物品的验收资料的，仓管人可以拒收仓储物，也可以采取相应措施以避免损失的发生，由此产生的费用由存货人承担。

④有权要求存货人对变质或损坏的货物进行处理。

⑤有权要求存货人按期提取货物。

⑥具有提存权。

⑦有权按约定收取储存管理货物的各项费用和约定的劳务报酬。

2.保管方的主要义务

保管方的主要义务包括：

①应存货人要求填发仓单的义务。

②接受和验收存货人的货物入库的义务。保管人应按合同的约定接受存货人交付储存的货物，并按合同约定的内容、标准、时间和方法对货物的品名、规格、数量、包装状况等进行验收，如发现有不符合合同约定的应及时通知存货人。

③妥善保管储存物的义务。

④危险通知义务。储存的货物出现危险时，保管人应及时通知存货人。危险情形主要包括：第一，保管人对入库仓储物发现有变质或者其他损坏，危及其他仓储物的安全和正常保管的，应当催告存货人或仓单持有人作出必要的处置。因情况紧急代存货人作出必要处置的，应当于事后将该情况及时通知存货人或仓单持有人。第二，遇有第三人对其保管的货物主张权利而起诉或扣押时，保管人应及时通知存货人或仓单持有人。

⑤返还保管物的义务。合同约定的保管期届满或因其他事由终止合同时，保管人应将储存的原物返还给存货人或存货人指定的第三人。合同中约定有储存期限的在仓储合同期限届满前，保管人不得要求存货人提前取回保管物；存货人要求提前取回时，保管人不得拒绝，但保管人有权不减收仓储费。

3.存货方的主要权利

存货方的主要权利包括：

①有权要求仓管方妥善管理货物。

②有权要求仓管方亲自看守管理仓储货物。

③有权要求仓管方及时验收货物。

④合同约定由仓管方运送货物或代办托运的，存货人有权要求对方将货物送至指定的地点或办理托运手续。

⑤有权检查仓储物。见《合同法》第388条规定。

4. 存货方的主要义务

存货方的主要义务包括：

①按照合同约定交付仓储物入库。存货人应按照合同约定的品名、数量、时间将货物交付保管人入库，并在验收期间向保管人提供验收资料。

②向仓管方支付报酬，即仓储费。仓储费是仓管人因提供保管服务而应当获取的报酬。存货人应按合同约定的数量、支付方式、地点、时间等支付仓储费。

③偿付必要费用。存货方应当支付仓管方因堆藏、保管货物所支出的必要费用，包括运费、修缮费、保险费、转仓费等。

④凭仓单提取仓储物并提交验收资料。存货人或者仓单持有人在合同期限届满时凭仓单及时提取储存的货物，并向仓管人提供仓储物的验收资料。

6.2.7 仓储合同的生效和无效

市场经济条件下，合同是交易的法律表现形式，其地位十分重要。合同的成立与合同生效的界定，将直接影响到交易主体义务的履行以及法律责任的承担。因此，对合同的成立与合同生效的区分比较有很强的现实意义。

1. 仓储合同的成立

关于仓储合同的成立，一直存在着诺成性与实践性的理论争议。诺成性合同与实践性合同，是合同法理论的传统分类。所谓诺成性合同，是指双方当事人意思表示一致就可以成立的合同。实践性合同，是指除当事人意思表示一致外还需交付标的物才能成立的合同。实际上，诺成性合同与实践性合同的主要区别在于二者的成立时间不同。根据《合同法》的规定，当事人订立合同，应采取要约、承诺方式，承诺通知到达要约人时生效，承诺生效时合同成立。诺成性合同是指双方当事人意思表示一致时合同成立，即承诺生效时合同成立，一般是指承诺通知到达要约人时合同成立，而实践性合同是指双方当事人意思表示一致后，即承诺生效后，交付标的物时合同成立。

有学者认为仓储合同应为诺成性合同，其理由是：第一，通常认为保管合同是实践性合同，但我国《合同法》将仓储合同从保管合同分离出来，出发点就是因为仓储合同具有诺成性。第二，仓储合同的主体特征也说明仓储合同应为诺成性合同。如果认定仓储合同为实践性合同，就意味着一旦存货人在交付货物前改变意愿，不向保管人交付货物，保管人就其所受到的损失只能依缔约过失责任或侵权责任向存货人主张损害赔偿，这对保管人不利。如果仓储合同为诺成性合同，保管人在出现上述情况时，可以基于双方签订的合同要求违约方承担违约责任。同时，在仓储合同中存货人一般为营利性法人，如果认为仓储合同为实践性合同，在其交存货物前合同不成立，则在其交存货物时如果保管人不能予以储存，存货人也不能依双方签订的合同要求违约方承担违约责任，这对存货人也是不利的。

但也有学者不同意这种观点，这些学者认为以上观点是基于交易安全的角度来分析仓储合同为诺成性合同的必要性的，有一定的现实意义。但《合同法》的立法目的不但在于交易安全，还在于贯彻合同的自由及诚实信用等原则，保护当事人的合法权益，维护交

易秩序，所以实践性合同在促成交易时虽有一定弊端，但以交付存储物为仓储合同成立的原则，在一定程度上也尊重了当事人自愿订立合同的意愿，体现了合同自由原则及诚实信用原则。为了交易安全，当事人在事前有权要求对方当事人在发生变化时相互通知，避免交易风险发生。对于双方当事人而言，即使发生存货人交货不能或仓位爆满的情况，依据法律规定，应按照诚实信用原则给对方必要的准备时间，避免交易风险的发生。相反如果为诺成性合同，强行要求当事人履行合同，会浪费大量的社会资源，反而不利于促进经济发展。同时根据法定的诚实信用原则，如果发生缔约过失或侵权行为，则可以追究对方的缔约过失责任或侵权责任，相反如果是诺成性合同，就会使一些不存在恶意的合同当事人责任加重，这也违反了公平原则，造成权利义务不对等。

2.仓储合同的生效

(1)合同生效的条件

合同是当事人双方的民事法律行为，因而必须具备《民法通则》第55条规定的民事法律行为的生效要件。因此，可以从理论上将合同生效的要件分为：

1)合同当事人在缔约时必须具备相应的缔结合同的能力

我国法律要求合同当事人必须具有相应的缔约能力。所谓相应，是指与所订立合同相适应。具体而言，公民必须具有完全民事行为能力才有订立合同的行为能力，限制民事行为能力人只能订立与其年龄、智力或健康、精神状况相适应的合同；法人或非法人组织的缔约能力必须与其权利能力相一致，也就是说，经营性的法人或非法人经济组织的缔约能力应当与其核准的经营范围一致，机关、事业单位和社会团体法人的缔约能力应当与其登记或设立的宗旨一致。

2)合同当事人的意思表示真实

所谓意思表示真实，是指当事人真实地表达了自己内心的真实意愿，而不是在受胁迫、欺诈、重大误解等违背内心真实意愿所作出的表示。

3)合同不违反国家法律、法规和社会公共利益

民法理论上的合同不违反法律、法规，包括合同的目的、内容和形式不得违反现行法律、法规和行政规章中的强制性规范，也不得违反国家的政策。合同内容违法当然无效，以合法形式掩盖非法目的的合同同样无效。所谓合同形式不违法，是指如果法律法规对合同形式作出明确规定的，必须采取法定的形式，否则合同不发生法律效力。有些合同如果法律法规规定必须批准的，则批准程序是合同生效的必要条件，未经批准就不能生效。

4)合同内容必须确定和可能

合同内容的确定，是指合同内容在合同成立时必须是已经确定的或者必须处于将来履行时可以确定的状态，只有以此确定的合同内容才能使合同当事人明确双方的权利和义务，使合同得以履行和实现。合同内容的可能，又称标的可能，是指合同所规定的特定事项必须具有实现的可能性。标的不可能实现，合同行为不发生法律效力，也就无法实现当事人缔结合同的目的，合同也就没有意义。

(2)合同生效的形式

《合同法》第36条和第37条(前面已经说明)的规定表明，在合同形式问题上持一种较为宽松的态度，即通常情形下合同生效的形式与合同成立的形式相同，可以是口头形

式、书面形式或者其他形式。但是法律、行政法规规定应当办理批准、登记等手续生效的，批准、登记这两种法定形式应当作为合同生效的必要条件。因为法律法规规定应当办理批准、登记方能生效的合同，通常是针对实践当中一些十分重要的合同。这些合同都是要由国家行政机关批准、登记来把关。

(3)合同生效的时间

合同生效的时间是指合同发生法律效力的时间，具体包括以下几种情形：①合同成立时即生效。②法律法规规定应当办理批准、登记等手续生效的，办理批准、登记等手续时生效。③附期限或附条件的合同在所附条件成就或符合约定时间时生效。④效力未定的合同经法定当事人追认后生效。

3.仓储合同的无效

合同无效制度是现代各国民商法普遍采用的一种规范社会经济交往的法律调控机制，其基本目的在于阻止那些不具备有效条件的协议或交易发生当事人预期的法律效果。合同无效制度大体上由以下几部分规则组成：

(1)合同无效的概念

合同无效作为一种法律现象，通常是指当事人之间已达成的协议或者已完成的交易不能发生预期的法律效果，或者约定的条款不能发生法律上的约束力。这种现象在现代各国的合同法上都是普遍存在的。

(2)合同无效的原因

在一个有秩序的社会中，法律对当事人之间的协议或交易的承认和保护是有条件的，这些条件虽然因时因地而异，但概括起来无非两类：一是具备法律关系成立的要素，二是符合法律秩序的基本要求。我国《民法通则》第55条规定："民事法律行为应当具备下列条件：(一)行为人具有相应的民事行为能力；(二)意思表示真实；(三)不违反法律或者社会公共利益。"这些规定，表面上没有显著的差别，但是，由于社会历史条件的不同，人们在掌握和运用这些条件处理具体的交易行为时，则呈现出一定的差异。在不同的国家或者一个国家的不同时期，法律制度确定的合同无效原因难免有所不同。

(3)合同无效的后果

关于合同无效的后果，各国的规则大体相同。概而言之，有以下要点：

①合同无约束力。合同一旦归于无效，便无一例外地不具备实际履行和强制执行的效力。在诉讼上，这常常表现为债权人丧失请求权和债务人解除给付义务。如果被宣告无效的合同尚未履行，确认无效的判决便是诉讼的结局。当然，这并不妨碍无辜受损失的当事人一方，以他方的缔约上的过失或者故意不法行为为由，请求损害赔偿。

②恢复原状。合同无效之确认，应溯及至合同订立时。故宣告无效前若已发生一方或双方的给付，则应恢复原状，即返回到合同成立前的状态。在恢复原状时，当事人的偿付义务仅以一方由他方受利益为根据，而不问其过错之有无。所以，当给付的内容系金钱、实物或其他财产时，应返还原物和孳息；当给付的内容为劳务或其他不可返还的利益时，则应当以金钱补偿之。在有形财产已毁损灭失或者已转让给无过失善意第三人的情况下，应以金钱或等价种类物为替代偿还。在双方互为返还的情况下，在可能的范围内，可适用债的抵消规则。

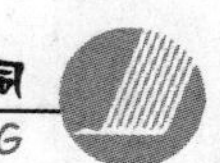

③损害赔偿。由合同无效所致的损失，例如缔约、履约和解决纠纷的费用支出，标的物的损耗或贬值，可得利益损失等，应当在法律允许的范围内，由因过错造成合同无效的一方向无辜受损的一方支付赔偿。实践中，造成合同无效的不仅是指造成合同无效原因方，而且包括明知或可得而知该无效原因，故意或过失地实施订约、履约的一方。在双方当事人均有过错的情况下，应就合同无效事件所致的全部损失(包括当事人各方及第三人所受的损失)，按照双方各自的过错程度及其对合同无效所起的作用，确定各方应承担的份额。

④其他制裁。欧陆民法关于无效合同的后果，以上述三项为主。而在英美法上，非法合同的后果与一般的无效合同的后果之间，存在一定的差别，这种差别主要表现在非法合同的当事人能否索回其已给付财产的问题上。正如一个著名的英国判例指出的：如果已经为非法目的而支付金钱或交付货物，则该付款或交货之人可以在非法目的付诸实施前予以索回；但是，如果他直到非法目的付诸实施时仍未进行追索，或者他谋求强制执行该非法交易，则他不能提起索回财产的诉讼；其次，同样地他也不能请求损害赔偿。这种盲目打击所有有关当事人的做法，曾引起某些法学家的批评。不过，法律也设有若干例外，如，一方的违法情节较他方为轻，或一方不知合同违法而他方明知时，前者可以索回财产和请求赔偿。

6.2.8 仓储合同的变更、解除

1. 仓储合同的变更

仓储合同一订立后，即具有法律约束力，双方当事人都必须依照仓储合同的规定全面履行各自所应承担的合同义务。任何一方当事人不得擅自变更，只有使合同得以全面履行，才能实现合同目的，保护双方当事人的合法权益，严肃合同纪律，维护正常的社会经济秩序。但是，仓储经营是一种十分复杂的商业行为，仓储业务的开展会随着主客观情况的变化而变化，许多情形会使仓储合同的部分履行成为不必要或不可能，这就需要对合同的内容进行修改、变更，以减少不必要的利益损失。

(1)仓储合同变更的概念及特征

仓储合同的变更，是指在仓储合同履行的主客观条件发生变化时，当事人为了使合同变更有利于履行，或更适应自己利益的需要，依照法律规定的条件和程序对已经合法成立的仓储合同的内容在原来合同的基础上进行修改或补充。如对仓储数量的增加或者减少，对履行期限的推迟或提前，以及对其他权利义务条款的修改、补充、限制等。仓储合同的变更，一般不涉及已经履行的部分，其效力仅及于未履行的部分。因此，合同的变更并不是从根本上终止合同关系，即不是合同的解除，合同变更的目的是为了便于履行，从而更好地满足合同的当事人经济利益的要求。

仓储合同的变更有广义和狭义之分。广义的仓储合同的变更是指当事人对已发生法律效力的仓储合同所进行的修订，包括合同主体、内容和客体等方面的变更。狭义的仓储合同的变更是指合同的内容和客体的变更，本节所要讨论的主要是狭义的仓储合同的变更。

仓储合同的有效成立是合同变更的前提。合法有效的仓储合同才能对双方当事人发生以其权利义务为内容的约束力，而合同的变更是双方当事人权利义务发生变化的表现形式，无效的仓储合同所设立的权利义务，由于其具有违法性，对当事人双方无法律约束力，因而自然不存在变更的问题。

仓储合同的变更发生在合同履行之前或合同的履行过程中。只有在仓储合同依法成立而尚未履行之前，或者虽已履行但尚未履行完毕时，因发生某种特殊情况需要对原合同进行调整时，才能对合同依法变更。

(2)仓储合同变更的条件和程序

仓储合同的变更是在原仓储合同关系的基础上，通过当事人双方的协商，改变原仓储合同关系的内容。因此，如果不存在原仓储合同关系，就不可能发生变更问题。如果仓储合同被确认无效，也不能变更原仓储合同。值得注意的是，如果合同具有重大误解和显失公平的因素，享有撤销权的一方可以要求撤销或变更原仓储合同，如果只提出了变更仓储合同，而未提出撤销合同，那么在经双方同意变更仓储合同以后，享有撤销权的一方当事人不得再提出撤销合同，撤销权由于合同的变更而消灭。

存货人与保管人必须就合同变更的内容达成一致，协商一致是变更合同的必备条件。仓储合同中，从仓储物的数量、质量、规格、包装，到储存时间、储存费用等，无不都是由存货人与保管人相互协商，在意思表示一致的基础上达成的共识。因此，任何合同内容的变更都应同样经过存货人与保管人在平等、自愿、公平和诚实信用原则基础上进行协商，再次达成共识与一致意见。如果存货人与保管人仅仅在合同中约定可以变更有关内容，而具体的变更内容并不明确，那么，应当推定为仓储合同不发生变更，双方当事人仍然应当依照原来的合同内容履行义务。例如，存货人与保管人约定了仓储费，同时约定将来情况发生变化时可变更仓储费标准，结果在履行期间，同类仓储物的仓储费大幅下调，存货人因此也主张变更仓储费数额。但在此种情形下，由于约定并未指明何种情况下该作如何变更，变更应将依据怎样的方式进行。也就是说，这种约定是不明确的，理应推定为仓储合同未作变更。

仓储合同的变更协议必须符合民事法律行为的生效要件。存货人与保管人就变更的内容达成一致，所变更的内容就成为仓储合同的一部分，如果这些变更不能成立或不能生效，自然不能构成对原合同内容的变更。

仓储合同的变更其实是一个意思表示达成一致的过程，因此，一般的变更程序类同于通常合同订立程序，即须经双方协商一致，变更才能成立。当事人协商变更仓储合同一般需要注意以下两个阶段:首先，当发生了法定或约定变更条件且当事人又有意变更合同时，选定日期通知对方当事人。变更应以书面形式通知对方，该通知自到达对方当事人之时起生效。当事人不得随意撤销，通知书应载明变更合同的理由、变更事项等内容。其次，对方当事人在接到变更合同的通知书后，应认真研究变更的有关内容或事项。并在法律规定或合同约定的期限内作出明确答复。原仓储合同经过公证或鉴证的，在变更合同时，应将协议送原公证或鉴证机关审查或备案，原仓储合同有保证人的，在变更合同时应将协议送交保证人，并由其决定是否继续担保。如果保证人同意变更的内容，则保证关系继续有效。如果保证人不同意，则保证关系终止，保证人不再承担原仓储合同

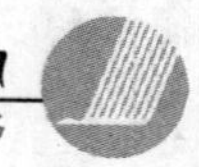

的保证责任。

(3)仓储合同变更的法律效力

仓储合同变更后,被变更的内容即失去效力,存货人与保管人应按变更后的合同来履行义务,变更对于已按原合同所作的履行无溯及力,效力只及于未履行的部分。所以任何一方当事人不得因仓储合同的变更而要求另一方返还在此之前所作的履行。仓储合同变更后,因变更而给对方造成损失的,责任方应当承担损害赔偿责任。

2.仓储合同的解除

仓储合同的解除是指仓储合同有效成立之后,在合同尚未履行或者尚未全部履行时,且具备合同解除条件,因当事人一方或双方的意思表示而使原合同设立的双方当事人的权利义务归于消灭。它是终止仓储合同的一种形式。

(1)仓储合同解除的方式

存货人与保管人协议解除合同,是指双方当事人通过协商或者通过行使约定的解除权而导致仓储合同的解除,因此,仓储合同的协议解除又可以分为事后协议解除和约定解除两种。

1)事后协议解除

事后协议解除,是指存货人与保管人在仓储合同成立后,在合同尚未履行或尚未完全履行之前,当事人双方通过协商解除合同,使合同效力归于消灭的行为,仓储合同事后协议解除具有如下特征:①协商解除本身是通过订立一个新的合同而解除原来的合同,它是存货人与保管人依据仓储合同有效成立后的有关情况,而适时作出的解除合同的决定。②协议解除不得违背国家利益和社会公共利益,即协议解除合同的内容由当事人双方自己决定,但该内容违反了法律,损害了国家利益和社会公共利益的,协议解除无效,当事人仍要按原合同履行义务。③在协议解除的情况下,合同解除后是否恢复原状,如何恢复原状,也应由当事人协商决定。

2)约定解除

约定解除,是指存货人与保管人在订立仓储合同的时候,就在合同中约定一定的合同解除条件,在该条件成立时,享有解除权的一方当事人可以通过行使解除权而使仓储合同关系归于消灭。约定解除仓储合同具有以下几个方面的特征:①约定解除属于事前的约定,它规定在发生一定情况时,一方享有解除权;②约定解除所约定的是解除权,其本身并不导致合同的解除,只有当事人实际行使解除权后方可导致合同的解除;③只要合同一方违反合同规定的主要义务且符合解除条件,另一方就享有解除权,且行使此种权利时,无需征得对方当事人同意。

3)法定解除

仓储合同的法定解除是指仓储合同有效成立后,在尚未履行或尚未完全履行之前,当事人一方行使法律规定的解除权而使合同效力归于消灭。仓储合同一方当事人所享有的这种解除权是由法律明确规定的,只要法律规定的解除条件成熟,依法享有解除权的一方就可以行使解除权,而使仓储合同关系归于消灭。在以下几种情况下,可行使法定解除权。

①因不可抗力致使合同的目的不能实现。由于不能预见、不能避免并不能克服的一

些自然灾害或社会现象,而使仓储合同的履行成为不可能。在此情形下,存货人和保管人均可行使法定的解除权。如地震、台风、洪水等毁坏了仓库,使保管与储存仓储物成为不可能,保管人可依法行使解除权;又如仓储物在未交付给仓储保管人前而意外灭失的,那么存货人有权解除合同。

②仓储合同的一方当事人迟延履行主要义务,经催告在合理期限内仍未履行,另一方当事人享有合同解除权。例如某公司与储运公司于2008年6月4日签订了一份储存保管1000吨化学药品的合同,储存期限为6月10日至12月1日,储运公司在将仓储场所等都已准备就绪的情况下,虽于6月13日通知催告对方迅速交付仓储物,但是直至7月3日,对方仍然未能交付仓储物。此时,储运公司可行使法定的解除权。

③一方当事人将预期违约,即仓储合同的一方当事人履行合同之前或履行期间,明确表示或者以自己的行为表示将不履行主要义务,在这种情形下,对方当事人可行使法定解除权。如某冷库与某渔业公司签订了一份储存保管带鱼的协议,在带鱼交付前2天,该冷库突然停业清库,要重新安装制冷设备,至少需要两周完成。此时,渔业公司可行使法定解除权。因为虽然冷库没有明确表示不履行义务,但其行为足以证明其即将违约,渔业公司为保护自己的利益,当然可以行使合同解除权。

④仓储合同的一方当事人迟延履行义务或有其他违约行为,致使合同的目的不能实现。在这种情形下,另一方当事人可以行使解除权,使仓储合同的权利义务归于消灭,如果一方当事人只是构成部分违约而非根本违约,即违约对合同目的的实现不构成影响,则另一方当事人并不享有合同解除权,只能按照违约责任来处理,其有权要求违约方实际履行、采取补救措施或赔偿损失。例如,存货人购进一批季节性强且易腐烂变质的货物,并与仓储人订立了一份仓储合同,然而仓储人在合同规定的存货人交付仓储物之日未能腾出仓库,那么存货人即可不经催告,而直接行使法定解除权,解除合同。

上述四种情况是法律规定的仓储合同解除条件,只要符合上述条件中任何一项,仓储合同的一方当事人就可以行使解除权,使仓储合同关系归于消灭。

(2)仓储合同解除的程序

仓储合同中享有解除权的一方当事人在主张解除合同时,必须以通知的形式告知对方当事人。只要解除权人将解除合同的意思表示通知对方当事人,就可以发生仓储合同即时解除的效力,无需对方当事人答复,也无需其同意。如果对方有异议,可以请求法院或仲裁机构确认解除合同的效力。另外,仓储合同的解除权人应在法律规定或者约定的解除权行使期限内行使解除权,否则,其解除权将归于消灭。值得注意的是,一些特殊的仓储合同,法律法规规定解除应办理批准、登记的,应依照其规定予以办理。

(3)仓储合同解除的法律后果

我国《合同法》第97条规定:"合同解除后,尚未履行的,终止履行;已经履行的,根据履行情况和合同性质,当事人可以要求恢复原状、采取其他补救措施,并有权要求赔偿损失。"由此可见,仓储合同解除的法律后果有以下几个方面:

①终止履行。仓储合同解除的法律效力就是使仓储合同关系消灭,使一切基于该仓储合同而发生的权利义务关系终止。因此,当仓储合同解除后,尚未履行的部分应终止履行。

②采取补救措施。仓储合同是提供储存与保管服务的合同，这种性质决定了保管人不可能在合同解除时要求存货人恢复原状，而只能要求对方采取折价补偿等方式来补救，如采取偿付额外的仓储费、保管费、运杂费等方式。对于存货人而言，存货人可以要求保管人恢复原状，返还原物。

③赔偿损失。仓储合同解除后，存货人或保管人应当承担由于合同解除而给对方造成的损失。根据我国《合同法》的相关规定，解除合同并不影响当事人要求损害赔偿的权利。也就是说，仓储合同解除时，如果因合同的解除而使一方当事人遭受损失，有权向造成损失的另一方当事人请求损害赔偿。

3. 仓储合同的终止

所谓仓储合同的终止，是指当事人之间因仓储合同而产生的权利义务关系，由于某种原因而归于消灭，不再对双方具有法律约束力。仓储合同的终止具有以下几个方面的法律特征：①必须具备合同终止的法律事实，即必须具有引起合同双方权利义务关系消灭的事件或行为；②合同双方的权利义务因合同终止而消灭，合同不再履行；③合同的终止并不免除当事人的违约责任和赔偿责任。

我国《合同法》第91条规定："有下列情形之一的，合同的权利义务终止：(一)债务已经按照约定履行；(二)合同解除；(三)债务相互抵消；(四)债务人依法将标的物提存；(五)债权人免除债务；(六)债权债务同归于一人；(七)法律规定或者当事人约定终止的其他情形。"据此，仓储合同除了因上节所述的解除而终止外，还可以由于下列原因而终止：

(1)仓储合同因履行而终止

仓储合同因履行而终止是合同终止的最为理想的状态，因为当事人订立合同的目的就在于通过双方合同义务的履行而实现各自的合同权利，从而达到预期的合同目的。因此，在当事人按照合同的约定，全面履行了合同义务，实现了各自的合同权利时，合同关系履行而圆满结束。

(2)仓储合同因提存而终止

我国《合同法》第393条规定："储存期间届满，存货人或者仓单持有人不提取仓储物的，保管人可以催告其在合理期限内提取，逾期不提取的，保管人可以提存仓储物。"由此可见，仓储物提存后，保管人不再受仓储合同权利义务的约束，合同关系因提存而归于消灭。保管人只有在同时具备以下三个条件时，才能将保管标的物向合同履行地的提存部门申请提存：①存货人不提取仓储物。在实践中，储存期限届满时，有些存货人或者是拒绝领受仓储物，或是下落不明，或者是存货人死亡未确定继承人，或者是存货人丧失民事行为能力未确定监护人，或者由于其他原因不能及时提取仓储物，致使保管人无法返还仓储物。②必须是存储期限届满。除非出于特别的事由，保管人不能请求存货人提前提取仓储物。同样，在储存期限届满后，存货人或仓单持有人应及时提取仓储物，不能无故加重保管人的储存保管责任。③必须催告存货人或仓单持有人在合理的期限内提取，只有通过催告而仍不能提取仓储物，保管人才可以提存仓储物；如果没有经过催告，或者催告后存货人或仓单持有人在合理期限内提取仓储物的，保管人不得提存仓储物。在此种情形下，保管人只能按照逾期提货而要求存货人或仓单持有人增加给付仓储费。值得注意的是，有些仓储合同的标的物不适于提存（如即将过期的食品、将要腐烂的水果）或者提存费用过高，保管方可以申请提存部门拍卖或变卖标的物，提存所得价款。保管人将仓储物交给有关提存机关提存，从提存有效成立之日起，存货人与保管人之间的权利义务关系归于消灭，而存货人或提单持有人与提存机关发生新的权利义务关系，存货人或提单持有人对提存的标的物享有随时领取的权利，但存货人或提单持有人对保管人负有义务（如尚未支付保管费），在存货人或提单持有人未履行义务或提供担保之前，提存部门可根据保管方的要求拒绝其受领提存物。保管人应当在仓储物提存后通知存货人或仓单持有人随时向提存机关领取货物，但需支付提存所需的必要保管费用。另外，我国《合同法》第 104 条第 2 款规定："债权人领取提存物的权利，自提存之日起 5 年内不行使而消灭，提存物扣除提存费用后归国家所有。"由此可见，如果存货人或仓单持有人在 5 年内不行使领取提存物的权利，那么就将丧失该项权利，提存的仓储物在扣除有关费用后，按照无主财产对待，收归国家所有。

(3)仓储合同因双方协议而终止

仓储合同双方当事人经协商一致可以自愿终止相互之间的权利义务关系，仓储合同因协议而终止包括两种情形：一种情形是仓储合同中的权利人放弃自己的权利，从而免除义务人的义务，如存货人抛弃仓储物，将仓储物赠与保管人等。另一种情形是存货人与保管人解除合同关系而使合同终止或者双方当事人重新订立一个新合同代替原合同。例如某厂储运公司签订了一份为期半年的储存保管 100 吨化学药品的协议，而于交付前，又约定改存钢材 100 吨，为期 3 个月，这就意味着原仓储合同终止。

(4)仓储合同因混同而终止

混同是指债权人和债务人同归一人，从而使合同关系消灭。就仓储合同而言，是指仓储合同的双方当事人即保管方和存货方合二为一，合同中的权利义务均由一方承受，从而使原仓储合同失去履行的必要，合同关系自行终止。例如，某冷库本来与某公司签订了数份仓储合同，约定由冷库为该公司保管货物。但是，由于后来该公司兼并了该冷库，因而该合同由于两者合并为一个民事主体而终止。但是，如果保管人所为之储存保管行为同时又是第三人权利的时候，即使发生混同，仓储合同关系也不消灭。例如，仓储物已经出质担保，或者仓储物为共有物等。在上一案例中，如果存放于该冷库的货物为某公司与某个体售销商所共有，那么，当该公司与冷库兼并时，不能发生混同，仓储合同也不能因此终止。

6.2.9 仓储合同的违约责任和免责

1. 仓储合同的违约责任概述

仓储合同的违约责任是指仓储合同的当事人，因自己的过错不履行合同或履行合同不符合约定条件时所应承担的法律责任。所谓不履行，是指仓储合同到了履行期而当事人没有履行。其依据客观条件不同可分为拒绝履行和履行不能。所谓履行不符合约定条件，是指仓储合同的当事人，不适当地履行合同，如仓储物不符合约定的数量、品种、质量、储存期间与场所等与约定情况存在差异等，其一般包括部分履行、迟延履行、瑕疵履

行及不正确履行。违约责任制度的规定，其目的在于借助国家强制力保障合同效力的实现，即依法制裁违约行为，保护受害当事人的合法权益，预防和避免违约行为的发生，保障正常经济秩序的发展，维护交易的安全。

2.仓储合同违约责任的构成要件

仓储合同违约责任的构成要件是指仓储合同当事人承担违约责任应当具备的条件，根据我国《合同法》的规定，当事人承担仓储合同的违约责任应具备以下要件：

(1)合同当事人必须有违约行为

仓储合同当事人的违约行为主要有以下几种情形。

1)拒绝履行

所谓拒绝履行，是指仓储合同的义务一方当事人无正当理由而拒绝履行的行为。拒绝履行仓储合同的意思表示可以是明示的，也可以是默示的。单方毁约、没有履行义务的行为、将应当交付的仓储物作其他处分等，均可以推定为不履行义务的表现。如果仓储合同的义务人拒绝履行义务，权利人有权解除合同，给权利人造成损失的，权利人有权请求义务人赔偿其遭受的损失。值得注意的是，仓储合同的义务人在履行期限届满前表示拒绝履行义务的，对方当事人可以行使合同履行中的抗辩权，由于仓储合同属于双方有偿合同，因此，其抗辩权可分为同时履行抗辩权、后履行抗辩权和不安抗辩权：①仓储合同中的同时履行抗辩权。我国《合同法》第66条规定："当事人互负债务，没有先后履行顺序的，应当同时履行。一方在对方履行之前有权拒绝其履行要求。一方在对方履行债务不符合约定时，有权拒绝其相应的履行要求。"因此，如果仓储合同一方当事人，没有履行义务或者没有做出履行义务的必要准备，且要求对方当事人履行合同义务，那么，对方当事人可行使同时履行抗辩权。例如，某公司与某储运公司签订了一份储存1万吨煤的仓储合同，但在履行期间截止时，储运公司并未准备好储存1万吨煤的场地。在此情形下，储运公司如果要求该企业交付仓储物，则该企业可以行使同时履行抗辩权。②仓储合同中的后履行抗辩权。《合同法》第67条规定："当事人互负债务，有先后履行顺序，先履行一方未履行的，后履行一方有权拒绝其履行要求。"在仓储合同中，保管人可基于后履行抗辩权，要求存货人先支付仓储费用，此后自己再履行返还仓储物的义务。③仓储合同中的不安抗辩权。所谓不安抗辩权，是指合同中后履行义务的一方履行能力明显变化，出现即将丧失履行能力的情况时，负有先履行义务的一方，可以基于该种权利终止履行，并要求对方提供担保，在对方未提供担保之前，可拒绝履行自己的义务。例如，某加油站与某储运公司订立一份仓储合同，准备将1000吨汽油储存于该公司的地下油罐中，储存期间一个月，在约定的交付日期前3天，该公司的地下油罐发生严重渗漏不能使用，更换修理至少需要半个月。此时，由于储运公司丧失了保管1000吨汽油的能力，加油站可基于不安抗辩权中止履行合同，要求储运公司提供担保。仓储合同一方当事人行使抗辩权，如果抗辩成立，则拒绝履行不构成违约；反之，则是违反合同义务的违约行为。

2)履行不能

所谓履行不能，是指由于某种情况的发生，使当事人不可能履行其合同义务。履行不能可能由于客观原因而不能履行，如仓储物因发生不可抗力而毁损；也可能由于当事人的主观过错而造成合同不能履行，如仓储物在交付保管之前，由于存货人的过错而灭失。造成合同不能履行，一般而言，由于前一种原因而导致履行不能，可以免除当事人不能履行合同的违约责任；由于当事人的主观过错造成合同履行不能，应由该当事人承担违约责任。

3)部分履行

所谓部分履行，是指当事人仅履行了合同约定的部分义务的行为，没有履行的部分仍然构成违约，应承担违约责任，但属于国家法律明确规定或当事人约定的计量上的正负尾差、合理磅差及合理的在途损耗则不属违约行为，当事人不承担违约责任。

4)迟延履行

迟延履行，又称逾期履行，是指仓储合同的当事人无正当理由在合同规定的履行期限届满以后才履行合同的行为。在仓储合同中，常见的迟延履行有以下几种情况：保管人未在合同规定的期限内返还仓储物；存货人未按时将货物入库；未在约定的期限内支付仓储费用等。迟延履行具有以下特征：①义务人未在履行期限内履行义务。②义务人有履行能力。如果义务人无履行能力，则构成履行不能。③其行为具有违约性，义务人如果已构成迟延履行，经催告后在合理期限仍未履行的，权利人可以解除合同，并请求义务人支付违约金和赔偿损失。

5)瑕疵履行

瑕疵又称不适当履行，即未按法律规定、合同约定的要求履行的行为。在仓储合同中，在货物的入库、验收、保管、包装、货物的出库等任何一个环节未按法律规定或合同的约定去履行，就属于不适当履行。在发生不适当履行的情况下，作为仓储合同权利主体的一方当事人可以要求义务人承担违约责任，支付违约金并赔偿损失。此外，还可以根据实际情况要求解除合同。

(2)违约行为是由于当事人主观上存在过错

仓储合同的当事人主观上存在过错是其承担违约责任的主观要件。单纯有违约行为而不存在主观上的过错，也不存在承担违约责任的问题。所谓过错，是指违约人不履行或未按要求履行合同时的主观心理状态，包括故意和过失。无论当事人在主观上是故意还是过失，只要由于其过错而导致违约行为的发生，当事人就应承担违约责任。在仓储合同实务中，当事人的过错主要有以下几种情况：①单方过错，即由于合同一方当事人的过错而导致仓储合同不能履行或不能完全履行的情况，单方过错只能由有过错的一方承担违约责任；②双方过错，即共同过错，指双方当事人对仓储合同的不能履行或不能完全履行均有过错；③第三人过错，即由于第三人的过错而导致合同不能履行或不能完全履行。例如，仓储合同约定由第三人负责运送仓储物，但却在运送途中将仓储物毁损。在该种情形下，存货人应首先向仓储人承担仓储合同不能履行的责任，然后再由存货人向第三方要求赔偿损失或采取其他补救措施。

总之，仓储合同当事人承担违约责任须同时具备以上两个条件，即有客观上的违约行为且违约人主观存在过错。另外，两者之间须具有因果关系。

3.仓储合同违约责任的归责原则及形式

(1)仓储合同违约责任的归责原则

合同责任的认定必须依循一定的归责原则。在仓储合同中，归责原则是确定违约当

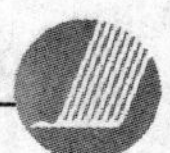

事人的基本根据和标准。仓储合同违约责任的归责原则直接决定着违约责任的构成要件,决定着举证责任的内容,也决定着免责事由和损害赔偿的范围。承担仓储合同违约责任应该遵循以下原则:

①无过错责任原则。该原则又称为严格责任原则,是指不论违约方主观上有无过错,只要其履行合同债务给对方当事人造成了损害,就应当承担合同责任,简言之,即有违约行为就应承担违约责任。

②赔偿实际损失原则。除法定违约金外,仓储合同的当事人可以在合同中约定违约金,也可以约定损失赔偿额的计算方法。如当事人没有约定违约金或者赔偿损失额的计算方法的,则损失赔偿的金额应相当于因违约所造成的实际损失,并可以包括合同履行后可以获得的利益,但不得超过违反合同一方订立合同时应当预见的损失,这就是违约责任中的赔偿实际损失原则。根据这一原则,当事人一方违约给对方造成损失的,应对其造成的实际损失进行赔偿。所谓实际损失,是指由于违约行为而造成的损失,包括直接损失和间接损失。直接损失是指一方的违约行为给对方造成的财产减少、毁损或灭失,间接损失是指一方的违约行为造成对方可得利益的减少或丧失。

(2)仓储合同违约责任的形式

仓储合同违约责任的形式,是指当事人一方违约时,依照法律的规定或合同的约定,应当承担民事责任的种类,根据我国《民法通则》及《合同法》的相关规定,仓储合同违约责任的形式主要有以下几种。

1)支付违约金

违约金是指仓储合同当事人一方发生违约时,依据法律的规定或合同的约定按照价款或者酬金总额的一定比例,而向对方支付一定数额的货币。从性质上而言,违约金可分为赔偿性违约金和惩罚性违约金。赔偿性违约金主要是弥补一方违约后另一方所遭受的损失,即违约金的支付是对双方实际经济损失的赔偿。惩罚性违约金,是指仓储合同的一方当事人违约后,不论其是否给对方造成经济损失,都必须支付的违约金。违约金可分为两类:法定违约金和约定违约金。法定违约金由国家法律或法规直接规定违约金。约定违约金指仓储合同当事人在签订合同时协商确定的违约金,由于约定违约金完全是由当事人协商确定,所以当事人在确定违约金的数额或比例时,既不能过高也不能过低,过高会加重违约方的经济负担,过低则起不到督促当事人履行合同的作用。

2)损害赔偿

仓储合同损害赔偿是指仓储合同一方当事人在其违约时,在支付违约金或采取其他补救措施后,如果对方还有其他损失,违约方应承担赔偿损失的责任。损害赔偿最显著的特征为补偿性,在合同规定了违约金的情况下,赔偿金是用来补偿违约金的不足部分。如果违约金已能补偿经济损失,就不再支付赔偿金。如果合同没有规定违约金,只要造成了损失,就应向对方支付赔偿金。由此可见,赔偿金是对受害方实际遭受的损失的补偿。

至于损害赔偿的范围,以受害方因违约行为遭受的损失为限度,包括受害方的直接经济损失和间接经济损失。直接经济损失,又称实际损失,是指仓储合同一方当事人因对方的违约行为所直接造成的财产的减少或费用的支出。如仓储合同中仓储物本身的灭失或毁损,为处理后果的检验费、清理费、劳务费或采取其他措施防止损害事态继续扩大的直接费用支出等。间接经济损失，是指因仓储合同一方当事人的违约行为使对方失去实际上可以获得的利益，即可得利益的损失，它包括利润的损失、利息的损失等。尽管违约方承担的是完全赔偿责任，但是损害赔偿不能超过违反合同一方当事人于合同订立时预见到或者应当预见到的因违反合同可能造成的损失。因此，在一方当事人违约时，对方应注意采取措施防止损失的扩大。

3)继续履行

继续履行是指一方当事人在不履行合同时，对方有权要求违约方按照合同规定的标的履行义务或向法院请求强制违约方按照合同规定的标的履行义务，而不得以支付违约金和赔偿金的办法代替履行。规定继续履行的目的，不仅在于保护受损害一方的合法利益，使其订立合同的目的得以实现。同时，也可以避免违约方为了私利，用支付违约金、赔偿金来达到逃避履行合同义务的目的。例如，存货人与保管人订有长期储存保管货物的协议，仓储费用以同种货物的一般费用水平为准。后来，第三人愿以更优惠的条件与保管人订立仓储合同，但由于保管人库容有限，仓储能力不足，所以违反前一合同的履行的义务，不再接受存货人的仓储物。在此种情形下，存货人不仅可以请求支付违约金、损害赔偿金，而且还可要求保管人继续履行。当然，继续履行合同也是有条件的，如果受害方不要求继续履行，或者违约方已根本没有继续履行的能力，或继续履行已不可能，就不必继续履行。

4)采取补救措施

所谓补救措施，是指在违约方给对方造成损失后，为了弥补对方遭受的损失，依照法律规定由违约方承担的违约责任形式。从广义而言，各种违约的责任形式，如损害赔偿、违约金，继续履行等都属于违反合同的补救措施。这里所说的补救措施是指狭义上的补救措施，即上述补救措施之外的其他措施，如修理、重作、更换等。在仓储合同中，这种补救措施表现为当事人可以选择偿付额外支出的保管费、保养费、运杂费等方式。

(3)仓储合同违约责任的免除

违约责任的免除，是指一方当事人不履行合同或法律规定的义务，致使对方遭受损失，由于不可归责于违约方的事由，法律规定违约方可以不承担民事责任的情形。在仓储合同中免除违约责任的条件主要是不可抗力。根据《民法通则》、《合同法》的相关规定，仓储合同违约责任的免除有以下几种情况。

1)因不可抗力而免责

所谓不可抗力，是指当事人不能预见、不能避免并且不能克服的客观情况。它包括自然灾害和某些社会现象。前者如火山爆发、地震、台风、冰雹等，后者如战争、罢工等。由于不可抗力的原因造成仓储合同的不能履行或不能完全履行，不是当事人主观的过错所造成的。因此，在不可抗力发生后，有关当事人可依法免除违约责任。另外，在不可抗力发生以后，作为义务方必须采取以下措施才可以免除其违约责任：①应及时采取有效措施，防止损失的进一步扩大。如果未采取有效措施，防止损失的进一步扩大，无权就扩大的损失要求赔偿；②发生不可抗力事件后，应当及时向对方通报不能履行或延期履行合同的理由；③发生不可抗力事件后，应当取得有关证明。遭受不可抗力的当事人一方应当取得有关机关的书面证明材料，证明不可抗力的发生以及其对当事人履行合同的影响。

2)因自然因素或货物本身的性质而免责

货物的储存期间,由于自然因素,如干燥、风化、挥化、锈蚀等或货物(含包装)本身的性质如易碎、易腐、易污染等,导致的损失或损耗,一般由存货人负责,保管方不承担责任。

3)因受害人的过错而免责

在仓储合同的履行中,受害人对于损失的发生有过错的,根据受害人过错的程度,可以减少或者免除违约方的责任。

思考题

1.简述仓储经营的含义。

2.简述仓储合同订立原则。

3.仓储合同应具有哪些条款?

4.仓储合同中保管方有哪些主要权利?

5.简述仓储合同变更的条件和程序。

6.合同违约责任应具备哪些要件?

7.仓储合同违约责任免除责任有哪几种情况?

第 7 章

仓储成本与绩效管理

本章要点

库存是企业最大的成本之一，仓储管理的重点之一就是控制库存成本。本章介绍仓储成本构成的控制、装卸搬运作业成本分析控制、流通加工作业成本分析与控制、人工费用的分析与控制、包装作业成本分析与控制、机具物料和燃料的成本控制等内容。

学习本章应加深理解绩效管理的含义，掌握绩效管理指标管理的六个方面，针对仓储管理出现的问题，研究解决问题的方法。

7.1 仓储成本

7.1.1 仓储成本管理的意义及构成

库存是企业最大的成本之一，仓储管理的重点之一就是控制库存成本。存货需要巨大的投资，管理存货的物流费用开支也是极大的。在仓储管理中，一方面强调仓储管理中的成本节约，另一方面成本控制应注重物流总成本的降低。

仓储成本由显性成本和隐含成本构成。显性成本主要是指储存、装卸搬运、备货、流通加工、包装和人工费等具体的基础设施、设备资源和运作过程中固定发生的费用；隐含成本存在于由于仓储作业流程不畅而导致的储存费用增加所形成的利息成本、库存收益的机会成本和由于反应速度慢而损失或赔偿客户支出的损失及管理不善造成的物品损失和损坏等非固定发生的费用。

7.1.2 仓储成本的分析与控制

1. 储存成本分析与控制

储存成本的分析主要是对固定费用的分摊的分析。储存量及储存的规律性会影响储存成本的高低，这是因为仓库的储存量可以"分摊"固定费用，也就是说，一定的储存量和稳定的储存规律性可以通过降低单位物品的储存成本来提高储存效益，因此要提高仓库储存量，合理规划仓储空间。

一般仓库都关心其所存物品的重量、体积，因为这直接影响仓库的利用率和仓库设施设备的完好程度。仓库常常以重量、体积作为制定收费标准的依据，物品所占用的空间和物品所占面积多少直接影响仓储费率的高低。仓库一般对体积大、重量轻的物品，要合理安排货位，轻、大物品存储应选择适宜的货位，若采用货架存放应选择承载力相当的货格，若采用货场堆码应选择地坪载荷较小的货位存放，制定仓储费率时要考虑诸多因素，如体积、重量、仓储环境和条件、物品性质、需要何种养护等。由于物品本身特性或包装不规则不能堆高，或批量小、规格杂而无法堆高储存，或需要利用仓库加工、整理、挑选、组配物品，需要占用一定仓库面积时，要合理安排占用面积和空间，一般应按实际占用面积和每平方米地坪(或楼面)的设计载荷能力，折成计费吨收费。若客户要求对整个仓库进行包仓，仓储企业和客户要进行协商，一般按照不低于仓库实际面积80%面积吨计费。

2. 装卸搬运作业成本分析与控制

装卸搬运作业成本主要包括装卸搬运机具的成本和费用，燃、润料消耗费用，人工成本和时间费用等。

(1)合理选择装卸搬运机具

合理选择和使用装卸搬运机具，是提高装卸效率、降低装卸搬运成本的重要环节。装卸搬运机械化程度可分为三个等级。一级是使用简单的装卸器具，如地牛、传送带等；二级是使用专用的高效率机具，如吊车、电动叉车、夹抱车等；三级是依靠电脑控制实行自动化、无人化操作，如自动堆垛机、轨道车、电子小车等。

选择哪个级别的装卸搬运器具，首先要从物品的性质和可操作性上考虑物品是否需要包装，采用何种包装，适合哪种器具；其次要从管理上选择成本、搬运装卸速度、节约人力资源和减轻工人劳动强度、保证人与物的安全、准确性等方面来考虑。若装卸搬运的物品，属于偶然性作业，又属于重、大物品，必须采用机械进行装卸搬运时，可临时租借设备，若属于风险性大的作业，又无操作经验，应该外包出去。

(2)提高物品装卸搬运的活性化与可运性

提高物品装卸搬运的活性化与可运性是合理装卸搬运和降低装卸搬运成本的重要手段之一。

装卸搬运的活性化就是要求装卸搬运作业必须为下一个环节的物流活动做好准备。"活性化"分为"0、1、2、3、4"五个等级，"0"的活性化程度最低，"4"的活性化程度最高。要不断提高活性化的程度，但是从成本角度分析并不是活性化程度越高越好，要适宜。

装卸搬运的可运性就是指装卸搬运的难易程度。影响装卸搬运难易程度的因素主要包括：①物品外形尺寸；②物品密度或笨重程度；③物品形状；④物品、设备或人员损伤的可能性；⑤物品的活性程度等。

装卸搬运物品的可运性的度量标准是根据装卸搬运的工具不同而定的。如人工装卸搬运，是指物品用手可以方便地拿起放下，不散不勒手；若用电动叉车装卸搬运，不用其他辅助工具，物品整齐坚固地码放在托盘上，堆码不歪、不斜、不倒。提高装卸搬运的可运性是降低装卸搬运成本的重要手段。

(3)利用重力作用，减少能量消耗

在装卸搬运时应尽可能借助物品重力的作用，减轻劳动力和其他能源的消耗。如流利货架、利用地势安装倾斜无动力小型传送带进行物品装卸，使物品依靠本身重量完成装卸搬运作业。

(4)合理选择装卸搬运方式

在装卸搬运过程中，必须根据物品的种类、性质、形状、重量来确定装卸搬运方式。在装卸时对物品进行处理的方式有三种。第一种是"单品处理"，即按普通包装对物品逐个进行装卸，一般符合物品的可运性，对体积较大的单品来说有效率较高，对体积较小的单品，虽符合物品的可运性，但效率仍较低。第二种是"单元处理"，即物品以托盘、集装箱为单位进行组合后进行装卸搬运，一般符合物品的可运性，可以提高装卸效率。第三种是"散装处理"，即对粉粒状货物不加包装即进行的装卸搬运，虽然"活性"程度较低，可运性较差，但可节省包装费用，使用简单的装卸器具，如传送带进行装卸，节约设备费用。

(5)改进装卸搬运作业方法

装卸搬运是物流的辅助功能之一，是重要的一个环节。合理分解装卸搬运活动，选择适合企业的装卸搬运设备，提高机械化和自动化装卸水平，对于改进装卸搬运作业、提高装卸搬运效率、降低装卸搬运成本有着重要的意义。

3.备货作业成本分析与控制

备货作业是仓储作业中最繁杂的作业，为了降低备货作业成本，可以采取以下方式：

(1)合理选择备货作业方式

备货的作业方式包括全面分拣、批处理分拣、分区分拣、分组分拣。

①全面分拣。由一个备货人员全面负责一个订单，并负责订单从开始到结束的整个履行过程，分拣全过程实行摘果法。当备货物品的种类较多时，应当采用全面分拣方式。

②批处理分拣。备货人员负责一组订单，在接收这批订单后，先建立批处理清单(包括整个订单组里每种储存单元的物品总数)，然后按照批处理订单，采用摘果法分拣物品，并将物品送到站台，再采用播种法将它们在各个订单之间进行分配。当备货物品的物品种类较少时，应当采用批处理分拣方式。

③分区分拣。将仓库分成若干个区域，每个区域配有备货人员，在分区订单处理计划中，备货人员挑选出订单中存放在其所负责区域的物品，并将其传给下一个备货人员，由他挑选出下一个区域内的物品，依次传递下去。在这种方式下，一个订单的分拣是由很多人来完成的。当仓库面积比较大，存放不同物品的区域相隔较远时，应当采用分区分拣方式。

④分组分拣。分组分拣，按一个指定特征划分，如按承运人分，即根据提单将某一承运人所运送的物品拣出。当不同的订单由不同的承运人承担运输时，应采用分组分拣方式，可以节约成本。

(2)合理安排仓储空间，降低备货成本

在备货作业中，妨碍作业效率提高的主要因素是仓储空间。仓储的空间越大，备货时移动的距离就越长。因此，应合理安排仓储空间，将仓储空间分为保管区和备货区，有利于提高备货的作业效率。

(3)加强货位管理，提高备货作业效率

备货人员必须熟悉物品存放的货位。应用计算机管理的仓库，备货人员可利用仓储管理系统，查出订单中物品的存放位置，提高备货作业效率，有利于降低备货成本。

4.流通加工作业成本分析与控制

(1)确定合理的加工能力

流通加工的成本属于半变动成本，即设备的折旧一般不随着加工量的变化而变化，但材料、能源、人工等费用却随着加工量的增加而成正比增加。按照固定成本和变动成本的性质，流通加工的数量越大，流通加工的成本总额也相应增加，若加工数量超过加工能力，需要增加投入，倘若加工作业量又不均衡，就可能会给企业带来更大的损失。但是，加工批量过小，表现为加工能力过剩，会造成加工设备、加工人员的闲置，带来成本损失。因此，仓储企业应根据客户需要和企业的加工能力来确定加工批量和数量。

(2)确定合理的流通加工方式

流通加工的方式很多，加工方式又与流通加工成本存在着一定的联系。仓储企业应根据企业的加工能力和客户的需求，选择适当的加工方法和加工深度。在确定加工方式时，必须进行经济核算和可行性研究，确定合理的加工成本。

(3)加强流通加工的生产管理

流通加工的生产管理与流通加工成本联系十分紧密。一般的，生产管理的水平越高，其成本越低。流通加工生产管理的内容很多，如劳动生产率、设备利用率、能源的消耗比率、加工物资消耗定额等，都与流通加工成本密切相关。

5.人工费用的分析与控制

要想仓储企业对仓储过程中投入的劳动力，应尽可能充分地利用，并使其能够发挥最大的效用，就应当分析工时利用率。

$$\text{时间利用率}=\frac{\text{某一期间生产性活动的实际时间}}{\text{同期全体员工制度工作小时数}}$$

如果这个比率接近于1，就说明利用率高；反之利用率低，若减少非生产人员，就可以在提高时间利用率的同时降低工资费用。

仓储企业还可以通过考察每项主要业务活动所耗用的生产时间的百分比作进一步分析，对劳动实行定量管理。如用收货、存放、拣选、发货等任何一项活动及其具体作业内容与时间的比率来说明劳动生产率；用单位时间托盘的装载量和卸载量，单位时间托盘货物的入库量，单位时间包装量，单位时间拣选出库量等来描述作业效率。利用这些作业量指标核算成本支出的数据，进行成本控制并达到降低成本的目的。

6. 包装作业成本分析与控制

包装作业成本是影响仓储管理成本的重要成本之一，在实际中应当考虑使用物美价廉的包装材料；采用大包装，尽量使包装简单化，节约包装材料；利用原有包装，加贴新标签；尽量采用包装作业机械化，提高包装效率。

7. 机具物料和燃料的成本控制

在仓储作业过程中，如各种工具、索具，叉车、吊车、制冷、除湿、通风等设备的使用，都要耗费燃料、润料，电力和水资源等。要进行有效的控制，把消耗降至最低点。要制定合理的作业流程，尽量减少不必要的重复性作业，避免过度使用设备，提高设备完好率。

8. 提高仓储服务质量，降低仓储成本

一般而言，仓储服务质量越高则仓储成本就越高。但是仓储服务质量也有极限，因为仓储服务质量的高低与仓储成本不成正比。也就是说，当仓储质量达到一定高度时，仓储质量的增长速度慢于仓储成本的增长速度，这时仓储质量的提高是依靠成本的大幅度提高而提高的，这种质量的提高是不被客户认同的。因为，客户总是希望以最经济的成本得到最佳的服务，所以仓储服务水平，应该是在合理的仓储成本之下的服务质量。

9. 降低机会成本和风险成本

物品变质、短少(偷窃)、损害或报废的相关费用构成仓储成本的最后一项。在仓储过程中，物品会因各种原因被污染、损坏、腐烂、被盗或由于其他原因不适于或不能使用，直接造成物品的损失，构成了企业的风险成本；客户未履行合同的违约金以及仓库支付的赔偿金也构成企业的风险成本；保险虽然作为一种保护性措施，能帮助企业预防灾害性损失，但保险费也是构成风险成本的一部分。随着库存物品价值的提高，仓库所承担的风险也在提高，因此从理论上说，仓储费是根据物品价值收取的，物品价值增加，仓储费用也应当相应增加。从这个意义上讲，货主就必须将物品的价值、特性等告诉保管人，以便其提出相应的仓储费用的报价。但是，货主若故意隐瞒物品的价值，势必就增加了仓储企业的风险成本。若仓储企业为了减少风险成本或远离风险，对易碎性、易破损性的物品不予经营，势必减少了仓库吞吐量，提高了机会成本。此外，对于轻、大和重物，短期储存和长期储存都存在机会成本的问题，企业要根据经验和规律合理解决。

10. 减少物流环节

每一个物流环节都需要一定的活化劳动和物化劳动消耗，采用现代技术手段和实行科学管理的方法，尽可能地减少一些物流环节，既有利于加速物流的进度，又有利于降低物流成本。

减少物流环节包括以下方面：

①减少进仓储存环节。商品在仓储过程中消耗仓储成本和管理成本，就要采用“四就直拨”方法，减少货物入库环节、缩短运输距离、节省运力、加快货物运输速度。“四就直拨”即就厂直拨、就车站直拨、就库直拨和就车船过载。就厂直拨是指向工厂收购产品，在工厂就地验收后，不再经过自己的仓库将商品直接运到车站码头或销售单位。就车站直拨是指对外地运来的商品或接收进口货物，事先安排好短途运输工具，就地分拨，直接调运到收货单位。就库直拨是指调拨商品越过中间环节，直接拨给收货单位，或从仓库直接送到车站码头发运。就车船过载是指外地通过车船运来的货物，在原车船旁边直接

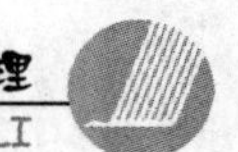

分拨，装上其他车船，转运给收货单位，省去入库后再出库的手续。

②减少装卸环节。实行集装箱和托盘等标准化装卸，可以使作业机械化和连续化，安全、节约、迅速、简便，简化多次装卸的物流环节，降低物流成本。同时减少运输环节上的理货交接过程并提高服务质量。

③减少运转环节。通过直达运输，直接将货物送到客户手中，减少经过分销点的环节，缩短运输距离，节约成本；财务结算上采取直线运输、曲线结算的办法，仍旧是发货方向分销点结算货款，分销点向客户结算。

④增强物流网络能力。我国幅员辽阔，铁路线四通八达，物流网络一般是与位于铁路交叉点和线上的大中城市为中心而形成的，如：陇海线上的徐州、郑州、洛阳、兰州，京沪线上的北京、天津、济南、蚌埠、南京，浙赣线上的杭州、株洲，京哈线上的沈阳、长春、哈尔滨，西南的成都、重庆、昆明等。由于运往这些地点货物数量较大，容易把货物组配成为一个整车或拼装在一个集装箱内，采取直达运输。而对于运往一些中小城市的货物，由于货源少，难以拼凑成为一个整车或整箱，一般采取中转分运的办法，把货物先运到大中城市，再委托有关单位通过铁路和公路转运出去。

7.2 仓储业务收入

7.2.1 仓储收入的构成

要确定仓储业务的收入，首先应明确收入的组成部分，即仓储收入的构成，然后据此计算出各种收费的费率。

仓储收入可以分为货物进出库的装卸收入，货物存储于库场的存储收入，对货物进行挑选、整理、包装等加工和代办的收入。

1. 货物进出库的装卸费

货物进出库的装卸费应根据装卸货物的数量（吨数或件数）、所使用的装卸机械设备使用费以及考虑货物的装卸难易程度确定。

2. 货物存储费

货物存储费一般根据货物储存的数量、体积、时间、货物的价值及保值的要求等因素确定。

3. 货物加工费与代办费

对货物进行挑选、整理、包装、贴标签等加工费应根据不同的规格要求确定其收费。仓储企业一般可从事的加工业务有：货物的分拣、整理、修补、包装、成组、熏蒸、代验、计量、刷标、更换商品包装、货物的简单装配等；对客户代办业务包括代收发货、代办保险、代办运输等。

4. 集装箱辅助作业费

集装箱辅助作业费包括拆装箱费、存箱费、洗箱费以及集装箱修理费等，还包括仓储企业自有集装箱供用户租用所收取的租金。

5. 其他收入

其他收入是指以上收入以外的收入。例如，拥有铁路专用线或码头的仓储企业还可收取用户使用这些设施的使用费，或将富余的或暂时闲置的仓库设施，甚至库房、技术条件租赁给用户并收取租金等。

7.2.2 货物仓储费率

货物仓储费率由存储管理费率、进出库装卸搬运费率和其他劳务费率构成。

1. 存储费率

存储费率可根据货物保管的难易程度、货物价值、进出库场的作业方式等制定。库房、库场的货物储存费率以每吨·天为单位，按成本加成等方法计算，其基础是吨·天保管成本。对于储存中使用苫垫材料的，需按使用的苫垫材料数量另加苫垫费。仓库性质不同，其存储费率的计算方法也不同，对于长期存储的仓库，每天存储费率一般不变；对于中转性质的仓库，则往往采用按存储时间费递增的计算方法，其目的是为了加快有限的库场的周转。

2. 进出库装卸搬运费率

进出库场的装卸、搬运费率包括设备使用费率和劳动力费率。计费项目包括：进出库场货物的装卸、搬运、过磅、点数、堆码、拆垛、拼垛等方面的设备使用费、修理费、折旧费和人工费用等。

3. 其他劳务费率

因货物保管以及货主要求所进行的对仓储货物的加工，其费率可以根据加工项目、数量以及加工等难易程度确定费率，有些特殊的加工，其费率还可采取协议方式确定。

仓库费用的及时结算并收取各种费用是一项加速资金周转、提高资金使用效果的重要工作。

存储费的收计天数从货物进仓之日起至货物出库的前一天为止。仓库业务部门每天根据存货单位当天的货物出入库凭证，分别计算出各存货单位的货物进仓数量、出仓数量和结余数量，填写货物进出日结单。在每月末结算出各存货单位的结存累计数量和进、出库累计数量，交仓库财务部门计算应收的各项费用，然后向存货单位及时收取存货款。

7.3 仓储成本管理及经济核算指标

仓储成本管理是仓储企业管理的主要组成部分。仓储成本控制直接服务于企业经营的最终目标——获取利润。只有把仓储成本控制在同类企业的先进水平上，企业才能生存发展。企业应在抓好仓储成本核算的基础上，搞好成本控制的管理。仓储成本管理的目的，是通过管理提高仓储服务质量，降低成本，从而降低收费价格，提高市场竞争力，最终达到增加收益的目标。

7.3.1 仓储服务产品收费定价的方法

这里介绍的方法主要适用于独立经营仓库。收费单价与成本、营业收入、企业效益关系密切相关,是仓储核算中的重要指标。公司附属仓储可以参照下面介绍的方法计费定价。

1. 按实际仓储成本定价

(1)仓储收费价格的计量单位

仓储费价格以吨·天为业务量基本计量单位,意即每吨货物储存一天的收费为多少元。吨以下的尾数保留三位小数,第四位起四舍五入。一般储存计费的起点为1吨·天(以下表示为T·天),不足1T·天的按1T·天计算。储存期长的仓库可选用T·月为库存量的收费计量单位。车站港口的站台上的暂存货物可按T·小时计量。

计费吨可分为重量吨和体积吨,1重量吨为1000千克。体积吨是体积折算的吨位,1立方米为1体积吨。货物计算时,对重量吨和体积吨折大计算。即1000千克的货物的体积小于1立方米,按重量吨计费。若1000千克的货物的体积大于1立方米,为轻泡货,按体积吨计算。

不可以重叠堆垛的货物,可用占地面积计费,一般用仓库内地面每平方米负荷量折算成吨位计费(吨/平方米)。表7-1显示了单位有效面积货物堆存量定额。

表7-1 单位有效面积货物堆存量

货物名称	包 装	单位有效面积货物堆存量定额(吨/天)	
		仓库	堆场
糖	袋	1.5—2.0	1.5—2.0
盐	袋	1.8—2.5	1.8—2.5
化肥	袋	1.8—2.5	1.8—2.5
水泥	袋	1.5—2.0	1.5—2.0
大米	袋	1.5—2.0	1.5—2.0
面粉	袋	1.3—1.8	1.3—1.8
棉花	捆	1.5—2.0	1.5—2.0
纸		1.5—2.0	1.5—2.0
小五金	箱	1.2—1.5	1.2—1.5
橡胶	块	0.5—0.8	0.5—0.8
日用百货	箱	0.3—0.5	0.3—0.5
杂货	箱	0.7—1.0	0.7—1.0
生铁	块	2.5—4.0	2.5—4.0
铝、铜、锌	块	2.0—2.5	2.0—2.5
粗钢、钢板	件	4.0—6.0	4.0—6.0
钢制品		3.0—5.0	3.0—5.0

(2)按仓储平均单位成本定价

大多数的情况下,仓储企业为了企业的生存发展,都在测定出单位成本和平均利润率的情况下,采用下式确定每T·天的收费价格。

仓储服务收费单价=单位仓储成本×(1+利润率)

式中:单位仓储成本=仓储总成本(元)/库存总量(T·天)=(元/T·天)

仓储总成本=设备修理费+工资和福利费+仓储保管费+管理费+财务费+营销费+保险费+税费+折旧费+租赁费

库存总量=仓库面积×单位面积存量×保险系数×计算期天数

上式中的保险系数为仓库利用系数,按历史水平和计算期的情况测定。计算单位平均仓储成本的分子分母,若采用报告期及以前的实际数,计算结果不能代表计划期和预测期的实际水平。因此,应在过去实际数的基础上结合未来的变化作出预测调整,才能制定出代表未来的收费单价。

以上介绍的是按平均单位成本计算平均收费单价的基本方法。在实际工作中,仓储企业的收费单价是按存货类别分别定价的。大多数仓储企业都将存货的保管费分为普通存货、轻泡存货、贵重和危险品、集装箱等几个大类分别定价。这为实际仓储成本核算带来了很大的方便。

例如,火车南站附近某独立经营仓库,去年普通货物的仓储单位收费为16元/T·天,根据对第二年储运市场的调研和预测,短途搬运费会上涨20%,燃料油费有上浮的趋势。经预测计算,计划期的单位仓储成本为17.1元/T·天,仓储业社会平均利润率17%不变。计算第二年的收费单价如下:

仓储收费单价=17.1×(1+17%)≈20(元/T·天)

(3)贵重品和危险品的仓储收费单价

贵重品或危险品一般存放在专门库区,贵重品或危险品的仓储收费单价制定时,可以将实际发生的贵重品或危险品的仓储管理费用分摊到每百元库存品上,形成单位贵重品或危险品资金库存费率,凭单位资金库存费率对仓储物品总金额收费。

单位贵重品或危险品资金库存费率=贵重品或危险品仓储总成本(元)/仓储贵重品或危险品金额(百元)

贵重品或危险品仓储收费额=贵重品或危险品库存总金额(百元)×单位贵重品或危险品资金库存费率

2.按市场价格定价

(1)市场价格定价法的原理

市场价格定价法是仓储企业根据市场的行情,外资物流企业的压力和自身发展的需要而采用的一种仓储服务产品的价格制定方法。由此法制定的仓储收费单价,是仓储服务的供求双方协商以后都可以接受的价格,能促进双赢目标的实现。

仓储市场的需求是指在一定时期内,在一定的价格条件下,对仓储服务产品的总体需要量。随着市场经济的快速发展,社会物质产品的极大丰富,仓储的需求随着社会对物质的需求在迅速增长。仓储企业的储存业务量明显受到仓储成本和收费单价的影响。储存单价低时,仓储量增大;反之,仓储业务量会缩小。

仓储市场供给是指在一定时期内，在一定价格条件下，仓储业全行业所能向市场提供的仓储服务产品的总量。随着收费价格的增长，仓储行业愿意提供的仓储服务产品越多。收费价格下降时，一些仓储成本较高的仓库亏损，仓储企业就会减少仓储服务产品的供给量。

处在同一市场的仓储需求和供给，在不断的供需调节中，会暂时达到平衡。平衡点是供给量等于需求量时的仓储收费价格。

(2)按市场行情定价的方法

1)竞争价格法

仓储企业欲争取到客户时，主动采取部分让利的措施，将仓储收费价格定得较低，使仓储收费价格具有吸引力和竞争力。这样随着仓储业务量的增加，仓储企业的效益就会跟进。

2)追随价格法

追随价格法又被称为被动竞争价格法，指仓储企业完全按照市场中具有优势的仓储经营企业的价格定价，避免引起恶性的价格竞争。

3)价格歧视定价法

价格歧视定价法是指对不同的客户采取不同的定价的方法。可进一步细分为：①根据每个客户的支付能力进行定价的一级价格歧视方法；②按照不同的仓储量进行定价的二级价格歧视方法；③针对不同的客户群采取不同价格的三级价格歧视方法。采取价格歧视的仓储企业应具有一定的垄断能力，事先对具有不同价格承受能力的客户进行市场细分。

以上随行就市制定的仓储收费价格，应适当地参考仓储服务质量和实际仓储成本，避免亏损和顾此失彼。

7.3.2 库存量控制核算方法

库存量控制，即让仓储中的存货(商品，原材料)既不积压也不脱销。这对加速库存周转，降低仓储成本，提高资本金使用效率有积极的意义。

1. 基本库存量指标

存货合理库存量主要是周期性库存，即企业为保证日常销售和耗用，不断入库出库，必须保持一定储量的库存。它有最低库存定额、最高库存定额和平均库存定额三个经济指标。

最低存货库存量＝平均日销量×(进货在途天数＋销售准备天数＋陈列待售天数＋机动保险天数)

上式中的平均日销量(或日消耗量)是根据销售预测确定的。进货在途天数是根据历史经验确定的。括号内的天数之和为最低库存天数。这一指标是保证需要的最低限量，否则企业生产经营活动就会中断，影响完成各项经济效益指标。

最高存货库存量＝平均日销量×(最低存货库天数＋进货间隔天数)

这一指标是防止存货积压的警戒线，超过这个限量就属积压。

工商企业附属仓储每次进货都有一定的时间间隔。到货前，库存量处于最低状态。到货后，库存量处于最高状态。合理库存量是在最高库存量和最低库存量之间，一般取二者的平均数。

平均存货库存量=(最高存货库存量+最低存货库存量)/2

2.定期存货量控制法

定期库存量控制法是以进货周期为基础控制库存存量的方法。其特点是每次进货时间(进货周期)固定，进货批量不定。其具体做法是：根据核定的存货库存定额，按照规定的进货周期盘点库存存货量，用最高库存量减去实际库存量的差额，加上进货在途天数需要量，就是本次应进货的批量。

本次应进货量=(最高库存量-实际库存量)+进货在途天数×平均日销量

得到计算出的进货批量后，还应考虑该种存货的包装运输规格。最好是调整整数，以利采购、发货、配送和运输。

3.定量存货量控制方法

定量库存控制法是以固定再订货点和进货批量为基础的，控制库存存货数量的方法。特点是再进货点和每次进货批量固定，进货时间(进货周期)不定。其具体做法是：对发生收发动态变化的库存商品逐一填写注销库存实物账，随即存货收发的动态变化，在合计商品库存量下降到再进货点时，就按固定的进货批量进货。

进货周期=360/(全年需进货总量/经济进货批量的次数)

固定再进货点=最低商品库存量

固定进货批量=平均日销量×(进货在途天数+进货间隔天数)

以上方法，适合工商企业的附属仓储部门的经济采购和合理库存决策使用。

7.3.3 仓储管理的经济考核指标

仓储活动的各项考核指标，是仓储管理成果的集中反映，是考核评估仓储管理工作和各作业环节工作成绩的尺度。利用仓储管理考核指标加强仓储工作核算管理，对于仓储企业降耗增收，制定合理定额和经营管理计划是非常必要的。

1.计划期货物吞吐量

货物吞吐量又叫货物周转量，是指计划期内进出库存货的业务总量，一般以吨表示。货物吞吐量指标常以一个经营期间(月、季、年)的时间范围为计算口径。

计划期货物吞吐量=计划期货物总进库量+计划期货物总出库量+计划期货物直拨量

总进库量是指验收入库后的货物总量，总出库量是指仓库按正规手续发出的货物总量，直拨量是指从港口、车站直接拨给用户或货到专用线未经卸车船直接拨给用户的货物数量。

有了仓储业务量的计划指标，就有了现代物流的市场营销。仓储业为补偿投入，就必须在竞争中去争取更多的市场机会。扩大业务量就是扩大仓储服务收入，就是为市场提供(产出)了更多的仓储服务产品。因此，制定和考核货物吞吐量等指标，是仓储企业的重要工作手段。

2.库房使用面积

库房使用面积＝库房墙内面积－墙、柱、楼（电）梯等固定建筑物面积

3.货场使用面积

货场使用面积＝货场总面积－排水明沟、灯塔、水塔等固定建筑面积

4.单位面积储存量

单位面积储存量＝货物存量（T）/仓库面积

5.仓库利用率

仓库利用率是衡量和考核仓库利用程度的指标，可以使用仓库面积利用率和库房容积利用率来表示。

仓库或（货场）面积利用率＝（已利用仓库或货场面积/实际仓库或货场面积）×100％

仓库容积利用率＝（已利用仓库或货场容积/实际仓库或货场容积）×100％

容积利用率值越大，表明仓库的利用率越高。

6.设备数量指标

设备数量指标是反映在仓储工作中所用各种设备的数量，通常以统计台账上的设备台数和处于良好状态的设备台数来表示。

7.设备利用率

设备利用率包括设备能力利用率和设备时间利用率两种。

设备能力利用率＝（设备已利用的台数/设备总台数）×100％

设备时间利用率＝（实际工作时间/设备额定工作时间）×100％

8.职工人数

职工人数一般用平均人数表示。可以按月、季、年计算平均人数。

9.劳动生产率

仓库劳动生产率可以用平均每人每天完成的出入库货物数量来表示。出入库量指吞吐量减去直拨量。也可以用仓库员工平均每日收发货物的笔数，员工平均保管的货物吨数或人均实现的营业收入额等指标来表示。

全员劳动生产率＝（全年出入库货数量/仓库总员工数）×100％

10.账货相符率

账货相符率是在货物盘点时，仓储货物保管账面上的货物储存数量与相应库存实有数量的相互符合程度。一般在对仓储货物进行盘点时，要求逐笔与保管账面数字相核对。账货相符率是考核员工责任、制定赔偿标准的依据。

账货相符率＝货物账面相符数量/仓储货场保管账面的数量×100％

通过此项指标的核算，可以衡量仓库账面货物的真实程度，反映保管工作的管理水平。

11.收发货差错率

收发货差错率是用收发货物所发生差错的累计笔数占收发货累计总笔数的百分比来计算的。此项指标反映收发货的准确程度，是仓储管理的重要质量指标。一般说来，仓库的收发货差错率应控制在0.005％以下。

收发货差错率＝(收发货差错数量/账面收发货物数量)×100%

12. 平均收发货时间

平均收发货时间是指仓库收发每笔货物(即每张出入货单据上的货物)平均所用的时间。它既反映仓储服务水平，又可以反映收发货的劳动效率。

平均收发货时间＝[收发货时间总和(分钟)/收发货总笔数(笔)]

收发货时间一般界定为：收货时间指自单证和货物到齐后开始计算时间，经验收入库，填写入库单送交保管会计登账为止所经历的时间；发货时间自仓库接到发货单(调拨单)开始，经备货、包装、填单等流程，到办妥出库手续为止所经历的时间，一般不把在库待运时间列为发货时间。

13. 货物的损耗率

货物的损耗率是指仓储保管期中货物自然减量的数量占原来入库数量的比率。该指标主要用于存货保管与养护的实际过程中，那些易挥发、失重或破损的货物的考核，可用于反映货物保管与养护的实际状况。对那些易挥发、失重或破损的货物，事先可制定出损耗定额，通过货物损耗率与损耗定额的比较和考核，找问题，查原因，设法让自然损耗率降到最低点。

货物损耗率＝(货物损耗量/期内货物库存总量) ×100%

14. 平均保管损失

平均保管损失是保管损失金额与平均储存量的比率。

平均保管损失＝[平均保管损失(元)/当期平均储存量(吨)]

7.4 仓储经济效益分析

在市场经济条件下，物流企业经营投资的基本动机就是追求利润的最大化，仓储经营也不例外，因此，必须对仓储经营能力的各个方面，包括运营能力、偿债能力、获利能力以及对社会贡献能力的全部信息予以详尽的了解和掌握，尽一切努力消除影响仓储经济效益增长的不利因素，努力提高经济效益。

7.4.1 仓储服务的收入、成本和利润

1. 仓储服务收入及其构成

仓储服务提供给社会的产品是仓储服务劳动，属无形商品。独立核算的仓储业的营业收入表现为各种收费项目。附属不独立仓储部门的劳动服务价值，包含在工商企业的商品销售收入或产品销售收入之中。独立核算仓储业的营业收入在本章第二节已作了介绍。

2. 仓储服务的效益

成本意味着事先投入和耗费，控制成本的目的是为了提高效益。对于利润，企业一

般利用损益表进行计算。损益表是反映企业在一定经营期间内投入和产出活动成果的财务报表,以“利润=收入-费用”为根据进行编制。独立核算的仓储企业和工商附属仓储部门,都应按期计算损益,非独立核算仓储部门可从本企业财务会计账上分离出相关数据来分析计算。分析企业的盈亏和利润增减变化的原因,预测利润的发展变化趋势,为仓储管理提供决策依据。

7.4.2 仓储运营能力分析

运营能力又称资金周转能力,是企业利用所拥有的各种资源,搞活生产经营活动,加速库存周转,促进销售,在满足社会需求的同时,创造出增值财富的能力。常用的运营能力指标有存货量周转率和存货资金占有周转率两种,可用来总结、分析和评价仓储企业及工商管理的营销能力、资金流动性等正常经营运转情况,反映企业资本金管理的效率和水平。

1.存货量周转率

存货量周转率是指仓库保管单位一定时期内的总出库量与序时平均库存量的比率。它是衡量企业采购、生产消耗、销售各环节的管理水平的综合性指标。通常用存货量周转次数和周转天数两种形式表达。制造业原材料仓库的出库量是满足生产消耗。工业成品和商业仓储的出库量则是销售的原因引起的。工商企业生产经营对仓储存货总需求量一定的情况下,降低存货量,则其周转速度加快,但一味减少库存量,就有可能影响到正常的供应。因此,仓库都应该按照核定的定额保持库存量,发生出库量以后就要启动采购业务补足库存定额。这样才能保证供应,使企业的生产销售顺利实现。独立核算的仓储业,每一批存货入库出库,都有相应的收入产生。因此加快库存周转,是企业管理的重要内容。仓储管理应在保证满足需求的前提下,尽量降低库存,从而加快库存货物的周转速度,提高仓储效益。

①存货量周转次数,公式如下:

某库存品种周转次数 = 出库总量 / 库存总量　　(次)

②库存量周转天数,公式如下:

库存量周转天数 = 360(天)/ 库存量周转次数　　(天 / 次)

2.存货占用资金周转率

存货量周转率适合对单个的仓储品种计算周转速度。仓储的多个品种的综合计算要用存货占用资金周转率。该指标也用次数和天数两种形式表示。

①存货占用资金周转率,公式如下:

存货占用资金周转率 = 配送出库金额 / 库存金额　　(次)

②存货占用资金周转天数,公式如下:

存货占用资金周转天数 = 存货占用资金天数 / 存货占用资金周转率　　(天 / 次)

【例 7.1】 某大型配送仓库今年二季度按全价计算的配送出库量总金额为 3510 万元,月平均库存额为:4 月份 400 万元,5 月份 600 万元,6 月份 560 万元,求该仓库库存商品占用资金周转率。

解　存货占用资金周转率＝3510/(400＋600＋560)＝2.25(次)

存货库存资金周转天数＝90 天/2.25 次＝40(天/次)

计算结果说明，该仓库在第二季度存货占用资金周转了 2.25 次，每周转一次，要用 40 天时间。

7.4.3　本量利分析

在企业成本控制与经济效益分析中，本量利分析方法的应用最为广泛。将本量利分析法与预测技术相结合，仓储管理可进行保本经营预测、目标利润预测、保证目标利润实现的最低业务量预测，以及成本控制和定价决策。

本量利分析时，要先将总成本分解成固定成本和变动成本两类。固定成本是指不随经营业务量的增减相应变动的成本，如固定资产折旧和管理人员工资。变动成本是指随业务量的增减变动而相应增减变动的部分成本，如仓储经营中耗费的直接材料和直接人工费。

1. 本量利分析的理论基础

目标利润＝营业收入－总成本＝营业收入－固定成本－变动成本

设目标利润为 M，经营项目的业务量为 Q，业务量的销售单价为 P，单位变动成本为 V，固定成本为 F，有：

$$M = PQ - VQ - F$$

2. 实际应用

【例 7.2】　某仓库的仓储收费单价为 50 元/T·天，全年固定成本总额为 30 万元，单位变动成本为 10 元，今年目标利润为 60 万元，求实现此目标的利润的最低仓储业务量是多少？

解　根据公式 $M=PQ-VQ-F$ 有：

$$\begin{aligned} Q &= (M+F)/(P-V) \\ &= (600000+300000)/(50-10) \\ &= 22500(\text{T}) \end{aligned}$$

上例中实现此目标的利润的最低仓储业务量是 22500T。

7.4.4　获利能力分析

获利能力实际上是指仓储的资金增值能力，它通常体现为仓储收益数额的大小与水平的高低。

一般来说，仓储获利能力的大小是由其经常性的经营理财业绩决定的。那些非经常性的事项以及其他特殊事项虽然也会对仓储损益产生某些影响，但不能反映出仓储真实水平的获利能力。在分析仓储获利能力时，应尽可能剔除那些非经常性因素对仓储获利能力的虚假影响。其主要分析指标如下：

1. 服务利润率

仓储服务利润率是指利润与营业收入净额的比值。

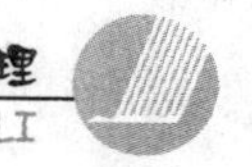

从利润表来看,仓储物流的利润可以分为五个层次:营业收入毛利、经营利润、营业利润、利润总额、利润净额。其中利润总额或利润净额包含着非营业利润因素,所以能够更直接反映营业获利能力的指标是毛利率、经营利润率和营业利润率。由于仓储服务是主营业务活动,因此,经营利润数额、水平的高低对仓储的总体获利能力有着举足轻重的影响。同时,通过考察经营利润占整个利润总额比重的升降,可以发现仓储经营理财状况的稳定性、面临的危险或可能出现的转机迹象。因此,经营利润和仓储营业收入净额之比是营业利润率中的主要指标。

2.成本利润率

成本利润率是指利润与成本的比值。

同利润一样,成本也可以分为几个不同的层次:经营成本(经营费用+营业税金及附加)、营业成本(经营成本+管理费用+财务费用十其他业务成本)、税前成本(营业成本+营业外支出)和税后成本(税前成本+所得税)。因此,在评价仓储成本开支效果时,必须注意成本与利润之间层次上的对应关系,即经营利润与经营成本(经营成本利润率)、营业利润与营业成本(营业成本利润率)、税前利润与税前成本(税前成本利润率)和利润净额与税后成本(税后成本净利润率)彼此对应。这不仅符合收益与成本的匹配关系,而且能够有效地揭示出仓储各项成本的使用效果。其中经营成本利润率(经营利润/经营成本)最具有代表性,它反映了仓储主要成本的利用效果,是仓储加强成本管理的着眼点。在各项收益及税率不变的条件下,如果经营成本利润率很高而税前成本利润率却很低,通常表明仓储的管理费用、财务费用及营业外支出开支过多,仓储管理应对这些成本进行深入分析,查明原因,堵塞超支、浪费的漏洞。反之,若经营成本利润率与税前成本利润率均很低,且水平差异不大,则意味着仓储成本开支过高,应采取措施加强控制。当经营成本利润率与税前成本利润率均比较高时,说明成本管理取得了良好的经济效益。为了对各项具体成本的使用状况加以深入评价,仓储还可以根据各项成本利润率指标的内在关系进行更具体的分解、考察。

3.资产利润率

资产利润率是指利润与资产平均占用额的比值。

从静态角度来看,仓储资产获利能力的大小主要反映为资产利润率的高低。通过资产利润率分析,有助于评价仓储经营理财业绩的高低,揭示影响资产利润率提高的因素所在。对资产获利能力可以从三个相互联系的方面进行,以流动资产获利能力进行具体而全面的分析、考察。

(1)总资产利润率

与仓储总资产运用直接对应的是息税前利润总额、利润总额与利润净额。因此,评价总资产获利能力的指标有三个:总资产息税前利润率、总资产利润率和总资产净利润率。

总资产息税前利润率=息税前利润总额/平均总资产额

总资产利润率=利润总额/平均总资产额

总资产净利润率=利润净额/平均总资产额

总资产息税前利润率主要是从仓储物流各种资金来源(资本+负债)角度对资产的

使用效益进行评价的。因此，不仅物流所有者非常关心这项指标，同样也是债权人评价仓储物流资产获利能力的重要指标。在债权人看来，只要仓储总资产的息税前利润率大于负债利息率，其债务本息的偿还还是能够得到保证的。对所有者来讲，仓储仅仅提高息税前利润率是远远不够的，因为较高的总资产息税前利润率只能保证降低或避免不能偿付债务本息的风险，但能否使资本得到保值增值以及程度如何，却无法从总资产息税前利润率上得到回答。从物流所有者角度看，在分析了总资产息税前利润率的基础上，更需要对总资产利润率与总资产净利润率进行考察。

(2)流动资产利润率

流动资产投资与其周转是仓储利润的主要来源。因此，分析流动资产的利润率有助于揭示仓储利润增长是否具有稳定的基础。

仓储物流的流动资产主要用于仓储各项正常的营业活动，因此考核流动资产获利能力的指标主要有两项：流动资产经营利润率和流动资产营业利润率，其中最重要的是流动资产经营利润率。

流动资产经营利润率＝经营利润/流动资产平均占用额

流动资产营业利润率＝营业利润/流动资产平均占用额

(3)固定资产利润率

单独考核流动资产的获利能力不是完全适当的，对流动资产获利能力的分析和考核必须结合固定资产进行。

固定资产经营利润率＝经营利润/固定资产平均占用额
＝(流动资产平均占用额/固定资产平均占用额)×流动资产经营利润率

固定资产营业利润率＝营业利润/固定资产平均占用额
＝(流动资产平均占用额/固定资产平均占用额)× 流动资产营业利润率

(4)净资产利润率

净资产利润率是利润净额与净资产的比值。如果分子用利润总额计算时，则称为总资本利润率。

仓储物流筹资、投资的最终目的是实现所有者财富最大化，从静态角度讲，首先是最大限度地提高净资产利润率。因此，净资产利润率不仅是仓储获利力指标的核心，而且也是整个经济效益指标体系的核心。

(5)资产保值增值率

无论从所有者，还是从债权人方面考虑，物流的经营决策者都必须尽可能使所有者的资产得以保全并使之不断增值，从而降低风险，维护所有者权益，提高物流的市场价值。

所谓资本保值增值率是指所有者权益的期末总额与期初总额的比值。

资本保值增值率＝期末所有者权益总额/期初所有者权益总额

如果资本保值增值率大于100％，说明所有者权益增加，否则意味着所有者权益遭受损失。公式中的所有者权益包括实收资本、资本公积金和留存收益，即仓储的权益资本或净资产。上市物流股票市价的升降尽管也对投资所有者的权益产生影响,但由于这种影响发生在仓储物流外部并主要属于投资者个人的事情,所以从物流角度考虑,在计算资本保值增值率时不考虑此类因素。

影响资本保值增值率变动的因素主要有三个:一是经营的盈亏,二是剩余收益支付率的变动,三是仓储通过增减资本调整资本结构。在前两种情形下,通过期末与期初净资产总额比较无疑可以准确地判断仓储净资产的增值保值状况。但在第三种情形下,用期末和期初净资产总额的升降变动来衡量资本的增值保值水平便会产生一定程度的不可比性。对此,仓储可能通过计算单位或单位净资产的增值保值率加以弥补。

7.5 仓储绩效管理

7.5.1 仓储绩效管理的含义

仓储绩效管理是通过对行动过程中的各项指标的观察与评估,按计划完成生产经营目标,保持并逐步提高对客户和其他部门的服务水平,保证战略目标的实现的过程,强调的是对仓储过程的监控。

7.5.2 仓储绩效管理的目的

仓储绩效管理的目的是按计划完成生产经营目标、保持并逐步提高对客户和其他部门适度的服务水平,控制仓储部成本和物流总成本。具有以下目的:

①提高决策层本身工作的规范化和计划性。绩效是层层分解的,高层没有明确目标,中层基层班组自然茫然,当然如果中层有,也可实施,只是功效减半。

②改善(明晰)管理层次的逻辑关系,从而减少单位(部门)摩擦,提高组织运行效率(这一点在国有企业是历史难题)。事事明晰责任单位责任人,时限目标和内容样样清楚,你想错都难,更别说争权夺利了。

③让所有员工肩上都有担子,适时有事做,事事有目标。绩效管理是一个系统工程,像篮子可以装很多东西,但是关键绩效考核指标(KPI)分解是核心的核心,这个线条就是编织篮子的竹藤,而层层分解的指标就是各个层次员工的具体工作。

④疏通员工职业发展渠道。通过绩效测评,好的升、奖、委以重任,差的降、罚、再培训、降低要求和薪酬甚至淘汰。

⑤构建和谐企业文化。奖勤罚懒、优胜劣汰、有言在先、目标明确、心往一处想劲往一处使,都是和谐企业文化的关键内容,而绩效管理的长期推进,恰恰能实现这些目标。

⑥按计划完成生产经营目标,保证战略目标的实现。

7.5.3 仓储绩效管理指标

为了达到仓储绩效管理的目标,需要建立起系统的仓储绩效考核体系。对于一般的仓储企业或部门来说,主要从仓储作业效率、仓储作业效益、仓储设施利用率、仓储作业消耗和仓储作业质量等几个方面来建立指标。

1.反映仓储作业效率的指标主要有六方面

物品吞吐量=一定时期内进库总量+同期出库总量+物品直拨量

平均收发货时间=收发时间总和/收发货总笔数

物品及时验收率=一定时期内及时验收笔数/同期收货总笔数

全员劳动生产率=仓库全年吞吐量/年平均员工人数

库存物品的周转率=全年物品平均储存量/物品平均日消耗量

仓库作业效率=全年物品出入库总量/仓库全体员工年工作日数

2.反映仓储作业效益的指标主要有六方面

工资利润率=利润总额/同期工资总额

成本利润率=利润总额/同期仓储成本总额

资金利润率=利润总额/(固定资产平均占用额+流动资金平均占用额)

利润总额=报告期仓库总收入额-同期仓库总支出额

收入利润率=利润总额/仓库营业收入总额

每吨物品保管利润=报告期利润总额/报告期物品储存总量

3.反映仓储作业设施设备利用程度的指标主要有四方面

库容周转率=出库量/库容量

单位面积储存量=日平均储存量/仓库或货场使用面积

仓容利用率=存储物品实际占用的空间/整个仓库实际可用的空间

设备利用率=设备实际使用台时数/制度台时数

4.反映仓储作业消耗的指标主要有两方面

材料、燃料和动力消耗指标=由于各仓储企业所用设备不同,因此也没有一个统一标准。

平均储存费用=储存费用总额/同期平均储存量

5.反映仓储作业质量的指标主要有五方面

货损货差率=收发货累计差错次数/收发货累计总次数

设备完好率=完好设备台时数/设备总台时数

保管损耗率=物品损耗量/同期物品库存总量

账物差异率=账物相符件数/账面储存总件数

收发货差错率=账货差错件数/期内储存总件数

对于以顾客为中心的公司,在注重公司利润的同时,需要关注更好地为顾客服务,只有更好地满足顾客的需求,才能获得更多的利润,占据更大的市场份额。因此,除了以上的仓储管理的绩效指标以外,还需对仓储管理人员和仓储作业人员进行考核,以激励他们。一般采用打分制来进行评价，具体的评价指标和打分参考如表 7-2 和 7-3 所示，各级指标的权重由企业自己确定。

表 7-2 仓储管理人员考核评分标准表

一级指标	二级指标	分数					
		5	4	3	2	1	0
业绩	达标情况	超过	达到	尚可	欠佳	未达	无
	工作态度	非常积极	积极	尚可	欠佳	很低	无
	工作方法	规范灵活	规范简化	规范	欠佳	很低	无
	工作量	很大	大	尚可	欠佳	很少	无
	工作效率	很高	高	尚可	欠佳	很低	无
能力	执行力	坚决	能	尚可	欠佳	差	无
	创新力	经常	求新	尚可	欠佳	差	无
	理解力	举一反三	好	尚可	欠佳	差	无
	判断力	敏锐正确	正确	尚可	欠佳	差	无
	应变力	过人	机警	尚可	欠佳	差	无
品德	服从性	坚决	能	尚可	欠佳	差	无
	协调性	很好	好	尚可	欠佳	差	无
	个人修养	很高	高	尚可	欠佳	差	无
	集体荣誉感	很高	高	尚可	欠佳	差	无
	对公司态度	誓忠	配合	尚可	欠佳	差	无
学识	专业知识	全面精深	全面	尚可	欠佳	差	无
	一般知识	全面精深	全面	尚可	欠佳	差	无
	文字表达能力	相当强	强	尚可	欠佳	差	无
	学识与岗位匹配程度	相当合适	合适	尚可	欠佳	差	无
	进取心	相当强	强	尚可	欠佳	差	无
	发展潜力	不可限量	有	尚可	欠佳	差	无

表 7-3　仓储作业人员考核评分标准表

项　目	内　容	分　数					
		5	4	3	2	1	0
工作能力	达标情况	超过	达到	尚可	欠佳	未达	无
	工作态度	非常积极	积极	尚可	欠佳	很低	无
	工作方法	规范灵活	规范简化	规范	欠佳	很低	无
	工作量	很大	大	尚可	欠佳	很少	无
	工作效率	很高	高	尚可	欠佳	很低	无
	执行力	坚决	能	尚可	欠佳	差	无
	学习力	很高	高	尚可	欠佳	很低	无
	创新力	经常	求新	尚可	欠佳	差	无
	理解力	举一反三	好	尚可	欠佳	差	无
	发展潜力	不可限量	有	尚可	欠佳	差	无
	判断力	敏锐正确	正确	尚可	欠佳	差	无
	进取心	相当强	强	尚可	欠佳	差	无
品德	责任感	很强	强	尚可	欠佳	差	无
	服从性	坚决	能	尚可	欠佳	差	无
	协调性	很好	好	尚可	欠佳	差	无
	个人修养	很高	高	尚可	欠佳	差	无
	集体荣誉感	很高	高	尚可	欠佳	差	无
	对公司态度	誓忠	配合	尚可	欠佳	差	无
学识	学识与岗位匹配程度	相当合适	合适	尚可	欠佳	差	无
	专业知识	全面精深	全面	尚可	欠佳	差	无

7.5.4　仓储管理问题分析与对策

仓储绩效管理容易出现的问题包括：①管理系统不够科学与实用，反而让管理者不知道如何对部属进行迅速、合理和真实的评估；②考核完毕后，被考核人经常觉得结果不公平，影响员工的工作情绪；③评估过程比较繁琐，耽误很多时间，而且评估项目不能全面反映员工综合素质和技能，缺乏灵活性。

仓储绩效管理是一种防止绩效不佳和提高绩效的工具，这是由企业领导和员工以共同合作的方式来完成。这就需要领导和员工之间进行不断的双向沟通。通过沟通，使员工对既定的工作职责、员工和上级之间应如何共同努力达成共识。整个绩效评估的核心工作就是沟通。通过沟通，可以改变管理者和员工的观念。管理者要加大实施过程的执

行力度，使评估过程公平化、透明化，员工也不要把绩效评估看做是一种负担，而积极配合与参与，使进一步促进管理规范和提高组织绩效。同时，设计科学、合理和灵活的评估体系，是仓储绩效管理取得成效的重要保障。另外，建立绩效评估投诉制度，有利于及时发现矛盾，解决冲突。

思考题

1. 仓储成本管理有何意义？
2. 仓储成本由哪几项构成？
3. 仓储成本分析与控制。
4. 仓储绩效管理的目的是什么？
5. 仓储作业效益的指标。

第8章

库存管理概述

本章要点

库存管理是企业管理的一个重要环节。生产中需要适量的库存来保证产品生产过程的稳定;营销中需要适量的库存来保证及时向客户提供所需要的产品以及调节生产与消费在时间上、空间上的不一致;财务方面则需要合理控制库存的资金占用水平,由此形成了一种现状,即财务部门要求库存越少越好,减少资金占用,生产营销部门要求有充足的库存,保证提供及时的服务。对于仓储企业来说,还要增加收入、提高盈利、扩大市场。因此,库存管理的作用就在于协调企业各部门的需求,力求寻找一个使企业整体目标最优的均衡点。

8.1 库存与库存管理

8.1.1 库存的概念、作用和分类

1.库存的概念

库存是指暂时闲置的用于满足将来需要的资源。它通常摆放在仓库中。在企业生产中,有许多未来的需求变化是人们无法预测或难以全部预测到的,人们不得不采用一些必要的方法和手段应付外界变化,库存就是出于种种经济目的考虑而设立和存在的。设置库存的目的是为了防止短缺,所以企业一般都具有一定的库存。

库存无论对制造业还是服务业都十分重要。传统上,制造业库存是指生产制造企业为实现产成品生产所需要的原材料、备件、低值易耗品及在制品等资源。在服务业中,库存一般是指用于销售的有形商品及用于管理服务的耗用品。

2.库存的作用

一般来说,任何企业都有库存,只是由于各类企业的性质不同,其库存的种类、品种

和数量有所不同。库存的作用一般表现在以下几个方面：

(1)库存可以使企业降低采购成本

众所周知，企业在采购过程中，采购的价格因采购数量的多少而有所不同。大批量的采购可以获得更多的价格折扣，使企业降低采购成本，实现规模经济效益。同时，大批量的采购，有时还可以避免由于市场价格上涨带来的资金支出增加。因此，在这种情况下自然就会产生库存。

(2)库存可以调节和缓解供需矛盾

任何产品的生产都不可能与消费达到完全高度的吻合。有些产品的生产时间相对集中，而消费则是相对均衡的，一些季节性产品、批量产品在生产出来以后，需要储存，形成存货，再持续地向消费者提供，不断保证满足消费者需求，从而缓解供给和消费需求之间存在的差别。从另一方面来说，集中生产的产品如果及时推向市场销售，必然造成市场短时间内产品供大于求，造成产品价格下跌，产品无法消费而被废弃的现象，这也需要库存来进行调节，均衡地向市场供应，稳定市场。因此，库存可以起到维护正常的生产秩序和消费秩序的作用，可以缓解、调节和消除供求之间的这种不协调。

(3)库存可以缩短或消除消费者的等待时间

任何生产过程都需要一定的时间，即产品在到达最终消费者之前，都有必要的原材料的采购、物品的生产、成品的流通等过程。而每一位消费者选择的只是最终可以及时使用的成品，不会愿意花时间去等待产品生产，然后再消费。如果企业保持有一定量的库存，就可以缩短或者消除消费者的等待时间，满足消费者需求，提高产品的竞争力。

(4)库存具有防止和化解不确定因素的作用

库存具有一定的安全功能，就是用来防止和化解由于不确定因素的发生对企业正常运营的影响。这些不确定因素可能是由于临时用量的增加，也可能是市场的供货紧缺等形成的。一般来说，不确定因素主要有两种类型：一种是需求的变化，另一种是时间前置的变化。在生产中，如果实际需求量超过了计划的需求量，或者前置时间超过了计划的前置时间，这时如果企业没有一定量的安全库存，就会发生缺货，并影响企业的正常经营。所以，安全库存就是为了避免此类现象的发生而存在的。

(5)库存具有经济性作用

库存是企业的一项资产，它也同其他资产一样，也要追求资产运用的最优化。库存过多会造成积压，增加企业不必要的储存成本；库存不足又会造成脱销，影响企业的正常生产经营和造成消费者不满。因此，企业库存应当尽量保持一个最优值，即企业的库存既不应该投资过多，又不能投资过少，应当根据市场需求和变化特点找到最合理优化的平衡点，取得最大化的经济效益。

3.库存的分类

一般情况下，库存可按以下不同的标准进行分类。

(1)按生产过程分类

从生产过程的角度，可分为原材料库存、在制品库存、维修库存、成品库存。

①原材料库存是指企业在存储的过程中所需要的各种原料、材料，这些原料和材料必须符合企业生产所规定的要求。有时，也将外购件库存作为原材料库存。

②在制品的库存是指仍处于生产过程中已部分完工的半成品。

③维修库存包括用于维修与维护的经常性消耗品或者备件，例如润滑油和机器零件等。维修库存不包括产成品的维护所需要的物品或备件。

④成品库存是指可以出售、分配、能提供给消费者购买的最终产品。

(2)按经营过程分类

从经营过程的角度，可将库存分为经常库存、安全库存、生产加工库存、季节性库存、增值库存、积压库存。

①经常库存是指企业在正常经营环境下为满足日常需要而建立的库存。

②安全库存是指为防止不确定因素的影响而准备的缓冲库存。如大量突然发货、交货期突然延期等。有资料表明，缓冲库存几乎占到零售业库存的三分之一左右。

③生产加工库存是指处于加工状态以及为了生产的需要暂时处于储存状态的零部件、半成品或成品。

④季节性库存是指为了满足特定季节中出现的特定需要而建立的库存，或指对季节性出产的原材料在出产的季节大量收购所建立的库存。

⑤存储库存或积压库存是指因物品品质变坏不再有效用的库存，或没有市场销路而卖不出去的商品库存。

(3)按库存的作用和功能分类

从库存的作用和功能分，可分为基本库存(安全库存)、中转库存。

①基本库存是指补给生产过程中产生的库存。由于生产过程对原材料的需求是源源不断的，因此，就必须有一定数量的库存以便提供生产供应，保障生产所需。补给订货的数量就是订货量。

②中转库存是指正在转移或者等待转移的、已经装运在运输工具上的存货。中转库存是实现补给订货所必需的库存，在今天越来越受到企业的关注，在企业生产经营中，中转库存重视小批量、高频率的运输与传递，使之在存货中的比例逐渐增大。

(4)按库存的预测性分类

按库存的预测性分类，可分为独立需求库存和相关需求库存。

①独立需求库存是指需求的数量和时间与其他变量的相互关系不确定，主要受消费市场需求影响的库存。一般来自客户的对企业产品和服务的需求为独立需求。

②相关需求库存是指其需求的数量和时间与其他变量存在一定的相互关系，可以通过一定的数学关系推断出来的库存。一般生产制造企业内部物料转化各环节之间发生的需求为相关需求。客户对企业产品的需求一旦确定，与该产品有关的零部件、原材料的需求也就随之确定，对这些零部件、原材料的需求就是相关需求。

4. 库存的成本构成

在库存经营过程中，会产生各种各样的成本，主要包括订货成本、存储成本、进货与购买成本、缺货成本等。

(1)订货成本

订货成本是指订货过程中发生的与订货有关的全部费用，包括办公费、差旅费、订货手续费、通信费、招待费以及订货人员的有关费用。订货成本可分为固定性订货成本和变动性订货成本两部分。固定性订货成本是指与采购次数和数量没有直接联系的，用于维持采购部门正常活动所需要的有关费用，如采购机构的管理费、采购人员的工资等。变动性订货成本是指与订货数量没有直接关系，但随订货次数的变动而变动的费用，如差旅费、运输费等。所以，一般来说，订货成本与订货量的多少无关，而与订货次数有关。要降低订货成本，就需减少订货次数。

(2)存储成本

存储成本又称为持有成本，是指存货在储存过程中发生的费用。存储成本包括货物占用资金应付的利息、货物损坏变质的支出、仓库折旧费、维修费、仓储费、保险费、仓库保管人员工资等费用。

存储成本按照其与存货的数量和时间关系，分为固定性存储成本和变动性存储成本两部分。固定性存储成本是指在一定时间内总额相对稳定，与存货数量和时间无关的存储费用，如仓库折旧费、仓库人员工资等。变动性存储成本是指总额随着存货数量和时间的变动而变动的有关费用，如仓储费、占用资金的利息等。

(3)进货与购买成本

进货与购买成本是指在采购过程中所发生的费用，包括所购物资的买价和采购费用。该成本取决于进货的数量和进货的单位成本。在没有数量折扣的条件下，进货与购买成本是企业无法控制的成本。

(4)缺货成本

缺货成本是指当存储供不应求时引起的损失，如失去销售机会的损失、停工待料的损失、临时采购造成的额外费用以及延期交货不能履行合同而缴纳的罚款等。从缺货损失的角度考虑，存储量越大，缺货的可能性就越小，缺货成本也就越少。

库存的总成本即由以上各项成本构成。

8.1.2 库存管理的概念和目的

1.库存管理的概念

库存管理也称库存控制，是指对生产、经营全过程的各种物品、产成品及其他资源进行预测、计划、执行、控制和监督，使其储备保持在经济合理的水平上的行为。现代企业认为，零库存是最好的库存管理。因为库存多，占用资金也多，利息负担加重。但如果过分追求低库存，也会加大存货短缺成本，造成货源短缺，失去市场甚至失去客户。因此，在库存管理过程中，应把握好衡量的尺度，处理好服务成本、缺货成本、订货成本、库存持有成本等各成本之间的关系，以求达到企业的库存管理目标。

2.库存管理的目标与意义

(1)库存管理的基本目标

为了保证企业正常的生产经营活动，库存是必要的，但因为库存又占用了大量资金，成为企业生产经营成本的一部分，因此，库存管理关键的问题就是要求既能保证经营活动的顺利进行，又能使资金占用达到最小。库存管理的目标就是要防止超储和缺货，在企业资源约束下，以最合理的成本为客户服务。具体而言，库存管理目标就是要实现：库存成本最低的目标、库存保证程度最高的目标、限定资金的目标和快捷的目标等。

通过库存管理，以满足存户服务需求为前提，对企业的库存水平进行控制管理，尽可能降低库存水平，提高物流系统的效率，以强化企业的竞争力。

(2)库存管理的意义

进行库存管理的意义就在于：它能确保物流顺畅，促使企业经营活动繁荣兴旺。不论什么企业，都要储备一些物资。以生产为主的企业，不储备一定的物资，不能维持其连续生产；服务性行业，也要备置某些需用的设备和服务用具；就连一般的事业单位，也要备有某些办公用品等。因此，各行各业都存在不同程度的库存管理业务。实行库存管理有如下意义：

①有利于资金周转。因为在某些特殊情况下，可以做到将库存需要的投资额规定为零。为此可使经营活动更为灵活，把用于建立原材料、制成品、商品等常备库存所需要占用的资金转为经营其他项目，这就有可能使经营活动向更新、更高的阶段发展。

②保证企业经营活动的正常需要。企业对有关物资的需求，是随经营活动的进行而不断发生的，但需求与供应在时间和数量上又往往是不同步的。因此，只有有相应数量的物资储备供周转，才能保证企业经营活动的正常需要。

③缓冲作业的失误。在企业生产经营的实践中，由于某些主观或客观的因素(如预测，计划不准，生产事故，运输故障等)出现作业失误，往往是难以完全避免的。这时，若有相应的物资储备，便可缓冲作业的失误，保证生产经营活动按预定的要求继续进行。

8.2 库存控制

8.2.1 库存控制概述

在库存理论中，人们一般根据物品需求的重复程度分为单周期库存和多周期库存。单周期需求也叫一次性订货，这种需求的特征是偶发性和物品生命周期短，因而很少重复订货，如报纸，没有人会订过期的报纸来看，人们也不会在农历八月十六预订中秋月饼，这些都是单周期需求。多周期需求是在长时间内需求反复发生，库存需要不断补充，在实际生活中，这种需求现象较为多见。多周期需求又分为独立需求库存与相关需求库存两种属性。

所谓独立需求是指需求变化独立于人们的主观控制能力之外，因而其数量与出现的概率是随机的、不确定的、模糊的。相关需求的需求数量和需求时间与其他的变量存在一定的相互关系，可以通过一定的数学关系推算得出。对于一个相对独立的企业而言，其产品是独立的需求变量，因为其需求的数量与需求时间对于作为系统控制主体——企业管理者而言，一般是无法预先精确确定的，只能通过一定的预测方法得出。而生产过程中的在制品以及需要的原材料，则可以通过产品的结构关系和一定的生产比例关系准确确定。

独立需求的库存控制与相关需求的库存控制原理是不相同的。独立需求对一定的库存控制系统来说，是一种外生变量；相关需求则是控制系统的内生变量。不管是独立需求库存控制还是相关需求库存控制，都要回答这些问题：

①如何优化库存成本？

②怎样平衡生产与销售计划，来满足一定的交货要求？

③怎样避免浪费，避免不必要的库存？

④怎样避免需求损失和利润损失？

归根到底，库存控制要解决三个主要问题：①确定库存检查周期；②确定订货量；③确定订货点（何时订货）。

8.2.2 库存控制系统

库存控制系统有输出、输入、约束和运行机制四个方面。库存控制系统的输出和输入是各种资源，在库存控制系统中没有资源形态的转化。输入是为了保证系统的输出（对用户的供给）。约束条件包括库存资金的约束、空间约束等。运行机制包括控制哪些参数以及如何控制。在一般情况下，在输出端，独立需求不可控；在输入端，库存系统向外发出订货的提前期不可控，它们都是随机变量。可以控制的一般是何时发出订货（订货点）和一次订多少（订货量）两个参数。库存控制系统正是通过控制订货点和订货量来满足外界需求并使总库存费用最低。

三种典型的库存控制系统有固定量系统、固定间隔期系统、最大最小系统。

1. 固定量系统

固定量系统就是订货点和订货量都为固定量的库存控制系统。当库存控制系统的现有库存量降到订货点及以下时，库存控制系统就向厂家发出订货，每次订货量均为一个固定的量。经过一段时间（提前期），所发出的订货到达，库存量增加。订货提前期是从发出订货至到货的时间间隔，其中包括订货准备时间、发出订单、供方接受订货、供方生产、产品发运、产品到达、提货、验收、入库等过程。显然，提前期一般为随机变量。

要发现现有库存量是否到达订货点，必须随时检查库存量，并随时发出订货，这样，必须要严密控制库存量，增加了管理工作量。因此，固定量系统适用于重要物资的库存控制。

为了减少工作量，可采用双仓系统。所谓双仓系统就是同一种物资分放两仓，其中一仓使用完之后，库存控制系统就发出订货。在发出订货后，就开始使用另一仓的物资，直到到货，再将物资按两仓存放。

2. 固定间隔期系统

固定量系统需要随时监视库存变化，对于物资种类很多且订货费用较高的情况，是很不经济的。固定间隔期系统可以弥补固定量系统的不足。

固定间隔期系统就是每经过一个相同的时间间隔，发出一次订货，订货量为将现有库存补充到库存的最高水平。

固定间隔期系统不需要随时检查库存量，到了固定的间隔期，各种不同的物资可以同时订货，这样，简化了管理，也节省了订货费。不同物资的库存最高水平可以不一样。固定间隔期系统的缺点是不论在订货点库存水平的多少，都要按期发出订货。为了克服这个缺点，就出现了最大最小系统。

3. 最大最小系统

最大最小系统仍然是一种固定间隔期系统，只不过它需要确定一个订货点，当经过固定的时间间隔后，如果库存量下降到订货点以下，则发出订货；否则，再经过一个固定时间间隔后再考虑是否订货。

8.3 供应链管理与库存控制

8.3.1 供应链管理环境下的库存问题

供应链环境下的库存问题和传统的企业库存问题有许多不同之处，这些不同点体现出供应链管理思想对库存的影响。传统的企业库存管理侧重于优化单一的库存成本，从存储成本和订货成本出发确定经济订货量和订货点。从单一的库存角度看，这种库存管理方法有一定的适用性，但是从供应链整体的角度看，单一企业库存管理的方法显然是不够的。目前供应链管理环境下的库存控制存在的主要问题有三大类：信息类问题，供应链的运作问题，供应链的战略与规划问题。具体包括：

1. 缺乏供应链的整体观念

虽然供应链的整体绩效取决于各个供应链的节点绩效，但是各个部门都是各自独立的单元，都有各自独立的目标与使命。有些目标和供应链的整体目标是不相干的，更有可能是冲突的。因此，这种各行其道的山头主义行为必然导致供应链的整体效率的低下。

2. 对用户服务的理解不当

供应链管理的绩效好坏应该由用户来评价，或者用对用户的反应能力来评价。但是，对用户服务的理解与定义各不相同，导致对用户服务水平的差异。许多企业采用订货满足率来评估用户服务水平，这是一种比较好的用户服务考核指标。但是用户满足率本身并不保证运作问题，比如一家计算机工作站的制造商要满足一份包含多产品的订单要求，产品来自各供应商，用户要求一次性交货，制造商要等各个供应商的产品都到齐后才一次性装运给用户，这时，用总的用户满足率来评价制造商的用户服务水平是恰当的，但是，这种评价指标并不能帮助制造商发现是哪家供应商的交货迟了或早了。

3. 交货状态数据不准确

当顾客下订单时，他们总是想知道什么时候能交货。在等待交货的过程中，也可能会对订单交货状态进行修改，特别是当交货被延迟以后。

4. 信息传递系统效率低下

在供应链中，各个供应链节点企业之间的需求预测、库存状态、生产计划等都是供应链管理的重要数据，这些数据分布在不同的供应链组织之间，要做到有效地快速传递。响应用户需求，必须实时地传递，为此需要对供应链的信息系统模型作相应的改变，通过系统集成的办法，使供应链中的库存数据能够实时、快速地传递。但是目前许多企业的信息系统并没有很好地集成起来，当供应商需要了解用户的需求信息时，常常得到的是延迟的信息和不准确的信息。由于延迟引起误差和影响库存量的精确度，短期生产计划的实施也会遇到困难。

5. 库存中存在不确定的因素

供应链运作中存在诸多的不确定因素，如订货提前期、货物运输状况、原材料的质量、生产过程的时间、运输时间、需求的变化等。为减少不确定性对供应链的影响，首先应了解不确定性的来源和影响程度。

6. 库存控制策略简单化

无论是生产性企业还是物流企业，库存控制目的都是为了保证供应链运行的连续性和应付不确定需求。了解和跟踪不确定性状态的因素是第一步，第二步是要利用跟踪到的信息去制定相应的库存控制策略。这是一个动态的过程，因为不确定性也在不断地变化。有些供应商在交货与质量方面可靠性好，而有些则相对差些；有些物品的需求可预测性大，而有些物品的可预测性小一些，库存控制策略应能反映这种情况。许多公司对所有的物品采用统一的库存控制策略，物品的分类没有反映供应与需求中的不确定性。在传统的库存控制策略中，多数是面向单一企业的，采用的信息基本上来自企业内部，其库存控制没有体现供应链管理的思想。因此，如何建立有效的库存控制方法，并能体现供应链管理的思想，是供应链库存管理的重要内容。

7. 缺乏合作与协调性

供应链是一个整体，需要协调各方活动，才能取得最佳的运作效果。协调的目的是使满足一定服务质量要求的信息可以无缝地、流畅地在供应链中传递，从而使整个供应链能够根据用户的要求步调一致，形成更为合理的供需关系，适应复杂多变的市场环境。例如，当用户的订货由多种产品组成，而各产品又是不同的供应商提供时，如用户要求所有的商品都一次性交货，这时企业必须对来自不同供应商的交货期进行协调。如果组织间缺乏协调与合作，会导致交货期延迟和服务水平下降，同时库存水平也由此而增加。供应链的各个节点企业为了应付不确定性，都设有一定的安全库存，正如前面提到的，设置安全库存是企业采取的一种应急措施。问题在于，多厂商特别是全球化的供应链中，组织的协调涉及更多的利益群体，相互之间的信息透明度不高。在这样的情况下，企业不得不维持一个较高的安全库存，并为此付出较高的代价。组织之间存在的障碍有可能使库存控制变得更为困难，因为各自都有不同的目标、绩效评价尺度、不同的仓库，也不愿意去帮助其他部门共享资源。在分布式的组织体系中，组织之间的障碍对库存集中控制的阻力更大。要进行有效的合作与协调，组织之间需要一种有效的激励机制。在企业内部一般有各种各样的激励机制加强部门之间的合作与协调，但是当涉及企业之间的激励时，困难就大得多。问题还不止如此，信任风险的存在更加深了问题的严重性，相互之间缺乏有效的监督机制和激励机制是供应链企业之间合作性不稳固的原因。

8. 产品的过程设计没有考虑供应链上库存的影响

现代产品设计与先进制造技术的出现，使产品的生产效率大幅度提高，而且具有较高的成本效益，但是供应链库存的复杂性常常被忽视了。结果所有节省下来的成本都被供应链上的分销与库存成本给抵消了。同样，在引进新产品时，如果不进行供应链的规划，也会产生如运输时间过长、库存成本过高等原因而无法获得成功。另一方面，在供应链的结构设计中，同样需要考虑库存的影响。要在一条供应链中增加或关闭一个工厂或分销中心，一般是先考虑固定成本与相关的物流成本，至于网络变化对运作的影响因素，如库存投资、订单的响应时间等常常是放在第二位的。但是这些因素对供应链的影响是不可低估的。

8.3.2 供应链管理下的库存管理技术与方法

为了适应供应链管理的要求，供应链下的库存管理方法必须作相应的改变。目前供应链下的库存管理技术与方法，包括 VMI 管理系统、联合库存管理、多级库存优化等。

1. VMI 管理系统

VMI(供应商管理用户库存)是一种在用户和供应商之间的合作性策略，对双方来说都是最低的成本优化产品的可得性，在一个相互同意的目标框架下由供应商管理库存，这样的目标框架被经常性监督和修正，以产生一种连续改进的环境。

(1)VMI 管理系统的基本原则

①具有良好的合作精神(即合作性原则)。在实施该策略时，相互信任与信息透明是很重要的，供应商和用户(零售商)都要有较好的合作精神，才能够相互保持较好的合作。

②使整体成本最小(互惠原则)。VMI 不是关于成本如何分配或谁来支付的问题，而是关于减少成本的问题。通过该策略使双方的成本都获得减少。

③签订框架协议(目标一致性原则)。双方都明白各自的责任，观念上达成一致的目标。如库存放在哪里，什么时候支付，是否要管理费，要花费多少等问题都要回答，并且体现在框架协议中。

④保持连续改进原则。使供需双方能共享利益和消除浪费。VMI 的主要思想是供应商在用户的允许下设立库存，确定库存水平和补给策略，拥有库存控制权。

(2)VMI 的实施

实施 VMI 策略，首先要改变订单的处理方式，建立基于标准的托付订单处理模式。首先，供应商和批发商一起确定供应商的订单业务处理过程所需要的信息和库存控制参数，然后建立一种订单的处理标准模式，如 EDI 标准报文，最后把订货、交货和票据处理各个业务功能集成在供应商一边。

库存状态透明性(对供应商)是实施供应商管理用户库存的关键。供应商能够随时跟踪和检查到销售商的库存状态，从而快速地响应市场的需求变化，对企业的生产(供应)状态作出相应的调整。为此需要建立一种能够使供应商和用户(分销、批发商)的库存信息系统透明连接的方法。供应商管理库存的策略可以分以下几个步骤实施。

1)建立顾客情报信息系统。

要有效地管理销售库存，供应商必须能够获得顾客的有关信息。通过建立顾客的信息库，供应商能够掌握需求变化的有关情况，把由批发商(分销商)进行的需求预测与分析功能集成到供应商的系统中来。

2)建立销售网络管理系统。

供应商要很好地管理库存,必须建立起完善的销售网络管理系统,保证自己的产品需求信息和物流畅通。为此,必须:

①保证自己产品条码的可读性和唯一性;

②解决产品分类、编码的标准化问题;

③解决商品存储运输过程中的识别问题。

目前已有许多企业开始采用MRPⅡ或ERP企业资源计划系统,这些软件系统都集成了销售管理的功能。通过对这些功能的扩展,可以建立完善的销售网络管理系统。

3)建立供应商与分销商(批发商)的合作框架协议。

供应商和销售商(批发商)一起通过协商,确定处理订单的业务流程以及控制库存的有关参数(如再订货点、最低库存水平等)、库存信息的传递方式(如EDI或Internet)等。

4)组织机构的变革。

组织机构的变革很重要,因为VMI策略改变了供应商的组织模式。过去一般由会计经理处理与用户有关的事情,引入VMI策略后,在订货部门产生了一个新的职能负责用户库存的控制、库存补给和服务水平。

2.联合库存管理

联合库存管理是解决供应链系统中由于各节点企业的相互独立库存运作模式导致的需求放大现象,提高供应链的同步化程度的一种有效方法。联合库存管理和供应商管理用户库存不同,它强调双方同时参与,共同制定库存计划,使供应链过程中的每个库存管理者(供应商、制造商、分销商)都从相互之间的协调性考虑,保持供应链相邻的两个节点之间的库存管理者对需求的预期保持一致,从而消除了需求变异放大现象。任何相邻节点需求的确定都是供需双方协调的结果,库存管理不再是各自为政的独立运作过程,而是供需连接的纽带和协调中心。

(1)联合库存管理的思想

联合库存管理的思想可以从分销中心的联合库存功能谈起。地区分销中心体现了一种简单的联合库存管理思想。传统的分销模式是分销商根据市场需求直接向工厂订货,比如汽车分销商(或批发商),根据用户对车型、款式、颜色、价格等的不同需求,向汽车制造厂订的货,需要经过一段较长时间才能到达,因为顾客不想等待这么久的时间,因此各个推销商不得不进行库存备货,这样大量的库存使推销商难以承受,以至于破产。据估计,在美国,通用汽车公司销售500万辆轿车和卡车,平均价格是18500美元,推销商维持60天的库存,库存费是车价值的22%,一年总的库存费用达到3.4亿美元,而采用地区分销中心,就大大减缓了库存浪费的现象。采用分销中心后的销售方式,各个销售商只需要少量的库存,大量的库存由地区分销中心储备,也就是各个销售商把其库存的一部分交给地区分销中心负责,从而减轻了各个销售商的库存压力。分销中心就起到了联合库存管理的功能。

分销中心既是一个商品的联合库存中心,同时也是需求信息的交流与传递枢纽。在分销中心的功能的基础上,我们提出了联合库存管理新模式——基于协调中心的联合库存管理系统。

基于协调中心的库存管理和传统的库存管理模式相比,有如下几个方面的优点。

①为实现供应链的同步化运作提供了条件和保证。

②减少了供应链中的需求扭曲现象,降低了库存的不确定性,提高了供应链的稳定性。

③库存作为供需双方的信息交流和协调的纽带,可以暴露供应链管理中的缺陷,为改进供应链管理水平提供依据。

④为实现零库存管理、准时采购以及精细供应链管理创造了条件。

⑤进一步体现了供应链管理的资源共享和风险分担的原则。联合库存管理系统把供应链系统管理进一步集成为上游和下游两个协调管理中心,从而部分消除了由于供应链环节之间的不确定性和需求信息扭曲现象导致的供应链的库存波动。通过协调管理中心,供需双方共享需求信息,因而起到了提高供应链运作稳定性的作用。

(2)联合库存管理的实施

①建立供需协调管理机制。为了发挥联合库存管理的作用,供需双方应从合作的精神出发,建立供需协调管理的机制,明确各自的目标和责任,建立合作沟通的渠道,为供应链的联合库存管理提供有效的机制。没有一个协调的管理机制,就不可能进行有效的联合库存管理。

②发挥两种资源计划系统的作用。为了发挥联合库存管理的作用,在供应链库存管理中应充分利用目前比较成熟的两种资源管理系统:MRPⅡ和MRP。

原材料库存协调管理中心应采用制造资源计划系统MRPⅡ,而在产品联合库存协调管理中心则应采用物资资源配送计划MRP。这样在供应链系统中把两种资源计划系统很好地结合起来。

③建立快速响应系统。快速响应系统是在20世纪80年代末由美国服装行业发展起来的一种供应链管理策略,目的在于减少供应链中从原材料到用户过程的时间和库存,最大限度地提高供应链的运作效率。美国的KurtSalmon协会调查分析认为,实施快速响应系统后供应链效率大有提高:缺货大大减少,通过供应商与零售商的联合协作保证24小时供货;库存周转速度提高1～2倍;通过敏捷制造技术,企业的产品中有20%～30%是根据用户的需求而制造的。快速响应系统需要供需双方的密切合作,因此协调库存管理中心的建立为快速响应系统发挥更大的作用创造了有利的条件。

④发挥第三方物流系统的作用。第三方物流系统(third party logis-tics, TPI)是供应链集成的一种技术手段。TPI也叫做物流服务提供者(logistics service provider, LSP),它为用户提供各种服务,如产品运输、订单选择、库存管理等。把库存管理的部分功能交给第三方物流系统管理,可以使企业更加集中精力于自己的核心业务。第三方物流系统起到了供应商和用户之间联系的桥梁作用,为企业获得诸多好处。

3.多级库存优化与控制

供应链管理的目的是使整个供应链各个阶段的库存最小,但是,现行的企业库存管理模式是从单一企业内部的角度去考虑库存问题,因而并不能使供应链整体达到最优。多级库存的优化与控制是在单级库存控制的基础上形成的。多级库存控制的方法有两种：一种是非中心化(分布式)策略，另一种是中心化(集中式)策略。非中心化策略是各个库存点独立地采取各自的库存策略，这种策略在管理上比较简单，但是并不能保证产生整体的供应链优化，如果信息的共享度低，多数情况产生的是次优的结果，因此非中心化策略需要更多信息共享。采用中心化策略，所有库存点的控制参数是同时决定的，考虑了各个库存点的相互关系，通过协调的办法获得库存的优化。但是中心化策略在管理上协调的难度大，特别是供应链的层次比较多，即供应链的长度增加时，更增加了协调控制的难度。

8.3.3 战略库存控制

从传统的以物流控制为目的的库存管理向以过程控制为目的的库存管理转变是库存管理思维的变革。基于过程控制的库存管理将是全面质量管理、业务流程再造、工作流技术、物流技术的集成。这种新的库存管理思想对企业的组织行为产生重要的影响，组织结构将更加面向过程。供应链是多个组织的联合，通过有效的过程管理可以减少乃至消除库存。在供应链库存管理中，组织障碍是库存增加的一个重要因素，不管是企业内部还是企业之间，相互的合作与协调是实现供应链无缝连接的关键。在供应链管理环境下，库存控制不再是一种运作问题，而是企业的战略性问题。要实现供应链管理的高效运行，必须增加企业的协作，建立有效的合作机制，不断进行流程革命。因而，库存管理并不是简单的物流过程管理，而是企业之间工作流的管理。

基于工作流的库存管理能解决传统的库存控制方法无法解决的库存协调问题，特别是多级库存控制问题。多级库存管理涉及多组织协作关系，这是企业之间的战略协作问题。传统的订货点方法解决不了关于多组织的物流协作问题，必须通过组织的最有效协作关系进行协调才能解决。

思考题

1. 简述库存的作用。
2. 简述不同标准库存的分类方法。
3. 简述库存成本的构成。
4. 简述库存管理的基本目标与意义。
5. 简述三种典型库存控制系统。

第 9 章

传统的库存控制方法

本章要点

本章主要介绍在库存控制中常用的 ABC 分类法，并对在确定性需求下的库存控制作了详细的论述，同时介绍了时变需求和随机需求下的库存控制方法。

现代库存控制理论的一个重要进展，就是明确地区分了独立性需求和从属性需求，这种区分把所有的库存控制方式分为两种基本类型。传统库存管理的一个严重失误，就是错把适用于独立性需求的库存控制策略，应用于从属性需求的库存控制，这是导致库存水平居高不下的一个重要原因。

数学推导的各种严格假设，并未限制 EOQ(economic order quality)，经济订购批量方法的广泛应用，只要稍作修改，EOQ 就可应用于存在数量折扣，非同时补充订货，以及存在通货膨胀等多种现实情况下的库存控制。此外，EOQ 的强壮性还使得分类和归集保存成本及订货成本数据的工作变得不再那么棘手。实践表明，只要是认真地应用 EOQ，哪怕是不很精确，成效也十分显著。对 ABC 分类方法的也是如此。

多级制造系统物料需求计划的批量决策，是典型的时变需求下的库存控制问题，除此以外，我们还可以在商业的多级批发系统中、连锁店的集中配送系统中、饭店或住宅小区的物业管理系统中，找到这类问题的原型。在解决时变需求下的库存控制问题时，启发式方法具有明显的优越性，应受到实际管理人员更多的重视。

无论连续检查系统还是定期检查系统，关键都在于如何确保安全存货水平。现实中，安全存货通常在企业平均库存水平中占有一个相当大的份额。设立安全存货的原因在于需求的不确定性。所以，要降低库存水平，一个重要的方面是消除生产系统的不确定性。由此也可以看出，随机需求下的库存控制，绝不仅仅是个选择什么样的库存控制策略问题，还必须在消除系统内部和外部的各种不确定性因素上做文章。

几乎每一个社会经济组织，不管是营利性的还是非营利性的，都在生产、使用、储存和分配存货。存货的大量发生，使得每一个组织每年要花费大量的人力、投资、设施、费用去计划和控制存货，这种看似必要的活动，实质上潜伏着巨大的浪费。对于一个企业

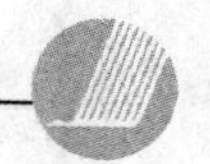

来说，存货的周转率是标志企业运营效率的一个重要指标，对企业的资产收益率起着重要的作用。类似地，存货也是一个国家经济运作状况的重要领先指标。从社会总库存量的下降，可以预测经济复苏的到来；反之，从社会总库存量的上升，可以预测经济萧条的临近。而社会总库存量的周转率，代表着一个国家经济运行的效率和质量。

企业的采购、储存和分配系统是典型的库存控制系统，是企业物流系统的一部分，它实际上是存货在原材料、运输在制品、周转在制品、安全在制品和产成品这几种存货形态之间不断转换的过程。把物流系统看做一个库存控制系统，有助于认识和把握物流过程的实质。

9.1 ABC分类法

9.1.1 ABC分类法原理

1906年，V.帕累托(Vilfredo Pareto)发现，在资本主义社会中，少数人拥有社会的大多数财富，他把这种现象描绘成一条曲线，这就是著名的帕累托曲线。随后，研究企业管理的专家们发现，帕累托曲线实际上代表着组织中的一种规律，例如，在制造企业品种繁多的产品结构中，真正为企业创造出大多数利润的，只是其中的少数几种商品；在百货商店琳琅满目的商品中，真正为商店带来大部分销售额和利润的，仅是其中的少数品种；在研究开发机构中，真正富有创造性的设计人才，不过是众多设计人员中的少数人；……类似地，在企业的库存控制中，也存在着帕累托效应，它被称为库存的ABC分类。

ABC分类法虽然形式非常简单，但在库存控制中却有着广泛的应用。任何库存控制系统，只要认真应用ABC分类方法进行分类管理，都会收到显著的效果。

所谓ABC分类法，就是按存货单元的年利用价值对其进行分类。如果我们把存货单元价值记作v，把存货单元的年利用率(或年需求率)记作D，则存货单元的年利用价值为D_v。分别计算每个存货单元的D_v，然后按从大到小的顺序排列。以存货单元的数量累积百分比为横坐标；以存货单元的年利用价值的累积百分比为纵坐标，绘制二者的关系曲线，如图9-1所示。

按照一般的规律，A类存货单元所对应的年利用价值累积百分比为80%左右，B类存货单元所对应的年利用价值累积百分比为15%左右，其余为C类存货单元对应的年利用价值累积百分比。换句话说，数量上仅占20%的存货单元，其年利用价值达到80%，显然应对A类存货单元给予优先考虑。而C类存货单元，其年利用价值充其量仅占5%左右，在控制上，可以采用较粗略的方法。

ABC分类的具体分布曲线，在消费产品和工业产品之间略有差别，对于工业产品，这种类型之间的差别更为显著。此外，ABC分类曲线的形状，往往因企业的存货单元构成不同而异，对于某些企业，将A类存货单元的数量累积百分比规定得越小，或许越有利于控制那些价值高的存货单元。

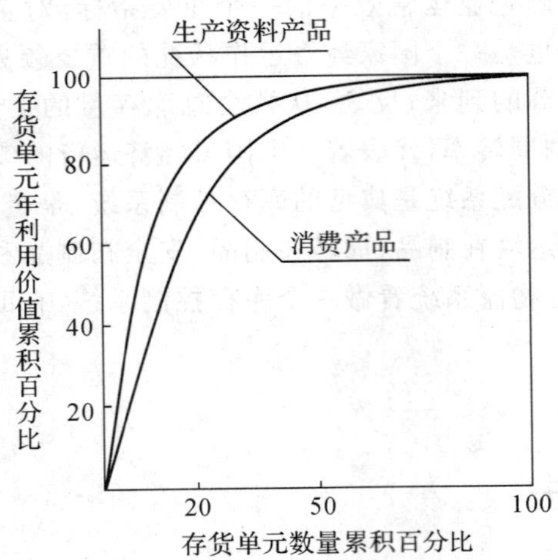

图 9-1　存货单元的 ABC 分类曲线

ABC 分类法的一个重要的作用是提醒我们，应对存货单元加以区别对待，采用不同的库存控制策略分别进行控制。

9.1.2　ABC 分类法实施的步骤

为了利用 ABC 分析法对库存进行分析，帮助我们更好地进行库存控制，首先要进行库存物资数据的收集工作，接着要对数据进行统计汇总处理，这样的数据才能进行使用。根据统计汇总的资料，我们就可以绘制 ABC 分类表了，表格绘制出来后，根据表格的结果制定出相应的分类管理方法才是我们的最终目的。ABC 分类法的具体实施步骤如下：

1. 数据收集

按分析对象和分析内容，收集储存物资的数据。例如，如果要分析库存物品价值的占用，则需收集库存产品数量和价值量（销售价格）的数据。

2. 处理数据

对收集来的数据资料进行整理，按要求进行汇总和计算。主要是对储存物资按其价值量的大小进行排序。

3. 制 ABC 分析表

一般而言，用于库存分析的 ABC 分析表栏目主要构成如下：第一栏为物品编号；第二栏为该项物品的数量；第三栏为该项物品的数量占总物品数量的百分数；第四栏为数量百分比的累计；第五栏为该项物品的价值总量（若以货物销售价格作为价值量的衡量方式时，也可以增加一栏填写物品的单价）；第六栏为该项物品价值总量占总价值量的百分比；第七栏是价值量的累计百分比；第八栏为分类结果。

填写表格时要注意，物品的数据条目应按照该项物品价值量的大小从大到小进行排序，这样排序的目的是便于我们区分主要与次要的物品类别。

4. 根据 ABC 分析表确定分类

按 ABC 分析表，观察第四栏累计数量百分数和第七栏价值量占用累计百分数，将物

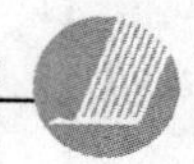

品数量累计百分数为 5%～15%，而价值量占用额累计百分数为 70%～85%左右的前几个物品，确定为 A 类；将累计物品数量百分数为 10%～30%，而价值量占用额累计百分数也为 10%～30%的物品，确定为 B 类；其余为 C 类，C 类情况和 A 类相反，其累计物品数量百分数为 55%～85%，而平均资金占用额累计百分数仅为 5%～20%。

下面通过实例来说明 ABC 分类法的具体运用。

【例 9.1】 某企业仓库储存物资数量及价值如下表 9-1 所示，试用 ABC 分析法对该仓库物资进行分类分析。

表 9-1　仓库储存物资数量及价值量

产品代码	产品数量(个)	产品价值量(万元)
8	40	15
10	63	10
2	15	120
7	30	20
3	8	50
5	10	30
1	10	680
4	6	40
6	18	20
9	50	15
合计	250	1000

由于这里相关产品的资料已经给出，所以这里我们首先要做的是对这些产品项目按照产品价值量从大到小进行排序。排序排好后，我们分别计算各项产品的数量占产品总量的百分比，产品数量百分比的累计，各项产品价值量占总价值量的百分比，价值量百分比的累计等数据，然后根据产品数量百分比的累计与价值量百分比的累计划分出 ABC 类来，本题根据本文上面提出的 ABC 类产品的划分依据进行划分。在具体操作时，划分的依据也可以有所不同，应根据实际情况而定。下表 9-2 为本题对应的 ABC 分析表。

表 9-2　ABC 分析表

<table>
<tr><th>产品代码</th><th>产品数量(个)</th><th>产品数量占总数的百分比</th><th>产品数量百分比累计</th><th>产品价值量(万元)</th><th>产品坐标量占总价值量的百分比</th><th>价值量百分比累计</th><th>ABC 分类</th></tr>
<tr><td>1</td><td>10</td><td>4.00%</td><td>4.00%</td><td>680</td><td>68.00%</td><td>68.00%</td><td rowspan="2">A 类，产品数量占总数量的 10%，价值量占总量的 80%</td></tr>
<tr><td>2</td><td>15</td><td>6.00%</td><td>10.00%</td><td>120</td><td>12.00%</td><td>80.00%</td></tr>
</table>

续表

产品代码	产品数量(个)	产品数量占总数的百分比	产品数量百分比累计	产品价值量(万元)	产品坐标量占总价值量的百分比	价值量百分比累计	ABC 分类
3	8	3.20%	13.20%	50	5.00%	85.00%	B 类,产品数量占总数量的 16.8%,价值量占总量的 14%
4	6	2.40%	15.60%	40	4.00%	89.00%	
5	10	4.00%	19.60%	30	3.00%	92.00%	
6	18	7.20%	26.80%	20	2.00%	94.00%	
7	30	12.00%	38.80%	20	2.00%	96.00%	C 类,产品数量占总数量的 73.2%,价值量占总量的 6%
8	40	16.00%	54.80%	15	1.50%	97.50%	
9	50	20.00%	74.80%	15	1.50%	99.00%	
10	63	25.20%	100.00%	10	1.00%	100.00%	
合计	250	100.00%		1000	100.00%		

对于分类好的 A、B、C 类商品,可分别进行如下的管理:

(1)A 类商品

对于 A 类商品,可进行如下管理:

①每件商品皆需编号;

②尽可能正确地预测需求量;

③请供货单位配合,力求出货量平稳化,以降低需求变动,减少安全库存量;

④与供应商协调,尽可能缩短购货提前期;

⑤必须严格执行盘点,每天或每周盘点一次,以提高库存精确度;

⑥对交货期限加强控制,在制品及发货也须从严控制;

⑦货品放到易于出入库的位置;

⑧实施货品包装外形标准化,增加出入库单位。

(2)B 类商品

可采用定量订货方式,但对前置时间较长,或需求量有季节性变动趋势的货品宜采用定期订货方式。

①每二、三周盘点一次;

②中量采购。

(3)C 类商品

对于 C 类商品,可进行如下管理:

①采用复合制或定量订货方式以求节省手续;

②大量采购,以便在价格上获得优惠;

③简化库存管理手段;

④可交现场保管使用;

⑤每月盘点一次。

9.2 确定性需求下的库存控制

9.2.1 三种主要的库存成本

有效的库存控制要求尽可能准确地估算以下三种主要的库存成本。

1. 保存成本 C_1

保存成本有以下几个主要的发生来源：

①所占用资金的机会成本。通常确定存货占用资金的机会成本是根据投资报酬率，在简化的情况下，可以用银行相应期限的利息率代之。

②仓库设施的折旧费、保险费等。

③存货的失效、损坏和丢失费用等。这部分费用因存货的性质不同而可能有很大的差别，例如电子产品的失效(过时)费用就很高，而食品的损坏费用可能很高。

由于资金的机会成本，以及损坏、失效成本往往占保存成本的大部分比率，故习惯上将保存成本表示为与存货单位的购买价格呈正比的形式，或是表示成百分比的形式，后者记作 F_1。

2. 订货成本 C_T

订货成本是处理一笔订货业务的平均成本，包括簿记、通讯、谈判、必要的产品技术资料和订货人员工资等，其特点是与订货的数量无关。在生产领域，C_T 是表示更换零件或作业时的生产准备和机器调整成本，称为作业更换成本或设置成本(setup cost)。

3. 缺货成本 C_B

缺货成本是指由于缺货造成的损失。在销售过程中，缺货会造成订单的丢失，顾客转向其他企业订货，以及企业声誉的无形损失等，其数额的估算带有一定的主观性。在生产过程中，缺货会造成停工待料、在制品积压、交货期延迟或是导致加班等，其成本可从相应的活动影响中分别估算。

库存控制主要是在上述三种成本中作出抉择。例如，一方面，如果我们增加订货量 Q，则周转库存量就会上升；但另一方面，由于每次的订货量增加，使得每年订货次数减少，从而使订货成本下降。类似地，如果安全存货和订货点水平定得比较高，缺货成本就会减少，但保存成本就会上升。所以，库存控制就是要在这些相互矛盾的因素中作出最佳的折中。

9.2.2 经济订货批量公式的推导

独立性需求下库存控制的一种基本方法是经济订货批量法，自 1915 年美国学者 F. W. 哈利斯(F. W. Harris)首次提出 EOQ 公式以来，由于它简单的形式、最优的性质和数学上的强壮性，使之被广泛地应用于库存控制中。

1. 基本假设

推导经济订货批量公式基于以下假设：

①需求率是恒定的和确定性的。

②订货提前期为零。从订单发出至货到补充库存的提前期是已知的和固定的，为了简化推导，暂时假定其为零。

③不允许出现缺货现象。由于需求和提前期是常数，故可以准确地确定什么时候应发出订单及时补充存货。

④材料以批量的形式订货或生产，全部一次到货入库。

⑤订货成本固定不变。

订货成本与订货量无关，没有折扣，且保存成本与平均库存水平成比例。

⑥产品项目只是单一品种。暂不考虑多品种情况。

2. 经济订货批量(EOQ)的计算公式

在推导 EOQ 的过程中使用的各种符号的含义如表 9-3 所示。

(1)求年订货业务成本和年保存成本

根据假定年需求量是一恒定值 D，每次订货量是 Q，则相邻两次订货的间隔时间是 Q/D；相应的，年订货次数为 D/Q。在上述假定下，库存水平随时间的变化特性如图 9-2 所示。因此，年订货成本为 $C_T D/Q$，年保存成本为 $C_I Q/2$，(由图 9-2 可知，平均库存水平为 $Q/2$)。

表 9-3　库存控制的常用术语和符号

Ⅰ. 库存量	Ⅱ. 单位成本
D=年需求量或年用量 d=每日用量 U=订货提前期内的需求量 L=订货提前期 n=年订货次数 Q=每次订货量=D/n R=订货点 SS=安全库存=$R-U$ P=在订货到达之前库存清空的概率	C_I=保存一个单位存货单元的年成本 C_T=处理一次订货业务的平均成本 C_B=缺货成本

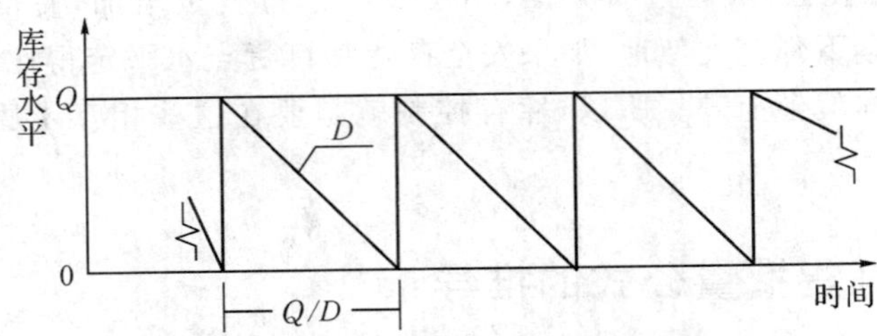

图 9-2　库存水平随时间变化的特征

(2)EOQ 的计算公式

年库存总成本 TRC 的计算公式为：

$$\mathrm{TRC}(Q) = C_I Q/2 + C_T D/Q \tag{9.1}$$

对 Q 求年总成本 TRC 的一阶导数，并令其等于零得到：

$$\mathrm{dTRC}(Q)/\mathrm{d}Q = 0$$

即

$$C_I/2 - C_T D/Q^2 = 0$$

从式中解出 Q 来，便得到 EOQ，即

$$\mathrm{EOQ} = Q^* = (2DC_T/C_I)^{1/2} \tag{9.2}$$

相应的，可以求出最优订货次数 n^* 和订货间隔期 T^*：

$$n^* = (C_I D/2C_T)^{1/2} \qquad T^* = 12/n^* = (288C_T/DC_I)^{1/2} \tag{9.3}$$

将 EOQ 代入总成本 TRC 的表达式，得到在经济订货批量下的年总库存成本，即

$$\mathrm{TRC(EOQ)} = C_I \mathrm{EOQ}/2 + C_T D/\mathrm{EOQ} = (2DC_I C_T)^{1/2} \tag{9.4}$$

年订货成本 $C_T D/Q$，年保存成本 $C_I Q/2$ 和年总库存成本的特性曲线如图 9-3 所示，其中年总库存成本曲线的最低点，对应 TRC(EOQ)。

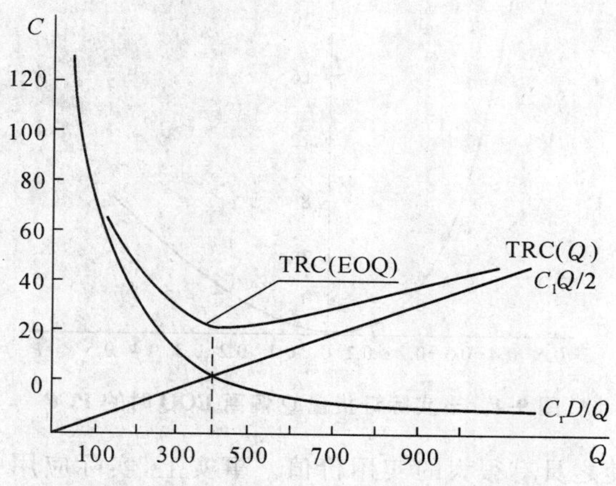

图 9-3　库存成本作为订货量函数的特征

【例 9.2】　恒大公司存货单元 A 的年需求量为 2400 单位/年，订货成本 3.20 元/次，保存成本为 0.096 元/(单位，年)。试求：

(1)EOQ；n^*；TRC(EOQ)。

(2)假设因为运输原因，每次订货量为 550 单位，求在此情况下的年库存总成本比采用经济订货批量的年库存总成本高出的百分比。

解　(1)$\mathrm{EOQ}=(2DC_T/C_I)^{1/2}=(2\times2400\times3.20/0.096)^{1/2}=400$(单位)

$n^*=(DC_I/2C_T)^{1/2}=(2400\times0.096/2\times3.20)^{1/2}=6$(次/年)

$\mathrm{TRC(EOQ)}=(2DC_IC_T)^{1/2}=(2\times2400\times0.096\times3.20)^{1/2}=38.4$(元/年)

(2)$Q=550$(单位)

$(Q-\mathrm{EOQ})/\mathrm{EOQ}=(550-400)/400=37.5\%$

$\mathrm{TRC}(Q)=C_IQ/2+C_TD/Q=0.096\times550/2+3.20\times2400/550=40.36$(元/年)

$[\mathrm{TRC}(Q)-\mathrm{TRC(EOQ)}]/\mathrm{TRC(EOQ)}=(40.36-38.4)/38.4=5.1\%$

从例 9.2 中(2)的计算结果来看，当订货量的变动幅度为 37.5%时，年库存总成本仅

增加了5.1%，这并非偶然。也就是说当实际订货量偏离EOQ时，只要这种偏离不超过某个合理的范围，对年库存总成本的影响很小。这个性质称为EOQ的强壮性(或不灵敏性)。事实上我们从EOQ的总成本特性曲线也可以看出，在EOQ附近一个相当宽的区段上，曲线的变化十分平缓。为了进一步说明这个问题，我们令 p 表示实际订货量Q偏离EOQ的相对程度，即

$$p=(Q-\text{EOQ})/\text{EOQ}$$

令 PCP 表示当订货量为Q时，年库存总成本比采用经济订货批量EOQ的年库存总成本高出的百分比，即

$$PCP=[\text{TRC}(Q)-\text{TRC}(\text{EOQ})]/\text{TRC}(\text{EOQ})\times 100\%$$

理论分析的结果表示在图9-4中，由图中可以看出，只要实际订货量的偏离程度不超过 $-0.27\leqslant p\leqslant 0.37$ 的范围，则总成本增加的幅度小于5%。

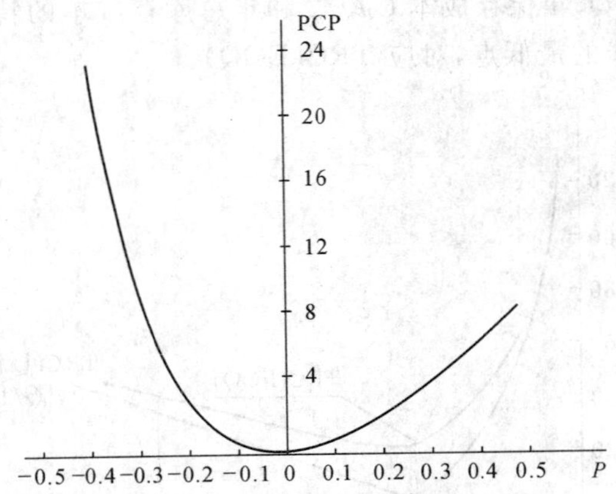

图9-4　当实际订货量 Q 偏离EOQ时的 PCP

EOQ的强壮性使之具有很大的实用价值。事实上，实际应用中对于参数 D、C_T、C_1 的估计难以十分准确，但只要将误差控制在合理的范围内，就不影响EOQ的应用。这也是为什么直到今天，EOQ仍出现在任何一本讲述库存管理的著作中，并且应用日益广泛的主要原因。

3. *考虑折扣因素*

为了推导EOQ公式，我们曾假设不考虑折扣因素，而在实际中，许多情况下是存在订货批量折扣的，这就需要适当修正EOQ以适应这种情况。为了简化推导过程，我们暂时只考虑单一折扣率的情况，对于多档折扣率的情况，可在此基础上加以推广。

当存在单一折扣率时，某种存货单元的单位价值 v 发生如下变化：

$$v=\begin{cases}v & 0\leqslant Q<Q_b\\ v(1-d) & Q_b\leqslant Q\end{cases}$$

式中：Q_b——享受折扣的订货批量数量界限；

d——折扣率；

我们再来看单位保存成本 C_1。如前所述，保存成本主要包括存货占用资金的利息、保险费和失效及损失费用，这些费用实际上是与平均存货的价值成正比的。设比例系数

为 r，则年保存成本可表示为：

$$C_I Q/2 = rvQ/2, \text{即 } C_I = rv \tag{9.5}$$

为了确定存在折扣时的最佳订货批量，我们引入全部存货成本的概念和表达式。所谓全部存货成本，记作 TIC，就是全部库存成本与存货成本之和，即

$$\text{TIC}(Q) = rvQ/2 + C_T D/Q + Dv \tag{9.6}$$

当 $Q \geqslant Q_b$ 时，扣除折扣率的全部存货成本为：

$$\text{TIC}(Q) = rv(1-d)Q/2 + C_T D/Q + Dv(1-d) \tag{9.7}$$

按推导 EOQ 的同样的方法，可以求出考虑折扣因素 d 时的 EOQ(d)公式，注意，式(9.7)中的 $Dv(1-d)$ 项与 Q 无关，故在求导时被略去。于是有：

$$\text{EOQ}(d) = \{2DC_T/rv(1-d)\}^{1/2} = \{2DC_T/C_I(1-d)\}^{1/2} \tag{9.8}$$

当存在折扣因素时，订货批量的决策实际上是通过比较不同批量下的全部存货成本，从中选取使全部存货成本最低的订货批量。其选择步骤如下：

(1)按式(9.8)计算存在折扣率条件下的订货批量 EOQ(d)；

(2)比较 EOQ(d)和 Q_b。

若 EOQ(d)$\geqslant Q_b$，则 EOQ(d)为最佳订货批量。

若 EOQ(d)$< Q_b$，则转到步骤 3。

(3)分别计算全部存货成本 TIC(EOQ)

$$\text{TIC(EOQ)} = (2DC_T C_I)^{1/2} + Dv$$

和 TIC(Q_b)，即按式(9.7)计算。

1)若 TIC(EOQ)$\leqslant$TIC(Q_b)，则最佳订货批量为不考虑折扣率的 EOQ；

2)若 TIC(EOQ)$>$TIC(Q_b)，则最佳订货批量为折扣订货批量 Q_b。

当存在多档折扣率时，可仿照上述步骤分档求解最佳订货批量。

4.考虑非同时补充存货的情况

我们现在考虑放宽推导 EOQ 时的另一个重要假设，即补充订货不是一次到货，而是以一定的速度 m 逐步补充订货，这时的存货变化情况犹如锯齿形(见图 9-5)。与前面推导 EOQ 时的不同之处仅在于平均库存水平不再是 $Q/2$，而是现在的 $Q(1-D/m)/2$。这时的全部库存成本为：

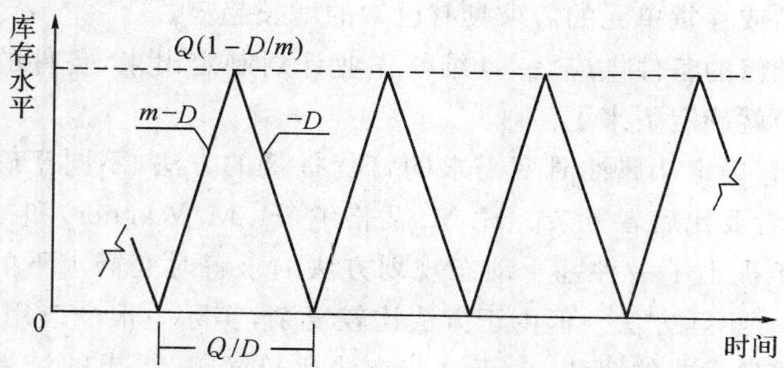

图 9-5　以有限速率补充存货时的库存水平变动情况

$$\text{TRC}(Q) = C_I Q(1-D/m)/2 + C_T D/Q$$

相应的最佳订货批量修正为：

$$\text{FEOQ}=\{2DC_T/C_I(1-D/m)\}^{1/2}=\text{EOQ}\{1(1-Dm)\}^{1/2} \tag{9.9}$$

这相当于在原有的EOQ上乘上了一个修正系数。我们注意到，当D/m很小时，这种情况等价于同时补充存货的情况（对于生产系统是生产率大大高于需求率），这时的FEOQ→EOQ。但是当$D/m\to1.0$时，由式(9.9)可以看出，此时的FEOQ→∞。可以想象，这相当于需求率与生产率吻合，生产系统连续不断地生产某种产品以满足需求。实际中还存在第三种情况，即$D/m>1.0$，例如$D/m=1.3$。这时可以固定一部分生产设备进行连续生产，而将余下的部分，比如$0.3m$安排批量生产。

物流系统中仓储管理的实践表明，即使是应用ABC分类法和EOQ这样简单的方法，都会取得显著的成效。

9.3 时变和随机需求下的库存控制

9.3.1 时变需求下的库存控制

在上节推导EOQ时，假定需求是不随时间变化的，现在放宽这个假定，考虑需求随时间变化情况下的库存控制问题。这里所说的时变需求，是指在一个期间内，需求保持恒定；而在一个期间转到另一个期间时，需求发生变化。这种已知的、时变的需求属于从属性需求，这种需求模式在实际中有广泛的应用背景，例如：

①在多级制造系统中，生产作业计划将最终产品按零件表展开成各级制造要求，对每一级制造阶段来说，上一级制造阶段的要求，就是一种确定性的、随时间变化的需求。正是在这个意义上，物料需求计划(MRP)方法，也可以看做是一种处理从属性的时变需求的库存控制方法。

②与顾客签订了全年的供货合同，按规定时间供货，但每次供货的数量可能不一样。

③对某种产品或存货单元的需求具有已知的季节性变化特征。

④对某种产品或存货单元的需求具有已知的增长趋势。

⑤设备预防维修的备件供应，一旦维修作业计划制定出来，备件的需求时间和数量(还包括品种规格)就确定下来了。

我们已经指出，确定从属性时变需求的订货批量的方法，不同于确定性恒定需求的订货批量方法，前者要比后者复杂。H. M. 瓦格纳(H. M. Wagner)和T. M. 惠廷(T. M. Whitin)于1958年提出了一种基于动态规划方法的求解时变需求下的订货批量最优化方法，称为瓦格纳—惠廷方法。但由于方法比较复杂，实际中很少应用。此后，一些管理研究者提出了一些启发式的解法，由于这些方法比较简单，得出的结果在许多情况下接近最优解，故得到普遍的应用。下面我们介绍其中最有代表性的也是应用较广的两种方法，它们是：西尔弗—米尔启发式方法和部分期间平衡法。

为了便于说明方法的效果，我们先从下面的一个实例入手，给出应用EOQ的结果，

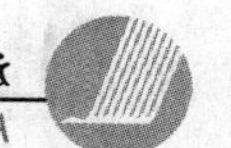

然后再应用启发式方法寻求更好的解答。

1. 典型的随时间变化的需求模式

【例9.3】 恒大公司对产品B的需求如表9-4和图9-6所示。

表9-4 恒大公司对产品B的需求

	1月	2月	3月	4月	5月	6月	7月	8月	9月	10月	11月	12月
每月需求 $D(i)$	10	62	12	130	154	129	88	52	124	160	238	41
累积需求	10	72	84	214	368	497	585	637	761	921	1159	1200

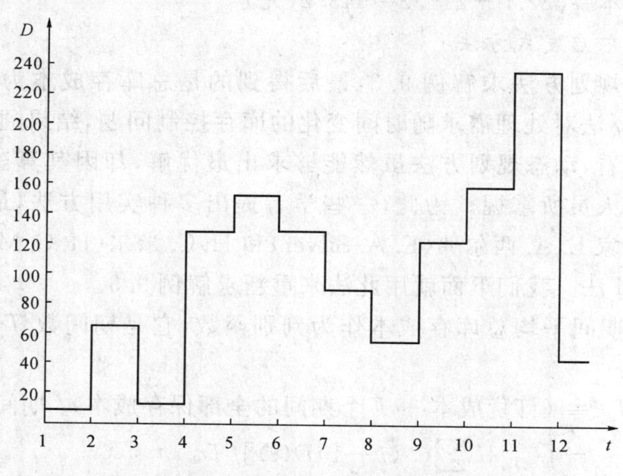

图9-6 恒大公司对产品B的年需求曲线

已知订货成本 $C_T=54$ 元/次，保存成本 $C_I=0.4$ 元/(单位，月)。试用EOQ法确定全年的订货计划，使总库存成本TRC尽可能小。

解 先计算月平均需求量 D，得

$$D=\sum D(i)/12=100(\text{单位}/\text{月}) \qquad (i=1,2,\cdots,12)$$

从而

$$\text{EOQ}=(2DC_T/C_I)^{1/2}=(2\times 100\times 54/0.4)^{1/2}=164(\text{单位})$$

根据EOQ计算出的全年采购计划和库存总成本如表9-5所示。

表9-5 根据EOQ计算出的全年采购计划和库存总成本

月 份	1	2	3	4	5	6	7	8	9	10	11	12	总计
期初存货	0	204	142	130	0	0	0	52	0	0	0	0	1200
订货量	214	—	—	—	154	129	140	—	124	160	238	41	1200
需求量	10	62	12	130	154	129	88	52	124	160	238	41	528
期末存货	204	142	130	0	0	0	52	0	0	0	0	0	432.0
总订货成本												211.2	
总保存成本												643.2	
总库存成本													

这里假定忽略交货提前期。求解的方法是，处在第一个月开始时，通过计算累计的

每月需求我们注意到，EOQ＝164，介于84～214之间（见表9-4），由于更靠近214，故利用EOQ的强壮性，将第一次的订货取作214（单位）。在第五个月开始时，由于EOQ在154与154＋129＝283之间更接近154，故第二次订货取作154（单位）。确定第六个月的订货量的方法与第五个月的方法类似。在第七个月开始时，由于164在88、88＋52＝140和88＋52＋124＝264之间更接近140，故7月初的订货量取作140，余类推。最后得到：

总订货成本＝8×54＝432.0（元）

总保存成本＝528×0.4＝211.2（元）

总库存成本＝432.0＋211.2＝643.2（元）

2.西尔弗—米尔启发式方法

如果采用动态规划方法求解例9.3，最后得到的是总库存成本为501.2元，远低于EOQ法，可见EOQ法对处理需求随时间变化的库存控制问题，结果通常不能令人满意。但从实用的角度来看，动态规划方法虽然能够求出最优解，却因其算法和理论过于复杂而很难为实际管理人员所掌握。为此，一些学者提出多种实用方法，最有代表性的要数加拿大作业管理学家E. A. 西尔弗（E. A. Silver）和H. C. 米尔（H. C. Meal）提出的启发式方法，简称为S—M法。我们下面就用此法来重新求解例9.3。

S—M法采用期间平均总库存成本作为判别函数，它是期间数T的函数，计作TRCU(T)，其定义为：

$$TRCU(T) \equiv (\text{订货成本} + T\ \text{个期间的全部保存成本}) / \text{期间数}\ T$$
$$= [C_T + \sum C_I(i-1)D(i)]/T \qquad (9.10)$$

式中：$D(i)$——第i个区间的需求量，$i=1,2,\cdots,T$。

所要求解的订货批量，应使得期间平均总库存成本最小化。

S—M法的求解步骤如下：

(1)当$T=1$时，例如在例9.4中，在第一个月开始时，如果忽略该区间上的保存成本，则

$$TRCU(1) = C_T/1 = C_T$$

(2)当$T=2$时，保存成本为$C_I D(2)$，因此有

$$TRCU(2) = [C_T + C_I D(2)]/2$$

(3)当$T=3$时，有

$$TRCU(3) = [C_T + C_I D(2) + 2C_I D(3)]/3$$

依此类推，直到首次满足下述判别准则时为止，

$$TRCU(T+1) > TRCU(T)$$

然后令订货量$Q=\sum D(i)$。($i=1,2,\cdots,T$)。从$T+1$期间开始，重新令$T=1$，重复上述过程，直到计划期末。

【例9.4】 仍采用例9.3给出的成本数据和需求数据，仍假定总保存成本根据期末存货计算，忽略第一期保存成本，应用S—M法的求解过程如下：

解 将例9.3的数据代入，得到：

$$T = 1, TRCU(1) = C_T = 54$$

$$T = 2, TRCU(2) = [C_T + C_I D(2)]/2 = (54 + 0.4 \times 62)/2 = 39.40$$

$$T = 3, TRCU(3) = [C_T + C_I D(2) + 2C_I D(3)]/3$$
$$= (54 + 0.4 \times 62 + 2 \times 0.4 \times 12)/3 = 29.40$$
$$T = 4, TRCU(4) = [C_T + C_I D(2) + 2C_I D(3) + 3C_I D(4)]/4$$
$$= (54 + 0.4 \times 62 + 2 \times 0.4 \times 12 + 3 \times 0.4 \times 130)/4 = 61.10$$

由于 $TRCU(4) > TRCU(3)$，故使订货量

$$Q_1 = \sum D(i) = 10 + 62 + 12 = 84(\text{单位}) \quad (i = 1,2,3)$$

然后，对于第四个月，重新令 $T=1$，重复上述过程。全部计算结果如表 9-6 所示。

表 9-6　应用 S—M 法的计算结果

月　份	1	2	3	4	5	6	7	8	9	10	11	12	总计
期初存货	0	74	12	0	0	129	0	52	0	0	0	41	—
订货量	84	—	—	130	283	—	140	—	124	160	279	—	1200
需求量	10	62	12	130	154	129	88	52	124	160	238	41	1200
期末存货	74	12	0	0	129	0	52	0	0	0	41	0	308
总订货成本													378.00
总保存成本													123.20
总库存成本													501.20

对于本例，S—M 法与动态规划方法的计算结果一致。

大量实践表明，多数情况下，S—M 法的计算结果与最优化方法的计算结果非常接近，而 S—M 法更简单实用，很受实际物流管理和作业计划人员的欢迎，无论是手算还是在计算机上实现，工作量都不大，故得到广泛应用。

3. 部分期间平衡法

部分期间平衡法(part-period balancing，PPB)，是选取订货批量，使之覆盖这样的期间，在此期间上，全部保存成本低于全部订货成本，一旦前者超过后者，就转到下一个期间上重新确定新的订货批量。以此类推，直到计划的终点。一般来说，采用部分期间平衡法得出的订货批量方案，其全部库存成本要高于采用 S—M 法得出的结果。尽管如此，由于部分期间平衡法提出的较早，且较简便，故其应用更为广泛。

下面我们仍以例 9.3 为例来说明如何应用部分期间平衡法。

【例 9.5】 仍采用例 9.3 给出的成本数据、需求数据和成本计算假定，试采用 PPB 法确定订货批量。

解 根据表 9-4 给出的需求数据，可以分别计算出如表 9-7 所示的结果。

表 9-7

T	保存成本
1	0
2	$C_I D(2) = 24.80 < 54$
3	$24.80 + 2C_I D(3) = 34.40 < 54$
4	$34.40 + 3C_I D(4) = 190.40 > 54$

由于第 3 期的保存成本 34.40 元比第 4 期的保存成本 190.40 元更接近订货成本 54 元，因此，选取 $T=3$ 作为第 1 次补充订货的覆盖期间，订货批量为 10＋62＋12＝84(单位)。从第 4 期开始，再次令 $T=1$，计算过程如表 9-8 所示。

表 9-8

T	保存成本
1	0
2	$C_ID(5)=61.60>54$

虽然第 5 期的保存成本 61.60 元超过了订货成本，但由于它很接近订货成本，故选取 $T=2$ 作为第 2 次补充订货的覆盖期间。以此类推，可分别计算出各次的订货批量和各种成本数据，计算结果列于表 9-9 中。从表 9-9 中可以看出，采用 PPB 法得出的订货方案，其总库存成本为 521.20 元，略高于采用 S—M 法得出的订货方案总库存成本。

表 9-9

月　份	1	2	3	4	5	6	7	8	9	10	11	12	总计
期初存货	0	74	12	0	154	0	88	0	124	0	0	41	
订货量	84	—	—	284	—	217	—	176	—	160	279	—	1200
需求量	10	62	12	130	154	129	88	52	124	160	238	41	1200
期末存货	74	12	0	154	0	88	0	124	0	0	41	0	493
总订货成本													324.00
总保存成本													197.20
总库存成本													521.20

处理时变需求下的订货批量问题，还有最小单位库存成本法、批量对批量法等多种方法，但因其效果均不如上述的两种启发式方法，故无推广价值。

9.3.2　随机需求下的库存控制

如前所述，由于独立性需求是由市场决定的，是随机的，故独立性需求的库存控制，实质上是随机需求下的库存控制问题。

随机需求下的库存控制有两种基本的库存控制策略即连续检查库存控制系统（或简称为连续检查系统），以及定期检查库存控制系统（或简称为定期检查系统）。下面我们分别对这两种系统进行讨论。

1. 连续检查系统

连续检查系统，是在每次取货后，均要核对库存水平，并与预先设置的订货点水平进行比较，如果库存水平降到订货点以下，就发出订货单，订货数量是固定的。由于订货数量是固定的，所以订货间隔期是变化的，取决于需求的随机性质。按照惯例，令 Q 表示订货量，R 表示订货点，则可将连续检查系统简记作(QR)系统。

连续检查系统的库存水平变化情况如图 9-7 所示。

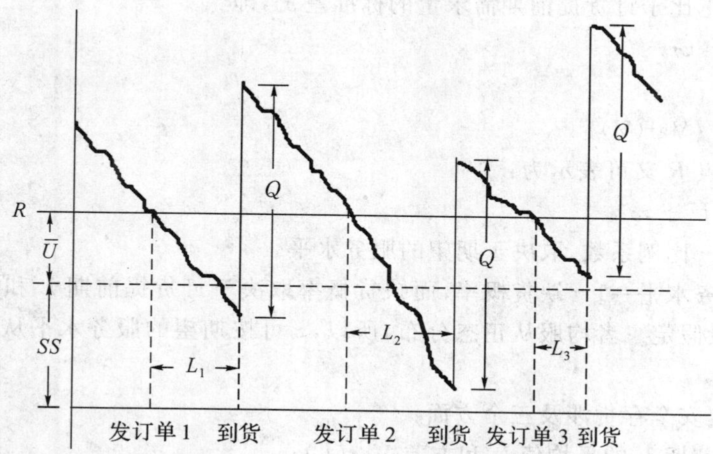

图 9-7 连续检查系统的库存水平

连续检查系统的订货量是固定的，可以按 EOQ 公式确定最佳订货批量。但是需求的不确定性和订货提前期的不确定性有可能导致在补充订货到达之前，发生库存清空的情况。因此，必须合理地确定订货点 R 和安全存货 SS。订货提前期的不确定性可能由多种原因造成。例如，仓储管理人员未及时核查库存水平是否已下降到订货点以下，以致未能及时发出补充订货的订货单；供货厂家由于种种原因未及时发货；运输过程中可能发生的延迟；货物到达后未及时登记上架等。而需求的波动，尤其对于市场需求来说，是需求本身的一种固有性质。

考虑到这两种不确定性的影响，实际的订货点库存水平应当包括两部分：按平均订货提前期和平均需求率确定的平均提前期需求量，记作 $\overline{U}$，以及根据订货提前期的不确定性、需求率的波动性、期望的顾客服务水平而设立的安全存货，记作 SS，即

订货点 = 平均订货提前期需求量 + 安全存货

或表示为：

$$R = U + SS$$

理论上，安全存货可以依据缺货损失成本来确定，但由于缺货成本难以估计，故实际中多根据期望的顾客服务水平来确定 R。所谓顾客服务水平，就是在发出订单到货物入库这段订货提前期内，顾客需求可由存货满足的概率，一般取 95%～99%，顾客服务水平确定得越高，订货点库存水平就需设置得越高，企业需要在由此增加的成本和缺货成本之间进行适当权衡。

为了给出安全存货的计算公式，我们令 $\overline{d}$ 表示每天的平均需求量，Var(d)为每天需求量的方差，$\overline{L}$ 表示订货提前期的平均值，Var(L)是订货提前期的方差。则平均订货提前期需求量 U 可以表示成 $\overline{d}$ 与 $\overline{L}$ 的乘积：

$$U = \overline{dL} \tag{9.11}$$

U 的方差表达式为：

$$\mathrm{Var}(U) = \mathrm{Var}(d)(L) + \mathrm{Var}(L)(d)^2 \tag{9.12}$$

U 的方差 $Var(U)$ 表示 U 的变异性程度，故安全存货应当是 U 的变异性的函数，也

就是安全存货正比于订货提前期需求量的标准差σ_u，即

$$SS = z\sigma_u \tag{9.13}$$

其中

$$\sigma_u = \{\mathrm{Var}(V)\}^{1/2} \tag{9.14}$$

从而订货点R又可表示为：

$$R = U + z\sigma_u \tag{9.15}$$

式中：z——比例系数，取决于期望的服务水平。

又由于服务水平＝1－缺货概率，而缺货概率取决于订货提前期L和需求量d的分布，实践中一般假定二者均服从正态分布，所以，z可按期望的服务水平从标准正态分布表中查得。

总之，确定安全存货涉及三个方面：

①订货提前期L的平均值$\bar{L}$和方差$\mathrm{Var}(L)$；

②每日需求量d的平均值$\bar{d}$和方差$\mathrm{Var}(d)$；

③期望的顾客服务水平及相应的z。

下面我们通过一个实例来说明如何计算安全存货和订货点。

【例 9.6】 恒大公司某存货单元的控制策略为连续检查的(QR)策略，有关订货提前期的历史资料如表 9-10 所示，另据上半年的逐日统计，日平均需求量$d=40$(单位/日)，方差为$\mathrm{Var}(d)=40$(单位/日)^2。

求当期望的服务水平分别为 95%和 99.5%时的订货点和安全存货水平。

解 $L=(7+12+25+16+14+15)/6=14.83$

$\mathrm{Var}(L)=[(7-14.83)^2+(12-14.83)^2+\cdots+(15-14.83)^2]/(6-1)=34.97$

表 9-10 订货提前期统计

订单发出日期(月/日)	1/7	2/3	316	4/6	5/2	6/2
订货收到日期(月/日)	1/16	2/17	415	4/25	5/19	6/20
提前期(扣除假日)	7	12	25	16	14	15

$$U = (d)(L) = 40 \times 14.83 = 593.3$$

$$\mathrm{Var}(U) = Var(d)(L) + \mathrm{Var}(L)(d)^2 = 40 \times 14.83 + 34.97 \times 40^2 = 56545.2$$

$$\sigma_u = [\mathrm{Var}(U)]^{1/2} = 56545.2^{1/2} = 237.8$$

查标准正态分布表可知，当服务水平为 95%时，$z=1.65$，因此

$$SS = z\sigma_u = 1.65 \times 237.8 = 392.4$$

相应的

$$R = U + SS = 593.3 + 392.4 = 985.7\text{(单位)}$$

当服务水平为 99.5%时，查表可知，$z=2.58$，则

$$SS = z\sigma_u = 2.58 \times 237.8 = 613.5$$

相应的

$$R = U + SS = 593.3 + 613.5 = 1206.89\text{(单位)}$$

由本例也可看出，需求和订货提前期的变异性越大，期望的用户服务水平越高，订货

点和安全存货水平就越高。

2.定期检查系统

定期检查系统是每隔一段固定的时间，对库存水平检查一次，并根据预先设定的目标库存水平与实际库存水平之差，发出订单，补充库存。目标库存水平的设定必须能够覆盖一个周期加上订货提前期内的需求。由于需求和订货提前期存在的不确定性，为了防止缺货损失，也就是为了达到一定的顾客服务水平，必须设立安全存货。我们令 T 表示周期，S 表示目标库存水平，则定期检查库存控制策略可简记作(TS)系统。定期检查系统的库存水平的动态变化如图 9-8 所示。

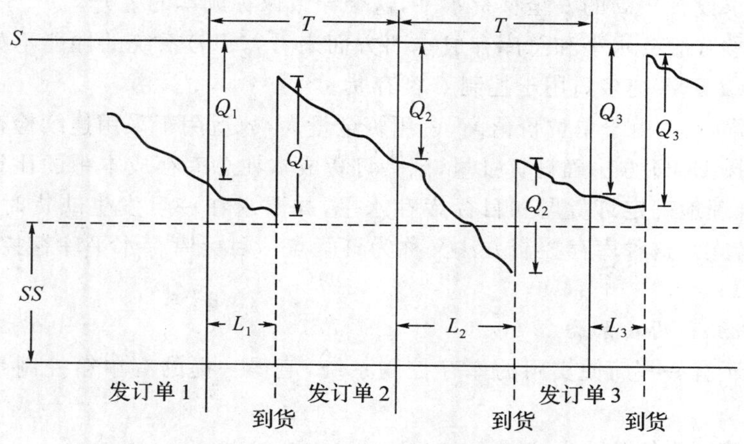

图 9-8　定期检查系统的动态库存水平

定期检查系统的性质与连续检查系统存在明显区别，这些区别主要是：

①(TS)系统一般不设立订货点而是设立目标存货水平；

②(TS)系统不按 EOQ 确定订货批量，因为每次需补充的存货数量不同；

③在(TS)系统中订货间隔期是固定的，而在(QR)系统中，订货间隔期是变动的。

定期检查系统的库存控制关键是确定目标存货水平 S。可按下式估计 S 值：

$$S = \text{检查周期内的平均需求} + \text{订货提前期内的平均需求} + \text{安全存货}$$

或

$$S = (T)(d) + U = z[(T)\mathrm{Var}(d) + Var(U)]^{1/2} \tag{9.16}$$

式中，安全存货为：

$$SS = z[\mathrm{Var}(d)(T) + Var(U)]^{1/2}$$

与(QR)系统的安全存货计算式(9.14)比较，可以看出(TS)系统要求更高的安全存货水平。

3.连续检查系统与定期检查系统的实际应用

对于随机的库存控制问题，连续检查系统和定期检查系统都有着广泛的应用，但二者在适用的存货类型和库存成本等方面，存在一些明显的差异，各有利弊，这是要在选择库存控制策略时特别注意的。

(1)(*QR*)系统的特点

QR 系统的优点是:由于采用的是连续检查方式,一旦库存水平低于订货点就发出订单,故能够保持稳定的顾客服务水平,维持较低的安全存货水平,加上按 EOQ 确定订货批量,因此,总库存成本较低。(*QR*)系统主要适用于控制 B 类库存。其缺点是:保持存货记录和频繁检查库存水平要花费较多的工作量。

(2)(*TS*)系统的特点

TS 系统的优点是:由于是周期性地检查库存水平,故管理工作量小。其缺点是:由于在一个周期内不检查库存水平,故不能及时补充库存,容易造成缺货损失,为防止这一点,往往又要求设置较高的安全存货水平,这会导致保存成本的上升。

总之,从顾客服务水平和总库存成本两方面来看,(*TS*)系统的性能不如(*QR*)系统,故在实际中,(*TS*)系统多适用于控制 *C* 类存货。

对于 A 类存货,由于单位价值高,占用资金量大,故适用于采用连续检查库存控制策略,但不适用按 EOQ 方法确订货批量,因为订货成本在总库存成本中的比重很小。实际中一般要求合理地确定订货点和目标库存水平,并要求在一旦发生缺货时,要能采用紧急补充订货措施。这种库存控制方法又称为订货点—目标库存水平库存控制策略,简称(*RS*)系统。

4. 单箱系统和两箱系统

实践中,还有一些简便实用的库存控制系统,值得一提的有单箱控制系统和两箱控制系统。

(1)单箱控制系统(single-bin system)

单箱控制系统是每种存货单元采用单一容器或货架空间盛放,定期检查补充,每次补充到货架所能盛放的最大容量,如超级市场的货架、加油站的油箱等。这种系统实际上属于定期检查的(*TS*)系统,箱子的容积相当于目标库存水平,存货补充方式是定期补充,而且无须保持存货单元库存水平的记录,只是每隔一段时期对存货进行一次盘点,总的核对一次。认识到单箱系统属于(*TS*)系统,有助于管理人员运用前面讲述的理论,合理地确定诸如每种存货单元货架空间的大小,或是加油站储油罐的体积等。

(2)两箱系统(two-bin system)

两箱系统也称两箱法,是另一种常见的库存控制方式。它是采用两个相同的容器盛放同一种存货单元,一箱供发放领用,一箱备用。待用完一箱后,另一箱投入使用,同时发出订单补充一箱存货。这里,箱子的容积既扮演着订货点的角色,又扮演着订货批量的角色,故在理论上属于(*QR*)系统,只是省去了连续检查的管理工作。两箱系统广泛用于标准件和某些低值易耗品的库存控制。

库存控制由于对企业的资金周转、费用支出、均衡生产和满足顾客需求十分关键,加之又非常琐碎繁杂,故是物流系统的生产与作业管理中最早、也是最成功地应用计算机进行管理的领域之一。近年来,又发展出了计算机控制的自动化存取立体仓库系统,使得库存控制这个古老的作业领域,正在成为企业建立竞争优势的关键领域。存货之多已不再是财富的象征,相反,存货之少却成为世界级企业的标志。

案例分析

南方液压件供应公司

南方液压件供应公司是一家专门批发和销售液压配件的专业公司。公司批发和销售的液压件被用于卡车、工程机械和机床的制造，由于品种齐全和快捷的上门服务，在顾客中享有盛誉。

尽管公司的利润连年增长，但销售利润率却从原来的11.3%逐年下降到6.4%，公司管理当局认识到问题的严重性，决定对影响利润率的关键领域，包括产品结构、销售方式、库存管理和采购方式等进行全面的审查，其中对库存管理的研究是这次审查的重点。

迄今为止，尽管库存管理是公司的主要生产作业领域，但公司还从未对其进行过正式的研究，一直是依靠有经验的管理人员凭经验决定什么时候订货和每次订货的数量。但是由于在近5年中品种数量增加了2倍，达到1.5万个品种，使得如何制定订货决策成为一个既复杂又关键的问题。因为是第一次对库存管理进行正式的研究，公司决定先收集订货成本和保存成本的资料，再选择几种主要的零件品种进行重点分析。

按照过去的库存管理惯例，采购订单都集中在一起每周发出一次，到货的单据和出库的单据也都是积累起来每周集中处理一次，这意味着库存状况是每周检查一次。处理到货的手续、检验和搬运入库、登账和更新库存记录，以及准备发出采购订单的成本，估计加起来每份订单约为12.50元，保存成本包括资金成本、过期失效成本、保险费、税金和库存管理费，根据过去的资料，可以大致估计出这些成本项目占平均库存价值的比例如表9-11所示。

表9-11 成本项目占平均库存价值的比例

成本项目	占库存物资价值的%
资本成本	11
过期失效损失	4
保险费	3
税金	2
管理费	10
总计	30

选作分析库存成本的典型零件之一是一种液压阀件，这种零件的购入价格是14.00元，售出价格是19.50元。生产这种零件的制造商不提供批量折扣优惠，而且一次的采购量必须不少于50件，否则每份订单再加收25.00元的管理费。对于这种液压件，本地区还有其他的批发商供应来自别的制造商的同种零件，因此如果南方液压件供应公司这种零件缺货，顾客就会到其他的供应商那里去采购，这份顾客订单就损失了。这种液压件的制造商远在1500公里以外，故从发出订单到零件到货一般要4～15个工作日，有关这种零件提前期的统计资料如表9-12所示。

表 9-12　采购提前期统计

采购提前期(工作日)					
8	12	6	5	7	8
8	9	13	9	10	8
11	7	8	5	7	6
9	7	11	14	9	8
9	7	6	8	13	10
7	7	12	10	9	10
7	8	14	6	5	9

一年中(260 个工作日)每个工作日都有顾客上门订货,每日顾客订购这种液压件的数量如表 9-13 所示。对历史资料的进一步分析表明,公司每次采购这种液压件的批量平均为 750 件,每次发出采购订单时的库存水平平均为 115 件。

表 9-13　每日顾客订购量统计　　单位:个

每日顾客订购液压阀的数量											
35	0	0	17	36	6	0	5	11	18	0	4
16	25	0	19	14	32	15	0	17	18	10	30
15	0	12	21	23	15	12	0	19	37	0	13
0	18	20	14	19	18	0	14	15	9	8	0
17	0	28	0	29	9	0	0	0	23	0	17
8	13	31	8	0	25	11	0	43	9	0	12
22	15	0	7	15	10	33	26	0	6	20	13
7	0	0	39	19	16	17	4	28	25	27	20
0	7	0	8	0	18	28	20	22	0	0	16
31	24	16	0	0	14	36	11	0	3	30	12
0	10	0	20	14	21	0	17	37	19	0	0
35	16	13	16	0	11	16	0	13	24	11	0
27	26	0	6	0	26	13	0	21	17	22	0
10	42	0	18	0	12	27	4	19	17	0	34
17	21	0	18	13	24	33	26	0	18	0	16
20	0	13	7	0	14	0	10	41	8	0	9
22	0	0	44	24	0	7	40	9	0	0	0

续表

每日顾客订购液压阀的数量											
21	16	0	23	19	25	0	2	15	12	0	32
8	0	5	15	20	30	23	0	11	0	19	29
18	11	29	14	0	19	31	10	16	0	27	18
14	0	0	38	3	17	0	21	15	0	9	14
0	6	23	12	22	0	34	5				

案例问题：

1. 假定仍然每周采购一次该种液压件的话，使总成本最低的订货批量是多少？

2. 如果采用经济订货批量 EOQ，则每次的采购数量和相应的年采购次数是多少？

3. 还可能采用什么采购策略改进该种液压件的库存管理？试将其效果与传统方法和 EOQ 方法进行比较。

思考题

1. 什么是 ABC 分析法？在库存管理中如何应用？

2. 解释常用的几种库存成本。

3. 简述 EOQ 在库存控制过程中的应用。

4. 某企业经销电源插座。预计年需求量为 1250 箱，每次的订货成本为 50 元，每箱插座的价格为 800 元，每箱每年的保存成本为价格的 30%。根据 EOQ 模型，最佳订货批量应该是多少箱？

第 10 章

现代库存控制方法

本章要点

本章介绍了现代库存的控制方法。在 MRP 与库存管理中，主要了解 20 世纪 60 年代物料需求计划、20 世纪 70 年代物料需求计划和 20 世纪 80 年代的资源制造计划，掌握 MRP 流程、需求量、订单计算依据、计算过程以及 MRP 库存控制方法及库存管理。

JIT 管理的内容与目标中彻底消除无效劳动和浪费，JIT 生产方式主要手段要实现生产流程化，生产均衡化，资源配置合理化，JIT 库存控制与库存管理要实现零库存或可能零库存。

ERP 与库存管理主要掌握六大功能目标，ERP 的库存管理子系统的功能是生产管理模块和物流模块的实现。

10.1　MRP 与库存管理

MRP 为 material requirement planning 的缩写，中文译为“物料需求计划”，是在订货点法计划基础上发展形成的一种新的库存计划与控制方法，是建立在计算机基础上的生产计划与库存控制系统。MRP 是指根据产品结构各层次物品的从属和数量关系，以每个物品为计划对象，以完工时期为时间基准倒排计划，按提前期长短区别各个物品下达计划时间的先后顺序，是一种工业制造企业内物资计划管理模式。其主要内容包括客户需求管理、产品生产计划、原材料计划以及库存记录。其中客户需求管理包括客户订单管理及销售预测，将实际的客户订单数与科学的客户需求预测相结合即可得出客户需要什么以及需求多少。

10.1.1　MRP 的产生和发展

20 世纪 40—60 年代的物料计划，主要应用订货点的方法来进行订货管理，以满足订货需求。20世纪60年代,企业目光逐渐转移到企业生产的物料需求方面,并提出了物料需求管理方法。70年代,经过美国生产库存协会大力推动,而逐渐成熟。可以说,起初出现在美国的MRP理论是60年代产生、70年代发展、80年代成熟的管理方法。

1.20世纪60年代开环的物料需求计划

经过第9章的介绍,我们已经知道,企业内部的物料可分为独立需求和相关需求两种类型。需求量和需求时间由企业外部的需求来决定的是独立需求,例如,客户订购的产品、科研试制需要的样品、售后维修需要的备品备件等;而根据物料之间的结构组成关系由独立需求的物料所产生的需求是相关需求,例如,半成品、零部件、原材料等的需求。基本的MRP的思想提出物料的订货量是根据需求来确定的,这种需求应考虑产品的结构,即产品结构中物料的需求量是相关的。

在20世纪60年代,MRP的基本任务是:①从最终产品的生产计划(独立需求)导出相关物料(原材料、零部件等)的需求量和需求时间(相关需求)。②根据物料的需求时间和生产(订货)周期来确定其开始生产(订货)的时间。MRP的基本内容是编制零件的生产计划和采购计划。然而,要正确编制零件计划,首先必须落实最终产品(在MRP中称为成品)的出产进度计划,即主生产计划(master production schedul, MPS),这是MRP展开的依据。其次需要知道产品的零件结构,即物料清单(bill of material, BOM),把主生产计划展开成零件计划;同时需要知道库存数量才能准确计算出零件的采购数量。如图10-1所示,因此,基本MRP的依据是:

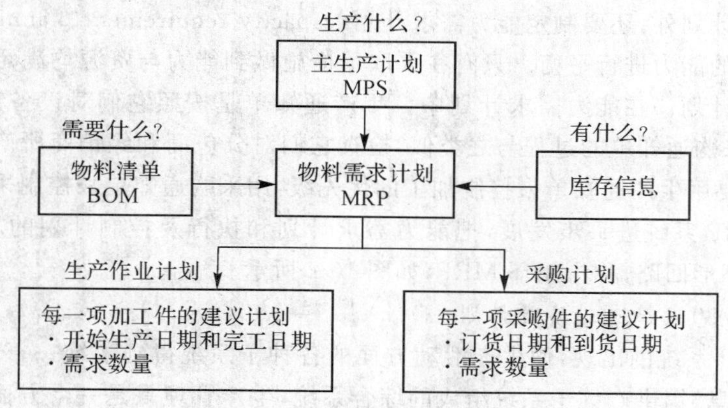

图10-1 开环物料需求计划

(1)主生产计划(master production schedule, MPS)

主生产计划是确定每一具体的最终产品在每一具体时间段内生产数量的计划。这里的最终产品是指对于企业来说最终完成、要出厂的完成品,它要具体到产品的品种、型号。这里的具体时间段,通常是以周为单位,在有些情况下,也可以是日、旬、月。主生产计划详细规定生产什么、什么时段应该产出,它是独立需求计划。主生产计划根据客户合同和市场预测,把经营计划或生产大纲中的产品系列具体化,使之成为展开物料需求计划的主要依据,起到了从综合计划向具体计划过渡的承上启下作用。

(2)产品结构与物料清单(bill of material, BOM)

MRP系统要正确计算出物料需求的时间和数量,特别是相关需求物料的数量和时间，首先要使系统能够知道企业所制造的产品结构和所有要使用到的物料。产品结构列出构成成品或装配件的所有部件、组件、零件等的组成、装配关系和数量要求。它是MRP产品拆零的基础。为了便于计算机识别，还必须把产品结构图转换成规范的数据格式，这种用规范的数据格式来描述产品结构的文件就是物料清单。它必须说明组件(部件)中各种物料需求的数量和相互之间的组成结构关系。

(3)库存信息

库存信息是保存企业所有产品、零部件、在制品、原材料等存在状态的数据库。在MRP系统中，将产品、零部件、在制品、原材料甚至工装工具等统称为“物料”或“项目”。为便于计算机识别，必须对物料进行编码。物料编码是MRP系统识别物料的唯一标识。

2.20世纪70年代闭环的物料需求计划

20世纪60年代开环的MRP能根据有关数据计算出相关物料需求的准确时间与数量，但没有考虑到生产企业现有的生产能力和采购能力的有关约束条件。因此，计算出来的物料需求的数量和日期有可能因设备和工时的不足而无法满足，或者因原料的不足而无法满足。同时，它也缺乏根据计划实施情况的反馈信息对计划进行调整的功能。为解决以上问题，MRP系统在20世纪70年代发展为闭环MRP系统。闭环MRP系统除了物料需求计划外，还将生产能力需求计划、车间作业计划和采购作业计划纳入MRP，形成一个封闭的系统。MRP系统的正常运行，需要有一个切实可行的主生产计划。它除了要反映市场需求和合同订单外，还必须满足企业的生产能力约束条件。因此，除了要编制资源需求计划外，还要制定能力需求计划(capacity requirement planning, CRP)，同各个工作中心的能力进行平衡。只有在采取了措施做到能力与资源均满足负荷需求时，才能开始执行计划。在能力需求计划中。生产通知单是按照它们对设备产生的负荷而进行评估的，采购通知单的过程与之类似，检查它们对分包商和经销商所产生的工作量。执行MRP时要用生产通知单来控制加工的优先级，用采购通知单来控制采购的优先级。这样，基本MRP系统进一步发展，把能力需求计划和执行及控制计划的功能也包括进来，形成一个环形回路，称为闭环MRP，如图10-2所示。

3.20世纪80年代制造资源计划

闭环MRP系统的出现，使生产活动方面的各种子系统得到了统一。但是企业管理是人财物和信息、销供产等子系统组成的综合系统，生产管理只是一个方面，它所涉及的仅仅是物流，而与物流密切相关的还有资金流和信息流。于是，在20世纪80年代，人们把销售、采购、生产、财务、工程技术、信息等各个子系统进行集成，并称该集成系统为制造资源计划(manufacturing resource planning)系统，其英文缩写也为MRP，为了区别物料需求计划而记为MRPⅡ。其工作逻辑如图10-3所示。MRPⅡ的基本思想就是把企业作为一个有机整体，从整体最优的角度出发，通过运用科学方法对企业各种制造资源和产、供、销、财各个环节进行有效的计划、组织和控制，使它们得以协调发展，并充分地发挥作用。企业由原来以产品为对象的管理进入到以零部件为对象的管理。MRPⅡ最大的成就在于把企业经营的主要信息进行集成，如图10-3所示。

①在物料需求计划的基础上向物料管理延伸，实施对物料的采购管理，包括采购计划、进货计划、供应商账务和档案管理、库存账务管理等等。

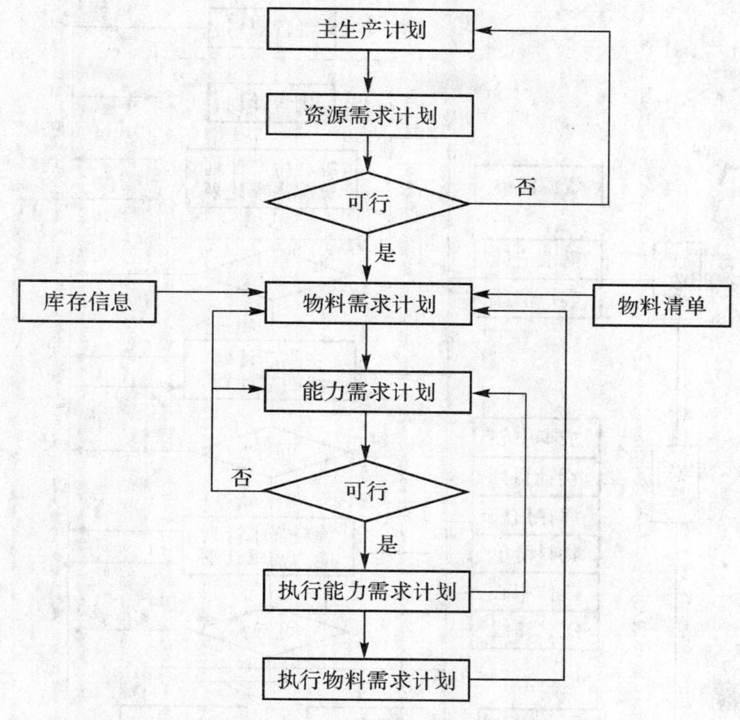

图 10-2 闭环物料需求计划

②由于系统已经记录了大量的制造信息，包括物料消耗、加工工时等，在此基础上扩展到产品成本核算、成本分析。

③主要生产计划和生产计划大纲的依据是客户订单，因此向前又可以扩展到销售管理业务。因此已不能从字面意义上来理解"制造资源计划"（MRPⅡ）的含义。

10.1.2 MRP 的流程

一般来说，物料需求计划的制订是遵照先通过主生产计划导出有关物料的需求量与需求时间，然后，再根据物料的提前期确定投产或订货时间的计算思路。其基本计算步骤如下：

①计算物料的毛需求量。即根据主生产计划、物料清单得到第一层级物料品目的毛需求量，再通过第一层级物料品目计算出下一层级物料品目的毛需求量，依次一直往下展开计算，直到最低层级原材料毛坯或采购件为止。

②净需求量计算。即根据毛需求量、可用库存量、已分配量等计算出每种物料的净需求量。

③批量计算。即由相关计划人员对物料生产作出批量策略决定，不管采用何种批量规则或不采用批量规则，净需求量计算后都应该表明有否批量要求。

④安全库存量、废品率和损耗率等的计算。即由相关计划人员来规划是否要对每个

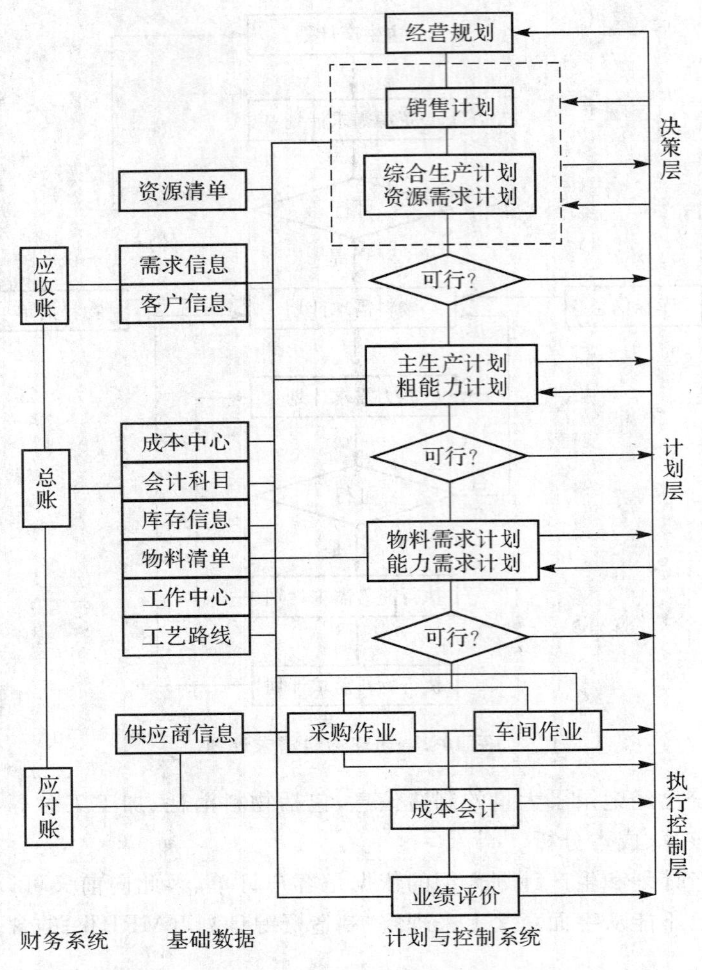

图 10-3 制造资源计划

物料的净需求量作这三项计算。

⑤下达计划订单。即指通过以上计算后，根据提前期生成计划订单。物料需求计划所生成的计划订单，要通过能力资源平衡确认后，才能开始正式下达计划订单。

⑥再一次计算。物料需求计划的再次生成大致有两种方式：第一种方式会对库存信息重新计算，同时覆盖原来计算的数据，生成的是全新的物料需求计划；第二种方式则只是在制定、生成物料需求计划的条件发生变化时，才相应的更新物料需求计划有关部分的记录。这两种生成方式都有实际应用的案例，至于选择哪一种要看企业实际的条件和状况。

10.1.3 MRP 库存控制方法与库存管理

MRP 根据主生产计划确定的产成品和关键物料的需求，分解成其子件、子子件的采

购和生产需求，包括需要采购哪些物料，需要生产哪些物料，采购和生产的开始时间和结束时间分别是什么。只有具体的计划，才能保证有效地执行。要使得市场需求得以满足，必须使生产任务和采购物料的供应有效保证。MRP 正是将市场需求分解为具体的生产任务和采购任务的工具：根据 MPS 所确定的物料需求，结合产品的物料清单（BOM）、生产的工艺路线，各物料在途、在库、在制的情况，推算出各物料的采购或生产的数量，开始及结束的时间。对于已在途的采购订单或已经在制的生产订单，根据需要给出交货周期提前或推后，采购数量增加或减少的建议，以达到合理采购和生产，充分利用库存资金的目的。MRP 对物料需求的时间和数量进行了精确的计量，可达到大幅度降低库存、减少缺料、提高准时交货的目的。

制订物料需求计划前就必须具备以下的基本数据：

第一项数据是主生产计划，它指明在某一计划时间段内应生产出的各种产品和备件，它是物料需求计划制订的一个最重要的数据来源。

第二项数据是物料清单（BOM），它指明了物料之间的结构关系，以及每种物料需求的数量，它是物料需求计划系统中最为基础的数据。

第三项数据是库存记录，它把每个物料品种的现有库存量和计划接受量的实际状态反映出来。

第四项数据是提前期，决定着每种物料何时开工、何时完工。

应该说，这四项数据都是至关重要、缺一不可的。缺少其中任何一项或任何一项中的数据不完整，物料需求计划的制订都将是不准确的。因此，在制订物料需求计划之前，这四项数据都必须先完整地建立好，而且要保证是绝对可靠的、可执行的数据。

10.2 JIT 与库存管理

JIT 为 Just In Time 的简称，中文译为“准时制生产方式”，是日本丰田汽车公司在 20 世纪 60 年代实行的一种生产方式。1973 年以后，这种方式对丰田公司渡过第一次能源危机起到了突出的作用，后引起其他国家生产企业的重视，并逐渐在欧洲和美国的日资企业及当地企业中推行开来，现在这一方式与源自日本的其他生产、流通方式一起被西方企业称为“日本化模式”。近年来，JIT 不仅作为一种生产方式，也作为一种通用管理模式在物流、电子商务等领域得到推行。

10.2.1 JIT 的内容与目标

准时制生产方式基本思想可概括为“在需要的时候，按需要的量生产所需的产品”，也就是通过生产的计划和控制及库存的管理，追求一种无库存，或库存达到最小的生产系统。准时生产方式的核心是追求一种无库存的生产系统，或使库存达到最小的生产系统。为此而开发了包括“看板”在内的一系列具体方法，并逐渐形成了一套独具特色的生产经营体系。

准时制生产方式以准时生产为出发点，首先暴露出生产过量和其他方面的浪费，然后对设备、人员等进行淘汰、调整，达到降低成本、简化计划和提高控制的目的。在生产现场控制技术方面，准时制的基本原则是在正确的时间，生产正确数量的零件或产品，即即时生产。它将传统生产过程中前道工序向后道工序送货，改为后道工序根据“看板”向前道工序取货，看板系统是准时制生产现场控制技术的核心，但准时制不仅仅是看板管理。

JIT 的目标是彻底消除无效劳动和浪费，具体要达到以下目标：

(1)质量目标

废品量最低。JIT 要求消除各种引起不合理的原因，在加工过程中每一工序都要求达到最高水平。

(2)生产目标

①库存量最低。JIT 认为，库存是生产系统设计不合理、生产过程不协调、生产操作不良的证明。

②减少零件搬运，搬运量低。零件送进搬运是非增值操作，如果能使零件和装配件运送量减少，搬运次数减少，可以节约装配时间，减少装配中可能出现的问题。

③机器损坏低。

④批量尽量小。

(3)时间目标

①准备时间最短。准备时间长短与批量选择相联系，如果准备时间趋于零，准备成本也趋于零，就有可能采用极小批量。

②生产提前期最短。短的生产提前期与小批量相结合的系统，应变能力强，柔性好。

当然，不同目标的实现具有显著的相关性。

10.2.2 JIT 的特征

JIT 生产方式将“获取最大利润”作为企业经营的最终目标，将“降低成本”作为基本目标。在传统时代，降低成本主要是依靠单一品种的规模生产来实现的。但是在多品种、小批量生产的情况下，这一方法是行不通的。因此，JIT 生产方式力图通过“彻底消除浪费”来达到这一目标。所谓浪费，在 JIT 生产方式的起源地丰田汽车公司，被定义为“只使成本增加的生产诸因素”，也就是说，不会带来任何附加价值的诸因素。任何活动对于产出没有直接的效益便被视为浪费。这其中，最主要的有生产过剩(即库存)所引起的浪费。搬运的动作、机器准备、存货、不良品的重新加工等都被看做浪费；同时，在 JIT 的生产方式下，浪费的产生通常被认为是由不良的管理所造成的。比如，大量原物料的存在可能便是由于供应商管理不良所造成的。因此，为了排除这些浪费，就相应的产生了适量生产、弹性配置作业人数以及保证质量这样三个子目录。

10.2.3 JIT生产方式的主要手段

1. 生产流程化

生产流程化即按生产汽车所需的工序从最后一个工序开始往前推，确定前面一个工序的类别，并依次的恰当安排生产流程，根据流程与每个环节所需库存数量和时间先后来安排库存和组织物流。尽量减少物资在生产现场的停滞与搬运，让物资在生产流程上毫无阻碍地流动。

“在需要的时候，按需要的量生产所需的产品。”对于企业来说，各种产品的产量必须能够灵活地适应市场需要量的变化。众所周知，生产过剩会引起人员、设备、库存费用等一系列的浪费。避免这些浪费的手段就是实施适时适量生产，只在市场需要的时候生产市场需要的产品。

为了实现适时适量生产，首先需要致力于生产的同步化，即工序间不设置仓库，前一工序的加工结束后，使其立即转到下一工序去，装配线与机械加工几乎平行进行。在铸造、锻造、冲压等必须成批生产的工序，则通过尽量缩短作业更换时间来尽量缩小生产批量。生产的同步化通过“后工序领取”这样的方法来实现。“后工序只在需要的时间到前工序领取所需的加工品，前工序中按照被领取的数量和品种进行生产。”这样，制造工序的最后一道，即总装配线成为生产的出发点，生产计划只下达给总装配线，以装配为起点，在需要的时候，向前工序领取必要的加工品，而前工序提供该加工品后，为了补充生产被领走的量，必须再向前道工序领取物料，这样把各个工序都连接起来，实现同步化生产。

这样的同步化生产还需通过采取相应的设备配置方法以及人员配置方法来实现，即不能采取通常的按照车、铣、刨等工业专业化的组织形式，而按照产品加工顺序来布置设备。这样也带来人员配置上的不同做法：弹性配置作业人数。降低劳动费用是降低成本的一个重要方面，达到这一目的的方法是“少人化”。所谓少人化，是指根据生产量的变动，弹性地增减各生产线的作业人数，以及尽量用较少的人力完成较多的生产。这里的关键在于能否将生产量减少了的生产线上的作业人员数减下来。具体方法是实施独特的设备布置，以便能够在需求减少时，将作业所减少的工时集中起来，以整顿削减人员。但这从作业人员的角度来看，意味着标准作业中的作业内容、范围、作业组合以及作业顺序等的一系列变更。因此为了适应这种变更，作业人员必须是具有多种技能的“多面手”。

2. 生产均衡化

生产均衡化是实现适时适量生产的前提条件。所谓生产的均衡化，是指总装配线在向前工序领取零部件时应均衡地使用各种零部件，生产各种产品。为此在制订生产计划时就必须加以考虑，然后将其体现于产品生产顺序计划之中。在制造阶段，均衡化通过专用设备通用化和制定标准作业来实现。所谓专用设备通用化，是指通过在专用设备上增加一些工夹具的方法使之能够加工多种不同的产品。标准作业是指将作业节拍内一个作业人员所应担当的一系列作业内容标准化。

生产中将一周或一日的生产量按分秒时间进行平均，所有生产流程都按此来组织生产，这样流水线上每个作业环节上单位时间必须完成多少何种作业就有了标准定额，所在环节都按标准定额组织生产，因此要按此生产定额均衡地组织物质的供应、安排物品的流动。因为JIT生产方式的生产是按周或按日平均，所以与传统的大生产、按批量生产的方式不同，JIT的均衡化是生产中无批次生产的概念。

标准化作业是实现均衡化生产和单件生产单件传送的又一重要前提。丰田公司的标准化作业主要是指每一位多技能作业员所操作的多种不同机床的作业程序，是指在标准周期时间内，把每一位多技能作业员所承担的一系列的多种作业标准化。丰田公司的标准化作业主要包括三个内容：标准周期时间、标准作业顺序、标准在制品存量，它们均用“标准作业组合表”来表示。

3. 资源配置合理化

资源配置的合理化是实现降低成本目标的最终途径，具体是指在生产线内外，所有的设备、人员和零部件都得到最合理的调配和分派，在最需要的时候以最及时的方式到位。

从设备而言，设备包括相关模具实现快速装换调整，例如，丰田公司发明并采用的设备快速装换调整的方法是SMED法。丰田公司所有大中型设备的装换调整操作均能够在10分钟之内完成，这为“多品种、小批量”的均衡化生产奠定了基础。

在生产区间，需要设备和原材料的合理放置。快速装换调整为满足后工序频繁领取零部件制品的生产要求和“多品种、小批量”的均衡化生产提供了重要的基础。但是，这种频繁领取制品的方式必然增加运输作业量和运输成本，特别是如果运输不便，将会影响准时化生产的顺利进行。合理布置设备，特别是U型单元连接而成的“组合U型生产线”，可以大大简化运输作业，使得单位时间内零件制品运输次数增加，但运输费用并不增加或增加很少，为小批量频繁运输和单件生产单件传送提供了基础。

对人员而言，多技能作业员（或称“多面手”）是指那些能够操作多种机床的生产作业工人。多技能作业员是与设备的单元式布置紧密联系的。在U型生产单元内，由于多种机床紧凑地组合在一起，这就要求并且便于生产作业工人能够进行多种机床的操作，同时负责多道工序的作业，如一个工人要会同时操作车床、铣床和磨床等。

10.2.4 JIT库存控制方法与库存管理

“零库存”是伴随JIT的生产管理方式产生的，所谓零库存，是指物料（包括原材料、半成品和产成品等）在采购、生产、销售、配送等一个或几个经营环节中，不以仓库存储的形式存在，而均是处于周转的状态。

1. 零库存的可能实现形式

(1)即进即售

即进即售是指当产品入库后，在正常库存周期将所有的产品都销售出去，并同时收回货款。这种方式是最理想的销售方式，但除非是处于垄断地位或极为畅销的产品，否则这种情况几乎是不可能存在。

(2)即进半售

即进半售是指当产品入库后，除即进即售情况外，可以采取接受定金或分期付款的办法,将产品半卖半"送",这是实际销售中最主要的方式,是比较好实现的。

(3)超期即"送"

对于超过正常库龄的产品,可采取不付款"送"给用户先使用,即赊销的办法。对于处于长期呆滞的库存产品,可采取用它们支付有关费用的办法"送"出去,如用呆滞产品代替现金支付广告费、赞助费用、运费、仓储费等。

2.零库存形式

(1)委托保管方式

委托保管方式,即接受用户的委托,由受托方代存代管所有权属于用户的物资,从而使用户不再保有库存,甚至可不再保有保险储备库存,从而实现零库存。受托方收取一定数量的代管费用。这种零库存形式优势在于:受委托方利用其专业的优势,可以实现较高水平和较低费用的库存管理,用户不再设库,同时减去了仓库及库存管理的大量事务,集中力量于生产经营。但是,这种零库存方式主要是靠库存转移实现的,并不能使库存总量降低。

(2)协作分包方式

协作分包方式,即美国的"SUB—CON"方式和日本的"下请"方式。主要是制造企业的一种产业结构形式,这种结构形式可以以若干企业的柔性生产准时供应,使主企业的供应库存为零;同时主企业的集中销售库存使若干分包劳务及销售企业的销售库存为零。

在许多发达国家,制造企业都是以一家规模很大的主企业和数以千百计的小型分包企业组成一个金字塔形结构。主企业主要负责装配和产品开拓市场的指导,分包企业各自分包劳务、分包零部件制造、分包供应和分包销售。例如,分包零部件制造的企业,可采取各种生产形式和库存调节形式,以保证按主企业的生产速率,按指定时间送货到主企业,从而是使主企业不再设一级库存,达到推销人或商店销售,可通过配额、随供等形式,以主企业集中的产品库存满足各分包者的销售,使分包者实现零库存。

(3)轮动方式

轮动方式也称同步方式,是在对系统进行周密设计前提下,使个环节速率完全协调,从而根本取消甚至是工位之间暂时停滞的一种零库存、零储备形式。这种方式是在传送带式生产基础上,进行更大规模延伸形成的一种使生产与材料供应同步进行,通过传送系统供应从而实现零库存的形式。

(4)准时供应系统

在生产工位之部或在供应与生产之间完全做到轮动,这不仅是一件难度很大的系统工程,而且,还需要很大的投资,同时,有一些产业也不适合采用轮动方式。因而,广泛采用比轮动方式有更多灵活性、较易实现的准时方式。准时方式不是采用类似传送带的轮动系统,而是依靠有效的衔接和计划达到工位之间、供应与生产之间的协调,从而实现零库存。如果说轮动方式主要靠"硬件"的话,那么准时供应系统则在很大程度上依靠"软件"。

(5)看板方式

看板方式是准时方式中一种简单有效的方式,也称"传票卡制度"或"卡片"制度,是日本丰田公司首先采用的。在企业的各工序之间，或在企业之间，或在生产企业与供应者之间，采用固定格式的卡片为凭证，由下一环节根据自己的节奏，逆生产流程方向，向上一环节指定供应，从而协调关系，做到准时同步。采用看板方式，有可能使供应库存实现零库存。

(6)"水龙头方式"

水龙头方式，是一种像拧开自来水管的水龙头就可以取水而无需自己保有库存的零库存形式。这是日本索尼公司首先采用的。这种方式经过一定时间的演进，已发展成即时供应制度，用户可以随时提出购入要求，采取需要多少就购入多少的方式，供货者以自己的库存和有效供应系统承担即时供应的责任，从而使用户实现零库存。适于这种供应形式实现零库存的物资，主要是工具及标准件。

(7)无库存储备

国家战略储备的物资，往往是重要物资，战略储备在关键时刻可以发挥巨大作用，所以几乎所有国家都要有各种名义的战略储备。由于战备储备的重要，一般这种储备都保存在条件良好的仓库中，以防止其损失，延长其保存年限。因而，实现零库存几乎是不可想象的事。无库存的储备，是仍然保持储备，但不采取库存形式，以此达到零库存。有些国家将不易损失的铝这种战备物资作为隔音墙、路障等储备起来，以备万一，在仓库中不再保有库存就是一例。

(8)配送方式

这是综合运用上述若干方式采取配送制度保证供应从而使用户实现零库存。

10.3 ERP与库存管理

ERP(enterprise resource planning)企业资源计划系统，是指建立在信息技术基础上，以系统化的管理思想，为企业决策层及员工提供决策运行手段的管理平台。ERP系统集中信息技术与先进的管理思想于一身，成为现代企业的运行模式，反映时代对企业合理调配资源，最大化地创造社会财富的要求，成为企业在信息时代生存和发展的基石。

10.3.1 ERP系统的功能目标

ERP管理体系作为支持企业谋求新形式下竞争优势的手段，其涉及面很广，包含了企业的所有资源，同时，其应用又起到了"管理驱动"的作用。总的来说，ERP在原有功能的基础上，使MRPⅡ向内、外两个方向延伸，向内主张以精益生产方式改造企业生产管理系统，向外则增加战略决策功能和供需链管理功能。这样，ERP管理系统主要由以下六大功能目标组成：

1. 支持企业整体发展战略的战略经营系统

该系统的目标是在多变的市场环境中建立与企业整体发展战略相适应的战略经营

系统。具体地说，就是实现 Intranet 与 Internet 相连接的战略信息系统；完善决策支持服务体系，为决策者提供企业全方位的信息支持；完善人力资源开发与管理系统，做到既面向市场又注重培训企业内部的现有人员。

2. 实现全球大市场营销战略与集成化市场营销

这是对市场营销战略的一个扩展。目标是实现在市场规划、广告策略、价格策略、服务、销售、分销、预测等方面进行信息集成和管理集成，以顺利推行基于“顾客永远满意”的经营方针；建立和完善企业商业风险预警机制和风险管理系统；进行经常性的市场营销与产品开发、生产集成性评价工作；优化企业的物流系统，实现集成化的销售链管理。

3. 完善企业成本管理机制，建立全面成本管理(total cost management)系统

目前，我国企业所处的环境可以说是一个不完全竞争的市场环境，价格在竞争中仍旧占据着重要的地位。ERP 中这部分的作用和目标就是建立和保持企业的成本优势，并由企业成本领先战略体系和全面成本管理系统予以保障。

4. 应用新的技术开发和工程设计管理模式

ERP 的一个重要目标就是通过对系统各部门持续不断的改进，最终提供给顾客满意的产品和服务。从这个角度出发，ERP 致力于构筑企业核心技术体系；建立和完善开发与控制系统之间的递阶控制机制；实现从顶向下和从底至上的技术协调机制；利用Internet实现企业与外界良好的信息沟通。

5. 建立敏捷后勤管理系统

ERP 的核心是 MRPⅡ，而 MRPⅡ的核心是 MRP 。很多企业存在着供应链影响企业生产柔性的情况。ERP 的一个重要目标就是在 MRP 的基础上建立敏捷后勤管理系统(Agile Logistics)，以解决制约新产品推出的瓶颈——供应柔性差，缩短生产准备周期；增加与外部协作单位技术和生产信息的及时交互；改进现场管理方法，缩短关键物料供应周期。

6. 实施精益生产方式

由于制造业企业的核心仍是生产，应用精益生产方式对生产系统进行改造不仅是制造业的发展趋势，而且也将使 ERP 的管理体系更加牢固，所以，ERP 主张将精益生产方式的哲理引进企业的生产管理系统，其目标是通过精益生产方式的实施使管理体系的运行更加顺畅。

作为企业谋求 21 世纪竞争优势的先进管理手段，ERP 系统所涉及的方面和应当实现的目标是不断扩展的，相信还会有更新的管理方法和管理模式产生。在日趋激烈的市场竞争中，任何管理方法和手段的最终目标只有一个，即开发、保持和发展企业的竞争优势，使企业在竞争中永远立于不败之地。

10.3.2 ERP 的库存管理子系统

ERP 是将企业所有资源进行整合集成管理，简单地说是将企业的三大流(物流、资金流、信息流)进行全面一体化管理的管理信息系统。它的功能模块不同于以往的 MRP 或 MRPⅡ的模块，它不仅可用于生产企业的管理，而且在许多其他类型的企业，如一些非生

产、公益事业的企业也可导入 ERP 系统进行资源计划和管理。这里我们将仍然以典型的生产企业为例子来介绍 ERP 的功能模块。

在企业中，一般的管理主要包括三方面的内容：生产控制(计划、制造)、物流管理(分销、采购、库存管理)和财务管理(会计核算、财务管理)。这三大系统本身就是集成体，它们之间有相应的接口，能够很好地整合在一起来对企业进行管理。

ERP 的库存管理子系统的功能主要由生产控制管理模块和物流管理模块实现。

1. 生产控制管理模块

生产控制管理模块是 ERP 系统的核心所在，它将企业的整个生产过程有机地结合在一起，使得企业能够有效地降低库存，提高效率。同时各个原本分散的生产流程的自动连接，也使得生产流程能够前后连贯的进行，而不会出现生产脱节，耽误生产交货时间。生产控制管理是一个以计划为导向的先进的生产、管理方法。首先，企业确定它的一个总生产计划，再经过系统层层细分后，下达到各部门去执行。即生产部门以此生产，采购部门按此采购等等。

(1)主生产计划

它是根据生产计划、预测和客户订单的输入来安排将来的各周期中提供的产品种类和数量，它将生产计划转为产品计划，在平衡了物料和能力的需要后，精确到时间、数量的详细的进度计划。它是企业在一段时期内的总活动的安排，是一个稳定的计划，是以生产计划、实际订单和对历史销售分析得来的预测产生的。

(2)物料需求计划

在主生产计划决定生产多少最终产品后，再根据物料清单，把整个企业要生产的产品的数量转变为所需生产的零部件的数量，并对照现有的库存量，可得出还需加工多少、采购多少的最终数量。这才是整个部门真正依照的计划。

(3)能力需求计划

它是在得出初步的物料需求计划之后，将所有工作中心的总工作负荷，在与工作中心的能力平衡后产生的详细工作计划，用以确定生成的物料需求计划是否是企业生产能力上可行的需求计划。能力需求计划是一种短期的、当前实际应用的计划。

(4)车间控制

这是随时间变化的动态作业计划，是将作业分配到具体各个车间，再进行作业排序、作业管理和作业监控。

(5)制造标准

在编制计划中需要许多生产基本信息，这些基本信息就是制造标准，包括零件、产品结构、工序和工作中心，在计算机中都用唯一的代码识别。

①零件代码，对物料资源的管理，对每种物料给予唯一的代码识别。

②物料清单，定义产品结构的技术文件，用来编制各种计划。

③工序，描述加工步骤及制造和装配产品的操作顺序。它包含加工工序顺序，指明各道工序的加工设备及所需要的额定工时和工资等级等。

④工作中心，使用相同或相似工序的设备和劳动力组成的，从事生产进度安排、核算能力、计算成本的基本单位。

2.物流管理模块

(1)分销管理

销售的管理是从产品的销售计划开始,对其销售产品、销售地区、销售客户等各种信息的管理和统计,并可对销售数量、金额、利润、绩效、客户服务作出全面的分析,这样在分销管理模块中大致有三方面的功能。

1)对于客户信息的管理和服务

它能建立一个客户信息档案,对其进行分类管理,进而对其进行针对性的客户服务,以达到最高效率的保留老客户、争取新客户。在这里,要特别提到的就是CRM软件,即客户关系管理,ERP与它的结合必将大大增加企业的效益。

2)对于销售订单的管理

销售订单是ERP的入口,所有的生产计划都是根据它下达并进行排产的。而销售订单的管理是贯穿了产品生产的整个流程。它包括:

①客户信用审核及查询(客户信用分级,来审核订单交易)。

②产品库存查询(决定是否要延期交货、分批发货或用代用品发货等)。

③产品报价(为客户作不同产品的报价)。

④订单输入、变更及跟踪(订单输入后,变更的修正及订单的跟踪分析)。

⑤交货期的确认及交货处理(决定交货期和发货事物安排)。

3)对于销售的统计与分析

这时系统根据销售订单的完成情况,依据各种指标作出统计,比如客户分类统计,销售代理分类统计等等,再就这些统计结果来对企业实际销售效果进行评价。

①销售统计(根据销售形式、产品、代理商、地区、销售人员、金额、数量来分别进行统计)。

②销售分析(包括对比目标、同期比较和订货发货分析,从数量、金额、利润及绩效等方面作相应的分析)。

③客户服务(客户投诉记录,原因分析)。

(2)库存控制

用来控制存储物料的数量,以保证稳定的物流支持正常的生产,但又最小限度地占用资本。它是一种相关的、动态的及真实的库存控制系统。它能够结合、满足相关部门的需求,随时间变化动态地调整库存,精确地反映库存现状。这一系统的功能又涉及以下方面。

①为所有的物料建立库存,决定何时订货采购,同时作为交于采购部门采购、生产部门作生产计划的依据。

②收到订购物料,经过质量检验入库,生产的产品也同样要经过检验入库。

③收发料的日常业务处理工作。

(3)采购管理

确定合理的订货量、优秀的供应商和保持最佳的安全储备。能够随时提供订购、验收的信息,跟踪和催促对外购或委外加工的物料,保证货物及时到达。建立供应商的档案,用最新的成本信息来调整库存的成本。具体有:

①供应商信息查询(查询供应商的能力、信誉等)。

②催货(对外购或委外加工的物料进行跟催)。

③采购与委外加工统计(统计、建立档案,计算成本)。

④价格分析(对原料价格分析,调整库存成本)。

10.3.3 ERP库存系统的优点

ERP所能带来的巨大效益确实对很多企业具有相当大的诱惑力。据美国生产与库存控制学会(APICS)统计,使用一个MRPⅡ/ERP系统,平均可以为企业带来如下经济效益:

①库存下降30%~50%。这是人们说得最多的效益。因为它可使一般用户的库存投资减少1.4~1.5倍,库存周转率提高50%。

②延期交货减少80%。当库存减少并稳定的时候,用户服务的水平提高了,使使用ERP/MRPⅡ企业的准时交货率平均提高55%,误期率平均降低35%,这就使销售部门的信誉大大提高。

③采购提前期缩短50%。采购人员有了及时准确的生产计划信息,就能集中精力进行价值分析、货源选择,研究谈判策略,了解生产问题,缩短了采购时间和节省了采购费用。

④停工待料减少60%。由于零件需求的透明度提高,计划也作了改进,能够做到及时与准确,零件也能以更合理的速度准时到达,因此,生产线上的停工待料现象将会大大减少。

⑤制造成本降低12%。由于库存费用下降,劳力的节约,采购费用节省等一系列人、财、物的效应,必然会引起生产成本的降低。

⇨ 案例分析

华闽南配用ERP降成本

"整车厂商在产业链上处于绝对强势地位,为了压低整车价格,他们压缩自身生产成本的空间有限,就会把成本压力转嫁给上游汽配供货商,强行压低配件价格,以此压低整体成本。"华闽南配总经理王金生说。而汽配厂商们所面对的问题,远不仅仅是来自下游整机厂商的压价,还有来自上游原材料价格的飞涨。国际有色金属价格猛涨,自去年以来,铝材和铜材在国际上的每吨价格都已经接近翻倍。来自上下两端的挤压,使得汽配企业,面临着前所未有的压力。成本问题,成为令包括华闽南配在内的每一家中国汽配厂商辗转难眠的噩梦。可如何压低成本?如何从看似早已无处可压缩的生产过程中压出利润的水来?华闽南配选择了现代化的信息管理方式,选择了ERP。

1.小系统的缺点

华闽南配年产值近两亿,产品包括活塞环、活塞、缸套、活塞销等,品种有2千多种,总产量达到1亿多件,作为吉利、一汽大众等著名整机厂商的二级供货商,一直是国内领

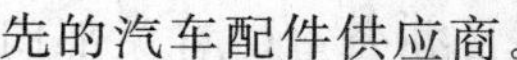

先的汽车配件供应商。

然而就是这样的一家企业，在2006年之前，还只是在依靠着一些小系统在进行辅助管理。20世纪90年代初，开始使用财务软件；1998年，各车间生产成本核算开始应用自己开发的成本核算系统；2002年，销售开单管理也应用了自己开发的小系统。然而，随着企业规模的不断扩大、行业竞争的加剧、成本压缩需求的不断加大，华闽南配开始发现自己在计划管理、物料供应、生产组织、销售管理和财务管理等方面所存在的问题。

“我们后来对问题进行了具体分析”，华闽南配负责生产和信息化项目的副总经理王宗阳说。最终的分析结果令王宗阳吃惊，但却也令他看到了华闽南配进一步压低成本的希望。

首先，华闽南配内部缺乏有序的计划经营，业务流程不规范，致使日常工作烦乱，随机工作增多，信息资源不能共享。

其次，华闽缺乏统一的业务平台，信息孤岛问题突出，缺少覆盖整个企业的信息管理系统，各个部门的业务系统互相独立，互不相通。在这样的业务环境下，一物多码，一码多物，其后果直接影响企业资源的有效利用，造成库存积压、资金浪费等一系列问题。而与此同时，由于华闽南配的业务包括了为整车厂商供应、外部销售，以及贴牌生产，因此同一个产品，可能会有好几种不同的名字，这导致库管员经常作出错误的库存判断。

再次，在华闽南配内部，资金流、物流、信息流并没有有效的交叉控制点，导致信息沟通不及时、不严谨，企业内部各方面最新信息汇总上达不及时，降低工作效率。信息不能同步更新，就无法保证对市场变化在第一时间作出及时、准确的反应；缺乏有效的监督、回馈体系，更是令准确量化考核及历史数据比较无从谈起。

最后，财务部和销售部门各用一套小系统的情况，造成了华闽南配的隐藏风险。每当销售部门销售出去一批产品，财务部门无法及时看到应收账款的变化情况，也不能及时看到客户的信用情况，数据都必须由财务部再录一遍才能登到财务系统中。与此类似，财务在收到一笔客户款项时，销售部也无法实时看到客户的应收账款情况。这种情况的不断发生，造成了华闽业务数据的不一致。从不同部门统计出来的数据的不一致，使得华闽南配的领导层无法依据数据作出准确的预测。

另外，生产计划的不合理，造成了在制品的庞大库存，他们不仅数量大、品种多，而且大量占用企业资金，提高了华闽南配的总体成本。

2. 小系统换大平台

在决心将原先分离的小系统换成用友ERP的大平台之后，华闽南配把公司的ERP实施分成了两个阶段。

第一阶段实现进销存和财务的一体化管理，完成库存管理、销售业务管理、应收账款管理、采购管理、应付账款管理、账务及报表管理等各个子系统的实施；第二阶段则实现对生产过程的控制，完成生产计划、物料需求计划、车间作业管理、成本管理、产品管理、工艺管理等各个子系统的实施。

王宗阳的计划实现得很快，公司很快就为ERP项目实施成立了三级实施组织体系，即项目领导小组、项目办公室和各子系统业务组。ERP领导小组由公司领导亲自挂帅，由部门负责人和管理专家组成，负责对ERP系统的实施目标、项目投资、公司内部业务流程重组方案等工作作出决策，对系统开发过程进行监督、控制；项目办公室由有关部门负责人、用友公司项目实施部负责人和企业信息部门负责人组成，负责项目的组织实施，包括研究系统的总体结构，制订项目实施计划，制定系统开发的程序和工作标准，协调各部门工作进程，解决开发过程中可能出现的问题等；各子系统业务组由用友公司项目实施部人员和有关部门的业务骨干组成，按开发工作的分工，分别进行各子系统的实施及二次开发工作。就这样，华闽南配整个企业，上上下下都参与到了ERP的建设当中。

在实施的过程中，由于华闽南配的前身还是一家国有制企业，企业管理中有不少人治的色彩，业务操作随意性较大，于是华闽对在这之前的主要业务流程都进行了深入的剖析和梳理，找出其中的无效作业环节，按照ERP管理的要求进行业务流程重组。例如，过去仓库的产品调拨、出库和发运，分别由各管理部门开出调拨、出库和运输单，手工传递到相应的仓库，容易出现单据丢失、差错或登账不及时，造成库存数据不准的情况。现在通过根据系统数据共享的特点，由业务流程的开始环节产生单据，后续环节分别调用前环节的单据进行确认和对应的操作处理，再向后传递。每个环节的操作改变自己的库存可用数量，保证了每个环节库存数量的准确可靠，同时可以及时发现差错、避免损失。

不仅如此，在推动小系统更换大平台的过程中，王宗阳采取了赏罚分明的铁腕政策——要求对信息化流程中出错或者不按规程办事的，一律罚钱。现在走在华闽的车间里，依然可以看到信息化上线之初的这个罚款规则，假若偷懒不及时输入数据，立刻处以50元罚款。有力的推进政策，终于使得公司告别了小系统，建立起了大平台。

3. 大系统的好处

华闽南配的ERP大平台为企业的生产成本控制提供了全新的手段。

库存管理方面的变化最大。借助生产系统，各个车间都成立了现场仓，几乎是所有的大宗原辅料与配件的领料都采取入库倒冲的方式，也就是将下一道工序的投料量，作为上一道工序的领料量，各个车间的发料完全在订单的基础上考虑现场数量及批量的因素进行发料，做到有的放矢。现在生产运营部门和车间只要打开库存分布表，便可知道料品与配件的库存情况，保证库存的准确性。

而且过去生产部门为了省事，领料时可能一口气领很多物料，而且可能领了几次物料后才去一次开票登记。由于领到车间后的材料作为生产成本，在仓库记录中无法体现，导致了大量物料积压在车间，而其他车间却有可能缺料停工的情况。而为了避免停工，采购部门可能又要买入新的物料，造成库存。应用ERP系统以后，由于车间的物料必须当天领当天的，因为车间领料造成的库存积压或者缺料情况就迎刃而解了。

应收账款的控制也得到了改善。由于过去由于缺乏有效的手段，华闽南配很难及时了解到自己应收账款的实际情况，审查经销商应收账款时，华闽南配也只能挑选部分客户通过手工来审查。这样导致有些经销商拖欠货款，公司应收账款膨胀，资金周转不灵的情况。现在通过ERP系统直接给出的数据，应收账款一目了然的同时，公司也就保证了现金流，降低了成本。

“今年我们要把企业库存的量压下来，我们要压缩成本。”王宗阳说，“要在应收账款方面压下来500万，还要在仓库成本中压下来500万。”可见，只要利用好了信息化手段，汽配行业的总体成本，还是有水可挤的。

思考题

1. MRP 的依据是什么？
2. 物料需求计划计算的基本步骤是什么？
3. JIT 生产有何特征？
4. 简述 JIT 生产方式的主要手段。
5. 简述零库存的可能实现形式。
6. 简述 ERP 管理系统的六大主要功能。
7. ERP 库存系统有何优点？

第11章

现代信息技术在仓储管理与库存控制中的应用

本章要点

本章介绍了仓储管理系统WMS功能作用及操作流程，仓储信息系统的设计原则；在仓储与仓储管理的信息应用中，应掌握EDI信息的应用、EDI系统的模型及功能；EDI操作过程及物流EDI的框架结构；条形码的应用主要掌握工作原理、分类、条形码的优缺点，应用领域及设备。

在仓储作业信息技术支持方面，重点掌握智能系统、专家系统在物流工作的实际应用。

11.1 仓储与库存管理信息系统

11.1.1 仓储管理系统

1. 概述

在整个仓储中心的运作中，信息流一直伴随着各项物流活动及其他行政支持活动的进行。如何规划仓储中心信息系统的功能需求，并建立其功能架构是仓储中心规划与实践的关键。在完成作业程序分析及设备规划选定程序后，可按各项作业的功能特性，及仓储中心对管理策略运用的需求程度，规划仓储中心信息系统的功能需求，并建立其功能架构。仓储中心的信息化建设一般以业务流程重组为基础，在一定的深度和广度上利用计算机技术、网络技术和数据库技术，控制和集成化管理企业物流运营活动中的所有信息，实现企业内外部信息的共享和有效利用，来提高企业的经济效益和市场竞争能力。

仓储管理系统是现代仓储企业进行货物管理和处理的业务操作系统。它可以实现本地一个仓库的精细化管理，也可实现制造企业、物流企业、连锁业在全国范围内、异地

多点仓库的管理；它可以对货物存储和出货等进行动态安排，可以对仓储作业流程的全过程进行电子化操作；可以与客服中心建立数据接口使客户通过互联网实现远程货物管理，可以与企业的ERP系统实现无缝连接。

仓储管理是物流作业管理的核心。仓储管理系统(WMS)的建设历来受到人们的普遍重视。特别是随着配送理念的推广以及仓储中心的建设，WMS系统已经突破原有的范畴，成为仓储中心物流管理信息系统的代名词。

2. 仓储管理信息处理流程

现代仓储管理已经转变成履行中心，它的功能包括：传统的仓储管理、交叉转运/在途合并、增值服务流程、退货、质量保证和动态客户服务。下面基于仓储管理系统(warehouse management system，WMS)对仓储管理业务流程加以说明。

(1)WMS的基本情况

WMS软件由许多功能软件子系统组合构成，基本软件情况及构成如表11-1所示。

表11-1 仓储管理系统及其组成

WMS	入库管理子系统	入库单数据处理(录入) 条码打印及管理 货物装盘及托盘数据登录注记(录入) 货位分配及入库指令的发出 占用货位的重新分配 入库成功确认 入库单据打印
	出库管理子系统	出库单数据处理(录入) 出库品项内容生成及出库指令发出 错误货物或倒空的货位重新分配 出库成功确认 出库单据打印
	数据管理子系统	货位管理查询 货物编码查询库存 入库时间查询库存 盘点作业 货物编码管理 安全库存量管理 供应商数据管理 使用部门数据管理 未被确认操作的查询和处理 数据库与实际不符记录的查询和处理
	系统管理子系统	使用者及其权限设置 数据库备份操作 系统通信开始和结束 系统的登录和退出

现就表11-1中各项构成内容简要说明如下。

(2)入库管理子系统

①入库单数据处理(录入)。入库单可包含多份入库分单，每份入库分单又可包含多

份托盘数据，如图 11-1 所示。

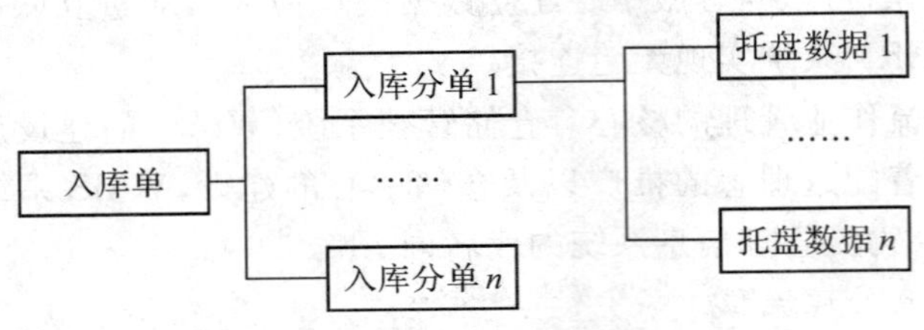

图 11-1　入库单基本结构

入库单的基本结构是在每个托盘上放一种货物，因为这样会使仓储的效率更高，流程更清晰。

②条码打印及管理。条码打印及管理的目的仅是为了避免条码的重复，以使仓库内的每一个托盘货物的条码都是唯一的标志。

③货物装盘及托盘数据登录注记(录入)。入库单的库存管理系统可支持大批量的一次性到货。这个管理系统的运作过程大体是:批量到货后，首先要分别装盘，然后进行托盘数据的登录注记。所谓托盘数据是指对每个托盘货物分别给予一个条码标记，登录注计时将每个托盘上装载的货物种类、数量、入库单号、供应商、使用部门等信息与该唯一的条码标记联系起来。注记完成后，条码标记即成为一个在库管理的关键，可以通过扫描该条码得到该盘货物的相关库存信息及动作状态信息。

④货位分配及入库指令的发出。托盘资料注记完成后，该托盘即进入待入库状态，系统将自动根据存储规则(如货架使用区域的划分)为每一个托盘分配一个适合的空货位，并向手持终端发出入库操作的要求。

⑤占用货位的重新分配。当所分配的货位实际已有货物时，系统会指出新的可用货位，通过手持终端指挥操作的完成。

⑥入库成功确认。从注记完成至手续终端返回入库成功的确认信息前，该托盘的货物始终处于入库状态。直至收到确认信息，系统才会把该盘货物状态改为正常库存，并相应更改数据库的相关记录。

⑦入库单据打印。打印实际收货入库单。

(3)出库管理子系统

①出库单数据处理(录入)。是指制作出库单的操作。每份出库单可包括多种、多数量货物，出库单分为出库单和出库分单，均由手工输入生成。

②出库品项内容生成及出库指令发出。系统可根据出库内容以一定规律(如先入先出、就近等)，生成出库内容，并发出出库指令。

③错误货物或倒空的货位重新分配。当操作者通过取货位置扫描图确认货物时，如果发现货物错误或货位实际上无货，只要将信息反馈给系统，系统就会自动生成下一个取货位置，指挥完成操作。

④出库成功确认。手持终端确认货物无误后，发出确认信息，该托盘货物即进入出库运行中的状态。在出库区现场终端确认出库成功完成后，即可取出数据库的托盘条码，并修改相应数据库的记录。

⑤出库单据打印。是指打印与托盘相对应的出库单据。

(4)数据管理子系统

1)存库管理

①货位管理查询。查询货位使用情况(空、占用、故障等)。

②货物编码查询库存。查询某种货物的库存情况。

③入库时间查询库存。查询以日为单位的在库库存。

④盘点作业。进入盘点状态,实现全库盘点。

2)数据管理

①货物编码管理。提供与货物编码相关信息的输入界面,包括编码、名称、所属部门、单位等的输入。

②安全库存量管理。提供具体到某种货物的最大库存、最小库存参数设置,从而实现库存量的监控预警。

③供应商数据管理。录入供应商编号、名称、联系方法,供出入库单使用。

④使用部门数据管理。录入使用部门、编号、名称等,供出入库单使用。

⑤未被确认操作的查询和处理。提供未被确认操作的查询和逐条核对处理功能。

⑥数据库与实际不符记录的查询和处理。逐条提供选择决定是否更改为实际记录或手工输入记录。

(5)系统管理子系统

①使用者及其权限设置。使用者名称、代码、密码、可使用程序模块的选择。

②数据库备份操作。提供存储过程每日定时备份数据库或日志。

③系统通信开始和结束。因系统有无线通信部分,因此提供对通信的开始和关闭操作功能。

④系统的登录和退出。提供系统登录和退出界面相关信息。

11.1.2 WMS的功能及作用

仓储管理系统有计划和执行两个功能。计划功能包括订货管理、运送计划、员工管理和仓库面积管理等。执行功能包括进货接收、分拣配货、发货运送等。在供应链管理中仓储管理系统技术的作用表现为配货、发货运送等。在供应链管理中仓储管理系统技术的作用表现在以下两个方面:一是减少库存水平方面的作用,二是与供应链互动所产生的作用。

1. WMS的计划功能

订货管理是顾客订货和顾客询问的登录点。通过使用WMS技术可以登录和维护顾客订货。当收到订货或询问时,订货管理就存取所需要的信息,编辑适当的计算结果,然后对保留的可接受的订货进行处理。订货管理还能提供有关存货可行性的信息和交付日期,以获悉和确认顾客的期望。订货管理,连同顾客服务代表一起,形成了顾客和企业物流信息系统之间最基本的界面。

运送作业结合WMS技术来指导配送中心的实际活动,其中包括物料搬运、储存和订货选择等。

在批量作业环境下，通过 WMS 技术开出一份指示清单或任务清单，来指导仓库内的每一位物料搬运人员。在实时作业的环境下，诸如条形码、无线电射频通信，以及自动搬运设备等信息导向技术交互作业，以减少决策和行动之间的时间。当综合物流变成现实时，继续在单一的作业组织结构中集中功能的压力就减小了，随着信息网络的出现，正式分组已变得越来越不重要。人员组织被信息技术逐步分化，形成一种扁平结构时，信息技术就达到了指导组织结构调整的目的。同样，WMS 技术，对规划仓库库容管理方面和搬运装卸的组织计划等，都有十分重要的指导意义。

2. WMS 的执行功能

对于厂商或批发商来讲，尽管以前物流中心都分散建立在营业支店等经营场所附近，随着近年来制造业和流通业物流活动的广泛开展及高度化物流服务的出现，物流中心越来越具有集约化、综合化的倾向。在这类中心里，伴随着订发货业务的开展，物资检验作业也在集约化的中心内进行。条形码的广泛普及便携式终端性能的不断提高，使得物流作业效率得到大幅度提高。即在客户订货信息的基础上，在进货物资上要求贴付条形码，物资进入中心时用扫描仪读取条形码检验物资；或在企业发货信息的基础上，在检验发货物资时同时加贴条形码，这样企业的仓库保管及发货业务都在条形码管理的基础上进行。

随着零售企业的不断崛起，不少大型零售企业都建立了自己的配送中心，由自己的配送中心将物资直接运送到本企业的各支店或店铺。采用这种配送形态的企业，一般都在物资上贴付含有配送对象店铺名称的条形码，从而在保证物资检验作业合理化的同时，实现企业配送作业的效率化。

利用 WMS 技术事先做好销售账单、发货票等单据的制作和发送工作，即使批发商自己进行物资分拣再按订货要求配送，也都采取这种办法；与此同时，将备货清单传送到用户指定的店铺。备货作业按照不同的配送用户在物资上贴付条形码，分拣作业时只要用扫描装置读取条形码，便能自动按不同的配送场所进行分拣。

3. WMS 在库存管理中的作用

WMS 技术能精确地反映当前状况和定期活动，这样可以衡量存货水平。平稳的物流作业要求实际的存货与物流信息系统报告中的存货相吻合的精确性最好在 99%以上。当实际存货和信息系统中的存货之间存在较低的一致性时，就有必要采取缓冲存货或安全存货的方式来适应这种不确定性，增加信息的精确性，也就减少了不确定性，并减少了存货需要量。

WMS 技术能及时提供快速的管理反馈。不及时是指活动发生时与该活动在信息系统内可见时间的耽搁。例如，在某些情况下，系统要花费几个小时或几天才能将一个新订货看成为实际需求，因为该订货并不始终会直接进入到现行需求量数据库。结果，在认识实际需求量时就出现了耽搁，这种耽搁会使计划制定的有效性减少，而使存货量增加。另一个有关及时性的例子涉及当产品从“在制品”进入“制成品”状态时存货量的更新。尽管实际存在着连续的产品流，但是，信息系统中的存货状况也许是按每小时、每工班，或按每天进行更新的。显然，实际更新或立即更新更具及时性，但是它们也会导致增加记账工作量。编制条形码、扫描和 EDI 有助于及时而有效地记录。

及时的管理控制是在还有时间采取正确的行动或使损失减少到最低程度的时候能够提供信息。概括地说，及时的信息减少了不确定性，并识别了种种问题，于是减少了存货需求量，增加了决策的精确性。

WMS 技术必须以异常情况为基础，突出问题和机会。物流作业通常要满足大量的顾客、产品、供应商和服务公司的不同需求。例如，必须定期检查每一个产品选址组合的存货状况，以便制定补充订货计划。另一个重复性活动是对于非常突出的补货订货状况的检查。通常，这种检查过程需要问两个问题。第一个问题涉及是否应该对产品或补充订货采取任何行动，如果这个问题的答案是肯定的，那么，第二个问题就涉及应该采取哪一种行动。许多物流信息系统要求手工完成检查，尽管这类检查正愈来愈趋向自动化。仍然使用手工处理的依据是有许多决策在结构上是松散的，并且是需要经过用户的参与才可作出判断的。

物流信息系统结合了决策规划，去识别这些要求管理部门注意并作出决策的“异常”情况。于是，计划人员或经理人员就能够把他们的精力集中在最需要引起注意的情况或者能提供的最佳机会来改善服务或降低成本的情况。表 11-2 说明了以异常情况为基础的存货管理报告。该列表列举了存货水平、行动时间、提醒日期及未来的行动方式。这类异常情况报告可以使计划人员利用其时间来提炼建议，而不是浪费时间去识别那些需要作出决策的产品。

表 11-2　以异常情况为基础的存货管理报告

产品	时间	水平	行动	订货	日　期
A	立年	没有现货	—	不公开 PO	—
B	立年	没有现货	发货	实盘 PO100	过期
C	有限期内	没有现货	发货	计划 MO100	6 月 29 日～7 月 1 日到期
D	立年	能用安全存货	发货	实盘 MO200	过期
E	有限期内	—	释放	系统订货 200	6 月 8 日
F	超出有限期	没有现货	发货	实盘 PO100	6 月 29 日～7 月 5 日到期
G	有限期内	存货过剩	取消	计划 PO150	10 月 1 日
H	有限期内	存货过剩	推迟	实盘 MO100	10 月 1 日～12 月 1 日到期

WMS 技术往往包含有一个配送中心存货状态显示屏，显示屏列出一个产品和配送中心。这种形式要求一个顾客服务代表在试图给存货定位以满足某个特定顾客的订货时，检查每一个配送中心的存货状况。换句话说，如果有 5 个配送中心，就需要检查和比较这 5 个计算机显示屏。适当的形式会提供单独 1 个显示屏，包含所有这 5 个配送中心的存货状况。这种组合显示屏使得一个顾客代表更加容易识别产品的最佳来源。

又一个适当形式的例子是，显示屏或报告还有效地向决策者提供所有相关的信息。显示屏将过去信息和未来信息结合起来，信息中包含现有库存、最低库存、需求预测，以及在一个配送中心单独一个品目的计划入库数。这种结合了存货流量和存货水平的图形界面显示，当计划的现有库存有可能下跌到最低库存水平时，有助于计划人员把注意力集中在按每周制定存货计划和订货计划上。例如，一个计划人员通过检查图 11-2 中的显示屏，就能轻易地看到当前的(0 周)现有库存恰好处在最低水平，如果不采取行动的话，在第 7 周的期间内将会没有库存。

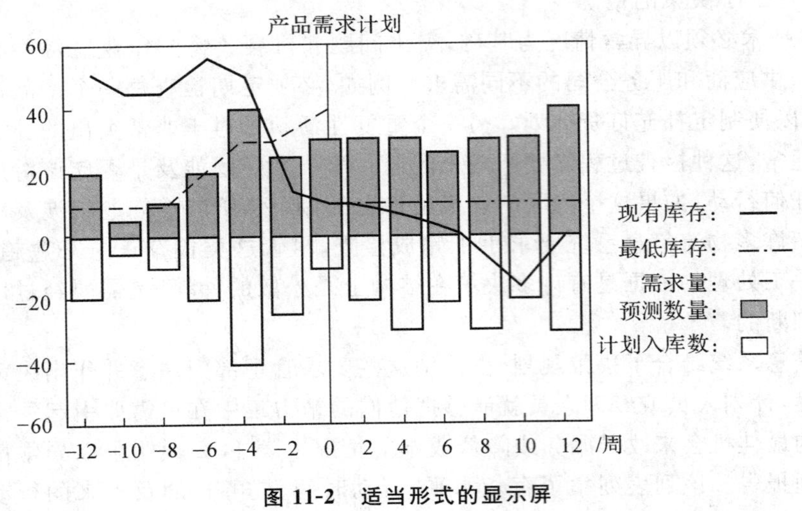

图 11-2　适当形式的显示屏

4. WMS 与供应链互动的作用

WMS 技术与供应链互动能进行跨企业的库存管理、商品管理和运输管理等活动。

物流作业的起源无疑是从订货开始，日本学研社的物流作业系统中，订货处理是由各代理店或批发商进行，这些代理店或批发商建有与学研社主机相连的终端，他们直接将订单输入到终端中，订货每天晚上 8 点钟截止，之后学研社立即进行第 1 次物流信息处理。

第 1 次物流信息处理的内容包括：

①进行流通中心的指令；

②库存的情况与更新；

③运输方式的指定；

④包装组合的计算等。

学研社的物流系统是根据不同的物资分别划分为不同的流通中心，但是，尽管如此，仍然存在同一物资群使用多个流通中心的现象。为此，第 1 次物流信息处理的内容包括：①通过计算机系统来指定订货应当从哪个流通中心出入，以获得最佳的经济效益。②主要是核查所订购货物是否有库存，如果出现断货，则立即将断货物资的名称输入到管理系统中，实行及时补货。③主要是对订购物资如何有效地配送到代理店或批发商向学研社位于日本全国的 450 个地方配送中心发出指令。但是，具体的安排和决定仍是由各配送中心独自做出。从总体上看，学研社的主要配送方式有大型货车、日本国铁集装箱、海上集装箱，以及邮寄、铁路各小件货物运输等。④是按照一个包装 20 公斤标准，来计算物资应该如何组合、配置，即通过计算机计算出物资需要几个包装，据此进行物流作业。

在学研社总部主机处理的信息除了以上内容以外，还包括另外一些不被传输给流通事业总部的信息，这些信息包括：①出入库计算、更新；②输送、移库管理；③断货订购管

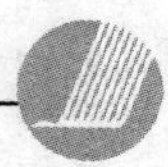

理;④公司库存管理。其中,出入库计算、更新是根据各流通中心报上来的文字材料统计入库量和出库量,对物资库存实行管理;输送、移库管理是对向地方配送中心运输途中的物资实行管理;断货订货管理不仅仅是进行订货管理,而是针对物资的断货现象进行相应的订货管理,并在此基础上,制定该物资的出货指令;公司库存管理就是制定物资库存水准信息,通过该信息的确立,为订货决策提供依据。

学研社总部的主机对物流信息进行第1次处理后,即进行物流信息的第2次处理,以对具体的物流活动实行控制。

物流信息第2次处理的内容包括:

①在学研社主机对运输方式进行指定的基础上,按不同运输手段将订货进行划分;

②在以上统计的基础上,再按不同的作业区间进行划分;

③在按作业区间进行订货集中统计后,接着是从不同物资流通中心设置的打印机中打印出不同作业区间的运输标签和出货单,并做好出货准备;

④第2天早上,根据前1天打印出的运输标签进行配货,并按预先指定的时间报出货,开始配送作业。

11.1.3 WMS的操作流程

仓储管理系统最重要的操作流程应该是入库和出库操作流程。

1.入库操作流程

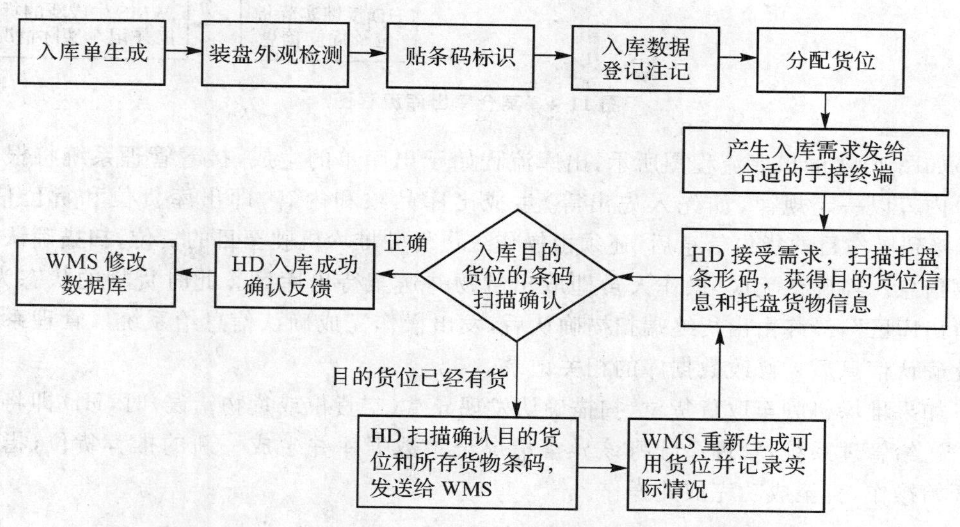

图11-3 某仓库入库流程

如图11-3的入库流程图所示,入库后首先生成入库单,每份入库单可包含多种货物,按货物不同,又将入库单分成入库分单。等装盘完毕,在经人工检验认为外观尺寸等合格的托盘上贴以条码标记,通过扫描托盘条码标记(或人工键入),确认货物种类和数量的输入后,即完成托盘条码与所载货物信息的注记,亦即入库数据登录注记。此时该托盘货物即进入"待入库状态",注记完成的货物托盘所处的状态会一直被管理系统跟踪和监控，直至出库成功取消该注记为止。

注记完成的货物托盘由管理系统分配一个目的储存货位，同时该操作需求被发送到HD，HD接受需求，扫描托盘条码，即可得到该托盘的目的操作货位和货物信息。然后根据HD指示，由操作人员驾驶堆垛机行驶至目的货位。如果一切正常，操作人员将用HD扫描确认目的货位，操作成功后作确认反馈，管理系统收到操作成功确认后，即修改数据库相关记录，最终完成一次入库操作。

如果目的货位已有货物，HD将扫描现有货物条码，并发送给管理系统。管理系统将该异常情况记入数据库，并生成一新的推荐目的货位，指挥重新开始操作，直至成功完成本次操作。

2. 出库操作流程

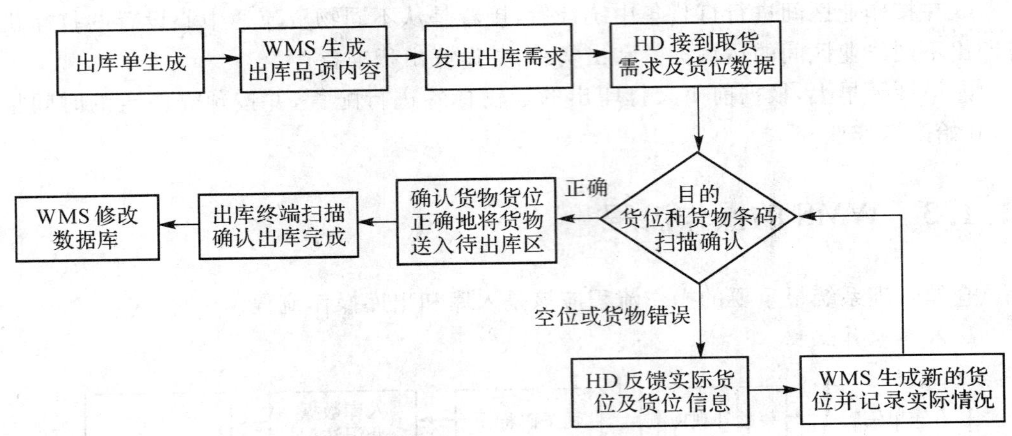

图 11-4 某仓库出库流程图

如图11-4的出库流程图所示，出库流程始于出库单的生成，接着管理系统将根据出库单内容以一定规律（如先入先出等）生成出库品项和内容，即出库货位和货位信息。HD接到操作目的货位信息后，还须由操作人员驾驶堆垛机驶至目的货位，扫描确认货位货物信息。经确认无误，操作人员即取出货物并送至待出库区。此时货物的状态为"位于待出库区"，最终由出货终端扫描确认后，发出操作完成确认信息给系统。管理系统收到此确认信息后才修改数据库的相关记录。

如果堆垛机驶至取货货位，扫描确认发现异常（空货位或货物错误）时，HD即将此信息发送给管理系统，管理系统将该异常情况记录数据库并生成一新的推荐货位，指挥重新开始操作，直至成功完成此操作。

11.1.4 仓储信息管理系统的设计

由于仓储始终是生产者和客户之间的一个主要联系纽带，在物流系统中起着包括运输整合、产品组合、物流服务、防范偶发事件、物流过程平稳等一系列增加附加值的作用，是公司物流系统最重要的职能之一。现代物流全球化趋势，以及影响仓储的时间、质量

等因素对仓储管理软件提出了新的需求。因此,设计一个能达到既定目标的仓储信息管理系统是一项非常重要的任务。

1.系统设计的主要工作

系统设计的主要工作包括:

①系统设计的主要工作包括新系统的总体设计、代码设计、数据库设计、输入/输出设计、处理流程及功能模块设计等。

②代码设计规范的制定。

③资料存储设计。主要包括数据库设计、数据库的安全保密设计等。

④计算机处理过程设计。主要包括输入/输出设计、处理流程图设计和编写程序设计说明书等。

⑤系统物理配置方案设计。主要包括设备、通信网络的选择、设计和数据库管理系统的选择等。

2.系统设计的主要原则

①系统性的原则。由于系统是作为统一整体而存在的,因此,系统设计时,始终要考虑系统设计要从总体目标出发,要服从总体的要求。如,系统的代码要统一,标准的设计规范,传输的语言要尽可能一致,对系统的采集要做到输出一致,使一次输入多次利用。

②可靠性原则。可靠性是指系统软硬件在运行过程中抵抗异常情况的干扰及保证系统正常工作的能力。可用平均无故障时间和平均维护时间这两个指标来衡量系统的可靠性。前者反映了系统安全运行的时间周期,后者反映了系统工程可维护性的好坏。一个良好的信息管理系统必须具有较高的可靠性,包括安全保密性、检错和纠错能力和抗病毒能力。

③简单、灵活性原则。简单性原则要求在具备所需功能前提下,要达到预定的目标,系统应当尽可能简单,便于管理。这样可以减少处理时间,降低处理费用,提高系统效率。灵活性原则要求系统应该具有很强的环境适应性,包括它的开放性和结构的可变性。因为,无论是设备、组织结构、管理制度或管理人员,在一定时间内可能是相对稳定的,而变化则是经常的。因此,在系统设计中,应尽量采用模块化结构,提高各模块的独立作用,尽可能减少各模块的资料的耦合,使各子系统之间的资料依赖程度降到最低,这样,既便于模块的修改,又便于增加新的内容,提高整个系统的适应能力。

④系统的运行效率。系统的运行效率主要包括:处理能力,指在单位时间内处理事物的数量;处理速度,指处理单个事物的平均时间;响应时间,指从发出处理要求到给出处理结果所需的时间。

⑤经济性原则。在满足相应要求的条件下,应尽可能选择性价比高的、相对成熟的产品,不必贪新求大。

3.系统设计中的信息采集

信息采集是仓储管理信息的前提和基础。实现自动化信息采集是一个优秀的仓储管理信息系统不可缺少的组成部分。随着实时通信技术的发展,无线频率设备、局域网、条形码及扫描装置使人们可以迅速准确地采集信息,并实时反映信息变化情况。

无线频率信息采集技术是一种准确性及时性很强的信息采集技术,其在库存中应用最多的是使用起重机车的场合。地面人员通过终端将指令传递给起重机操作员，并接收操作员传回的信息，其反应时间为3～6秒。概括起来，使用无线频率信息采集系统具有以下优点：

①可很容易地使用随机储存计划，极大地节省库存空间；

②节省劳动力(8%～35%)；

③消除库存人工计数；

④增加准确率，使其达到99%以上；

⑤便于执行纪律；

⑥能自动生成重要数据并可产生十分有利的问题报告；

⑦减少了日常文书工作；

⑧实现了先入先出原则；

⑨容易处理紧急订货。

此外，无线频率信息采集技术系统还为单位提供了多种员工培训手段。它适合于对各种水平的员工进行全面的培训；菜单选择形式使使用者可以根据自己的情况和资料内容确定自己的学习方式和进度；培训可以贯穿整个过程；形象的图标加上声音作用比单纯的文字教学效果更好；便于对培训进行管理。除了使用先进的信息采集技术实现自动化信息采集以外，成功地进行数据采集还应遵循一定的步骤。

(1)明确所有的仓库作业步骤

画一张仓库运作过程图，上面清清楚楚地标出从收货到运出货物的所有仓库作业步骤，每一步可分成两部分：一部分是物料实体搬运功能的实现，另一部分是信息采集。

(2)明确自动化采集信息的应用范围

在这一步骤里应确定哪些仓库作业步骤能借助自动化信息采集的帮助，工作得更快或更准确，其最终目的是提高每一步的工作效率，而并非仅仅是提高某一工作过程的速度。

(3)评估的约束条件和技术要求

每一仓库都有其内、外部两方面的约束条件，内部的约束条件的范围从提供新的设备等有形的物质到建立信息处理系统的硬件和软件的协调性，还有预算性、时间、培训等无形的软要求。典型的外部需求表现为行业、顾客和供应商们建立的一系列标准，通常这类组织需要某种具体的技术，如条形码技术。

(4)确定何处使用自动化信息采集

通过权衡公司所有行驶的需求计划，利害关系、约束条件和技术要求，选择最容易取得成功的地方使用自动化信息采集技术。

(5)生产系统说明书

有两种类型的说明书，一种着重于说明系统功能的要求，另一种着重说明系统的硬件和软件能够实现这些功能。由于系统说明书详细说明列出了功能细目，自动化信息采集设备供应商便可以据此提供能满足要求的硬件和软件。

4.系统设计方法

目前系统设计没有统一的方法。现在采用的方法是自顶而下的结构化设计，但是在

局部环节上(或一些小的规模系统)使用原形方法,面向对象的设计方法。这种方法目前较为流行。

这种自顶而下的结构设计原理主要是:层次化模块化原理,即将系统根据实际结构关系分解成不同的层次并在不同的层次上再划分成多个相对独立的模块;信息隐藏原理,即在一定规模和条件的限制下,把功能相关的模块放在同一模块中,以减少信息的交换量,同时便于模块的更新;时空等价原理,即指按时空关系划分成子系统或模块。这种设计方法的特点在于:对于一个复杂的系统由自顶而下的方法进行分解可以简化设计;可以采用图形来表示工具;它有一种基本的设计原则和方法;还有一组评价标准和质量优化技术。这种方法的基本内容主要包括:合理地进行模块分解和定义,有效地将模块组织成一个整体。

5. 系统设计步骤

(1)考证仓库建立管理信息系统工程的必要性

首先回顾一下仓库过去作业情况,检查仓库库存的准确度、运送库存量、服务水平和综合生产能力。接着对库存进行全面考查,以确定完成库存职能所必需的信息,如收货所需掌握的库存空储存点信息。同时还要检查哪些数据已经有了,建立系统还需要收集哪些类型的数据(有时还根据情况决定是否安装自动化数据采集系统)。通过考察,便可决定仓库应改进的范围并决定是否采用计算机仓储管理信息系统。

(2)建立系统详细说明书

一旦仓储确定了建立管理信息系统的计划,接下来便应着手建立系统的详细说明书,包括系统软件功能、灵活性(可否适应业务发展要求),以及软件供应者异地提供支持的能力。一般来说,一个库存管理系统应具备以下基本功能:运输、收货、包装、物质登录、储存订货拣选、集结物质和资源管理。

(3)寻找合适的软件商,建立系统

你不可能找到一个完全满足你的要求的现存系统。你可以开出一个你认为系统应具备的功能清单,然后对照清单看哪家提供的商品软件的满足要求。一般而言,一个适合自己的系统有20%～40%的功能要求专门设计。所以,最明智的做法是找一家能完全理解你的需求的软件商,双方合作编制出满意的软件。

下列几种技术的发展使得仓储管理系统软件的水平可以进一步提高:窗式接口技术、目标程序语言技术、分布式处理技术、加速运动加速处理技术和并行处理技术。

11.2 仓储与库存管理信息技术的应用

11.2.1 EDI 技术的应用

1. EDI 的概念

电子数据交换(electronic data interchange, EDI)是一种在公司之间传输订单、发票等作业文件的电子化手段。它通过计算机通信网络将贸易、运输、保险、银行和海关等行业信息，用一种国际公认的标准格式，实现各有关部门或公司与企业之间的数据交换与处理，并完成以贸易为中心的全部过程，它是20世纪80年代发展起来的一种新颖的电子化贸易工具，是计算机、通信和现代管理技术相结合的产物。国际标准化组织(ISO)将EDI描述成“将贸易(商业)或行政事务处理按照一个公认的标准变成结构化的事务处理或信息数据格式，从计算机到计算机的电子传输”。而ITU—T(国际电联电信委员会，原CCITT)将EDI定义为“从计算机到计算机之间的结构化的事务数据互换”。又由于使用EDI可以减少甚至消除贸易过程中的纸面文件，因此EDI又被人们通俗地称为“无纸贸易”。

从上述EDI定义不难看出：EDI包含了三个方面的内容，即计算机应用、通信网络和数据标准化。其中计算机应用是EDI的条件，通信环境是EDI应用的基础，标准化是EDI的特征。这三方面相互衔接、相互依存，构成EDI的基础框架。EDI系统模型如图11-5所示。

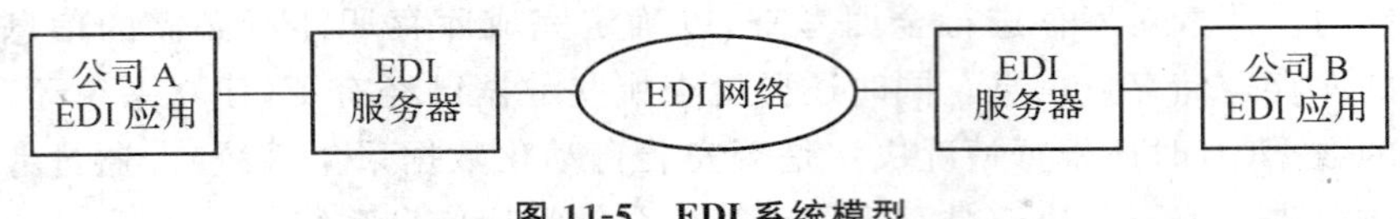

图11-5　EDI系统模型

2. EDI系统功能模型及功能

在EDI中，EDI参与者所交换的信息客体称为邮包。在交换过程中，如果接收者从发送者所得到的全部信息包括在所交换的邮包中，则认为语义完整，并称该邮包为完整语义单元(CSU)。CSU的生产者和消费者统称为EDI的终端用户。

(1)EDI的基本模块

在EDI工作过程中，所交换的报文都是结构化的数据，整个过程都是由EDI系统完成的。EDI系统结构如图11-6所示。

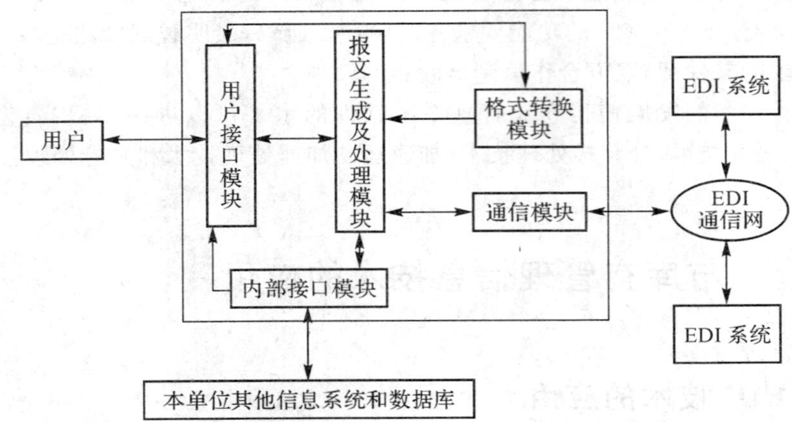

图11-6　EDI系统结构

1)用户接口模块

业务管理人员可用此模块进行输入、查询、统计、中断、打印等,及时地了解市场变化,调整策略。

2)内部接口模块

这是EDI系统和本单位内部其他信息系统及数据库的接口,一份来自外部的EDI报文,经过EDI系统处理之后,大部分相关内容都需要经内部接口模块送往其他信息系统,或查询其他信息系统才能给对方EDI报文以确认的答复。

3)报文生成及处理模块

该模块有两个功能:

①接受来自用户接口模块和内部接口模块的命令和信息。按照EDI标准生成订单、发票等各种EDI报文和单证,经格式转换模块处理之后,由通信模块经EDI网络发给其他EDI用户。

②自动处理由其他EDI系统发来的报文。在处理过程中要与本单位信息系统相连,获取必要信息并给其他EDI系统答复,同时将有关信息送给本单位其他信息系统。

如因特殊情况不能满足对方的要求,经双方EDI系统多次交涉后不能妥善解决的,则把这一类事件提交用户接口模块,由人工干预决策。

4)格式转换模块

所有的EDI单证都必须转换成标准的交换格式,转换过程包括语法上的压缩、嵌套、代码的替换以及必要的EDI语法控制字符。在格式转换过程中要进行语法检查,对于语法出错的EDI报文应拒收并通知对方重发。

5)通信模块

该模块是EDI系统与EDI通信网络的接口,包括执行呼叫、自动重发、合法性和完整性检查、出错报警、自动应答、通信记录、报文拼装和拆卸等功能。

(2)EDI的基本功能

1)命名和寻址功能

EDI的终端用户在共享的名字当中必须是唯一可标识的。命名和寻址功能包括通信和鉴别两个方面。

在通信方面,EDI是利用地址而不是名字进行通信的。因而要提供按名字寻址的方法,这种方法应建立在开放系统目录服务ISO 9594(对应ITU—T X.500)基础上。在鉴别方面,有若干级必要的鉴别,即通信实体鉴别,发送者与接收者之间的相互鉴别等。

2)安全功能

EDI的安全功能应包含在上述所有模块中。它包括以下一些内容:

①端用户以及所有EDI参与方之间的相互验证;

②数据完整性;

③EDI参与方之间的电子(数字)签名;

④否定EDI操作活动的可能性;

⑤密钥管理。

3)语义数据管理功能

完整语义单元(CSU)是由多个信息单元(IU)组成的。其 CSU 和 IU 的管理服务功能包括：

①IU 应该是可标识和可区分的；

②IU 必须支持可靠的全局参考；

③应能够存取指明 IU 属性的内容,如语法、结构语义、字符集和编码等；

④应能够跟踪和对 IU 定位；

⑤对终端用户提供方便和始终如一的访问方式。

3. EDI 的操作过程

当今世界通用的 EDI 通信网络,是建立在消息处理系统(message heading system, MHS)数据通信平台上的信箱系统,其通信机制是信箱间信息的存储和转发。具体实现方法是在数据通信网上加挂大容量信息处理计算机,在计算机上建立信箱系统,通信双方需申请各自的信箱,其通信过程就是把文件传到对方的信箱中。文件交换由计算机自动完成,在发送文件时,用户只需进入自己的信箱系统。

EDI 可以看做是 MHS 通信子平台,图 11-7、图 11-8、图 11-9 分别表示了 EDI 在计算机通信网络七层协议中的地位和作用、EDI 信箱系统通信和交换原理以及完整的通信流程。

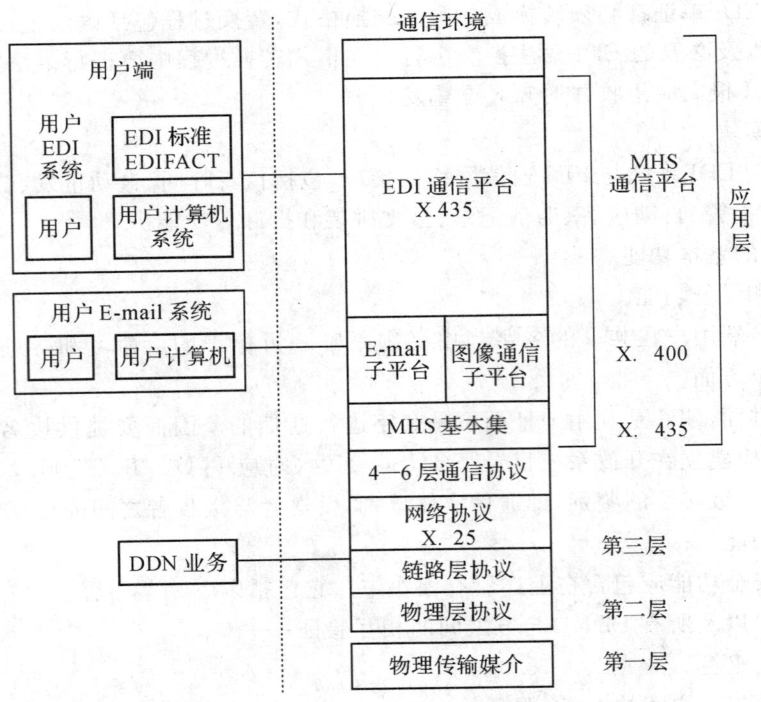

图 11-7 EDI 在计算机通信网络七层协议中的地位和作用

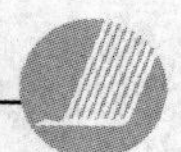

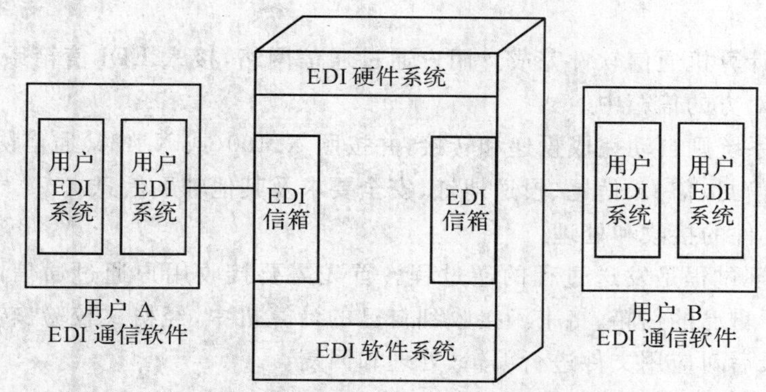

图 11-8 EDI 信箱系统通信和交换原理

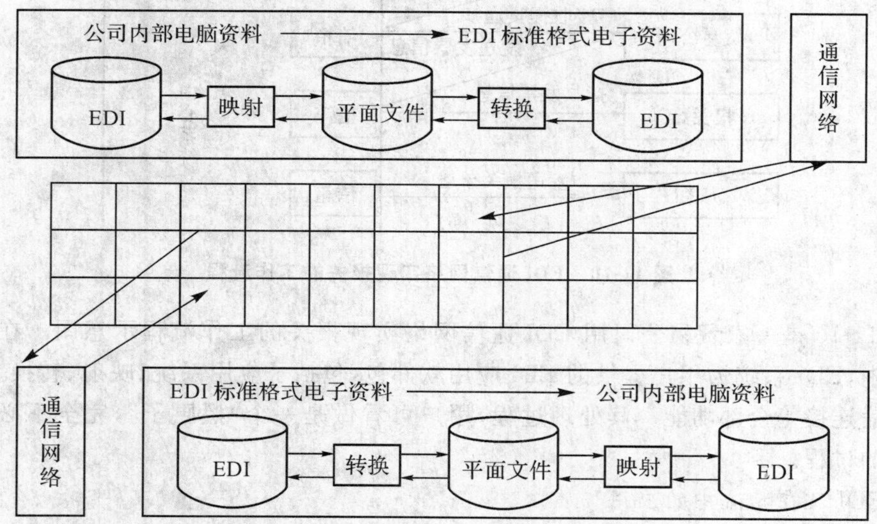

图 11-9 EDI 完整的通信流程

通信流程中各功能模块说明如下:

(1)映射——生成 EDI 平面文件

EDI 平面文件(flat file)是通过应用系统将用户的应用文件(如:单证、票据)或数据库中的数据,映射成的一种标准的中间文件。这一过程称为映射(mapping)。

平面文件是用户通过应用系统直接编辑、修改和操作的单证和票据文件,它可直接阅读、显示和打印输出。

(2)转换——生成 EDI 标准格式文件

其功能是将平面文件通过转换软件生成 EDI 标准格式文件。EDI 标准格式文件,就是所谓的 EDI 电子单证,或称电子票据。它是 EDI 用户之间进行贸易和业务往来的依据。EDI 标准格式文件是一种只有计算机才能阅读的 ASCII 文件。它是按照 EDI 数据交换栎准(即 EDI 标准)的要求,将单证文件(平面文件)中的目录项,加上特定的分割符、控制符和其他信息,生成的一种包括控制符、代码和单证信息在内的 ASCII 码文件。

(3)通信

这一步由计算机通信软件完成。用户通过通信网络,接入 EDI 信箱系统,将 EDI 电子单证投递到对方的信箱中。

EDI 信箱系统则自动完成投递和转接,并按照 X.400(或 X.435)通信协议的要求,为电子单证加上信封、信头、信尾、投送地址、安全要求及其他辅助信息。

(4)EDI 文件的接收和处理

接收和处理过程是发送过程的逆过程。首先需要接收用户通过通信网络接入 EDI 信箱系统,打开自己的信箱,将来函接收到自己的计算机中,经格式校验、转换、映射还原成应用文件,最后对应用文件进行编辑、处理和回复。

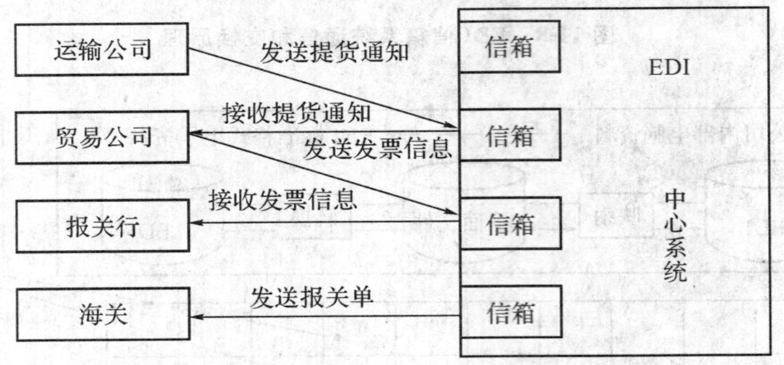

图 11-10　EDI 通信网络实现报关的工作流程

图 11-10 是一家贸易公司用 EDI 通信网络实现报关的工作流程示意图。在实际操作过程中,EDI 系统为用户提供的 EDI 应用软件包,包括了应用系统、映射、转换、格式校验和通信连接等全部功能。其处理过程,用户可看做是一个“黑匣子”,完全不必关心里面具体的过程。

4. EDI 及在物流中的应用

EDI 最初是由美国企业应用在企业间的订货业务活动中,其后 EDI 的应用范围从订货业务向其他的业务扩展,如 POS 销售信息传送业务、库存管理业务、发货送货信息和支持信息的传送业务等。近年 EDI 在物流中广泛应用,被称为物流 EDI。所谓物流 EDI,是指货主、承运业主以及其他相关的单位之间,通过 EDI 系统进行物流数据交换,并以此为基础实施物流作业活动的方法。物流 EDI 参与单位有货主(如生产厂家、贸易商、批发商、零售商等)、承运业主(如独立的物流承运企业等)、实际运送货物的交通运输企业(铁路企业、水运企业、航空企业、公路运输企业等)、协助单位(政府有关部门、金融企业等)和其他的物流相关单位(如仓库业者、专业报关业者等)。物流 EDI 的框架结构如图 11-11所示。

下面我们看一个应用物流 EDI 系统的实例,一个由发送货物业主、物流运输业主和接收货物业主组成的物流模型。这个物流模型的运作步骤如下:

①发送货物业主(如生产厂家)在接到订货后制定货物运送计划,并把运送货物的清单及运送时间安排等信息通过 EDI 发送给物流运输业主和接收货物业主(如零售商),以便物流运输业主预先制定车辆调配计划和接收货物业主制定货物接收计划。

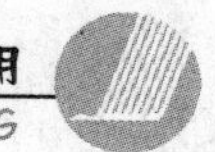

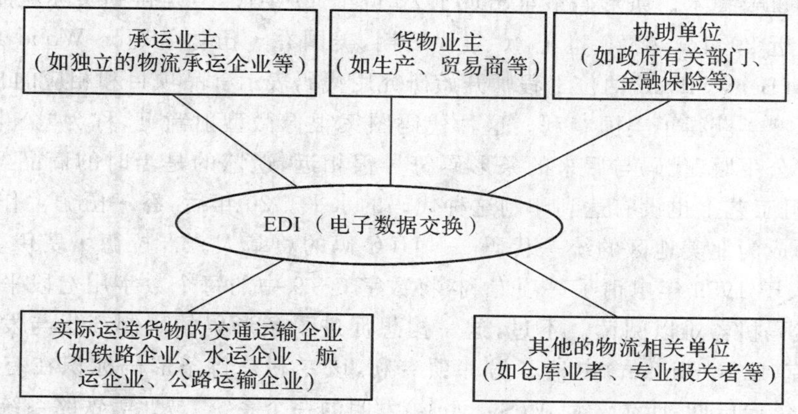

图 11-11　物流 EDI 的框架结构

②发送货物业主依据顾客订货的要求和货物运送计划下达发货指令、分拣配货、打印出物流条形码的货物标签(即 SCM 标签，shipping carton marking)并贴在货物包装箱上，同时把运送货物品种、数量、包装等信息通过 EDI 发送给物流运输业主和接收货物业主，依据请示下达车辆调配指令。

③物流运输业主在向发货货物业主取运货物时，利用车载扫描读数仪读取货物标签的物流条形码，并与先前收到的货物运输数据进行核对，确认运送货物。

④物流运输业主在物流中心对货物进行整理、集装，做成送货清单并通过 EDI 向收货业主发送发货信息。在货物运送的同时进行货物跟踪管理，并在货物交纳给收货业主之后，通过 EDI 向发货业主发送完成运送业务信息和运费请示信息。

⑤收货业主在货物到达时，利用扫描读数仪读取货物标签的物流条形码，并与先前收到的货物运输数据进行核对确认，开出收货发票，货物入库。同时通过 EDI 向物流运输业主和发送货物业主发送收货确认信息。

物流 EDI 的优点在于供应链组成各方基于标准化的信息格式和处理方法通过 EDI 共同分享信息，提高流通效率，降低物流成本。例如，对零售商来说，应用 EDI 系统可以大大降低进货作业的出错率，节省进货商品检验的时间和成本，能迅速核对订货与到货的数据，易于发现差错。

应用传统的 EDI 成本较高，一是因为通过 VAN 进行通讯的成本高，二是制定和满足 EDI 标准较为困难，因此过去仅仅只有大企业因得益于规模经济能从利用 EDI 中得到利益。近年来，互联网的迅速普及，为物流信息活动提供了快速、简便、廉价的通讯方式，从这个意义上说互联网将为企业进行有效的物流活动提供坚实的基础。

11.2.2　条形码技术的应用

1.条形码技术概述

(1)条形码的起源

条形码技术作为物流信息系统中的数据自动采集单元技术，是实现物流信息自动采集与输入的重要技术。条形码最早出现于20世纪40年代，但是得到实际应用和迅速发展还是在最近20年。在20世纪40年代后期，美国乔·伍德兰(Joe Wood Land)和贝尼·西欠弗(Beny Silver)两位工程师开始研究用代码表示食品项目和相应的自动识别设备，并于1949年获得了美国专利。这种代码图案很像微型射箭靶，称为“公牛眼”代码。在原理上，“公牛眼”代码与后来的条形码符号很相近，遗憾的是当时的商品经济不是十分发达，而且工艺上也没有达到印制这种代码的水平。20年后，乔·伍德兰作为IBM公司的工程师成为北美地区的统一代码——UPC码的奠基人。吉拉德·费伊赛尔(Girad Hissel)等人于1959年申请了一项专利，将数字0～9中的每个数字用七段平行条表示，但是这种代码机器难以阅读。不过，这一构想促进了条形码的码制产生与发展。不久，E. F. 布宁克(E. F. Blinker)申请了另一项专利，该专利是将条形码标识在有轨电车上。20世纪60年代后期，西尔沃尼亚(Sylvania)发明的一个系统，被北美铁路系统采纳，这两项可以说是条形码技术最早期的应用。

1970年，美国超级市场Ad Hoc委员会制定出通用商品代码UPC码，许多团体也提出了各种条形码符号方案。UPC码首先在杂货零售业中试用，这为以后条形码的统一和广泛采用奠定了基础。次年布莱西公司研制出布莱西码及相应的自动识别系统，用以库存验算。这是条形码技术第一次在仓储管理系统中的实际应用。1972年，蒙那奇·马金(Monarch Marking)等人研制出库德巴(code bar)码，至此美国的条形码技术进入新的发展阶段。

1973年，美国统一编码协会(简称UCC)建立了UPC条形码系统，实现了该码制的标准化。同年，食品杂货业把UPC码作为该行业的通用标准码制，为条形码技术在商业流通销售领域里的广泛应用，起到了积极的推动作用。

1974年，Intermec公司的戴维·阿利尔(Davide Allair)博士研制出39码，很快被美国国防部所采纳，作为军用条形码码制。39码是第一个字母、数字式的条形码，后来广泛应用于工业领域。

1976年在美国和加拿大的超级市场上，UPC码的成功应用给人们以很大的鼓舞，尤其是欧洲人对此产生了极大兴趣。次年，欧洲共同体在UPC—A码基础上制定出欧洲物品编码EAN—13码和EAN—8码，签署了“欧洲物品编码”协议备忘录，并正式成立了欧洲物品编码协会(简称EAN)。到了1981年由于EAN已经发展成为一个国际性组织，故改名为“国际物品编码协会”，简称IAN。但由于历史原因和习惯，至今仍称为EAN。日本从1974年开始着手建立POS系统，研究标准化以及信息输入方式、印制技术等。并在EAN基础上，于1978年制定出日本物品编码JAN。同年加入了国际物品编码协会，开始进行厂家登记注册，并全面转入条形码技术及其系列产品的开发工作，10年之后成为EAN最大的用户。

从20世纪80年代初，人们围绕提高条形码符号的信息密度，开展了多项研究。128码和93码就是其中的研究成果。128码于1981年被推荐使用，而93码于1982年使用。这两种码的优点是条形码符号密度比39码高出近30%。随着条形码技术的发展，条形码码制种类不断增加，因而标准化问题显得很突出。为此先后制定了军用标准1189、交叉25码、39码和库德巴码ANSI标准MH10.8M等。同时一些行业也开始建立行业标

准，以适应发展需要。此后，戴维·阿利尔又研制出49码，这是一种非传统的条形码符号，它比以往的条形码符号具有更高的密度。接着特德·威廉斯(Ted Williams)推出16K码，这是一种适用于激光系统的码制。到目前为止，共有40多种条形码码制，相应的自动识别设备和印刷技术也得到了长足的发展。从20世纪80年代中期开始，我国一些高等院校、科研部门及一些出口企业，把条形码技术的研究和推广应用逐步提到议事日程。一些行业如图书、邮电、物料管理部门和外贸部门已开始使用条形码技术。

(2)条形码的工作原理

条形码是由一组规则排列的条、空及字符组成的，用以表示一定信息的代码。即条形码是一组粗细不同，按照一定的规则安排间距的平行线条图形。常见的条形码是由反射率相差很大的黑条(简称条)和白条(简称空)组成的。图11-12为条形码符号的组成结构图，图11-13为条形码系统的工作原理图。

图11-12 条形码符号的组成

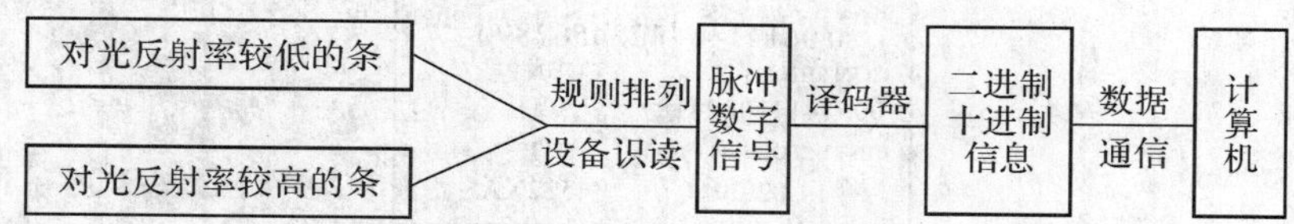

图11-13 条形码系统的工作原理

条形码系统是由条形码符号设计、制作及扫描阅读组成的自动识别系统。它由光电扫描设备识读完成对条形码数据的自动采集和光电信号的自动转换。进一步而言，它利用光学系统读取条形码符号，由光电转换器将光信号转换为电信号，通过电路系统对电信号进行放大和整形，最后以二进制脉冲信号输出给译码器进行译码。

(3)条形码的分类

条形码种类很多，多达40余种，常见的也有20多种码制。目前应用最为广泛的有交叉二五码、39码、UPC码、EAN码、128码等。近年来又出现了按矩阵方式或堆栈方式排列信息的二维条形码。若从印制条形码的材料、颜色分类，可分黑白条形码、彩色条形码、发光条形码(荧光条形码、磷光条形码)和磁性条形码等。

不论哪一种条形码，在设计上都有一些共同点：

①条形码符号图形结构简单；

②每个条形码字符由一定的条符组成，占有一定的宽度和印制面积；

③每种编码方案均有自己的字符集；

④每种编码方案与对应的阅读装置的性能要求密切配合。

下面介绍一些常用的条形码。

1)EAN码

EAN码是国际物品编码协会制定的一种商品用条形码,全球通用。EAN码符号有标准版(EAN—13,GB/T12904—91)和缩短版(EAN—8)两种,我国的通用商品条形码与其等效。我们日常购买的商品包装上所印的条形码一般就是EAN码。

2)UPC码

UPC码是美国统一代码委员会制定的一种商品用条形码,主要用于美国和加拿大地区。

3)39码

39码是一种可表示数字、字母等信息的条形码,主要用于工业、图书及票证的自动化管理,目前使用极为广泛。

4)UCC/EAN—128码

UCC/EAN—128码是目前可用的最完整的、高密度的、可靠的、应用灵活的字母数字型一维码制之一。它允许表示可变长度的数据,并且能将若干个信息编码在一个条形码符号中。SSCC和相关的EAN. UCC应用标识符以及属性数据都可用UCC/EAN—128码制表示。我们可以根据需要采用条形码应用标示符的不同部分来表示需要的信息,如图11-14所示的条形码标签表示了系列货运包装箱代码、保质期、批号等信息。

图 11-14 条形码标签

5)二维条形码

一维条形码所携带的信息量有限,如商品上的条形码仅能容纳13位(EAN——13码)阿拉伯数字,更多的信息只能依赖商品数据库的支持,离开了预先建立的数据库,这种条形码就没有意义了,因此在一定程度上也限制了条形码的应用范围。基于这个原因,在20世纪90年代发明了二维条形码。二维条形码除了具有一维条形码的优点外,同时还有信息量大、可靠性高,保密、防伪性强等优点。

目前二维条形码主要有PDF417码、Code49码、Code 16K码、Data Matrix码、Maxi-Code码等,主要分为堆积式(或层排式)和棋盘式(或矩阵式)两大类,如图11-15所示。

a 堆积式一维条形码

b 棋盘式二维条形码

图 11-15 二维条形码系统的种类

二维条形码作为一种新的信息存储和传递技术，从诞生之时起就受到了国际社会的广泛关注。经过几年的努力，现已应用在国防、公共安全、交通运输、医疗保健、工业、商业、金融、海关及政府管理等多个领域。

二维条形码依靠其庞大的信息携带量，能够把过去使用一维条形码时存储于后台数据库中的信息包含在条形码中，可以直接通过阅读条形码得到相应的信息，并且二维条形码还有错误修正技术及防伪功能，增加了数据的安全性。

二维条形码可把照片、指纹编制于其中，可有效地解决证件的可机读和防伪问题。因此，可广泛应用于护照、身份证、行车证、军人证、健康证、保险卡等。

美国亚利桑那州等十多个州的驾驶证、美国军人证、军人医疗证等在几年前就已采用了 PDF417 技术。将证件上的个人信息及照片编在二维条形码中，不但可以实现身份证的自动识读，而且可以有效防止伪冒证件事件发生。菲律宾、埃及、巴林等许多国家也已在身份证或驾驶证上采用了二维条形码，我国香港特别行政区护照上也采用了二维条形码技术。

另外在海关报关单、长途货运单、税务报表、保险登记表上也都有使用二维条形码技术来解决数据输入及防止伪造、删改表格的例子。

在我国部分地区注册会计师证和汽车销售及售后服务等方面，二维条形码也得到了初步的应用。

(4)条形码技术的优点

条形码是迄今为止最经济、最实用的一种自动识别技术。条形码技术具有以下几个方面的优点：

1)输入速度快

与键盘输入相比，条形码输入的速度是键盘输入的 5 倍，并且能实现“即时数据输入”。

2)可靠性高

键盘输入数据出错率为三百分之一，利用光学字符识别技术出错率为万分之一，而采用条形码技术误码率低于百万分之一。

3)采集信息量大

利用传统的一维条形码一次可采集几十位字符的信息，二维条形码更可以携带数千个字符的信息,并有一定的自动纠错能力。

4)灵活实用

条形码标识既可以作为一种识别手段单独使用,也可以和有关识别设备组成一个系统实现自动化识别,还可以和其他控制设备连接起来实现自动化管理。

另外,条形码标签易于制作,对设备和材料没有特殊要求,识别设备操作容易,不需要特殊培训,且设备也相对轻便。

2.条形码技术在物流信息系统中的应用

(1)应用基本概况

条形码作为一种及时、准确、可靠、经济的数据输入手段已被物流信息系统所采用。在工业发达的国家已经普及应用,已成为商品独有的世界通用的“身份证”。

欧美、日本等国家已经普遍使用条形码技术,而且正在世界各地迅速推广普及,其应用领域还在不断扩大。由于采用了条形码,消费者从心理上对商品质量产生了安全感,条形码在识别伪劣产品、防假打假中也可起到重要作用。因为条形码技术具有先进、适用、容易掌握和见效快等特点,在信息(数据)采集中发挥优势无论在商品的入库、出库、上架还是和顾客结算的过程,都要面对如何将数据量巨大的商品(不论是整包包装还是拆封后单个零售)信息输入计算机中的问题。如在单个商品的包装上,印制上条形码符号,利用条形码阅读器,就可以高速、准确、及时地掌握商品的品种(货号)、数量、单价、生产厂家、出厂日期等信息。这样不仅提高了效率,同时也吸引了更多的顾客,减少或消除顾客购货后结算和付款时出现拥挤排队现象。条形码技术在中国将作为主要的自动识别技术,广泛应用于工业自动化控制和各类管理信息系统中,并将渗透到多技术领域和高新技术的产品中。

(2)应用的领域

条形码技术应用的领域包括以下方面:

①条形码技术用于物流信息系统中,完成计算机的信息采集与输入。这将大大提高许多计算机管理系统的实用性。条形码的应用和推广首先源于商品管理现代化,即POS系统的应用。如美国超级市场商品种类约为22万多种,每年约有1万种新商品进入市场,1万种老商品清除,引新除旧的比例达50%,如此繁重的工作量,没有条形码,没有POS系统的应用是难以应付的。当今日本在POS系统的应用上走在了世界的前列。目前,日本已有4.8万个制造厂家约有1亿种商品项目采用了EAN码标识,有相当一部分商家采用POS系统,POS系统不仅仅限于食品杂货,一些专业店(如医药、化妆品、烟酒等)也建立了POS系统。目前不仅POS系统得到了广泛的应用,很多国家还建立了市场数据交换中心,沟通产、供、销之间信息并及时反馈给制造厂家。这样生产厂家可及时、准确地了解商品销售、购买情况和价格等,可分析消费者的心理,预测市场及时组织货源。零售商可根据情况及时调整销售、进货情况等。

②在交通运输方面,国际运输协会已作出规定,货物运输中,物品的包装上必须贴上条形码符号,以便所运物品进行自动化统计管理。此外,铁路、公路的旅客车票自动化售票及检票系统,公路收票站的自动化,货运仓库自动化管理等,都须利用条形码技术来实时采集数据。条形码作为一种及时、准确、可靠、经济的数据输入手段已被物流信息系统所采用。

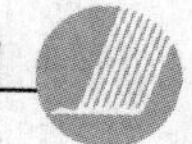

条形码在工业发达国家已经普及应用，已成为商品独有的世界通用的“身份证”。欧美、日本等国家已经普遍使用条形码技术，而且正在世界各地迅速普及。

③在邮电通信领域。邮件的分拣、登单是非常繁重的工作，占用了邮电职工的绝大部分工作时间。在邮件上贴上或印制上条形码符号，就能用条形码阅读设备输入相应的信息，实施分拣、登单的自动化管理。例如，6 位数的邮政编码用条形码符号代替，就可以利用计算机实现函件的自动识别和分类，用条形码阅读设备读取这些信息，则利用计算机可实现挂号函件的自动登单。

④在物料入库、分类、出库、盘点和运输等方面，可以全面实现条形码管理。通用商品流通销售方面除抓好出口商品条形码自动化管理外，应着手研制适合中国情况的专用收款机和商场综合管理系统，并经各商场试用，逐步进行推广。POS 系统由若干个子系统组成，其中现金收款机（又叫收银机）是集个人电脑和译码器为一身，既能自动识别条形符号，又能进行数据处理，而且能打印出购物清单，内容包括商品名称、价格、数量、总金额及日期等，顾客可把它作为购物收据。系统中的计算机是用来对数据进行综合处理的，为此应事先建立数据库和应用软件。这样有利于根据各终端的当日报告情况，进行商品销售综合分析，及时提供市场动态，并根据此确定订货计划，以保证经营活动的正常进行。由于使用了条形码技术，既方便迅速，又保证了信息准确。

实践表明，商店采用条形码系统管理体制所带来的直接效益可达营业额的 6.12%。更为重要的是，它不仅促进了商品流通化管理，而且对生产厂家来说，采用条形码技术不仅能有效地掌握生产线上各道工序元器件、部件、半成品数量以及成品和原材料的库存情况，而且还可以通过计算机网络快速获得销售信息，即时有效地预测市场动向，建立产、供、销为一体的高效运行机制，由于现代工商贸易体系异常活跃，商品种类多而庞杂，因此采用物品编码可使出口商在贸易中避免出现差错，并能及时了解货物分布情况，零售业采用 POS 系统，不仅提高了结算速度，也避免了人为差错，使顾客量有所增长。对顾客而言，可大大减少购物等待时间，而购物清单又便于家庭记账。条形码管理系统的应用也为商场服务人员为顾客咨询创造了有利的条件。

⑤条形码技术还可以在海关用于商品报关单管理和海关商品检验等；在公安系统用于出入签证管理以及护照、身份证、管理等方面；在企事业单位可用人事档案管理、设备管理、会务管理、考勤管理、高等教育自学考试管理和各种票证、票据管理等。条形码技术为商品管理和各国间贸易往来以及各领域的自动化管理，提供了极简便的共同语言。

条形码技术为我们提供了一种对物流中的物品进行识别和描述的方法，借助自动识别技术、POS 系统、EDI 等现代技术手段，企业可以随时了解有关产品在供应链上的位置，并及时作出反应。当今在欧美等发达国家兴起的 ECR、QR、自动连续补货（ACEP）等供应链管理策略，都离不开条形码技术的应用。条形码是实现 POS 系统、EDI、电子商务和供应链管理的技术基础，是物流管理现代化、提高企业管理水平和竞争能力的重要技术手段。

条形码技术是实现自动化管理的有力武器，有利于进货、销售和仓储管理一体化，是实现 EDI、节约资源的基础，是及时沟通产、供、销的纽带和桥梁，是提高市场竞争力的工具。

11.3 仓储作业信息技术支持

11.3.1 智能系统和专家系统在仓储作业中的应用

1. 智能系统

(1)智能物流概述

1)智能物流含义

智能物流是指利用集成智能化技术，使物流系统能模仿人的智能，具有思维、感知、学习推理判断和自行解决物流经营某些问题的能力。这里强调系统的集成智能化，包含两方面的内容：一是对物流管理、规划等技术的软智能，即集成智能优化技术；二是物流设备的硬智能，也就是物流设备本身所具有的智能，如自动导引小车、智能叉车、自动悬挂单轨车、自动化仓储系统等。综合集成智能技术最终实现软智能与硬智能二者的融合。

智能化是物流自动化、信息化的一种高层次应用，物流作业过程中大量的运筹和决策，如库存水平的确定、运输(搬运)路径的选择、自动导向车的运行轨迹和作业控制、自动分拣机的运行以及物流配送中心经营管理的决策支持等问题都需要借助大量的知识才能解决。物流信息和知识的获取、表示、存储、组织、推理、传递及使用共享、信息融合，是使物流技术上升到物流科学的关键。目前，传统的人工智能技术，如人工神经网络、专家系统、模糊建模和推理等技术已广泛应用于专家知识的获取、学习、存储、推理、建模和表示，并形成了智能物流的一些初步基础。这些为物流科学的建立和完善提供了有利的条件，同时引导了物流系统软件的发展趋势：集成化物流系统软件、物流仿真系统软件具有开放性接口，便于与其他软件系统的集成。

2)智能物流举例

①智能仿真。仿真技术是基于模型的实验科学，是一种用于分析、设计和优化复杂系统的有力工具。但是传统仿真技术不能或难以描述物流活动随机性和复杂性的要求。在军事物流中，有人提出了基于专家系统的智能仿真模型。即在建模、仿真模型设计、仿真结果分析与处理阶段，引入专家系统，利用专家系统的知识库与推理机，运用专家知识与经验进行推理、判断和决策，建立一种基于专家系统的智能反馈的仿真闭合回路。

②智能仓库。智能仓库是指在不直接人工处理的情况下能够自动地存储和搬运物料的系统。它主要由自动化仓库、自动搬运系统及智能管理系统组成，用于完成物料的存储、输送、装卸和管理等功能。一种柔性化和智能化物流搬运机器人——AGV，目前已经在制造业、港口、码头等领域得到普遍应用。

③神经网络数据分析。神经网络依据以往的数据和决策来分析建立自己的规则，它可以分析海量的数据，并从中找到对于人们有用的规则、知识。它在物流管理的优化、预测、决策支持、建模和仿真、全球化管理等方面都已得到了应用。神经网络可以提醒管理者注意供应商的绩效、质量、配送、发货单制作以及其他类似情况的潜在问题。

(2)智能化的物流搬运机器人——AGV

装卸搬运是物流的主要功能之一,在物流系统中发生的频率很高,并占据物流费用的重要部分。国内外一直在寻求机械化和智能化的搬运技术和装备。AGV——一种柔性化和智能化物流搬运机器人,国外从20世纪50年代在仓储业中开始使用,目前已经在制造业、港口、码头等领域得到普遍应用。在国内,AGV的应用也逐渐开始。

1)AGV的特点

AGV的显著特点是无人驾驶,AGV上装有自动导向系统,可以保障系统在不需要人工引航的情况下就能够沿预定的路线自动行驶,将货物或物料自动从起始点运送到目的地。AGV的另一个特点是柔性好、自动化程度高和智能化水平高,AGV的行驶路径可以根据仓储货位要求,生产工艺流程等改变而灵活改变,并且运行路径改变的费用与传统的输送带和刚性的传送线相比非常低廉。AGV一般配备有装卸机构,可以与其他物流设备自动接口,实现货物和物料装卸与搬运全过程自动化。此外,AGV还具有清洁生产的特点,AGV依靠自带的蓄电池提供动力,运行过程中无噪声、无污染,可以应用在许多要求清洁工作环境的场所。

2)AGV的种类

AGV从发明至今已经有50多年的历史,随着应用领域的扩展,其种类和形式变得多种多样。通常根据AGV自动行驶过程中的导航方式将AGV分为以下几种类型:

①电磁感应引导式AGV。电磁感应式引导一般是在地面上,沿预先设定的行驶路径埋设电线,当高频电流流经导线时,导线周围产生电磁场,AGV上左右对称安装有两个电磁感应器,它们所接收的电磁信号的强度差异可以反映AGV偏离路径的程度。AGV的自动控制系统根据这种偏差来控制车辆的转向,连续的动态闭环控制能够保证AGV对设定路径的稳定自动跟踪。这种电磁感应引导式导航方法目前在绝大多数商业化的AGV上使用,尤其是适用于大中型的AGV。

②激光引导式AGV。该种AGV上安装有可旋转的激光扫描器,在运行路径沿途的墙壁或支柱上安装有高反光性的定位标志,AGV依靠激光扫描器发射激光束,然后接受由四周定位标志反射回的激光束,车载计算机计算出车辆当前的位置以及运动的方向,通过和内置的数字地图进行对比来校正方位,从而实现自动搬运。

③视觉引导式AGV。视觉引导式AGV是正在快速发展和成熟的AGV,该种AGV上装有CCD摄像机和传感器,在车载计算机中设置有AGV欲行驶路径周围环境图像数据库。AGV行驶过程中,摄像机动态获取车辆周围环境图像信息并与图像数据库进行比较,从而确定当前位置,并对下一步行驶作出决策。

此外,还有铁磁陀螺惯性引导式AGV、光学引导式AGV等多种形式的AGV。

3)AGV的应用

①仓储业。仓储业是AGV最早应用的场所。1954年世界上首台AGV在美国的南卡罗里纳州的Mercury Motor Freight公司的仓库内投入运营,用于实现出入库货物的自动搬运。目前世界上约有2万台各种各样的AGV运行在2100座大大小小的仓库中。

②制造业。AGV在制造业的生产线中大显身手,高效、准确、灵活地完成物料的搬运任务。并且可由多台AGV组成柔性的物流搬运系统,搬运路线可以随着生产工艺流

程的调整而及时调整，使一条生产线上能够制造出十几种产品，大大提高了生产的柔性和企业的竞争力。

近年来，作为CIMS的基础搬运工具，AGV的应用深入到机械加工、家电生产、微电子制造、卷烟等多个行业，生产加工领域成为AGV应用最广泛的领域。

③邮局、图书馆、港口码头和机场。在邮局、图书馆、码头和机场等场合，物品的运送存在着作业量变化大、动态性强、作业流程经常调整以及搬运作业过程单一等特点，AGV的并行作业、自动化、智能化和柔性化的特性能够很好地满足上述场合的搬运要求。

④烟草、医药、食品、化工。在对搬运作业有清洁、安全、无排放污染等特殊要求的烟草、医药、食品、化工等行业中，AGV的应用也受到重视。在国内的许多卷烟企业，如青岛颐中集团、玉溪红塔集团、红河卷烟厂、淮阴卷烟厂，都应用激光引导式AGV来完成托盘货物的搬运工作。

⑤危险场所和特种行业。在军事上，以AGV的自动驾驶为基础集成其他探测和拆卸设备，可用于战场排雷和阵地侦察，英国军方正在研制的MINDER Recce是一辆具有地雷探测、销毁及航路验证能力的自动型侦察车。在钢铁厂，AGV用于炉料运送，减轻了工人的劳动强度。在核电站和利用核辐射进行保鲜储存的场所，AGV用于物品的运送，避免了危险的辐射。在胶卷和胶片仓库，AGV可以在黑暗的环境中，准确可靠地运送物料和半成品。

2.专家系统

专家系统是人工智能应用研究的主要领域。20世纪70年代中期，专家系统的开发获得成功。正如专家系统的先驱费根鲍姆(Feigenbaum)所说：专家系统的力量是从它处理的知识中产生的，而不是从某种形式主义及其使用的参考模式中产生的。这正符合一句名言：知识就是力量。20世纪80年代，专家系统在全世界得到迅速发展和广泛应用。

专家系统是一个智能计算机程序系统，其内部含有大量的某个领域专家水平的知识与经验，能够利用人类专家的知识和解决问题的方法来处理该领域问题。也就是说，专家系统是一个具有大量的专门知识与经验的程序系统，它应用人工智能技术和计算机技术，根据某领域一个或多个专家提供的知识和经验，进行推理和判断，模拟人类专家的决策过程，以便解决那些需要人类专家处理的复杂问题，简而言之，专家系统是一种模拟人类专家解决领域问题的计算机程序系统。

(1)专家系统的特点

1)启发性

人类专家在科学实验和生产实践中积累起来的知识很多是经验性知识，往往是某一现象或某一结果多次重复出现使其成为一条值得注意的经验，它们没有严谨的理论依据，也很难建立精确的数学模型，但对于解决实际问题往往是非常有效的，这就是启发性知识。以人类专家知识为主要组成部分的专家系统，不仅能使用严格的逻辑性知识，而且也要能使用启发性知识。

2)透明性

专家系统必须能解释其推理过程，并且对有关它的知识的询问作出回答。也就是说，每条知识应具有良好的用户接口。专家经验知识是在实践中总结出来的，没有上升

为理论，没有正确性保障，很难为旁人所理解。如果专家系统像只黑箱，只给出结论，不作出任何解释，特别是当专家系统的结论与用户的结论矛盾时，专家系统就很难让用户信服。能够回答用户为什么“why”和怎样“how”，就能增加用户对专家系统的信任程度，有助于知识的检查和更新，有利于专家经验的推广。

3)灵活性

人类的知识在不断更新，特别是经验知识，人们在随时发现新问题、解决新问题，解决新问题的方法就是新知识。一个专家系统知识库应该很容易地加入知识对象。另一方面，专家经验知识的表达是非常困难的，解决问题的微妙之处很难传授给别人，这就应该允许专家经验在反复修改的过程中表达出来，在专家系统的运行中发现问题，因而，专家系统的知识必须具有灵活性。

4)智能性

专家系统是人工智能的一个分支，它必须具有智能性，就是要有相对独立的解决问题能力，成为独立的对象，它不应该是领域专家的奴隶，而应该是与领域专家具有同级水平的专家，在某些地方甚至可以略胜一筹，这就要求系统能有总结经验完善自身的功能，也就是具有自学功能。

(2)专家系统的基本结构

1)基本组成

专家系统的基本组成如图 11-16 所示。专家系统第一个重要组成部分是知识库，它存储从专家那里得到的、关于某个领域的专门知识。专家系统的第二个组成部分是推理机，它具有依据一定策略进行推理的能力，即能够根据知识推导出结论，而不是简单地去搜索现成的答案。

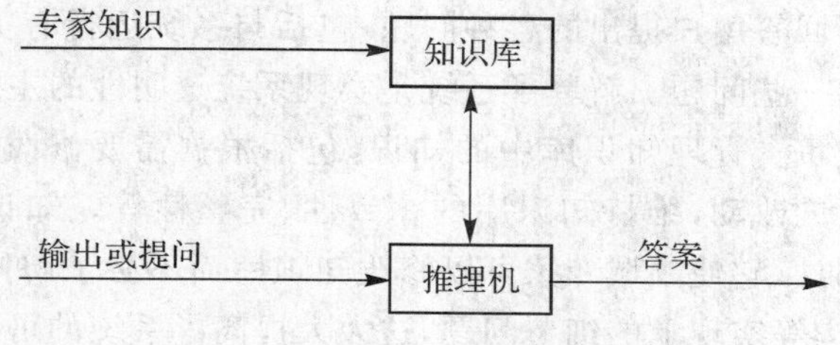

图 11-16 专家系统的基本组成

为了建造知识库，我们需要解剖如何储存知识的问题，这就是知识表示，确切地说就是如何以计算机能够储存的形式表达知识。另一个与此相关的问题是如何从专家那里获得知识，即所谓的知识获取问题，在建立专家系统的过程中，这是个重要的问题。

专家系统的很多能力来自于对所储存的大量专家知识和恰当地应用有效的推理技术。推理方法不可能完全独立于所要解决问题的种类，但同时，推理模型的研究又不能过于依赖某一特定问题，以致在其他场合不能适用。我们所要寻求的推理方法应该是很有效的，同时又可普遍地应用于描述和解决一类问题。

推理机除了具有推理能力以外，还包括和使用着进行对话的能力及解释的能力，这被称为问题咨询。在某些系统里，使用者可以很方便地用自然语言进行人机对话。

2)专家系统的一般结构

目前大多数专家系统有五个组成部分:知识库、推理子系统、综合数据库、解释子系统和知识获取子系统,如图 11-17 所示。

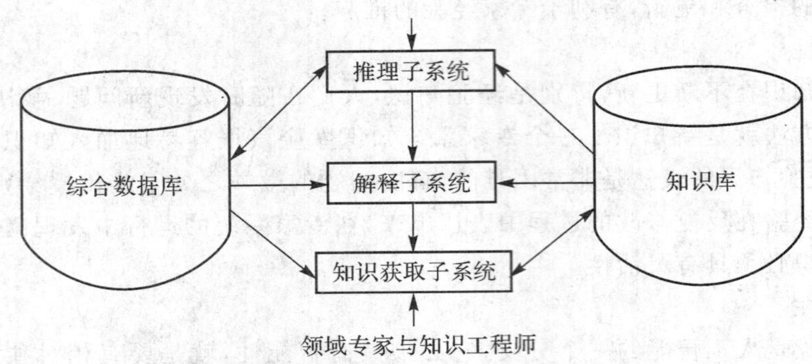

图 11-17　专家系统的结构

知识库是只用于存放不依赖于领域中具体问题的知识,如一些判断性知识和元知识,而与领域中具体问题有关的知识(如描述问题的数据等)则放在综合数据库中。

综合数据库用于存放系统运行过程中所需要和产生的所有信息,包括问题的描述、中间结果、解题过程的记录等信息。数据库的组织、数据间的联系、数据的管理等是设计数据库时需要考虑的重要问题。这些问题在传统的程序设计中也经常遇到,目前也有许多技术来处理这些问题。在专家系统中,数据的表示与组织结构应尽量做到与知识的表示与组织相容,以便推理机制使用知识库中的知识和描述问题当前状态的数据去求解问题。

解释子系统负责回答用户提出的各种问题,包括与系统运行有关的同题和与运行无关的关于系统本身的一些问题。解释子系统是实现系统透明性的主要部件。

知识获取子系统负责管理知识库中的知识,包括根据需要修改、删除或添加知识及由此引起的一切必要的改动,维持知识库的一致性、完整性等。知识获取子系统是实现系统灵活性的主要部件,它使领域专家可以修改知识库而不必了解知识库中知识表示方法、知识库的组织结构等实现上的细节问题,这大大提高了系统的可扩充性。

为了方便使用,多数专家系统都为用户提供了某些用户熟悉的表示信息的手段(如自然语言、图形、表格等)。人机接口蕴含在各子系统中,它负责把用户输入的信息转换成系统的内部表示形式,然后把这些表示形式交给相应部件去处理。系统输出的内部信息也由人机接口转换成用户易于理解的外部表示形式显示给用户。大多数系统使用自然语言作为人机交流信息的媒介。

我们有时把与求解问题直接相关的综合数据库、知识库和推理子系统合起来称为执行系统,以区别于与求解问题无直接关系的其他部件。

3)理想专家系统的结构

著名的知识工程师 Hayes Roth 等人提出了一种专家系统的理想结构,如图 11-18 所示。

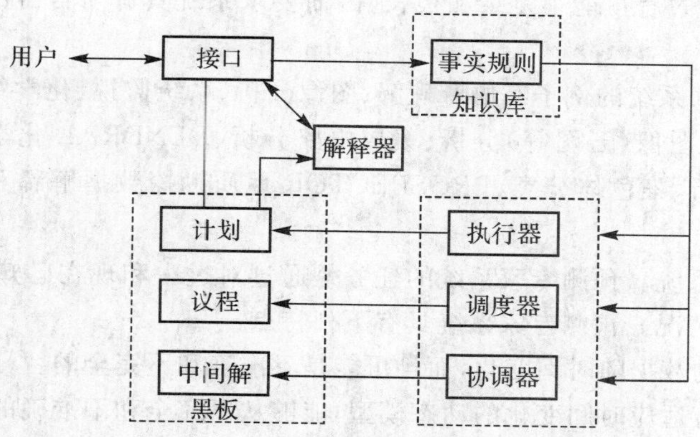

图 11-18 专家系统的理想结构

由于每个专家系统所需要完成的任务和特点不同,其系统结构也不尽相同,一般只具有图中部分模块。

接口是人与系统进行信息交流的媒介,它为用户提供了直观方便的交互作用手段。接口的功能是识别与解释用户向系统提供的命令、问题和数据等信息,并把这些信息转化为系统的内部表示形式。另一方面,接口也将系统向用户提出的问题、得出的结果和作出的解释以用户易于理解的形式提供给用户。

黑板是用来记录系统推理过程中用到的控制信息、中间假设和中间结果的数据库。它包括计划、议程和中间解三部分。计划记录了当前问题总的处理计划、目标、问题的当前状态和问题背景。议程记录了一些待执行的动作,这些动作大多是由黑板中已有结果与知识库中的规则作用而得到的。中间解区域中存放当前系统已产生的结果和候选假设。

知识库包括两部分内容。一部分是已知的同当前问题有关的数据信息;另一部分是进行推理时要用到的一般知识和领域知识。这些知识大多以规则、网络和过程等形式表示。

调度器按照系统建造者所给的控制知识(通常使用优先权办法),从议程中选择一项作为系统下一步要执行的动作。执行器应用知识库中及黑板中记录的信息,执行调度器所选定的动作。协调器的主要作用就是当得到新数据或新假设时,对已得到的结果进行修正,以保持结果前后的一致性。

解释器的功能是向用户解释系统的行为,包括解释结论的正确性及系统输出其他候选解的原因。为完成这一功能,通常需要利用黑板中记录的中间结果、中间假设和知识库中的知识。

4)专家系统的类型

①解释专家系统。解释专家系统的任务是通过对已知信息和数据的分析与解释,确定它们的含义。解释专家系统具有下列特点:

- 系统处理的数据量很大,而且往往是不准确的、有错误的或不完全的。
- 系统能够从不完全的信息中得出解释,并能对数据作出某些假设。

• 系统的推理过程可能很复杂和很长，因而要求系统具有对自身的推理过程作出解释的能力。

作为解释专家系统的例子有语音理解、图像分析、系统监视、化学结构分析和信号解释等。例如，卫星图像（云图等）分析、集成电路分析、DENDRAL 化学结构分析、ELAS 石油测井数据分析、染色体分类、PROSPECTOR 地质勘探数据解释和丘陵找水等实用系统。

②预测专家系统。预测专家系统的任务是通过对过去和现在已知状况的分析，推断未来可能发生的情况。预测专家系统具有下列特点：

• 系统处理的数据随时间变化，而且可能是不准确和不完全的。

• 系统需要有适应时间变化的动态模型，能够从不完全和不准确的信息中得出预报，并达到快速响应的要求。

预测专家系统的例子有气象预报、军事预测、人口预测、交通预测、经济预测和谷物产量预测等。例如，恶劣气候（包括暴雨、飓风、冰雹等）预报、战场情景预测和农作物病虫害预报等专家系统。

③诊断专家系统。诊断专家系统的任务是根据观察到的情况（数据）来推断出某个对象机能失常（即故障）的原因。诊断专家系统具有下列特点：

• 能够了解被诊断对象或客体各组成部分的特性以及它们之间的联系。

• 能够区分一种现象及其所掩盖的另一种现象。

• 能够向用户提出测量的数据，并从不确切信息中得出尽可能正确的诊断。

诊断专家系统的例子特别多，有医疗诊断、电子机械和软件故障诊断以及材料失效诊断等。用于抗生素治疗的 MYCIN、肝功能检验的 PUFF、青光眼治疗的 CASNET、内科疾病诊断的 INTERNIST-I 和血清蛋白诊断等医疗诊断专家系统，IBM 公司的计算机故障诊断系统 DART/DASD，火电厂锅炉给水系统故障检测与诊断系统、雷达故障诊断系统和太空站热力控制系统的故障检测与诊断系统等，都是国内外颇有名气的实例。

④设计专家系统。设计专家系统的任务是根据设计要求，求出满足设计问题约束的目标配置。设计专家系统具有如下特点：

• 善于从多方面的约束中得到符合要求的设计结果。

• 系统需要检索较大的可能解空间。

• 善于分析各种子问题，并处理好子问题间的相互作用。

• 能够试验性地构造出可能设计，并易于对所得设计方案进行修改。

• 能够使用已被证明是正确的设计来解释当前的（新的）设计。

设计专家系统涉及电路（如数字电路和集成电路）设计、土木建筑工程设计、计算机结构设计、机械产品设计和生产工艺设计等。比较有影响的专家设计系统有 VAX 计算机结构设计专家系统 R1（XCOM）、浙江大学的花布立体感图案设计和花布印染专家系统、大规模集成电路设计专家系统以及齿轮加工工艺设计专家系统等。

⑤规划专家系统。规划专家系统的任务在于寻找出某个能够达到给定目标的动作序列或步骤。规划专家系统的特点如下：

• 所要规划的目标可能是动态的或静态的，因而需要对未来动作做出预测。

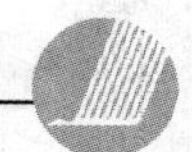

• 所涉及的问题可能很复杂，要求系统能抓住重点，处理好各子目标间的关系和不确定的数据信息，并通过试验性动作得出可行规划。

规划专家系统可用于机器人规划、交通运输调度、工程项目论证、通信与军事指挥以及农作物施肥方案规划等。比较典型的规划专家系统的例子有3界3号军事指挥调度系统、ROPES机器人规划专家系统、汽车和火车运行调度专家系统以及小麦和水稻施肥专家系统等。

⑥监视专家系统。监视专家系统的任务在于对系统、对象或过程的行为进行不断观察，并把观察到的行为与其应当具有的行为进行比较，以发现异常情况，发出警报。监视专家系统具有下列特点：

• 系统应具有快速反应能力，在造成事故之前及时发出警报。

• 系统发出的警报要有很高的准确性。在需要发出警报时发警报，在不需要发出警报时不能轻易发警报(假警报)。

• 系统能够随时间和条件的变化而动态地处理其输入信息。

监视专家系统可用于核电站的安全监视、防空监视与警报、国家财政的监控、传染病疫情监视及农作物病虫害监视与警报等。黏虫测报专家系统是监视专家系统的一个实例。

⑦控制专家系统。控制专家系统的任务是自适应地管理一个受控对象或客体的全面行为，使之满足预期要求。控制专家系统的特点为：能够解释当前情况，预测未来可能发生的情况，诊断可能发生的问题及其原因，不断修正计划，并控制计划的执行。也就是说，控制专家系统具有解释、预报、诊断、规划和执行等多种功能。

空中交通管制、商业管理、自主机器人控制、作战管理、生产过程控制和生产质量控制等都是控制专家系统的潜在应用方面。例如，已经对海、陆、空自主车，生产线调度和产品质量控制等课题进行维制专家系统的研究。

⑧调试专家系统。调试专家系统的任务是对失灵的对象给出处理意见和方法。调试专家系统的特点是同时具有规划、设计、预报和诊断等专家系统的功能。调试专家系统可用于新产品或新系统的调试，也可用于维修站进行被修设备的调整、测量与试验。在这方面的实例还很少见。

⑨教学专家系统。教学专家系统的任务是根据学生的特点、弱点和基础知识，以最适当的教案和教学方法对学生进行教学和辅导。教学专家系统的特点为：

• 同时具有诊断和调试等功能。

• 具有良好的人机界面。

已经开发和应用的教学专家系统是美国麻省理工学院的MACSYMA符号积分与定理证明系统，我国一些大学开发的计算机程序设计语言和物理智能计算机辅助教学系统以及聋哑人语言训练专家系统等。

此外，还有修理专家系统、决策专家系统和咨询专家系统等。

11.3.2 RFID无限射频识别系统在仓储作业中的应用

1.射频技术概述

射频识别技术RFID(radio frequency identification)的基本原理是电磁理论。射频系统的优点是不局限于视线,识别距离比光学系统远,射频识别卡具有读写能力,可携带大量数据,难以伪造,且有智能。RFID适用于物料跟踪、运载工具和货架识别等要求非接触数据采集和交换的场合,由于RFID标签具有可读写能力,对于需要频繁改变数据内容的场合尤为适用。

美国和北大西洋公约组织(NATO)在波斯尼亚的"联合作战行动"中,不但建成了战争中投入战场最复杂的通信网,还完善了识别跟踪用物料的新型后勤系统。该系统途中运输部分的功能就是靠贴在集装箱和设备上的射频识别标签实现的。射频(RF)接收转发装置通常安装在运输线的一些检查点上(如门框上、桥墩旁等),以及仓库、车站、码头、机场等关键点。接收装置收到RF标签信息后,连通接收地的位置信息,上传至通信卫星,再由通信卫星传送给运输调度中心,送入中心数据库中。

我国RFID的应用也已经开始,一些高速公路的收费站口使用RF可以不停车收费。我国铁路系统使用RFID记录货车车厢编号的试点已运行了一段时间。一些物流公司也将RFID用于物流管理中。

(1)RFID系统的主要硬件设备

1)Transponder(应答机)/Tag(标签、卡)

对于被动型RFID系统而言,以往我们将非主动型读写装置传送RF信号的RFID单元称为Tag,而将主动的向读写器进行RF信号传送的RFID单元称为Transponder,现在业界已经不再严格区分这两类名称,而将Tag与Transponder相互通用。这里将主动传输RF信号的RFID单元称为"主动式"Tag,而将仅进行RF信号反射或反向散射传输的RFID单元称为"被动式"Tag。

Tag载有可用于认证识别其所附着的目标物的相关信息数据。Tag可以是只读的、读/写兼具的或写一个/读多个的形式;可以是"主动式",也可以是"被动式"的。通常,"主动式"Tag需要专用电池支持其传输器及接收器的工作,但RAM区不一定大。为避免干扰,"主动式"Tag要求能接收与转发多个频点的信号,以避免邻道干扰,卡的组成复杂,而且功耗也大。由此,"主动式"Tag一般比"被动式"Tag在形体上要大一些,而且价格也更昂贵。另外,"主动式"Tag的使用寿命都与其电池寿命直接相关。

"被动式"Tag根据其应用的不同,也可以分为"有电源"和"无电源"工作模式。"被动式"Tag把从读写器或传输接收机(Transceiver)传来的RF信号反向因素调制解码,并将调制解码后的相关信息加入到其所反射的RF信号中。对于"被动式"Tag而言,它无需电池来放大反向信号的载波能量,有的"被动式"Tag使用电池仅是用于支持Tag中存储器的工作或支持Tag中的对反射信号进行调制解码的元件的工作。

2)天线

任何一个RFID系统都至少应包含一根天线(不管是内置还是外置)以发射和接收

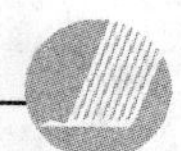

RF 信号。有些 RFID 系统是由一根天线来同时完成发射和接收,而另一些 RFID 系统则是由一根天线来同时完成发射和接收而另一根天线来承担接收,所采用天线的形式及数量应视具体应用而定。

3) RF Transceiver(收发器)

RF Transceiver 是 RF 能量之源。它产生 RF 信号及 RF 能量激活并支持(供能给)"被动式"RFID Tag 的工作。RF Transceiver 可以集成封装在读写器内,也可以作为独立设备存在。当作为独立设备时,一般被列为 RF 模块。RF Transceiver 的任务是对由天线发射和接收的电频进行控制及调制解码;对从"被动式"RFID Tag 上反射或后向反射来的 RF 信号进行过滤及放大。

4)读写器

RFID 读写器的任务是控制 RF Transceiver 发射 RF 信号:通过 RF Transceiver 接收来自 Tag 上已编码的 RF 信号,对 Tag 的认证识别信息进行解码;将认证识别信息连带 Tag 上其他相关信息传输到主机以供处理。有些读写器还具备其他功能,如在 ETC(电子收费)应用中,就包含采集车辆检测器、与驱动道闸、交通灯等其他设备的数字输入输出信息。读写器中的硬件部分控制着读写器的工作。用户可以通过相关控制主机或本地终端发布命令以改变或订制其工作模式适应具体应用的需求。

(2)RFID 系统的类型

根据 RFID 系统完成的功能不同,可以粗略地把 RFID 系统分成四种类型:EAS 系统、便携式数据采集系统、物流控制系统和定位系统。

1)EAS 系统

electronic article surveillance(EAS)是一种设置在需要控制物品出入门口的 RFID 技术。这种技术的典型应用场合是商店、图书馆、数据中心等地方,当未被授权的人从这些地方非法取走物品时,EAS 系统会发出警告。在应用 EAS 技术时,首先在物品上黏附 EAS 标签,当物品被正常购买或者合法移出时,在结算处通过一定的装置使 EAS 标签失活,物品就可以取走。物品经过装有 EAS 系统的门口时,EAS 装置能自动检测标签的活动性,发现活动性标签 EAS 系统会发出警告。EAS 技术的应用可以有效防止物品的被盗,不管是大件的商品,还是很小的物品。应用 EAS 技术,物品不用再锁在玻璃橱柜里,可以让顾客自由地观看、检查商品,这在自选日益流行的今天有着非常重要的现实意义。

典型的 EAS 系统一般由三部分组成:①附着在商品上的电子标签、电子传感器;②电子标签灭活装置,以便授权商品能正常出入;③监视器,在出口造成一定区域的监视空间。

EAS 系统的工作原理是:在监视区,发射器以一定的频率向接收器发射信号。发射器与接收器一般安装在零售店、图书馆的出入口,形成一定的监视空间。当具有特殊特征的标签进入该区域时,会对发射器发出的信号产生干扰,这种干扰信号也会被接收器接收,再经过微处理器的分析判断,就会控制警报器的鸣响。根据发射器所发出的信号不同以及标签对信号干扰原理不同,EAS 可以分成许多种类型。关于 EAS 技术最新的研究方向是标签的制作,人们正在讨论 EAS 标签能不能像条形码一样,在产品的制作或包装过程中加进产品,成为产品的一部分。

2)便携式数据采集系统

便携式数据采集系统是使用带有 RFID 阅读器的手持式数据采集器采集 RFID 标签上的数据。这种系统具有比较大的灵活性,适用于不宜安装固定式 RFID 系统的应用环境。手持式阅读器(数据输入终端)可以在读取数据的同时,通过无线电波数据传输方式(RFDC)实时地向主计算机系统传输数据,也可以暂时将数据存储在阅读器中,再一批一批地向主计算机系统传输数据。

3)物流控制系统

在物流控制系统中,固定布置的 RFID 阅读器分散布置在给定的区域,并且阅读器直接与数据管理信息系统相连,信号发射机是移动的,一般安装在移动的物体、人上面。当物体、人流经过阅读器时,阅读器会自动扫描标签上的信息并把数据信息输入数据管理信息系统存储、分析、处理,达到控制物流的目的。

4)定位系统

定位系统用于自动化加工系统中的定位以及对车辆、轮船等进行运行定位支持。阅读器放置在移动的车辆、轮船上或者自动化流水线中移动的物料、半成品、成品上,信号发射机嵌入到操作环境的地表下面。信号发射机上存储有位置识别信息,阅读器一般通过无线的方式或者有线的方式连接到主信息管理系统。

2. 射频识别技术在仓储管理中的应用

将 RFID 系统与条形码系统结合,可用于智能仓库货物管理,有效解决仓库与货物流动有关的信息管理,不但可增加一天内处理货物的件数,还监视这些货物的一切流动信息。一般而言,射频卡贴在货物要通过的仓库大门边上,读写器天线放在叉车上,每个货物都贴有条形码,所有条形码信息都被存储在仓库的中心计算机里,该货物的有关信息都能在计算机里查到。当货物被装走运往别地时,由另一读写器识别并告知计算中心它被放在哪个拖车上。这样管理中心可以实时地了解到已经生产了多少产品和发送了多少产品,并可自动识别货物,确定货物的位置。当叉车通过门禁系统时,射频阅读器自动识读装载托盘上的射频标签。

案例分析

一、沃尔玛的快速补货

1. 背景介绍

据《美国托运人》杂志报道,货物供不应求和产品脱销在全球零售业中的平均发生率为 8%,其中不少零售商货架上的某些种类的产品干脆就长期不见踪影,令消费者十分不满,当然零售商的经济损失和市场信誉也会遭遇重创;而美国零售巨头沃尔玛(Wal-Mart)在全球零售业中享有的最大优势无非就是其配送系统效率最高;射频识别技术标签(以下简称 RFID)是其不断更新持续快速地补充货架的物流战略的杀手锏,确保货架持续保持商品的数量、种类和质量,避免了货物无故脱销和短缺。毫无疑问,按照沃尔玛的要求实施快速补充货架物流战略必然会使货运成本增加,但是这些成本可以通过 RFID 等零售市场供应链技术功能效益和投资回报率的提高,降低存货成本,再加上供货

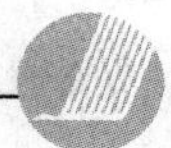

商和制造商等合伙人的紧密合作，在RFID标签技术普遍运用下，扩大信息技术在供应链管理中的作用，从供货源头开始就致力于物流成本的降低，最终能达到零售行业整体利润的提高。在美国国内的3600家沃尔玛超市、零售商场和连锁店通过快充货架物流战略，仅仅在配送物流方面一年就节约5200万美元；而其远期目标是年均节约3亿美元，目前沃尔玛零售商集团正在把快充商场货架物流战略全面推广到合伙人经营的日用品和食品零售连锁店、零售商场、供货商、生产商和制造商，扩大快充货架物流战略的覆盖面和受益面。

2.问题提出

沃尔玛零售集团的这项商场货架快速补充货物流战略的最大优势就是通过缩短供货周期，增加小批量、多品种和大范围产品的供货频率，进一步大幅度降低存货成本，提高货架供应的经济效益，沃尔玛在其美国和世界各地的零售商场和配送中心积极而又普遍采用RFID标签技术以后，货物短缺和货架上的产品脱销发生率降低16%，从而大幅度提高客户服务满意率。RFID标签的技术含量远远超过条形码，并且信息是独一无二的。在需要的时候，或者在货物进出通道口的时候，RFID标签就能够发出无线信号，把信息立即传递给无线射频识读器，把信息传递到供应链经营管理部门的各个环节上，于是仓库、堆场、配送中心，甚至商场货架上的有关商品的存货动态一目了然。在RFID标签技术和其他电子产品代码技术的大力支持下，产品在商场、仓库、运输甚至制造业中的动态也全部一目了然，避免订货和货物发送的重复操作和遗漏，更不会出现产品或者商品供应链经营操作规程中的死角和黑箱。仅在2005年，沃尔玛在原来的基础上又增加使用5000余万件RFID标签。据来自美国阿肯萨斯大学的一份报告，到2005年10月底，沃尔玛已经把射频识别技术标签(RFID)等现代化供应链经营管理技术推广到美国和世界各地的500多家沃尔玛零售商场和连锁店，到2006年底把RFID技术的使用范围扩大到1 000余家，也就是说，凡是沃尔玛零售商集团名下的所有店铺货架上的商品，供货商的产品包装箱和货物托盘等必须全部使用RFID标签，与其配套的扫描跟踪屏幕显示识读器也必须到位，那么RFID技术标签在货物管理中是怎么实现的，发挥的作用和优势是什么呢?

3.解决方案

RFID技术标签的操作方式其实相当简便，而且只需要少数人管理，其货物跟踪和存货搜索效率高得惊人，大幅度提高了存货管理水平，减少库存和降低物流成本；沃尔玛商场的工作人员手持射频识别标签技术识读器定时走进商场销售大厅或者货物仓库，用其发射天线对着所有的货物一扫，货架上的、仓库中的，甚至还没有来得及装卸而仍然留在卡车上的各种货物的数量、存量等动态信息，全部自动出现在识读器的荧光屏幕上，已经缺货和即将发生短缺的货物栏目会发出提示警告声光信号，没有任何漏缺，必要的时候可以随即打印出来。RFID标签技术确实能够提高零售行业的生产率，尤其是在提高供应链经济效益方面的作用确实相当明显，过去要花上几个小时，商场工作人员几乎全体出动才能查对商场货架上的货物，现在仅仅需要若干人手持带有无线信号接收天线的RFID视频识别技术标签阅读器在30分钟内就可以全部完成，而且数据精确，一目了然。于是加入沃尔玛的RFID技术队伍，改善零售行业存货和货架物流效率的全球供货商越来越普遍。沃尔玛零售商场货架上的各种产品该有的不会无故短缺，在突发事件或意外事故不可避免时，也可以向消费者发出提前告示、解释原因、表示道歉，并且预告货物补充的日期。更加神奇的是，分布在美国和世界各地的沃尔玛零售商场的RFID网络可以通过卫星通讯网络技术实施全球一体化经营管理，也就是说沃尔玛集团的各个零售商场，各家供货商、制造商、运输服务商和中间商等的存货，销售和售后服务，当然还有金融管理等信息动态均被美国沃尔玛零售商总部全面掌握。通过射频识别技术标签和电子信息网络，在第一时间和第一现场全面掌握有关沃尔玛商场货架上、托盘上、仓库中和运输途中的货物动态，其商场或者连锁店货架物流服务战略的操作规程精确度可以达到99%以上。

4.小结

视频识别技术标签的普遍使用，大幅度提高沃尔玛零售商形形色色商品的供应链经营管理的透明度和工作效率，从而缩短订货周期，减少库存节约，降低物流成本，扩大货物销售量，增加年收益和纯利润，消除人力物力资源浪费，避免货架上的商品腐烂变质，或者意外断档等必然导致供销双方经济损失的事故。而且还有利于节约能源，减少污染，保护环境，减少货物的额外包装材料，扩大包装材料再生资源的利用率，保护森林资源。

（资料来源：宋方等编著. 现代物流案例教学与实例. 北京中国物资出版社，2007）

案例问题：

1. 沃尔玛RFID标签技术是怎么实现的？
2. 沃尔玛RFID标签技术的实现对零售业有什么作用和优势？

二、Logizard-Plus仓储管理系统的引进

1. 背景介绍

株式会社SANEI物流（东京都三鹰市）拥有员工250名，业务范围以纤维制品的检品和入出库业务为中心，主要致力于对商社等的产品库存进行管理。该公司除了首要的入出库业务，还同时经营流通加工业务，利用货车运输向全国配送货品。一年的出库量超过1000万件。

2. 问题提出

SANEI物流所采用的系统是Logizard-Plus ASP服务。所谓的ASP服务，即指一种在互联网上利用共享软件构筑系统的方法。原则上无须购入系统，使用时支付使用费用即可。利用系统来管理库存，一直以来都是SANEI物流的强项。主要的客户多为大型企业的缘故，一直以来采用的不是自购系统，而是通过运用货主企业的系统为中心的模式。

基于以上的原因，由于小规模的货主多数没有自己的系统，通常是以不利用系统的目视库管理为主。由于在把握保管场所、即时抽取库存及制作付款请求数据等时，必须通过手工作业进行统计，所以错误多、效率低，时常因为精度太低、成本增加而烦恼。虽然也曾经考虑建立起自己的库存管理系统，但却苦于找不到与货主的销售额相匹配的投资额的合适产品，特别是与纤维制品的商品特性相符的系统，与经营内容相比普遍过高，

在当前很难签订长期合约的情况下，使投资处于进退两难的境地。此项系统解决了小规模企业资金短缺的缺点，那么 Logizard-Plus ASP 服务是怎么操作的，具体有什么优势与特点呢？

3.解决方案

Logizard-Plus ASP 服务是一种支付月度使用费便可使用的系统，初期的引进费用不高，无须购买，仅在有货主的期间签订短期合约支付必要的使用费即可。采用的决定的简便性是系统导入的最大原因。Logizard-Plus ASP 服务不仅只是充实了仓储管理功能，它的一大特征还在于：可以通过互联网瞬时与货主的作业轻松地链接起来。除了库存检索以外，标准配备中还包括面向供应商的订货管理功能以及对接收到的客户订单进行管理的功能，可以帮助货主有条不紊地向 SANEI 物流发出出库指示。

SANEI 物流则会依据货主所发出的指示数据，从建立关联、打印拣选清单一直到出货检查都无须再向货主询问，一切作业都可以建立在系统上独立完成，从而使出库作业效率得以飞跃性的提高。而且还可以适时地把握货主预定要进仓的货物，灵活地制订人员计划，最小限度地运用人力成本。

如上所述的协作业务，按照通常来说需要特别的机构及高额的投资，但如果选用了 SANEI 物流，则只需支付约 50 万日元的初装费，再加上每月 5 万日元左右的使用费，便可使用高效的物流业务系统了。

而且系统的构建可以在约 30 天的时间内完成，同样可以满足有紧迫需要的货主的要求，在实现现场作业的效率化的同时，还可以充分享受系统外包的优点。

现在对 7 家货主运用了 Logizard-Plus ASP 服务。因此实现了相同的操作，并改变了针对每个货主的固定人员配置，根据当天的现场繁忙度及闲散度进行最适当的人员配置，使其控制在小时单位上。此外，Logizard-Plus ASP 服务的另一个特长为：采用互联网技术的同时，还可以与多个物料搬运设备进行连动作业。

4.小结

鉴于以上如此多的优点与便利，特别是成本上的优势对于中小企业来说吸引力很大，那么物流公司应该认识本公司的短处，并与 Logizard-Plus ASP 系统优势的结合，提高企业的竞争力。

（资料来源：宋方等.现代物流案例教学与实例.北京：中国物资出版社，2007）

思考题

1.简述 WMS 在库存管理中的作用。

2.简述仓储信息管理系统设计的主要原则。

3.简述 EDI 基本模块及功能。

4.简述 EDI 信箱系统通讯和交换原则。

5.画图说明物流 EDI 的框架结构。

6.常用条形码有哪几种？

7.简述条形码技术的优缺点？

8.什么是 RFID 技术？在仓储作业中有何应用？

第 12 章

集装箱堆场管理

本章要点

了解集装箱的基本知识，掌握集装箱堆场功能及堆场工艺流程的制订；重点学习堆场计划的制订，主要包括集港堆场计划、场地及场地机械计划、集装箱码头作业计划等内容，还要掌握堆场仓储管理作业策略、堆场安全，通过作业策略优化，提高装卸效率。

12.1 集装箱堆场概述

12.1.1 集装箱的基本知识

1. 集装箱的定义

国际标准化组织(International Organization For Standardization，ISO)在国际标准ISO－630—1981《集装箱名词术语》中对集装箱下的定义为：

集装箱是一种运输设备：

①具有耐久性，其相应的强度足以反复使用；

②便于商品运送而专门设计的，适用于一种或多种运输方式，无需中途换装；

③设有便于装卸和搬运的装置，特别是便于从一种运输方式转移到另一种运输方式；

④便于货物装满和卸空；

⑤具有 $1m^3$ 或 $1m^3$ 以上的内容积。

集装箱这一术语不包括车辆和一般包装。

目前，许多国家所制定的标准都全文引用了这一定义，如：我国最新修订的 GB/T1413—1998《系列 1 集装箱——分类、尺寸和额定质量》国家标准《集装箱名词、术语》，

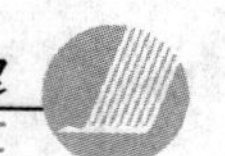

日本工业标准 JISZ1613—72《国际大型集装箱术语说明》，法国国家标准 NFH90—001—70《集装箱的术语》，美国国家标准《ANSL MH5.1—1972》等。

2. ISO 关于集装箱结构的要求

在国际标准化组织 ISO 的国际标准 1978 系列 1 货物集装箱技术条件和实验方法——第一部分杂货集装箱（ISO1496/1——1978-series 1 fright ontainer pecification and testing part 1 general cargo container）中，对集装箱有如下要求：

①集装箱的任何部分不得超出集装箱所规定的外部尺寸。集装箱内部不得有妨碍装货的突出物。

②集装箱的内部尺寸和箱门开口尺寸（door open dimensions）要大于标准中所规定的最小值。

③集装箱的所有部分要能承受标准中所规定的负荷强度。

④集装箱的所有部分要具有标准中所规定的水密性要求，箱门要能左右开启 270°。

⑤集装箱的上部和下部各个角上都要设有标准中所规定的国际标准角件。

⑥箱顶顶面要低于顶角件角面 6 毫米.

⑦集装箱在空载的状态下，箱底的底面要高于底角件底面 12.5 毫米。其公差为 +5 毫米，-1.5 毫米。

⑧集装箱装载在底盘车（chassis）上时，除集装箱的角件外，要按规定设载荷传递区（load transfer area），通过底框架把载荷传给底盘车的主框架（main frame），底盘车只要有这种载荷传递区就可以承受集装箱。

⑨箱底上承受 1.8R—T（R 为总重，T 为自重）的均布载荷时，箱底挠度（deflection）不得低于底角件底面 6 毫米以上。

⑩当集装箱受到规定范围内的挤压载荷（racking load）时，端框架对角线的偏移量之和不得超过 60 毫米。

⑪国际标准中规定的各种实验要求合格。

⑫在 1CC，1C 和 1D 型集装箱上最好设有规定尺寸的装卸用叉槽（fork lift pockets）。

⑬在 1AA，1A 型集装箱上最好设有规定尺寸的鹅颈槽（gooseneck tunel）。

⑭在下侧梁上最好设有能使用抓臂（grappler arms）装卸用的抓臂起吊槽（grappler arm lifting areas）。

除了要满足上述要求外，还要考虑使用条件、耐腐蚀性、耐久性、使用方便、修补容易等各种要求。

12.1.2 集装箱堆场的定义和堆场作业工艺

1. 集装箱堆场的定义

集装箱堆场（container yerd，CY），是指办理集装箱重箱或空箱装卸、转运、保管、交接的场所。

集装箱堆场，有些地方也叫场站。对于海运集装箱出口来说，堆场的作用就是把所有出口客户的集装箱在某处先集合起来（不论通关与否），到了截港时间之后，再统一上船(此时必定已经通关)。也就是说,堆场是集装箱通关上船前的统一集合地,在堆场的集装箱货物等待通关,这样便于船公司、海关等进行管理。

集装箱堆场是集装箱码头进行集装箱装卸、交接、存放以及保管的场地,按照用途分为重箱、空箱、冷藏箱、特种箱场地等几个部分,所需平面箱位数和面积大小决定于泊位运量、堆存天数、堆箱层数和装卸系统等因数。平面箱位数计算如下:

$$n_{\min} = Q/N \times t/(h\beta)$$

式中:$n_{\min}$——最低平面箱位数;

Q——泊位年吞吐量;

N——堆场年工作天数;

t——集装箱在堆场平均堆存天数;

h——集装箱堆存平均层数,一般不超过4层;

β——箱位利用率,一般取0.7～0.8。

根据工艺方案的不同,配置相应的集装箱堆场装卸设备。

2.堆场作业工艺

(1)堆场作业工艺方式

集装箱堆场用来存放或保管集装箱船舶装卸的集装箱,堆场作业是按照装卸集装箱船舶编制的作业计划,对集装箱进行装卸,完成集装箱配置。集装箱码头堆场作业工艺应根据泊位的通过能力、集疏运方式、陆域面积,经过技术经济论证来确定,可选用的堆场装卸设备有轮胎式场桥、轨道式场桥、跨运车等。长期以来,集装箱码头堆场上的集装箱装卸大多采用轮胎式场桥和轨道式场桥两种。近几年,起重量为61t可吊两个20ft集装箱的双20ft集装箱轮胎式场桥和双20ft集装箱轨道式场桥也相继投入使用。

1)轮胎式场桥工艺

该工艺方式中堆场上采用轮胎式场桥作为集装箱装卸设备,完成集卡到堆场转接作业。轮胎式场桥可以跨越6列集装箱和一个集卡车道,堆放3～5层集装箱,机动灵活,调度方便,能较好的与码头前沿岸桥等装卸设备匹配作业,达到较高的装卸作业效率,目前大多数集装箱码头都采用此装卸工艺。该工艺也存在一些不足之处,轮胎式场桥由于采用内燃机驱动,能耗大,维护运行成本日益增高,同时排放的废气对环境产生一定的污染与影响。

堆场←→轮胎式场桥←→集卡

2)轨道式场桥工艺

该工艺方式中堆场上采用轨道式场桥作为集装箱装卸设备,完成集装箱牵引车到堆场转接作业。轨道式场桥采用电力驱动,可以堆放4～5层集装箱,轨道跨运距可达40米以上,具有节能、环保,堆放利用率高,设备完好率高,操作简单,直接装卸成本低等优点。同时轨道式场桥通过安装定位装置可以精确地进行位置控制,易于实现自动化操作。但由于其必须在轨道上行走,作业范围受局限,机动性和灵活性差,转场不方便,设备总投资较高。

堆场←→轨道式场桥←→集卡

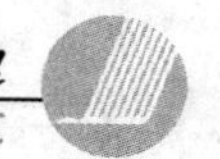

3)跨运车工艺

该工艺方式中跨运车既是水平运输机械,又是堆场装卸机械。跨运车机动灵活,可以完成多项作业,减少机械配备,便于现场生产组织和管理;堆码高度为2～3个集装箱,减少机械配备,减少翻箱倒箱作业量,便于现场生产组织和管理;但是由于现代化集装箱码头配备的岸桥高效,甚至采用双20ft、双40ft、双小车岸桥,而且数量多,装卸能力大幅度增加,需要大量的跨运车与之配套,初期投资增加大;集装箱船舶大型化,码头一次装卸达数千集装箱,要求堆场有足够的面积,场地利用率低,对集装箱码头的堆场面积或集疏运效率要求较高。

堆场←→跨运车

(2)新型堆场作业工艺

1)双20ft堆场作业工艺

为了缩短集装箱船舶在港停泊时间,提高码头前沿装卸效率,在20ft集装箱装卸量比例比较大的集装箱码头,岸桥采用了双20ft吊具的新技术,一个循环岸桥可以装卸两个20ft集装箱。与之相适应,堆场上的设备也需要具备同时装卸两个20ft集装箱的能力,在工艺上前后呼应,达到匹配。双20ft的胎式场桥、轨道式场桥工艺在堆场上一方面可以提高卸船的效率,另一方面也为双20ft集装箱装卸进行准备。

堆场←→双20ft轮胎式(轨道式)场桥←→集卡

2)自动化无人堆场

中国首个集装箱自动化堆场——上海港外高桥集装箱码头全自动化无人堆场是由上海振华港机与上海国际港务集团公司合作设计制造,于2005年底投入运营,年设计通过能力可达54万TEU。

自动化堆场的主要特点包括:

①集卡不进入堆箱区而在堆箱区两端固定点装卸,堆区集装箱排列方向和集卡方向一致。

②装卸集卡与堆存箱分别由高型轨道式场桥(DRMG)和矮型轨道式场桥(CRMG)通过地面固定台座进行中转接力完成。

③创新设计的双小车高型轨道式场桥配上两个独立吊具可以最多一次同时起吊两个40ft/45ft集装箱或4个20ft集装箱,使高型轨道式场桥的效率发挥到最佳。若一台小车出现故障另一台小车仍可保证该堆箱区照常作业。

④地面固定式集装箱平台,其导板结构不但保证集装箱快速落位,而且保证多箱排放整齐规范。该平台将集装箱位置规范化,从而保证高型轨道式场桥在堆场内的全自动化作业。

自动化堆场的几项新技术包括:

①吊具防摇和自动纠偏。吊具悬挂采用了8绳防摇系统和吊具自动纠偏装置,能执行吊具自动准确对箱和吊具带箱自动对车的任务。

②保证堆码整齐的吊具长导板装置。在特殊设计的吊具长导板装置可保证吊具带箱、着箱时既快又准。

③声光电集合的集卡定位系统。采用了图像和激光测量相结合的集卡定位系统。

司机通过高清晰度的户外大屏幕确认集卡的位置，从而进行定位。

④机电相组合的大车小车定位技术。

除了采用目前世界上自动化码头轨道式场桥的电控定位技术以外，还设计了有两个自由度大车减速箱大车行走微动装置，通过伺服电机可对大车运行误差进行补偿，使车轮达到毫米级的准确定位。

⑤安全保护和监测系统。配有多层的安全保护、故障检测和显示装置等一系列高度可靠的保护和监测系统，确保集装箱无人堆场高度可靠的工作。

⑥堆场智能控制系统。闸口和高型轨道式场桥能自动识别集卡和集装箱，堆场进出箱装卸全部实现全自动化的智能控制。

12.2 集装箱堆场管理的主要内容

12.2.1 堆场计划的制订

堆场计划负责堆场的集装箱摆放位置的划分与确定。堆场计划的目的是充分利用有限的堆场面积，合理划分堆场，给每一个集装箱配置理想的位置，提高堆场利用率。

1.相关知识

(1)堆场计划岗位职责

计划人员根据现场运作情况及业务预报管理堆场计划、在船期计划、堆场收发箱计划及船舶到港时间、收箱时间制订堆场计划。

按照业务要求(船名、航次、船公司、箱主、尺寸等)指定堆存区域，以便在收发箱、装卸船、堆场内部操作时，系统根据集装箱属性查找堆场计划，从而自动指定堆存区域，使整个堆场箱的堆放符合堆场计划的要求，达到提高堆场利用效率的目的。

(2)堆场管理与计划

集装箱堆场管理与计划是通过建立堆场管理信息系统，对堆场信息数据进行有效管理，使集装箱和堆场作业流程各环节间的信息及时、准确地交换和传递，正确、及时地提供决策信息和决策支持，向堆场操作人员传递控制指令和问题的处理结果，缩短集装和操作时间，并可以优化堆场作业流程，提高堆场作业效率。

根据船期表和靠泊图，综合考虑船、港、属性、重量、箱型和箱属公司，定义进、出口及中转箱的场位；根据提重返空的分析资料，结合场存，按箱属公司、箱型定义回空箱场位；定义特殊箱(冷藏箱、超限箱等)的场位；严格遵照危险品箱的隔离标准并定义其场位；定义暂收箱(信息未确定，提前进港的箱)的场位；据进闸情况和船期、泊位的变更，随时调节收箱场位；及时更新缓冲区场位定义，根据实际箱量不断检查场位的定义并及时更新；将不符合堆场计划的箱作移箱处理；将不符合重量等级要求的箱做本位倒箱指令；根据冷藏箱运前检查(pre-trip inspection，PTI)及特殊要求，做移箱指令；根据海关查验指示，做进出海关查验区移箱指令并打印出移单归档；堆场拥挤时，做空箱向外租堆场的渡箱

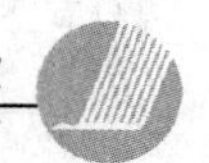

指令；检查移箱指令完成情况并及时更新；与船公司密切配合，做好箱管工作；据 FI—FO 原则及船公司的特殊要求，考虑到机械出勤等因素，设定并更新空箱提箱区域(各箱属公司)；将每工作外堆场提箱计划发送给箱务室；接船公司转运空箱指示，确定箱号并更改其状态。

1)堆场作业计划的编制

堆场作业计划包括卸船场地计划、集港场地计划、场地及场地机械计划。

①卸船场地计划。编制卸船场地计划主要依据由船舶代理提供的进口集装箱分尺码空重箱数，包括冷藏箱、危险货物、超限箱等特种箱箱量信息，安排的进口作业时间、作业开线量、进口空箱的分箱主流向、中转箱数量及流向信息、进口危险货物说明书。安排进口卸船场地要有预见性，不能只考虑当前的船舶，还要考虑后续船舶作业对场地资源的需求。对于纵深小、场地容量不足的集装箱码头，合理安排场地使用，加快周转速度。

②集港堆场计划。编制集港场地计划需要提前获取以下信息：分卸货港、分尺码、分空重出口集装箱箱数，出口装船作业线开线量，该航线在本码头集装箱配载。

根据出口装船作业线开线量，计算装船作业的场地机械数量，并分配场地区域。尽量使在一条作业线装船的出口集装箱集中在一个区域内。为避免装船作业中，不同作业线之间的互相干扰，每条作业线对应的场地区域应该保持适当的距离。

③场地及场地机械计划。根据场地及场地机械窗口和航运作业计划预估各提箱场地提箱预约数，并进行数量设置，以便对提箱作业进行预控，避免暂时性的场地拥堵。

2)集装箱码头堆场作业

无论是托运人集港待装船的集装箱，还是从集装箱船上卸下后待发给收货人的集装箱，都要在集装箱码头堆场进行交接。从承托运双方交接地点的改变形式来说，集装箱码头堆场可以看做是码头岸壁的延伸部分。它又是国际集装箱国内运输系统的起点和终点。因此，码头船舶装卸效率的高低，关键在于合理的组织集装箱堆场作业。此外，作为集装箱海上运输和内陆运输的衔接点，集装箱码头堆场不仅是集疏运系统空、重箱交接的场所和作业场地，而且还具有堆存和保管集装箱的功能。

①集装箱堆场作业计划。集装箱堆场作业计划是指在堆场上如何合理地制订堆放和保管集装箱的计划，即对集装箱应采取的排列顺序、堆放地点和堆码高度的计划，也称之为集装箱堆放场地配载计划，是集装箱码头作业计划系统中的核心内容。集装箱堆场作业计划，是根据交付和接收进出口集装箱以及船舶载图预先编制出来的。将准备装船的出口集装箱按装载计划或集港模板事先堆放好，将从船上卸下的集装箱按交货方便的原则排列在堆场上，以便将集装箱顺利装上船或交付给收货人。其工作目的就是充分利用堆场，合理堆放集装箱。

②集装箱堆场作业流程

• 收箱作业流程，如图 12-1 所示。

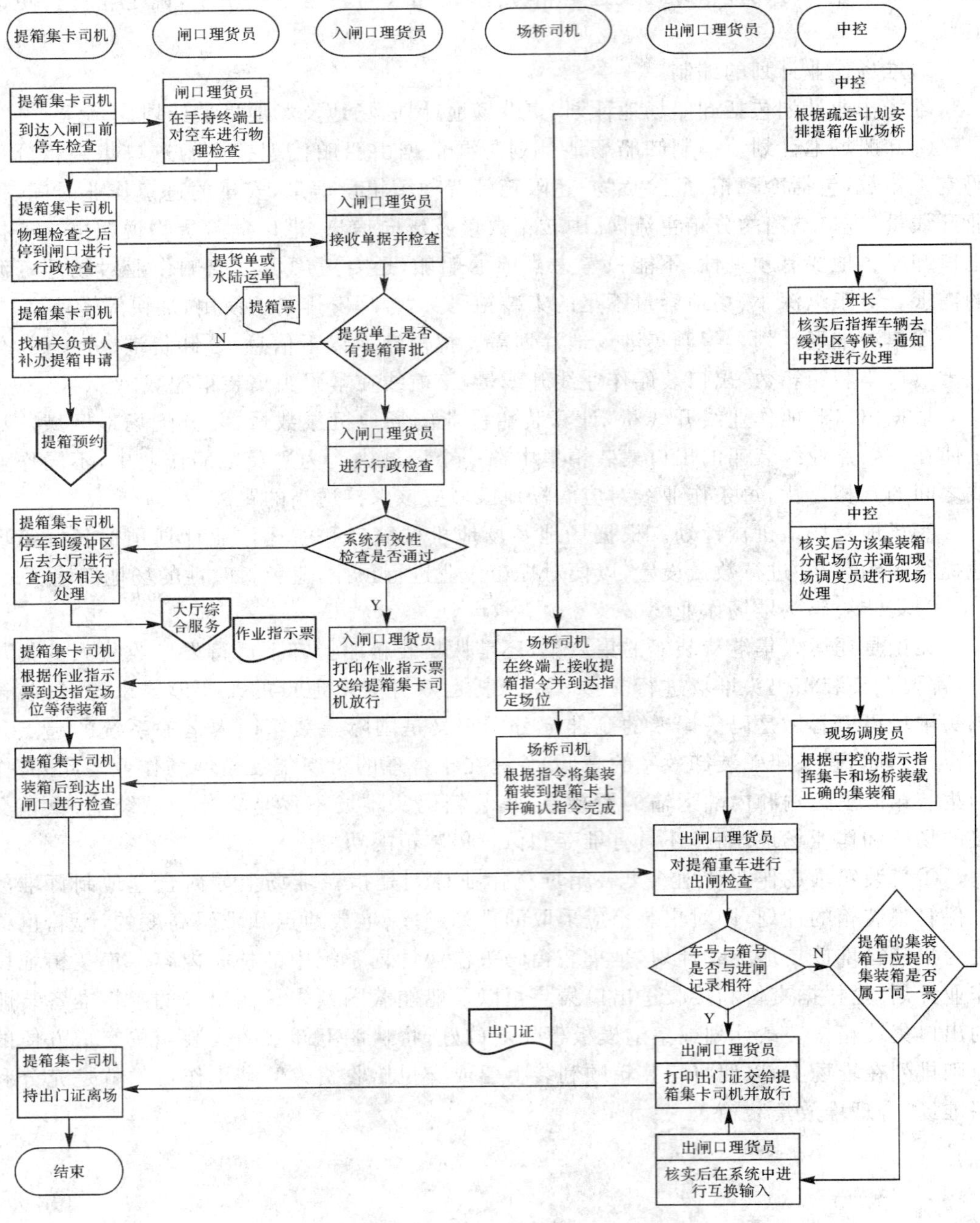

提箱集卡司机 | 闸口理货员 | 入闸口理货员 | 场桥司机 | 出闸口理货员 | 中控

中控：根据疏运计划安排提箱作业场桥

提箱集卡司机：到达入闸口前停车检查

闸口理货员：在手持终端上对空车进行物理检查

提箱集卡司机：物理检查之后停到闸口进行行政检查

提货单或水陆运单

提箱票

入闸口理货员：接收单据并检查

提货单上是否有提箱审批

N

提箱集卡司机：找相关负责人补办提箱申请

提箱预约

入闸口理货员：进行行政检查

系统有效性检查是否通过

提箱集卡司机：停车到缓冲区后去大厅进行查询及相关处理

大厅综合服务

Y

作业指示票

入闸口理货员：打印作业指示票交给提箱集卡司机放行

提箱集卡司机：根据作业指示票到达指定场位等待装箱

场桥司机：在终端上接收提箱指令并到达指定场位

场桥司机：根据指令将集装箱装到提箱卡上并确认指令完成

提箱集卡司机：装箱后到达出闸口进行检查

班长：核实后指挥车辆去缓冲区等候，通知中控进行处理

中控：核实后为该集装箱分配场位并通知现场调度员进行现场处理

现场调度员：根据中控的指示指挥集卡和场桥装载正确的集装箱

出闸口理货员：对提箱重车进行出闸检查

车号与箱号是否与进闸记录相符

N

提箱的集装箱与应提的集装箱是否属于同一票

Y

出门证

出闸口理货员：打印出门证交给提箱集卡司机并放行

出闸口理货员：核实后在系统中进行互换输入

提箱集卡司机：持出门证离场

结束

图 12-1　收箱作业流程

• 提箱作业流程，如图 12-2 所示。

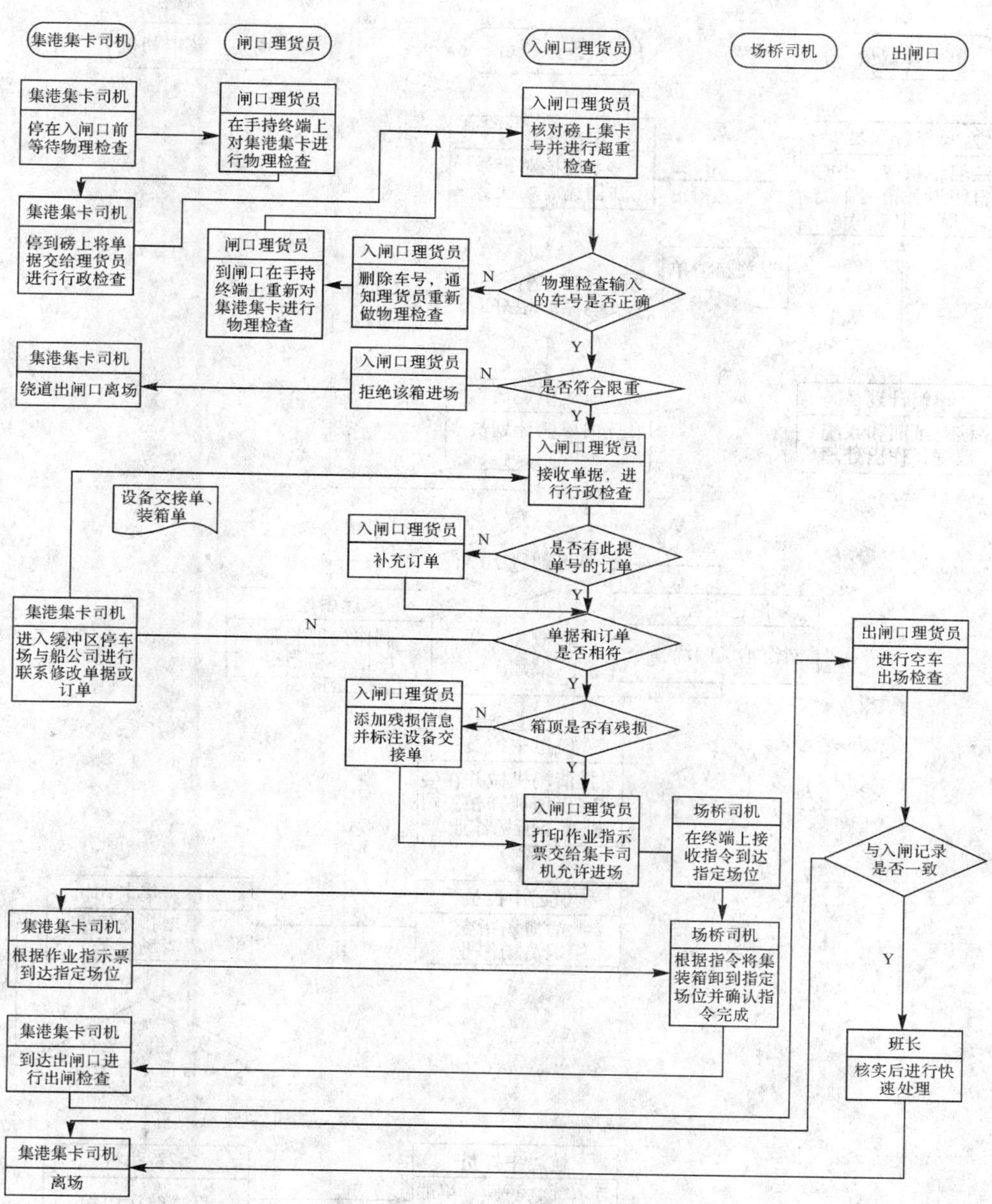

图 12-2 提箱作业流程

• 清场作业流程，如图 12-3 所示。

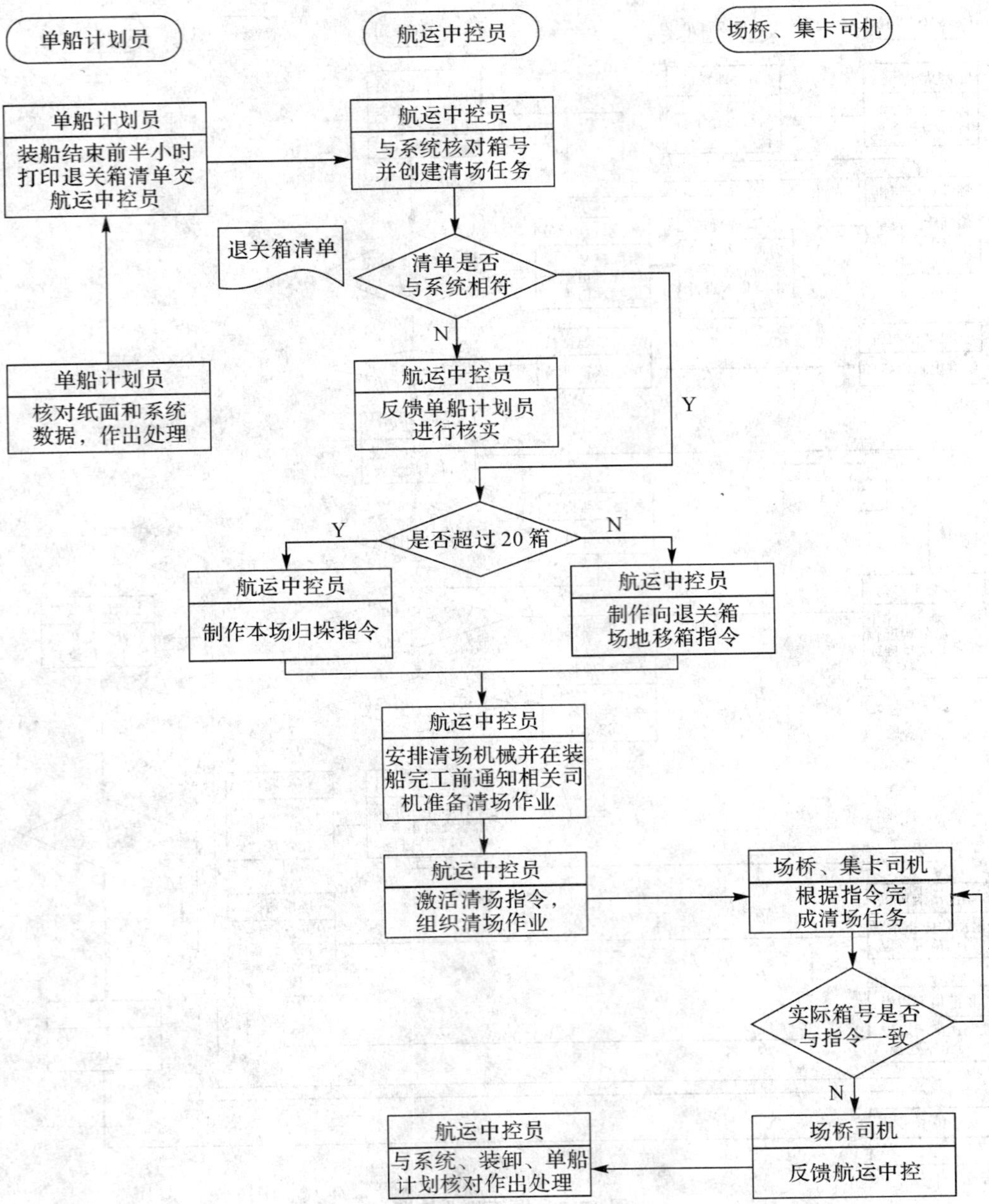

单船计划员 | 航运中控员 | 场桥、集卡司机

- 单船计划员：装船结束前半小时打印退关箱清单交航运中控员（退关箱清单）
- 航运中控员：与系统核对箱号并创建清场任务
- 清单是否与系统相符？
  - N → 航运中控员：反馈单船计划员进行核实 → 单船计划员：核对纸面和系统数据，作出处理 → 返回单船计划员
  - Y → 是否超过 20 箱？
    - Y → 航运中控员：制作本场归垛指令
    - N → 航运中控员：制作向退关箱场地移箱指令
- 航运中控员：安排清场机械并在装船完工前通知相关司机准备清场作业
- 航运中控员：激活清场指令，组织清场作业
- 场桥、集卡司机：根据指令完成清场任务
- 实际箱号是否与指令一致？
  - Y → 场桥、集卡司机：根据指令完成清场任务
  - N → 场桥司机：反馈航运中控 → 航运中控员：与系统、装卸、单船计划核对作出处理

图 12-3　清场作业流程

12.2.2 堆场箱务管理

1. 堆场作业

(1)堆场巡查

堆场巡查的工作包括:维持堆场内道路的交通秩序,疏通交通阻塞现象;根据控制中心指令,及时引导跑错位的内/外拖车到达正确位置;将堆场阻塞信息反馈给控制中心,并及时疏导;指挥大型机械(场桥、流机)在复杂作业环境中移动大车及转场;检查在堆场码箱是否整齐;箱门朝向是否符合标准;检查码头环境及设施、设备的状况,发现问题及时上报控制中心;检查巡逻车辆状况,保持车辆整洁;做好交接班工作,填写堆场交接日志;指挥U/C(如游艇)进行进出场作业;协助箱务室进行拆、装箱作业。

(2)堆场现场作业

堆场现场作业包括:接收控制中心指令,明确作业区域划分及所属对讲机频道;根据无线终端(RDT)显示的作业指令,驾驶场桥(RTG)到达作业位置,注意场桥跑道、车道有无障碍物、所辖范围内的最大堆箱层高度;根据无线终端显示的作业指令,驾驶流机(R/S,E/S)到达作业位置,注意行驶区域内的道路环境及驾驶机械的吊臂高度;根据无线终端显示的作业指令,将在场地上的集装箱放置到拖车上,注意核对拖车牌号;根据无线终端显示的作业指令,将拖车上的集装箱放入堆场,注意箱门朝向及堆码整齐;指令完成后,及时确认无线终端信息,保证信息完整,同时根据现场作业情况合理选择下一指令;根据无线终端显示的作业指令,完成本位移箱作业,并更新场位信息;根据指导员指令及无线终端显示的作业信息,完成U/C、超限箱的收、发作业;根据无线终端显示的冷藏箱作业信息,联系冷藏箱管理人员,并根据其指令完成冷藏箱的收、发作业;接收到控制中心转场指令后,联系转场指导员到位,在指导员的引导下完成场桥转场;将所辖范围内一切影响作业秩序的情况及时向控制中心汇报;发现机械故障及异常及时报告控制中心/工程部,并协助维修人员排除故障。

2. 集装箱箱务管理

在交接过程中,集装箱箱体有下列情况之一的,都必须在设备交接单上注明。

①箱号及装载规范不明、不全,封志破损、脱落、丢失、无法辨认或与进口文件记载不符。

②擦伤、破洞、漏光、箱门无法关启。

③焊缝爆裂。

④凹损超过30毫米,凸损超过配件外端面。

⑤箱内污染或有虫害。

⑥装过有毒有害货物未经处理。

⑦箱体外贴有前次危险货物标志未经处理。

⑧集装箱附属部件损坏或失灭。

⑨特种集装箱机械、电器装置异常。

⑩集装箱安全铭牌(CSC plate)丢失。

12.3.3 堆场仓储管理

1.堆存管理与作业策略

高度自动化的堆场设备只有与正确的堆场堆存管理和作业策略规划相结合，才能充分发挥装卸设备自动化的优势。由于集装箱堆场为自动化无人智能堆场，需要按照生产计划及时准确地实现堆场自动化设备的实时调度，完成堆场的进出箱任务，实现堆场集装箱的信息管理。作业策略规划是码头作业生产的关键技术，受到诸多因素的影响和制约。合理高效的集装箱码头作业策略一直是集装箱堆场作业所追求的目标。为满足这些要求，通过以下几个方面实现自动化堆场堆存管理与作业策略的优化，提高装卸效率，降低运营成本：

①集装箱属性标志，保证每个集装箱有唯一的编码，用于集装箱信息的管理；

②堆场区域和缓冲区内任意位置的集装箱都具有唯一的编码，用于堆场设备对集装箱的自动化操作；

③通过对作业过程的分配与控制、CRMG 作业分配与 CRMG 作业分配的研究，并通过堆场 LDS 控制系统实现，为自动化无人堆场的堆场作业提出合理的作业策略；

④合理设计堆场的作业流程，保证整个堆场各方面运行协调一致。

2.堆场安全管理

(1)堆放的防风

建设的自动化堆场高达到堆 8 个标准箱高度，超过 9 个标准箱，且为空箱堆场，因而针对自动化堆场的集装箱堆放的特点，设计框式防风方案。这种方案的特点是能抵挡强风能力、充分利用堆场空间(防风框内堆放集装箱)。在堆场四周设置防风框，防风框内有防风支架是防风筋条的支撑。防风框内堆放集装箱，既能节省空间又能起到防风的作用。

(2)系统安全技术

集装箱堆场承担着集装箱的装卸、存储等重要任务，因此提高堆场系统的安全性对堆场的日常运营十分重要。要解决装卸机械安全、电气安全、数字系统安全等安全技术问题，大大提高自动化堆场日常运营的安全性能。

自动化堆场中每垛只配备 1 台 DRMG，所以必须保证每台 DRMG 工作的可靠性。可以看出，为了防止驱动器故障而影响整垛箱区的作业，在设计 DRMG 时便要考虑局部故障对整垛箱区影响为最小。每台 DRMG 均有备用驱动，当其中任一驱动器发生故障时另一驱动器能立即投入运行，从而不影响 DRMG 的正常运行。

在数字系统安全上建立一套完整的网络安全防护体系，包括防病毒系统、防火墙、入侵监测系统、安全漏洞扫描系统、健全的网络安全防护管理制度。它们互相配合，互相协调，充分发挥各自的作用，确保网络畅通和安全。

3.集装箱堆码的基本要求

集装箱堆码的基本要求是：

①按箱主、按箱型分别堆码。

②进出口集装箱卸场时，必须依据系统指令堆码，操作司机要做到一箱一确认，确保卸场集装箱的场位与系统中的场位标识保持一致。

③按箱位线堆码，箱体不压线、上下箱的四角要对齐，四面见线（同箱位堆码纵向不超过200毫米）。

④陆地堆码单批箱时，重箱2层高度、空箱1层高度。

⑤集装箱堆码，上下箱角件部位应对齐，一般误差应小于100毫米。

⑥集装箱堆码，箱门必须朝向同一方向。

⑦40ft集装箱上禁止堆码20ft集装箱。

⑧40ft、20ft禁止混码。

⑨超高箱、敞顶箱上严重堆放集装箱。

⑩空重箱禁止混码。

⑪高箱应集中堆码，不得与普通箱混码。

⑫危险货物箱应堆存专设的危险货物堆场，并按货物的不同性质分别堆码。

⑬冷藏箱应堆存专设的冷藏箱，堆存高度一般不超过3层高；对于现代化设施齐全的冷藏箱堆场，其堆场高度可视设备条件适当增加。

⑭超限箱应放专用场地，禁止放入普通箱场地。

⑮在风速不小于15米/秒的气候条件下，为防止摔箱事故发生，根据箱重和风向对集装箱采取降低层高或使用紧固装置等有效措施。

⑯堆码层高应视本码头具体条件及荷载而定。我国集装箱堆场堆码高度一般为4～6层。

思考题

1. 简述自动化堆场的几项新技术。
2. 简答堆场管理的作业策略。
3. 简述集装箱堆码的基本要求。
4. 集装箱哪些情况必须在设备交接单上注明？
5. 简述堆场的安全管理。

第13章

保税仓储管理

本章要点

本章介绍了保税区的分类，保税区出口加工功能、保税区的展示功能、仓库功能、国际贸易功能；了解我国保税制度形式及优惠政策；要掌握保税仓库的含义、类型、保税仓库的构成及特点，保税区仓库的出入库管理，保税区仓库货物的存放，保税区仓库的监管等内容。

13.1 保税区与保税仓库

保税区和保税仓库是我国对外经济开放不断深化的产物。改革开放30年以来，我国对外经济开放朝高层次、宽领域、纵深化的方向发展。就开放广度而言，形成了由沿海、沿江、沿边到内陆中心城市全方位推进的格局；就开放深度而言，形成了包括开放城市、高新技术产业开发园区、经济技术开发区、经济特区和保税区在内的多层次开放的形式。目前看来，保税区和保税仓库已处于我国对外经济开放的最高形式。我国保税区和保税仓库的建设和发展推动了我国的出口扩张，增加了我国的外汇收入，促进了先进科学技术的引进，扩大了外资利用，创造了大量的就业机会，加快了产业调整，带动了我国经济社会的整体发展。

保税区和保税仓库的特殊作用，包括三个方面：①加快经济体制改革。我国与世界先进水平的差距，不单纯是产业水平和技术水平的差距，更重要的还有与参与国际交换和国际分工以及国际化大生产不相适应的国民经济体制的差距。以往的国民经济体制改革主要是从一国范围的“参照系”去思考的，没有把中国纳入国际经济体系这个背景下如何构筑中国国民经济体制来考虑。设立保税区和保税仓库后，我国可在更大范围内走向世界、认识世界，确立全球经济思维方式，从而可使我国经济体制改革更加接近世界最新发展。②扩大对外经济开放。对外经济开放包括商品进口和出口、引进智力和劳务出口、土地对外转让和承租国外土地,等等。设立保税区和保税仓库,实际上是将一国各种对外开放形式高度集中在一个特定区域发挥作用,它是各种对外开放形式的集大成者。③按照国际惯例运作。按照国际惯例改革开放和运作,是我国经济发展的必然选择。保税区和保税仓库是一种在小范围内按照国际惯例运作的试点,一旦取得成功经验,它将大面积地在全国范围内实行。这对于我国经济发展的影响将是巨大而深远的。

13.1.1 保税区的概念及功能

1.保税区的概念

"保税"一词属海关用语,指进口货物暂时不缴纳进口税,而先将其存入特定区域。如果货物从特定区域转运出口或加工再出口,则免缴出口关税。享受保税待遇的货物称之为保税货物。一般认为,国外有保税仓库(bonded warehouse)和保税工厂(bonded factory),国外的保税区域(bonded area)是指保税仓库和保税工厂的融合体。国外没有作为特定功能区域的保税区(bonded zone)。保税区这一概念是我国独创的。

我国的保税区是以转口贸易为主,兼有出口加工和第三产业综合功能,实行特殊关税政策和特殊管理手段的海关监管区域。与现有的经济特区、经济技术开发区、高新技术产业开发园区相比较,保税区实行更为灵活、更为开放、更为优惠的特殊政策。从我国各保税区的设区意图、功能定位来看,我国的保税区不是简单地作为保税仓库和保税工作的功能融合,而是以国际自由贸易区作为功能取向的。我国保税区的对外宣传,都将保税区通译为"free trade zone"(自由贸易区),而不是"bonded zone"(保税区)。我国的保税区实际上类似其他国家在港口划出一块并用铁丝网围起来的自由区(他们习惯叫"free trade zone"或"free port")。

2.保税区的分类

我国的保税区可分为三类:第一类为沿海港口型保税区,也就是在港内划出一个隔离区,以出口贸易和转口贸易为目标,发展保税仓储、出口加工、包装、转运业务,并带动信息业、金融业、航运业的发展。上海、天津、广州、海口、大连、宁波、福州、厦门保税区属于这种类型。第二类属边境口岸型保税区,通过优越的投资环境与优惠的经营条件,集中引入外资,建立高科技产品研究、开发、加工和展销基地,发展金融、信息、房地产、零售等第三产业,福田、沙头角等保税区属这种类型。第三类是内河港区型保税区,张家港是唯一这种类型的保税区。

3.保税区的功能

保税区作为一个位于港区的、高度开放的自由贸易区,是所属区域经济的一个重要增长点,即对经济增长、产业结构优化、贸易发展、就业增加和收入提高等,发挥重要推动作用。保税区主要是通过其独特的功能和极富活力的贸易与物流产业群,来影响区域经济的内在传导机制,最终诱发和促进区域经济的增长。各个保税区自身具有不同的区域条件,应依据区域优势确立功能定位,可使保税区的区域竞争能力增强,促进管理、技术和人才素质的提高,进一步完善保税区功能体系。保税区的功能定位对所属区域发展具有带动作用,依据本区域优势对保税区的功能进行具体规划制定,可以将区域优势转化为区域竞争优势，有利于带动区域经济的进一步发展。

随着国际贸易的不断发展及外贸方式多样化，世界各国进出口货运量增长很快，如进口原料、配件进行加工装配后复出口、补偿贸易、转口贸易、期货贸易等灵活贸易方式的货物，进口时要征收关税，复出口时再申请退税，手续过于繁琐，也不利于发展对外贸易。如何既方便进出口，有利于把外贸搞活，又使未征税货物仍在海关有效的监督管理之下，实行保税仓库制度就是解决这个问题的一把钥匙。这种受海关监督管理，专门存放按海关法令规定和经海关核准缓纳关税的进出口货物的场所，通称保税仓库。保税货物是指经海关批准未办理纳税手续进境，在国内储存、加工、装配后复出境的货物，这类货物如在规定的期限内复运出境，经海关批准核销；如果转为内销，进入国内市场，则必须事先提供进口许可证和有关证件，正式向海关办理进口手续并缴纳关税，货物才能出库。

随着市场经济的进一步深化和加入 WTO，保税区和保税仓库的功能和目标也发生了转变。保税区及保税仓库要适应新的时代要求，创新制度，以带动区域经济增长。

我国保税区的功能主要包括：出口加工、保税仓储、国际贸易三项基本功能和商品展示辅助功能。不同区域自身的条件决定了其所建保税区在功能定位上的不同。

(1)出口加工功能

出口加工功能是指利用保税区的条件发展“两头在外”的生产加工性企业。区内企业可以从事出口加工及其他加工，区内加工贸易企业可以充分利用进口设备及料件免税或保税、免设保证金台账等优惠政策，使各类加工料件在保税区内得到增值。出口加工功能要求有以生产、加工业为主的经济腹地，但对保税区的规划面积没有要求，对港口的要求也不是很高。福田、海口、深圳沙头角、珠海四个保税区虽然规划面积较小，并且没有良港依托，由于广东省是我国最大的高新科技产品生产基地，海南省的农副产品、海产品加工和轻工业是其主要发展产业，因此这四个保税区更适合于发展成以出口加工功能为主的保税区。

加工贸易是我国国际贸易中最为重要的贸易方式之一，也是支撑我国保税区发展、特别是物流功能发展的主要动力。从保税区的实际运行情况来看，与加工贸易有关的物流活动可以分为两种类型：

一是非保税区加工贸易企业从国际市场进口原材料导致的物流活动，以及制成品向国际、国内市场销售导致的物流活动。

二是保税区内加工企业购买进口和国内市场的原材料带来物流活动，及其制成品向国际市场出口和国内市场销售带来的物流活动。由此可见，加工贸易企业进出口活动所带动的物流活动是非常频繁的，也是国际物流业务的运作形式。

(2)保税仓储功能

保税区利用港口、工业和贸易优势，在区内设仓储区，开辟专用码头和相关设施，建成大型仓库和服务设施，利用出口加工区形成的原材料和成品出口的优势，牵动内地各种物资向区内汇集，吸引我国货物进区储存中转，成为国际型仓储中心。保税仓储功能是保税区最为基础的功能，对区域优势条件没有特殊要求，主要是基础设施建设完备即可。良港的依托，国际贸易活动的增加，都可以有效促进保税仓储功能的发展。

(3)国际贸易功能

保税区的国际贸易功能主要包括进出口贸易和转口贸易。保税区的自由贸易政策，为其进出口贸易提供了便利，吸引了大量的外资企业与国内外贸易公司进入区内从事国际贸易和进出口贸易。转口贸易又称“中转贸易”，可以分成两类：一是国际转口贸易，即“国外—保税区—国外”型的转口贸易。另一类是国内转口贸易，即“国内—保税区—国外”或“国外—保税区—国内”型的转口贸易。保税区企业可充分利用保税区内优惠政策直接从事国际贸易。国际贸易功能所需的区域优势条件有：优良的港口设施，经济腹地对外贸易繁荣，但对保税区的规划面积没有特殊要求。例如，张家港、宁波、福州、深圳、汕头和广州保税区的规划面积有限，但其紧邻深水港，有优良的港口设施作为依托，经济腹地对外贸易繁荣，适合于发展以国际贸易功能为主的保税区。

1)国外进口商品向国内市场分销

国际进口商品利用保税区作为物流分拨基地，面向国内市场开展分销活动，是目前一些跨国公司和国际企业在我国市场的一种主要运作方式。其物流运作的特点有：一是进口环节大批量，而进入国内市场则采用“多批次、小批量”，二是物流运作的主体比较多元化，既有跨国公司和专业化国际企业在保税区设立的分支机构，或由其中国的代理商负责，也有保税区内委托的物流企业进行物流运作。以保税区作为国外进口商品分拨基地的物流活动，可以从整体上降低国际进口商品在国内的销售成本、提高服务效率和质量。首先，可以缓征进口关税，减少企业的资金占用；其次，能够根据客户要求及时办理进口报关手续，保证现货交易，避免交货延误；再次，可以利用我国保税区低成本的物流及相关服务设施，降低分销活动中物流成本；最后，便于开展售后服务，提高客户服务质量。

2)国内出口商品在保税区集结和配送

随着全球经济一体化进程的加快和我国商品国际竞争能力的提高，许多生产性跨国公司、国际大型零售企业和专业化国际采购公司，在我国沿海地区的大型港口城市，特别是这些地区的保税区建立国际采购中心。此外，国内一些新兴的企业集团和贸易公司，也在加大开拓市场的力度并整合出口渠道和资源，开始重视利用保税区作为出口商品的集配中心。因此，基于出口商品集散的物流业务就成为保税区国际贸易物流运作的主要方式。由保税区离境的物流业务经过配货和优化运输，具有多品种、大批量、多方向的特点，而保税区的出口功能能为商品进行此类相对复杂的物流业务运作，提供便利服务。保税区的这种特有功能下的物流业务运作模式不仅能大大提高商品出口的效率，更能保质保量保时地以较简便的方式完成较复杂的物流活动。

3)转口贸易

同国际自由贸易区一样，转口贸易是保税区国际贸易功能的一部分。转口贸易的物流运作是以区内第三方物流企业为主体，其物流业务的主要内容是为过境商品提供仓储、多式联运、向不同区域市场分拨以及物流信息服务等。在保税区注册的企业均可开展包括进出口贸易、转口贸易和过境贸易的国际贸易业务，利用保税区独有的优惠政策、国际市场间的地区差、时间差、价格差、汇率差，选择最佳消费国，抓住最佳销售时机，运用最佳营销手段，实现商品多流向、宽领域、快节奏销售，做到进出并举、吞吐自如，实现销、储、运的最佳结合，获得最佳经济效益。保税区企业可充分利用保税区内免领进出口许可证、免征关税和进口环节增值税等优惠政策从事国际贸易。

(4)商品展示功能

商品展示功能是保税区的一项附加功能，即利用保税区政策，可以在区内“保税”或“免税”展示国内外产品。这一功能的拓展能更好地服务于出口加工、国际贸易和保税仓储三项基础功能，使保税区的功能更加趋于完善。商品展示功能对区域优势条件的要求不高，保税区可以根据自身实际情况，举办各种展示活动，如加工展示、贸易展示和仓储展示。目前我国保税区以上海、天津、大连、青岛、厦门 5 个保税区的商品展示功能发展趋势最好，它们都是以综合型功能进行定位的，其规划面积都比较大，进出口总量在我国对外贸易中占很大的份额，工业结构特点突出，因此功能定位在以出口加工为依托，以国际贸易为主，重点突出国际物流功能，因地制宜发展商品展示功能，以及提供完善服务的综合性多功能保税区。

保税区的国际商品展示功能是扩大保税区贸易进口和加工贸易业务的一个重要的辅助功能。保税区通过为企业提供商品展示功能和交易服务功能，可以促进保税区贸易活动的开展，增加保税区物流流量。以国际商品展示为基础的物流运作基本类似于大宗进口商品的分拨和配送物流，但运作主体是保税区内的物流企业，进口物流的批量将随国际国内需求的增长逐步增大。

总之，国际物流运作是各保税区的发展方向和目标。然而在功能定位下的正确适当的物流业务运作还处于初级发展阶段，并没有形成一个完善成熟的物流运作体系。所以，保税区还需根据自身的功能定位，对国际物流业务运作进行不断改进发展，以保证国际物流业务的顺利进行。

保税区的功能定位必须以区域优势为依据，以发展区域优势为目标，这样才能将区域优势转化为竞争优势。因此，只有立足于发展保税区的区域优势，实现基于区域优势的功能定位，并据此改善国际物流运作，才能带动保税区经济的全面发展。

4.我国的保税制度

鸦片战争以后，我国沦为半封建半殖民地社会，海关大权落入外国列强手中，他们为了便于向我国倾销商品和资本，以及掠夺我国的资源，在我国口岸建立了保税仓库。新中国成立以后，保税仓库作为帝国主义侵略的产物而被废止。改革开放以来，我国在沿海口岸相继建立了一批保税区。1990 年，我国第一个保税区——上海外高桥保税区批准建立，1991 年又获准建立天津港保税区、深圳福田保税区、沙头角保税区，此后又相继在宁波、福州、厦门、大连、张家港、海口、广州、青岛和汕头等口岸建立了保税区。目前，各保税区的运作状态良好。

保税仓库制度对一个国家的经济，尤其是对外经济贸易的发展和科学技术交流，起着重要的促进作用。对我国来说，建立和改进保税仓库是贯彻执行中央关于沿海地区经济发展战略、深化外贸体制改革的一项重大措施。它有利于发展外向型经济，实行两头在外，大进大出，快进快出，缩短产品的生产周期，降低产品成本，提高经济效益；还有利于增强企业经济活力，提高竞争力，开拓国际市场；同时也便于海关加强对保税货物的监管。发展保税仓库是国际贸易业务的要求。

(1)保税制度的形式

1)自由港

自由港是指在一国土地上划定的一块置于海关监管的特别区域。该区域凭借优越的位置,优良的港口条件和先进的技术,以豁免货物进出口关税和其他优惠政策,来吸引外国商船、扩大转口贸易、发展货物储存及允许的加工,以达到促进当地经济发展的目的。

2)自由贸易区

自由贸易是通过减免关税等优惠政策来促进国际贸易的发展。自由贸易区利用其良好的条件吸引外商投资设厂,发展进出口加工、金融、信息等产业,因此,自由贸易区是一块以贸易为主,兼有工商的多功能区域。它与免税贸易区、保税区等并无明显差异,而开放自由度比自由港相对较低些。

3)进出口加工区

进出口加工区是设在一国交通便利,并提供相应设施的区域。在该区域内提供减免税收等一系列优惠政策,以吸引外商投资,主要发展面向国际市场的进出口加工业。

4)保税仓库

保税仓库是为适应国际贸易中的时间和空间差异的需要而设置的特殊库区,货物进出该库区可免交关税。此外,保税仓库还提供其他的优惠政策和便利的仓储、运输条件,以吸引外商的货物储存和从事包装等业务。保税仓库的功能比较单一,主要是货物的保税储存,一般不进行加工制造和其他贸易服务。

除此之外,还有免税贸易区、对外贸易区、自由区、保税区和保税工厂等。我国的保税形式主要是保税区。

(2)保税区的政策优惠

保税区的政策优惠包括:

①保税区允许区内生产性企业从事本企业生产用的原材料、零配件、设备的进口和产品的出口。允许这些企业直接对外承接与生产相关的加工业务。

②在保税区内,允许中外企业开设外汇账户,实行现汇管理。企业经营所得的外汇扣除应纳的税金,剩余部分在企业成立5年内全部归企业所有。

③在保税区内进行国际货物进出口,可免除进出口许可证。

④区内企业可从事国际转口贸易和代理国际贸易业务。

⑤区内各保税仓库和工厂内的货物可以买卖,也可通过保税生产资料市场与区外企业进行交易。

(3)保税区的税收优惠

在我国的保税区内,除享有经济特区的一些优惠政策外,还能享受保税区的特殊政策。如在上海,投资保税区的中外企业具体可享受以下的优惠政策。

①从境外进入保税区的货物,可免征关税和工商统一税(也称工商税,如营业税等)、增值税。

②从非保税区进入保税区的货物,凡符合出口条件的,免征生产环节的工商统一税,或退还已征的产品税。

③对于保税区内的企业生产的产品，当运往境外时，免征关税和生产环节的工商统一税、增值税；产品在区内销售时，免征生产环节的工商统一税、增值税。

④允许与我国有贸易往来的外国商船在保税区内指定的泊位上停靠，装卸货物或进行中途补给等。

我国的保税制度随着国际贸易的发展正在逐渐完善，但还存在一些问题，在将来的实践中要逐步解决。

(4)保税制度的积极效应

1)带动区域经济的发展

保税区已经形成盈利的规模效应有目共睹，经营业绩节节攀升。同时，由于政府综合服务环境的改善和财政扶持力度的加大，使得企业的生产经营成本不断降低，从而推动了投资企业的经济效益持续增长，促使保税区综合经济持续、健康地发展，形成双赢的局面，为地区经济稳定发展起到了重要的推动作用，也实现了保税区当初的设区目的。

2)促进物流产业的发展

随着保税区产业功能布局的调整，全国各保税区都把发展物流业作为推动保税区经济发展的重要工作。尤其是在众多贸易企业的支持下，保税区现代物流业得到了显著的发展。

3)吸引跨国公司的入驻

保税区良好的投资环境、高质量的服务水平及丰厚的经济效益，吸引了世界著名跨国公司的纷纷入驻。仅 2005 年，全国保税区共批准投资项目 4358 个。目前，在珠三角地区依赖深圳保税区进行物流运作的世界 500 强企业已经超过 150 家。

综上所述，一方面，保税区的发展推动了我国的经济建设；另一方面，也为保税区内的企业提供了创造效益的经济平台，因此，保税区的成功既反映在其区域和宏观经济绩效上，也体现在保税区企业的实际运作效率上。

13.1.2 保税区的现状及发展趋势

从海关保税的视角中解脱出来，把保税区放到当今世界经济格局的大背景下，向自由贸易区演进是我国保税区发展的必然选择。

从深化改革、扩大开放的角度看，有必要将保税区建成有中国特色的自由贸易区。随着我国全方位对外开放格局的形成，原来在经济特区(包括保税区)实施的部分特殊政策，现在在特区外也在实施，经济特区的“政策效应”正在弱化，出现了所谓“特区不‘特’”的现象。另外，我国加入 WTO 后，关税持续下降。这就意味着保税区与关税区的关税水平差距正在缩小。将保税区建成自由贸易区，使之在新一轮开放中先行一步，变原来的“政策效应”、“政策优势”为“功能效应”和“功能优势”，成为深化改革、扩大开放的试验基地。

从融入世界经济一体化的角度看，也有必要将保税区建成能充分参与国际竞争的自由贸易区。长期以来，广大发展中国家是以廉价劳力和低价土地、矿产等初级产品提供者的身份参与国际分工的。然而，在当前全球经济一体化、国别经济国际化的背景下，随着跨国及其跨国产品、跨国经营的出现，这一情况正在发生变化。跨国公司的产品是在研制、生产、销售等环节上实现高度国际化的产品，是各类生产要素跨国最优配置的结果。在这样的背景下，发展中国家有可能突破国际分工的传统格局，以其具有比较优势的资源与技术，去参与国际分工和国际竞争。这一情况对保税区来说，既是机遇又是挑战。将保税区视作保税大仓库、保税大作坊，其结果必然是被动接受发达国家成熟技术、乃至淘汰技术的转移。而以“境内关外”的地域和功能优势，自由贸易区就有可能主动地融入世界经济一体化的格局中，到全球经济的大海中去搏击。

从我国加入世界贸易组织进程的角度看，还是有必要将保税区建成按国际惯例运作、与国际接轨的自由贸易区。扩大贸易是世贸组织的宗旨之一，最惠国待遇原则、国民待遇原则以及贸易自由化原则等是世贸组织的基本原则。而自由贸易区在特征上体现为贸易自由、汇兑自由、运输自由、人员进出自由等。应该说，世贸组织的基本原则与自由贸易区的功能特征是一致的。把保税区建成按国际惯例运作、与国际接轨的自由贸易区，使中国经济与世界经济最先在自由贸易区内重合，这对我国加入 WTO 后的经济运行起到了示范作用。将保税区发展成为自由贸易区，不仅具有必要性，也有着可能性。

我国保税区在基础设施方面进行了大规模的投资、建设，取得了成效，这就为把保税区建成自由贸易区创造了必要的物质条件。上海外高桥保税区为强化其对外辐射的功能，与外高桥码头开辟了专用通道，而港口经过几年的建设，作为上海航运中心深水港，已开通欧洲、中美等 6 条国际集装箱班轮航线，成为国际集装箱中转的枢纽港，还辟有约 20 条国内航班。

一般来说，国内其他功能的开发区面积广，开发功能具有综合性，资金投放具有综合性，资金投放面宽，管理复杂；而保税区的面积较小，与外界有隔离设施，功能相对单一。保税区的这些特点，使得它一旦定位为自由贸易区后，对其运行效果较易评价，一旦发现问题，也比较容易得到控制和解决。

从政策层面上说，保税区比其他经济特区、开发区有较明显的政策优势：其他的经济特区、开发区进口各类物资，一律按法定税率征收关税；而保税区则可继续享受保税或免税政策。这在一定意义上，已经奠定了保税区“特区中的特区”的独特地位。把保税区发展为自由贸易区，则将强化这一地位，对其他经济特区、开发区进一步起到示范的效应。

根据各国的实践和我国国情，今后我国保税区的发展大致存在这样三个走向：

1. 向保税港区方向发展

不少地方在创建保税区时，都宣布以自由港为目标模式，有的则宣布实施某些自由港的政策。因此，实际运行中的保税区模式已不是通常意义上的保税区，而是具有“自由港”性质的保税区。我国保税区从诞生的时候起，其软、硬环境的设计，宏、微观的管理都以尽可能大的开放度和自由度为前提，从而加快了保税区由初级形态向高级形态的转化。

目前，国务院已批准设立上海洋山、天津东疆、大连大窑湾、海南洋浦、宁波梅山、广西钦州、厦门海沧、青岛前湾、深圳前海湾等 9 个保税港区。保税港区是经国务院批准设立的，在港口作业区和与之相连的特定区域内，集港口作业、物流和加工为一体，具有口岸功能的海关特殊监管区域，是我国目前开放层次最高、政策最优惠、功能最齐全的特殊区域，是国家实施自由贸易区战略的先行区。

保税港区可从事国际中转、配送、采购、转口贸易和出口加工等业务，并可拓展相关功能。保税港区的主要政策有：国外货物入港区保税；货物出港区进入国内销售按货物进口的有关规定办理报关手续，并按货物实际状态征税；国内货物入港区视同出口，实行退税；港区内企业之间的货物交易不征增值税和消费税。

2. 向广大内陆地区延伸

随着沿江、沿边、沿线（新欧亚大陆桥）地区对外经济开放的不断深化，其建立保税区的必要性和可行性业已成熟。整体看来，我国内陆地区与沿海地区相比还有许多不足，但在内陆地区尤其沿边地区一些口岸兴建保税区的条件已经初步具备。这样，可在内陆地区选择一些对外开放口岸，在基础设施较好、区位优势明显的地方创办保税区的试点，并以保税区为“增长极”，带动整个内陆地区的经济发展和对外开放。

3. 按国际经济惯例经营

按国际经济惯例经营是我国保税区发展的基本方向。随着我国保税区一定规模的发展，其国际经济惯例的内容、范围和形式都将存在一个由小到大、由不完善到逐步完善的过程。为此，必须认真研究国际经济惯例并在实践中妥善地运用。不仅如此，还要密切注意新的国际经济惯例的出现，及时淘汰、更新旧的国际经济惯例，兴起国际经济惯例的研究热、运用热。

13.1.3 保税仓库的概念及构成

1. 保税仓库的概念

保税仓库是经海关核准用于存放保税货物的仓库。保税仓库必须具备海关监管条件。保税仓库的经理人要严格遵守海关规定，对海关负责，建立详细的账册，并定期将保税货物的收、付、存等情况列表报送当地海关查核。存入保税仓库的货物可以免纳关税，免领进口许可证，在规定的存储期满可以选择出口或办理进口内销的报关和纳税手续。保税货物不得在仓库内加工，如需改换包装，应经海关核准。保税仓库的设立，有利于进出口商把握交易时机，顺利开展业务和发展转口贸易。

进入保税仓库的货物不受数量、种类及配额限制，且免征关税，无须办理报关手续，因而使外国厂商或贸易商能够把握最有利的时机，将其仓储的货物转销到其他国家和地区，以获得最佳利润。

进入保税仓库的货物，可以拆包、改装、加换标签，或将不良、损坏的产品加以整修更换，使产品更能适应国际市场的需要。

外国厂商或贸易商可在保税仓库内，对当地或他国进口的零部件、中间产品等进行装配和加工活动。这些零部件和中间产品等在通关时免征关税，加工后的制成品再销往所在国市场。

保税仓库设有现代化、性能完备的各种设施，能够适应不同种类商品装卸、存储和运输的需要。

外国厂商、贸易商可在保税仓库内设置商品展示中心，以加强商业促销活动。

保税仓库收费合理，拥有一流的、训练有素的人员，提供多种服务，可吸引跨国公司和国际贸易商社。

2.保税仓库的构成

经过十多年的建设与发展，我国保税区以独特的区位优势、产业聚集优势、区内市政配套齐全优势和政策优势，不仅在一定程度促进了保税区自身的发展，而且对国民经济的发展和对外经济开放作出了显著的贡献。我国保税区的发展正面临着新的机遇和挑战。我国加入WTO后，关税总水平的大幅降低，对外开放的领域不断扩大，对外贸易经营权的逐步放开，保税区的保税功能正在萎缩。近年来保税区内的外资企业开始向外转移，而且外移幅度逐年增大。在国内经济环境变化的背景下如何定位我国保税区的功能已经成为外商关注的热点，必须加快保税区的发展，促进对外经济开放以及国民经济的又快又好发展。

保税区(Bonded Area)又称保税仓库区，是一国海关所设置的或经海关批准注册的，受海关监督的特定仓库。外国商品存入保税区内，可以暂时不交纳进口税；如再出口，也不交纳出口税；如要运进所在国的国内市场，则需要办理报关手续，交纳进口税。运入保税区内的外国商品可进行储存、改装、分类、混合、展览、加工制造等。此外，有的保税区还允许在区内经营金融、保险、房地产、展销和旅游业务。许多国家对保税区的规定与自由港、自由贸易区的规定基本相同，发挥了类似于自由港或自由贸易区的功能。各国对保税区的有关规定不尽相同。例如，日本规定外国货物运入或运出保税区，可暂时免征关税，但应预先向日本海关呈交申报单，取得海关人员的监督，如果以后运入日本国内市场时再交纳关税。保税区的外国货物如作为样品运出，须经海关批准；保税区的外国货物废弃不用时，应预先向海关申报；保税区的外国货物丢失时，除经海关特别批准外，均应交纳关税。日本保税区可分为五种：指定保税区、保税货棚、保税仓库、保税工厂及保税陈列场。

1990年，我国政府决定在上海外高桥设立保税区，此后又在大连、海南等地设立保税区。保税区是我国20世纪80年代初成功创办经济特区的基础上，借鉴参照国际上的自由贸易区和出口加工区的成功经验，主要在外运港口创设的具有中国特色的特殊经济区域。其特点归纳起来至少包括以下几方面的内容：

①保税区是一个层次最高的对外开放区域；

②保税区是实施隔离管理的特别经济区域；

③保税区是由海关实行区域性保税免税管理的经济特区；

④保税区与国内市场相对分离，与国际市场直接接轨；

⑤保税区的行政管理体制相对独立。

我国保税区具有以下五个特点：

①隔离封闭。保税区是在设区国领土上用围栏与该国其他区域隔离且封闭起来的一个区域。

②境内关外。在地理位置上，保税区处在设区国边境之内、关境之外，海关对进出国境的货物免税，而进出关境则视同进口或出口要征收相应的关税。

③充分自由。在保税区内，企业享有贸易自由、运输自由和金融自由。海关对进出

口贸易及转口贸易没有限制，结算币种可自由选择，外币可自由兑换，资金可自由进出。

④政策优惠。在保税区内注册的企业，一般享有减免所得税、放宽信贷政策、加速资本折旧等优惠。

⑤区港联动。保税区大多设在吞吐量较大的海港，可借助独特的地理位置优势，发展国际贸易。

3.保税仓库的类型

保税仓库是指专门存放海关核准的保税货物的仓库。这种仓库仅限于存放供来料加工、进料加工复出口的料件，暂时存放之后复运出口的货物和经过海关批准缓办纳税手续进境的货物。保税仓库是保税制度中应用最广泛的一种形式，是指经海关核准的专门存放保税货物的专用仓库。

(1)按保税仓库的功能分类

按保税仓库的功能分类，可分为以下几类：

1)转口贸易保税仓库

转口贸易项下的进出口货物可以免征进出口关税和其他税收；如果需要改变包装、加刷唛码，必须在海关监管下进行。

2)加工贸易备料保税仓库

来料加工、进料加工项下存入保税仓库的免税进口的备用物料，经过海关核准之后提取加工复出口的，海关将根据实际出口数量征收或者免征原进口物料的关税。

3)寄售维修保税仓库

为引进的先进技术设备提供售后服务，进口的维修零备件，可以免办纳税进口手续存入保税仓库。

(2)按保税仓库的形式分类

按保税仓库的形式分类，可分为以下几类：

1)公共保税仓库

公共保税仓库是根据公众需要设立的，可供任何人存放货物。公共保税仓库是一种最普遍的保税仓库。公共保税仓库的选择、建筑形式及经营管理都必须经过海关批准，以确保满足海关的监管条件。这类仓库面向公众，任何想利用保税仓库储存海关监管货物的人均可使用。

对于一个保税仓库的具体运作，应按国家财政部门的经营方式，制定相应的规则，理顺监督管理，存取货物都必须到主管海关办理有关海关手续。保税仓库应在海关不间断的监督之下，保税仓库的所有出口原则上均应加双道锁，其中一把由海关人员掌握，另一把由仓库经营者掌握。

2)自有公共保税仓库

自有公共保税仓库是指只有仓库经营人才能存放货物的保税仓库，但所存放货物并非必须属仓库经营人所有。在一些贸易比较集中的地方，因贸易往来又纯属地方性而不宜设公共保税仓库，或公共保税仓库不能满足需要，或公共保税仓库远离货物运输的目的地时，可以开设自有公共保税仓库。这类仓库只需海关以决定的方式批准，主办者可以是公共保税仓库的经营者，也可以是从事公共仓储经营业务的任何组织和法人，甚至是自然人。自有公共保税仓库的管理条件与公共保税仓库基本相似，但海关原则上对其不实行不间断的监管。

3)专用保税仓库

专用保税仓库是从事国际贸易的企业，经海关批准后，建立的自营自用性质的保税仓库。保税仓库内仅储存本企业经营的保税货物，多设在其所属区域内，除海关监管权外，该类保税仓库是根据生产和贸易的需要而开设的，它不受地点限制。保税仓库的审批由海关以决定的方式批准，并规定仓库内存储的货物所应具备的条件即可。

4)保税工厂

保税工厂是将整个工厂或部分专用车间置于海关的监管之下，专门从事来料加工，来件装配、复出等业务。对于这类生产性的保税工厂，海关审批较为严格，对其加工项目的规定也作了严格的限制。

5)海关监管仓库

海关监管仓库主要存放已经进境而无人提取的货物，或者因无证到货、单证不齐、手续不全及违反海关相关规定等，海关不予放行，而需要暂存在海关监管下的仓库里等候处理的货物。海关监管仓库还可以存储已对外成交和结汇，但海关批准暂不出境的货物。

这类保税仓库原先主要由海关自己管理，随着贸易量的增加，海关作为行政管理机构的行为逐渐规范，这类保税仓库多交由存储企业经营管理，海关行使行政监管权。

4.我国保税仓库的发展

随着我国经济的快速发展，传统仓库模式的功能已经不能满足现在进出口贸易的步伐，多元化、现代化的新仓库在经济热潮中势在必行。随着国家政策的变化，进出口货物贸易量成倍的增加，尤其是以加工贸易方式为核心的进出口货物增长最为迅速。为了跟上世界经济发展的潮流，满足适应全球新形成的贸易方式，在港口发展过程中发掘自身的能力，提高港口的竞争能力，我国开始建立和发展保税仓库。保税仓库主要分为出口保税仓库、进口保税仓库及出口监管仓库。

我国以农业为基础，人口高度密集，人民的生活经济水平相对发达国家较低。我国廉价的劳动力对全世界的商家有非常大的吸引力。而加工业的发展增加了我国的进出口贸易量，同时给保税仓库的发展带来了机遇与挑战。

由于保税仓库的发展刚刚起步，海关管理监督系统还不完善，不少商家抓住其间的缺陷，在税收政策中在大做文章、发横财，给国家经济带来很大的损失，造成了严重的危害。例如，企业A专门生产某种商品H；而企业B所需要的原料正是H。企业B生产的产品都是面向国际贸易。同时B已经向海关申请备案，拥有某港口保税仓库的电子账册。在正常的生意洽谈中，企业B与企业A可以直接签订合同购买材料；但在实际中经常出现这种现象：企业A从港口通过内河运输把货物以外贸的形式出口到香港，再以企业B为收货人以进口的方式运回港口保税仓库以加工保税的形式交货。造成这种现象的原因是保税政策不完善。

进入21世纪，随着世界经济体系的形成，外贸成为各国经济发展的主导力量，保税仓库的改革是世界经济拓展的结果，为了能够更好地适应外贸的多样化、现代化，保税仓库建立起统一的管理模式，对货物的进出口贸易实行通关绿色通道。我国拥有的廉价劳动力为保税仓库的飞速发展起到核心作用。由于有保税政策界限的庇护,大批商家把工厂等生产第一线大规模地搬到拥有保税仓库的沿海经济区,从保税政策方面可以赚取大量的外汇。但从长远考虑,工厂在生产的过程中必然会排放大量的废水、废气与废垃圾等污染环境的物质,最终还得花费人力物力来治理环境,甚至会影响人们的生活健康和安全。

13.2 保税仓库的业务管理

保税仓库是保税制度中应用最广泛的一种形式,是指经海关核准的专门存放保税货物的专用仓库。根据国际上通行的保税制度要求,进境存入保税仓库的货物可暂时免纳进口税款,免领进口许可证件(能制造化学武器的和易制毒化学品除外),在海关规定的存储期内复运出境或办理正式进口手续。一般贸易进口货物不允许存入保税仓库。自1996年4月1日起,凡经我国港口转口至任何国家或地区的烟酒,一律不准作为转口货物存入海关保税仓库。保税仓库有很大的作用。对于卖主来讲,可以一次储存多次分拨;对于买主来讲,可以一次订购多次提货。把原来由生产国或输出地储存的货品搬到保税仓库储存,更加有利于看样、订货、成交和分拨调运,缩短了国际市场和中国市场的距离,大大节省了流动资金占用,加快了流动资金周转,提高了成交率,提高产品的售后响应速度,提高用户对于产品的美誉度评价,增强产品的市场竞争力。货物进入保税仓库和保税货物出库,按照海关规定都有一定流程。保税仓库有别于一般的仓库,在很多方面都有严谨的规定。保税货物进出库的简易流程如图13-1所示,保税货物进出库的具体操作流程如图13-2所示:

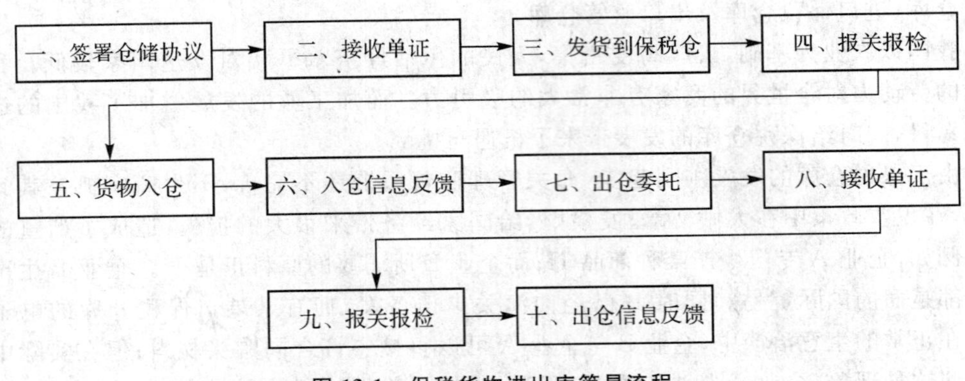

图 13-1 保税货物进出库简易流程

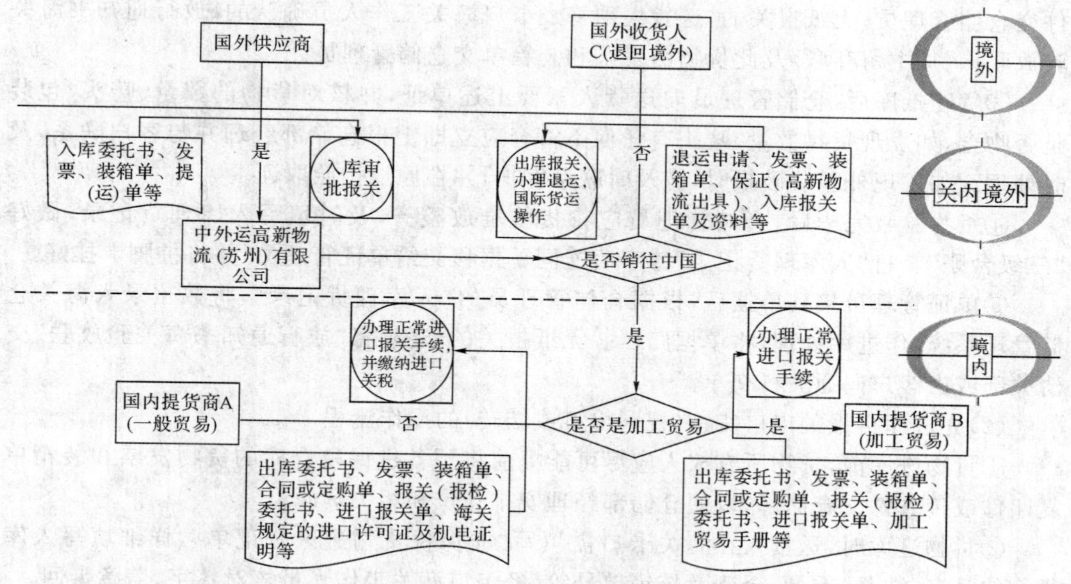

图 13-2 保税货物进出库的操作流程

13.2.1 保税仓库货物入库业务

1.货物存入保税仓库的程序

①填写保税报关单。申请货物保税者应填写保税报关单，该报关单上应写明申报者有关履行法律、法规规定的义务和承诺。报关单上除包括一般报关单所有的内容外，还应有从保税仓库提取货物时计税需要的一些详细的情况。除公共保税仓库外，存入保税仓库的申报均应提供担保。对于存入自有公共保税仓库的申报，担保可由保税仓库经营人提供。

②报关单签字。存入保税仓库货物的报关人应是货主本人或经授权的代理人，报关人应在报关单上签字。在海关的规定中，允许报关代理人对价值不超过某一限额的货物以本人的名义向海关申报。在这种情况下，报关代理人就有义务监督自己承诺的履行情况，并承担相应的法律责任。

③检验。在报关手续完成后，应对货物履行检验手续。必要时，还应采取某些保证海关监管权利的措施，如取样、加封等，以保证在脱离海关监管后仍能对其辨认。

④海关登记。存入保税仓库的货物应由主管海关进行登记，并按加工业务的不同进行分类。货物的登记将在货物存放保税仓库期间继续记录有关情况。

2.保税货物入库的具体操作方法

保税货物入库的操作方法，根据货物进库与报关的先后分为两类：

(1)直接报关入库货物的操作流程

①保税货物进库前，货物所有权人应尽可能提前将预备进保税仓库的货物发票和装箱单复印件或传真件交仓储部，以便仓储部经理安排仓位和相关资源。

②货物进库时，有纸报关的，送货人须将经卡口海关工作人员确认的备案清单复印

件交仓储管理员；无纸报关的，送货人须将经卡口海关工作人员确认的《放行通知书海关验放联》、《货主留存联》及此货物的发票和装箱单交仓储管理员。

③货物抵库后，仓储管理员向送货人索要上述单证，并核对货物的数量、唛头、包装是否吻合，如发现货物数量、唛头有任何不符合应立即上报仓储部经理并与客户联系，及时处理。如发现外包装破损时，应及时联系客户，并在原地拍照取证。

④货物验收完毕后，仓储管理员应将货物堆放整齐，及时填写入库理货记录，做好“三级台账”。将“入库理货记录”签字后连同单据移交给单证管理员，并将桩脚卡挂好。

⑤单证管理员接到单据后，根据仓储管理员的“入库理货记录”，将数据录入海关仓储管理系统，作进库处理，将单据归档。无纸报关的，还须将“放行通知书海关验放联”交清关部或由客户向通关科交单。

(2)先进库再报关出口货物(视同出口或结转)的操作流程

①货物进库前，货物所有权人应尽可能提前将预备进保税仓库的货物发票和装箱单复印件或传真件交仓储部，以便仓储部经理安排仓位和相关资源。

②货物进库时，送货人在海关卡口需填写“非保税货物进区登记单”，详细填写入库货物的品名、数量、重量、金额及核销单号等，经卡口海关工作人员核对签字、盖章带回。

③货物抵达仓库后，仓储管理员凭送货人带回的已经卡口海关工作人员核对签字、盖章的“非保税货物进区登记单”收货(无此凭证仓储管理员有权拒收此货)，核对无误后填写“入库理货记录”，连同进区登记单交单证管理员。

④单证管理员接到“入库理货记录”和“非保税货物进区登记单”后，将“非保税货物进区登记单”和相关报关资料交指定的报关公司报关。

⑤报关完毕后，单证管理员在收到海关电子数据后，根据“入库理货记录”比对海关电子数据，如数据一致的，在海关保税仓储系统中作入库处理，如不一致的，须在查明原因后再处理，否则不作入库处理。入库后单证管理员须打印“进库清单”，传真“进库清单”给客户后与正本进境备案清单一并归档。

⑥仓储管理员将桩脚卡挂好，填写入库台账。

保税货物入库流程如图13-3所示：

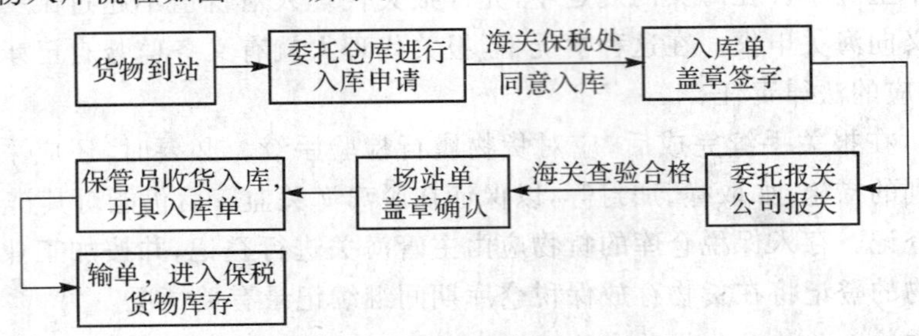

图13-3　保税仓库货物入库流程

在图13-3中有以下注意点：

①必须严格按照海关法规和保税货物入库流程操作。

②必须同时具有保税处盖章的入库单和货管处盖章的场站单，货物才可入库。

③入库前必须验收货物的数量、包装和重量，与入库单、场站单完全符合后才可入库。

④手续不全一律不准入库。

3. 本地进货与异地进货保税货物入库流程的区别

(1)本地进货

进口货物在保税仓库所在地进境时,应由货物所有人或其代理人向入境所在地海关申报,填写“进口货物报关单”,在报关单上加盖“保税仓库货物”戳记并注明“存入××保税仓库”,经入境地海关审查验放后,货物所有人或其代理人应将有关货物存入保税仓库,并将两份“进口货物报关单”随货代交保税仓库,保税仓库经营人应在核对报关单上申报进口货物与实际入库货物无误后,在有关报关单上签收,其中一份报关单交回海关存查(连同保税仓库货物入库单据),另一份仓库留存。

(2)异地进货

进口货物在保税仓库所在地以外其他口岸入境时,货物所有人或其代理人,应按海关进口货物转关运输管理规定办理转关运输手续。货物所有人或其代理人应先向保税仓库所在地主管海关提出将进口货物转运至保税仓库的申请,主管海关核实后,签发“进口货物转关运输联系单”,并注明货物转运存入××保税仓库。货物所有人或其代理人凭此联系单到入境地海关办理转关运输手续,入境地海关核准后,将进口货物监管运至保税仓库所在地,货物抵达目的地后,货物所有人或其代理人应按上述“本地进货”手续向主管海关办理进口申报及入库手续。

13.2.2 保税仓库货物的存放

1. 保税仓库中货物的搬动

在多数情况下,从国外市场上进口的货物存入保税仓库时为散装,故在重新投入市场前需要进一步包装或提高商品的商业质量。在对货物处理前,应提出申请,除公共保税仓库外,一切申请均需担保,原则上这种处理应在海关的监管之下。

存入保税仓库的货物可以由存货人将所有权转让给第三方,这是保税仓库的一项基本经济功能,其作用在于允许货物在关内境外出售,以促进仓储货物的商品化。在进行货物转让时要填写专门的报关单,以保证将出让人的义务转移到受让人的身上。

存入保税仓库的货物可以进行转仓保管,甚至可以转移到不同类型的保税仓库中,但需要办理另一类保税仓库要求的手续。

2. 保税仓库中货物的灭失

货物在保税仓库的存储期间,海关有权对货物进行各种必要的监管和清点。当海关提出要求时,应将货物交海关检验,当涉及禁止或限制进口的货物,存货人需支付与货物等值的资金,关税和其他税负的税率则按缺少之日的税率计征;若无法确认短期日期,则按接货入库至发现短缺之日期间最高税率计征。

对于存入保税仓库后未按期复运出口的货物,海关有权决定予以销毁。这一规定可以避免人为的拖延时间,而试图将可能损坏的货物转为进口,并尽可能减少纳税。然而,如果出现属于人力不可抗拒的货物灭失,保税仓库经营者和货主将有权享受免交这部分关税,以及与关税有关的税负。在具体执行时,对人力不可抗拒的范围有严格的规定,并由存货人举证。有些国家对于因盗窃引起短缺的货物仍需要缴纳关税。

3. 保税仓库中货物存放的期限

欧盟规定：存放在保税仓库的货物，其仓储期限为 5 年，但个别成员国有权改变这一期限。一般对于公共保税仓库的货物仓储期限为 3 年，而自有公共保税仓库的货物仓储期限为 2 年，专用保税仓库仓储期限为 1 年。如在存储期限内，货物需要转移到不同类的保税仓库时，其总期限不得超过其中最长一类的规定时间。

我国规定：在保税仓库内储存保税货物一般以 1 年为限。如果有特殊情况，经过海关核准，可以适当延长。但延期最长不得超过 1 年，期满仍未转为进口也不复运出境的，由海关将货物变卖处理。

13.2.3 保税仓库货物出库业务

1. 保税货物出库流程

保税货物出库流程如下：

①根据客户传来的数据，录入海关仓储管理系统，生成“出库提货单”，交客户或报关员报关。

②报关完毕后，将提货单及报关单原件等交回仓储部，单证管理员将报关单号输入海关保税仓储系统后，发送电子数据给海关，并接收海关电子放行通知。

③接客户货物出库指令后，仓储部经理按此指令制定“出库通知”，将出库通知交仓储管理员，由仓储管理员按“出库通知”要求，组织叉车驾驶员和仓库出货人员，将待发货物挑选出来并摆放在待发区或装上指定承运工具。

④货物装上指定承运工具，收货人对货物数量及包装情况签署意见，仓储管理员将收货人证件复印件、客户货物出库指令、仓储部经理“出库通知”和收货人收货意见表一起交单证管理员，单证管理员根据上述资料，将出库数据录入海关保税仓储系统，并生成“已核对通过出库提货单”，交收货人。

⑤提货人到仓库提货必须提供以下所需资料，否则仓库不予发货：

- 海关盖放行章的提货单(仓库核销联)等海关放行单证。
- 客户正本出库指令或与仓储合同所示委托方传真号一致的传真件正本的出库指令。
- 与出库指令一致的收货人身份证明原件。

⑥仓储管理员在收货人提货后，登记桩脚卡，填写出库台账。

保税货物出库流程如图 13-4 所示：

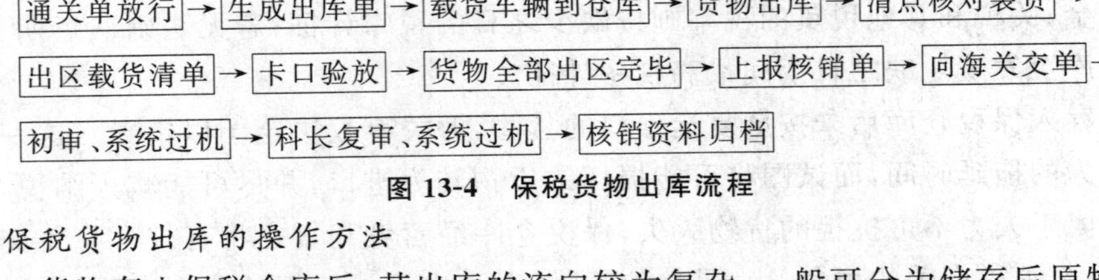

通关单放行 → 生成出库单 → 载货车辆到仓库 → 货物出库 → 清点核对装货 →

出区载货清单 → 卡口验放 → 货物全部出区完毕 → 上报核销单 → 向海关交单 →

初审、系统过机 → 科长复审、系统过机 → 核销资料归档

图 13-4 保税货物出库流程

2. 保税货物出库的操作方法

进口货物存入保税仓库后，其出库的流向较为复杂，一般可分为储存后原物复出口、

加工贸易提取加工成品出口、向国内销售或使用等三种情况，下面就这三种流向介绍有关海关手续。

(1)原物复出口

存入保税仓库的货物在规定期限内复运出境时，货物所有人或其代理人应向保税仓库所在地主管海关申报，填写出口货物报关单，并提交货物进口时的经海关签章确认的进口报关单，经主管海关核实后予以验放有关货物或按转关运输管理办法，将有关货物监管运至出境地海关验放出境。复出境手续办理后，海关在一份出口报关单上加盖印章退还货物所有人或其代理人，作为保税仓库货物核销的依据。

(2)加工贸易提取加工成品出口

从保税仓库提取货物用于进料加工、来料加工项目，加工生产成品复出口时，经营加工贸易单位首先按进料加工或来料加工的程序，办理合同备案等手续后，由主管海关核发《加工装配和中小型补偿贸易进出口货物登记手册》(简称《登记手册》)。

经营加工贸易单位持海关核发的《登记手册》，向保税仓库所在地主管海关办理保税仓库提货手续，填写进料加工或来料加工专用的“进口货物报关单”(因保税仓库进货时所填写进口货物报关单并未确定是何类贸易性质。因此，在以加工贸易提取使用时，其贸易性质已确定为“进料加工”或“来料加工”，需补填进口货物报关单)和“保税仓库领料核准单”，经海关核实后，在“保税仓库领料核准单”上加盖放行章，其中一份由经营加工贸易单位凭此向保税仓库提取货物，另一份由保税仓库留存，作为保税仓库货物的核销依据。

(3)国内销售使用

存入保税仓库的货物需转为进入国内市场销售时，货物所有人或其代理人应事先报主管海关核准并办理正式进口手续，填写“进口货物报关单”(其贸易性质由“保税仓库货物”转变为“一般贸易”方式)，对货物属于国家规定实行进口配额、进口许可证、机电产品进口管理、特定登记进口商品以及其他进口管理商品的，需向海关提交有关进口许可证或其他有关批件，并缴纳该货物的进口关税和进口环节增值税、消费税。上述进口手续办理后，海关在进口货物报关单上加盖放行章。其中一份用以向保税仓库提取货物，另一份由保税仓库留存，作为保税仓库货物的核销依据。

3.保税仓库货物的出库管理

(1)保税货物运往境内

保税仓储货物出库运往境内其他地方的，发货人或其代理人应填写进出口报关单，并随附出库单据等相关单证向海关申报，保税仓库向海关办理出库手续并凭海关签印放行的报关单发运货物。从异地提取保税仓储货物出库的，可以在保税仓库主管海关报关，也可以按照海关规定办理转关手续。出库保税仓储货物批量少、批次频繁的，经海关批准可以办理集中报关手续。

(2)保税货物运往境外

保税仓储货物出库复运往境外的，发货人或其代理人应填写出口报关单，并随附出库单据等相关单证向海关申报，保税仓库向海关办理出库手续并凭海关签印放行的报关单发运货物。出境货物出境口岸不在保税仓库主管海关的，经海关批准，可以在口岸海关办理相关手续，也可以按照海关规定办理转关手续。

(3)到期未出库货物的处理方法

无论是哪一类的保税仓库，货物应当在存储期限之前从保税仓库中提取，并申报按另一项海关监督制度的要求办理，否则将按保税仓库的有关规定处理。

1)按另一项海关制度办理的方法

除特殊情况外，货物从保税仓库提出可看成从国外直接进口，看成从保税仓库中提出货物后复出口或正式进口将涉及的一些特殊情况。

在欧洲，向第三国复出口和向欧盟国家复出口是有所区别的。对于前者，保税仓库制度中一切关税及国内税负义务将解除；对于后者，复出口只免除保税仓库制度中的国内税负部分。

对于从保税仓库提出，并投入国内市场的货物应按出库日的货物名称和重量征税，其税率按货物正式进口报关单登记之日实施的税率征税。对于存储与保税出库的货物，经过加工，并加入部分国内采购材料的情况下，如申报转为内销时，其完税价格和完税重量应为货物从保税仓库提出时的货物价格和重量。

2)货物不从保税仓库提出的情况

当存货人已将存入保税仓库的货物在规定的期限内提出，并按新的海关监管制度办理后，便可办理核销手续。

但是，对于公共保税仓库，如果货物未能按期以允许的用途办理，则应由保税仓库的经营人负责履行这项义务。否则，从存仓期限到期之日起，按日支付未出库货物价值1%的逾期费。过期超过1个月时，可公开拍卖所存货物，并在所得款中扣除应交税款，剩余部分存入专门的保管机构。

13.2.4 保税仓库的监管

1.保税仓库的建库制度

申请建立保税仓库应由保税仓库经营人持工商部门颁发的营业执照，填写《保税仓库申请书》，交验经贸主管部门批准经营有关业务的批件，向海关提出申请，海关派人员实地调查后，对符合条件的颁发《保税仓库登记证书》。所谓符合条件，是指保税仓库应具有专门储存、堆放进口货物的安全措施，有健全的仓储管理制度和详细的仓库账册；配备经海关培训认可的专职管理人员，保税仓库的经营者应具备向海关缴纳税款的能力。

2.保税仓库货物的出入库制度

保税货物在保税仓库所在地海关入境时，货主或其代理人应填写进口货物报关单一式三份并加盖“保税仓库货物”印章，注明此货物系存入某保税仓库，经向海关申报，查验放行后，一份由海关留存，两份随货代交保税仓库。保税仓库经办人应于货物入库后即在上述报关单上签收，一份留存，一份交回海关存查。

保税货物复出口时货主或企业代理人应填写出口货物报关单一式三份，并交验进口时由海关签印的报关单，向当地海关办理复运出口手续，经海关检查与实物相符合后签印，一份留存，一份发还，一份随货代交出境地海关凭此放行货物出境。保税货物经海关核准转为进入国内市场销售时，由货主或其代理人按照一般贸易进口货物向海关办理有关手续并交纳关税和代征税，海关签印放行后在原进口货物报关单上注销。

3.保税仓库允许存放的货物

海关允许存放在保税仓库的货物有三类：一是供加工贸易（进、来料加工）加工成品复出口的进口料件；二是外经贸主管部门批准开展外国商品寄售业务、外国产品维修业务、外汇免税商品业务及保税生产资料市场的进口货物；三是转口贸易货物、外商寄存货物以及国际航行船舶所需的燃料、物料和零配件等。

思考题

1. 简述保税区的类型。
2. 简述保税区的功能。
3. 简述保税制度的形式。
4. 简述我国保税区的优惠政策。
5. 何谓保税仓库？请简述保税仓库的种类和意义。

参考文献

[1]崔介何. 企业物流. 北京:中国物资出版社,2002
[2]丁立言,张铎. 仓储规划与技术. 北京:清华大学出版社,2002
[3]丁立言,张铎. 物流配送. 北京:清华大学出版社,2002
[4]窦志铭. 物流商品养护技术. 北京:人民交通出版社,2001
[5]傅和彦(台湾). 现代物料管理. 厦门:厦门大学出版社,2005
[6]郭继伟. 货仓 采购 生管 物控 管理实例与问答. 广州:广东经济出版社,2000
[7]郝渊晓. 现代物流技术学. 广州:中山大学出版社,2001
[8]何明珂. 物流系统论. 北京:中国审计出版社,2001
[9]金真,唐浩. 现代物流——新的经济增长点. 北京:中国物资出版社,2002
[10]郎会成,蔡连侨. 物流经理业务手册. 北京:机械工业出版社,2002
[11]劳动和社会保障部教材办公室,上海市职业培训指导中心. 仓库保管员(高级). 北京:中国劳动社会保障出版社,2006
[12]李广泰. 仓储与物料管控. 深圳:海天出版社,2005
[13]梁昌硕. 2007最新仓储管理百科全书. 北京:中国物资出版社,2007
[14]梁军. 采购管理. 北京:电子工业出版社,2006
[15]梁军. 仓储管理实务. 北京:高等教育出版社,2003
[16]梁军,李慧芳. 运输与配送(第二版). 杭州:浙江大学出版社,2007
[17]梁军,杨明. 物流采购与供应管理实训. 北京:中国劳动社会保障出版社,2006
[18]廖金福. 库存管理入门. 广州:广东经济出版社,2004
[19]刘北林,刘莉. 商场超市仓储管理. 北京:化学工业出版社,2008
[20]刘昌祺. 物流配送中心设计. 北京:机械工业出版社,2001
[21]鲁晓春. 仓储自动化. 北京:清华大学出版社,2002
[22]罗来仪,王智强. 现代物流知识问答. 北京:对外经济贸易大学出版社,2002
[23]罗纳德·H.巴罗. 企业物流管理——供应链的规划、组织和控制. 王晓东,胡瑞娟译. 北京:机械工业出版社,2002
[24]秦明森,王方智. 实用物流技术. 第二版. 北京:中国物资出版社,2001
[25]秦同瞬,杨承新. 物流机械技术. 北京:人民交通出版社,2001
[26]秦文纲. 采购与仓储管理. 杭州:浙江大学出版社,2004
[27]上海现代物流人才培训中心. 现代物流管理——案例、习题与实践. 上海:上海人民出版社,2002
[28]上海现代物流人才培训中心. 现代物流管理. 上海:上海人民出版社,2002

[29]上海现代物流教材编写委员会. 现代物流管理教程. 上海:上海三联书店,2002
[30]施国洪,钱芝网. 仓储管理实务. 北京:中国时代经济出版社,2007
[31]沈启红. 怎样做优秀仓管员. 广州:广东经济出版社,2007
[32]梭伦. 库存管理圣经. 北京:中国纺织出版社,2001
[33]孙秋高. 仓储管理实务. 上海:同济大学出版社,2007
[34]孙学琴,梁军. 物流中心运作管理. 北京:机械工业出版社,2004
[35]田中一成. 库存管理. 顾月花译. 上海:文汇出版社,2002
[36]王槐林. 采购管理与库存控制(第二版). 北京:中国物资出版社,2004
[37]王晓东,胡瑞娟. 现代物流管理. 北京:对外经济贸易大学出版社,2001
[38]王焰. 一体化的供应链——战略 设计与管理. 北京:中国物资出版社,2002
[39]魏国辰. 物流机械设备的运用与管理. 北京:中国物资出版社,2002
[40]文晓巍. 易变质商品供应链库存研究. 北京:中国经济出版社,2007
[41]邬星根. 仓储与配送管理. 上海:复旦大学出版社,2005
[42]现代物流管理课题组. 保管与装卸管理. 广州:广东经济出版社,2007
[43]现代物流管理课题组. 物流库存管理. 广州:广东经济出版社,2007
[44]熊正平,黄君麟. 库存管理. 北京:机械工业出版社,2007
[45]徐杰,田源. 采购与仓储管理. 北京:清华大学出版社,北京交通大学出版社,2004
[46]徐武,王瑛. 采购与仓储. 北京:清华大学出版社,北京交通大学出版社,2007
[47]闫培金,王成. 企业物流内控精要. 北京:中国经济出版社,2002
[48]朱道立,龚国华,罗齐. 物流和供应链管理. 上海:复旦大学出版社,2001
[49]张烨. 现代商品学概论. 北京:科学出版社,2005
[50]中国对外经贸企协储运委员会. 常见商品仓储保管手册. 北京:对外经济贸易大学出版社,1999
[51]朱新民. 物流仓储. 北京:清华大学出版社,2007

[illegible]